高等学校土木工程专业规划教材
隧道与地下工程系列教材

地 下 铁 道

傅鹤林　主　编
余　俊　主　审

人民交通出版社股份有限公司
China Communications Press Co.,Ltd.

内 容 提 要

本书是隧道与地下工程系列教材中的一本,内容包括绪论、地下铁道网规划、地下铁道车站、地下铁道区间隧道、地铁设备管理与防灾减灾、地铁结构的计算与设计、地下铁道施工技术、信息化施工监测、地铁施工质量检测、地铁施工策划与组织、地铁风险评估与控制对策等内容。

本书可作为土木工程(隧道与地下工程方向)、地下空间工程、岩土工程及道路桥梁与渡河工程专业本科和研究生的教材,还可供相关专业技术人员参考使用。

图书在版编目(CIP)数据

地下铁道/傅鹤林主编.—北京:人民交通出版社股份有限公司,2016.7

高等学校土木工程专业规划教材.隧道与地下工程系列教材

ISBN 978-7-114-13269-8

Ⅰ.①地⋯ Ⅱ.①傅⋯ Ⅲ.①地下铁道—铁路工程—高等学校—教材 Ⅳ.①U231

中国版本图书馆 CIP 数据核字(2016)第 188568 号

高等学校土木工程专业规划教材
隧道与地下工程系列教材

书　名:	地下铁道
著 作 者:	傅鹤林
责任编辑:	李　喆
出版发行:	人民交通出版社股份有限公司
地　　址:	(100011)北京市朝阳区安定门外外馆斜街3号
网　　址:	http://www.ccpress.com.cn
销售电话:	(010)59757973
总 经 销:	人民交通出版社股份有限公司发行部
经　　销:	各地新华书店
印　　刷:	北京鑫正大印刷有限公司
开　　本:	787×1092　1/16
印　　张:	23
字　　数:	564 千
版　　次:	2016年8月　第1版
印　　次:	2016年8月　第1次印刷
书　　号:	ISBN 978-7-114-13269-8
定　　价:	47.00 元

(有印刷、装订质量问题的图书由本公司负责调换)

前言

随着城市轨道交通的迅速发展,需要大量的地铁专业人才,许多院校开设了《地下铁道》专业课。但由于缺乏这方面系统的教材,给教学工作带来了诸多不便,适逢人民交通出版社股份有限公司编辑与作者联系,乐于出版此书,于是促成了本书的完成。

本书共分11章,第1章介绍地铁交通的状况、地铁建设的条件、地铁交通的发展现状及前景。第2章介绍地下铁道路网规划设计原则、地下铁道路网的基本结构、地下铁道线路设计及地下铁道的投资与效益。第3章介绍地下车站的类型、地铁车站建筑设计、站台设计、地下铁道车站结构、出入口建筑物、地下车站的明挖结构、地下车站的暗挖结构(矿山法)、地下车站的暗挖结构(盾构法)及地下车站建筑装修。第4章介绍区间隧道的结构类型、地下铁道线路上部建筑、地下铁道区间隧道限界与净空以及地下铁道区间隧道结构的设计方法。第5章介绍地下铁道供电系统、地下铁道的环境控制系统、地下铁道的照明、地下铁道的通信与信号、地下铁道的给水与排水以及地铁防灾设计。第6章介绍地铁结构的计算方法、结构荷载计算、区间隧道结构静力计算、车站围护结构设计、车站结构静力计算及地下铁道的抗震设计。第7章介绍地铁施工技术,包括明(盖)挖法施工、浅埋暗挖法施工、盾构法施工、沉管法施工、冻结法施工及顶推法。第8章介绍信息化施工的设计原理、车站基坑开挖过程的监控量测、地铁工程盾构法开挖的监控量测及地铁工程浅埋暗挖法开挖的监控量测。第9章介绍地铁常见的质量问题,包括超前支护及加固堵水注浆施工质量检测、防排水材料施工质量检测、盾构法施工质量检测、地铁车站围护结构质量检测、暗挖法区间施工质量检测及混凝土施工质量检测。第10章介绍地铁施工策划与组织设计。第11章介绍地铁风险评估与控制对策。

本书为普通高等学校土木、交通、铁道工程类专业教科书。它既可以作为从事地铁工程勘察设计、施工、监理、监测、科学研究及管理的工程师的工具书,也可以作为工程地质、岩土工程、工民建、铁道工程、隧道工程等专业科技工作者及大专院校师生、短训班学员的参考书。

本书由傅鹤林教授主编,余俊副教授主审。第1、3、5、7~11章由傅鹤林教授、孙广臣副教授编写;其中第2章部分由彭文轩教授编写,第3章施成华教授提供了重要内容;第4章由董辉教授编写;第5章由邓宗伟教授参编;第6章由张运良教授编写。人民交通出版社股份有限公司的李喆编辑为本书的出版付出了大量辛勤劳动。此外,何山、史越、汪敬、邢雪生等研究生为本书的打印、校对、编排做了大量工作。

本书得到了国家自然科学重点基金(51538009)的资助,在此表示忠心感谢。

在本书付梓之日,作者向为本书编写和出版给予支持和帮助的人员一并表示衷心的感谢。

在本书的编写过程中,参考了许多国内外文献及研究成果,有些未能一一列出,在此一并表示感谢!

由于水平和时间有限,书中难免有不当和错误之处,敬请同行专家和读者批评指正。

编　者

2016年3月于中南大学

目录

第1章　绪论 1
　1.1　地铁交通状况 1
　1.2　地铁建设的条件 7
　1.3　地铁交通的发展现状及前景 9
　思考题 19

第2章　地下铁道路网规划 20
　2.1　地下铁道路网规划设计原则 20
　2.2　地下铁道路网的基本结构 23
　2.3　地下铁道线路设计 31
　2.4　地下铁道的投资与效益 38
　思考题 41

第3章　地下铁道车站 43
　3.1　概述 43
　3.2　站台设计 45
　3.3　车站结构 49
　3.4　出入口建筑物 58
　思考题 67

第4章　地下铁道区间隧道 68
　4.1　区间隧道的结构类型 68
　4.2　地下铁道线路上部建筑 74

4.3 地下铁道区间隧道限界与净空 ………………………………………………… 80
思考题 ……………………………………………………………………………… 87

第5章 地铁设备管理与防灾减灾 …………………………………………………… 88
5.1 地下铁道供电系统 ………………………………………………………………… 88
5.2 地下铁道的环境控制系统 ……………………………………………………… 94
5.3 地下铁道的照明 …………………………………………………………………… 99
5.4 地下铁道的通信与信号 ………………………………………………………… 103
5.5 地下铁道的给水与排水 ………………………………………………………… 109
5.6 地铁防灾设计 …………………………………………………………………… 112
思考题 ……………………………………………………………………………… 117

第6章 地铁结构的计算与设计 …………………………………………………… 119
6.1 地铁结构的计算方法 …………………………………………………………… 120
6.2 结构荷载计算 …………………………………………………………………… 122
6.3 区间隧道结构静力计算 ………………………………………………………… 138
6.4 车站围护结构计算与设计 ……………………………………………………… 148
6.5 车站结构静力计算 ……………………………………………………………… 165
6.6 地下铁道的抗震设计 …………………………………………………………… 171
思考题 ……………………………………………………………………………… 175

第7章 地下铁道施工技术 …………………………………………………………… 176
7.1 明(盖)挖法施工 ………………………………………………………………… 176
7.2 浅埋暗挖法施工 ………………………………………………………………… 198
7.3 盾构法施工 ……………………………………………………………………… 208
7.4 沉管法施工 ……………………………………………………………………… 223
7.5 冻结法施工 ……………………………………………………………………… 230
7.6 顶管法施工 ……………………………………………………………………… 234
思考题 ……………………………………………………………………………… 250

第8章 信息化施工监测 ……………………………………………………………… 252
8.1 信息化施工监测的设计原理 …………………………………………………… 252
8.2 车站基坑开挖过程的监控量测 ………………………………………………… 254
8.3 地铁工程盾构法开挖的监控量测 ……………………………………………… 260
8.4 地铁工程浅埋暗挖法开挖的监控量测 ………………………………………… 263

思考题 ………………………………………………………………………………… 267

第9章 地铁施工质量检测 ……………………………………………………… 268
9.1 地铁常见的质量问题 …………………………………………………… 268
9.2 超前支护及加固堵水注浆施工质量检测 ……………………………… 269
9.3 防排水材料施工质量检测 ……………………………………………… 271
9.4 盾构法施工质量检测 …………………………………………………… 272
9.5 地铁车站围护结构质量检测 …………………………………………… 274
9.6 暗挖法区间施工质量检测 ……………………………………………… 277
9.7 混凝土施工质量检测 …………………………………………………… 279
思考题 ………………………………………………………………………… 286

第10章 地铁施工策划与组织 …………………………………………………… 287
10.1 编制说明 ……………………………………………………………… 288
10.2 主要工程概述 ………………………………………………………… 291
10.3 基坑围护结构施工 …………………………………………………… 294
10.4 降水施工 ……………………………………………………………… 301
10.5 土方开挖 ……………………………………………………………… 304
10.6 主体结构施工方案 …………………………………………………… 308
10.7 车站主体结构施工方法及工艺 ……………………………………… 310
思考题 ………………………………………………………………………… 333

第11章 地铁风险评估与控制对策 ……………………………………………… 334
11.1 地下铁道进行风险评估的意义 ……………………………………… 334
11.2 地铁工程建设中的主要致险因素 …………………………………… 335
11.3 地下铁道施工风险评估基本原理 …………………………………… 336
11.4 常用地下铁道施工风险评估分析方法简介 ………………………… 337
11.5 地下铁道施工风险因素辨识及辨识过程 …………………………… 338
11.6 地铁车站施工风险控制与防范 ……………………………………… 339
11.7 区间隧道施工风险控制与防范 ……………………………………… 347
11.8 地铁施工风险管理与控制措施 ……………………………………… 352
思考题 ………………………………………………………………………… 356

参考文献 …………………………………………………………………………… 357

第1章
绪　　论

【本章重难点】
1. 了解国内建设地铁的发展现状和趋势。
2. 了解地铁的优点和缺点。

1.1　地铁交通状况

1.1.1　城市交通存在的问题及解决的途径

1）城市交通存在的问题

(1) 交通阻塞，行车速度慢。如公交车速度，现在很多城市公交限速40km/h，加上停站和加减速等影响，对于较堵的城市，公交平均时速为10km；稍堵的城市，公交平均时速为15km；城市公交平均时速达到20km才是真正的畅通。

(2) 交通秩序混乱，交通事故多。比如混行：行人、自行车、公交车等混合，交通秩序混乱，交通事故频增，增大了城市客流的疏散。

(3) 耗能多，污染严重。大城市环境形势日益严峻，大气污染日益加剧，全国500多座城市，大气质量达到一级标准的不足1%。北京、太原、济南等均列入世界十大空气污染最严重的城市。

2) 引起城市交通阻塞的原因

(1) 道路交通设施少

道路交通设施少主要表现在道路少,特别是高等级道路少、道路网密度低以及城市中跨江河的桥梁少。我国历史上,城市没有经历像欧美国家一样明显的马车交通时代,而是以步行和轿子为主要交通工具,因而出现了像北京的胡同和上海的里弄这样狭窄的街道。进入20世纪50年代以后,机动车在城市中出现和发展,胡同和里弄形成的道路网络是极难适应的,近几十年虽然几经改造,但能走汽车的路还是不多的。如北京市二环以内,大约54km^2,北面宽度6 395m,南面宽度7 946m,北二环到南二环的直线距离为8 413m。在这个范围内,由北向南能行驶机动车的街道共8条,平均间距800m;由南向北能行驶机动车的街道共8条,平均间距1 000m;由东向西能行驶机动车的街道共10条,平均间距840m;由西向东能行驶机动车的街道共8条,平均间距1 000m。由此可见,我国城市中心的道路网密度极低。在有江河穿过的10个大城市中,跨河桥梁只有24座,平均每个城市仅2.4座,远远不能适应交通的需要。

(2) 人口密集,客流量大

我国城市化步伐加快,截至2012年,百万人口以上的城市已达42座,50万~100万人口的城市也超过60座。根据国际标准,城市人口密度大于2万人/km^2,属于拥挤情况。我国城市人口平均为4万人/km^2,局部城区达到16万人/km^2。我国许多大中城市交通主干道的高峰每小时客流量均超过3万人次,有的高达8万~9万人次,低运输量的公共交通工具很难适应客流增长的需要。

(3) 缺乏科学的现代化管理

路网规划不合理,各种交通工具换乘联运不便,停车场、加油站、维修点配套不齐,现有的道路、高架地铁使用效率不高,居民利用机动车的程度低,平均每人每天只有0.8次。

3) 解决城市交通问题的途径

结合城市的总体规划,做好城市快速轨道交通——地铁和轻轨的规划,有计划地、分期分批地建造地铁、高架轻轨、郊区快速铁路,并与公共汽车、出租车、有轨电车、轮渡等交通工具有机结合,互为补充,发展安全、高效、有序、经济和环保的交通体系。

1.1.2 城市轨道交通

1) 基本概况

城市轨道交通(Rail Transit)具有运量大、速度快、安全、准点、保护环境、节约能源和用地等特点。世界各国目前已普遍认识到:解决城市交通问题的根本出路,在于优先发展以轨道交通为骨干的城市公共交通系统。

2) 定义

城市中使用车辆在固定导轨上运行并主要用于城市客运的交通系,统称为城市轨道交通。在国家标准《城市公共交通常用名词术语》(GB 5655—1985)中,将城市轨道交通定义为"通常以电能为动力,采取轮轨运输方式的快速大运量公共交通的总称"。

城市轨道交通是指具有固定线路,铺设固定轨道,配备运输车辆及服务设施等的公共交通设施。"城市轨道交通"是一个包含范围较大的概念,在国际上没有统一的定义。一般而言,广义的城市轨道交通是指以轨道运输方式为主要技术特征,是城市公共客运交通系统中具有中等以上运量的轨道交通系统(有别于道路交通),主要为城市内(有别于城际铁路,但可涵盖郊区及城市圈范围)公共客运服务,是一种在城市公共客运交通中起骨干作用的现代化立体交通系统。

3) 城市轨道交通在城市公共交通的地位与作用

(1) 城市轨道交通是城市公共交通的主干线、客流运送的大动脉,是城市交通的生命线工程。建成运营后,将直接关系城市居民的出行、工作、购物和生活。

(2) 城市轨道交通是世界公认的低能耗、少污染的"绿色交通",是解决"城市病"的一把金钥匙,对于实现城市的可持续发展具有非常重要的意义。

(3) 城市轨道交通是城市建设史上最大的公益性基础设施,对城市的全局和发展模式将产生深远的影响。为了建设生态城市,世界上最早的(也是第一条)地铁是英国伦敦的大都会地铁(图1.1-1),建于1863年,其干线长度约6.5km,当时电力尚未普及,所以采用蒸汽机车。1870年,伦敦开办了第一条客运的钻挖式地铁,位于伦敦塔附近,是穿越泰晤士河的伦敦塔地铁。这条铁路在营运数月后便因新通车的伦敦塔桥承担了大部分的旅运量而废弃。现存最早的钻挖式地铁于1890年开通,也位于伦敦,连接市中心与南部地区。最初铁路的建造者计划使用类似缆车的推动方法,但最后用了电力机车,使其成为第一条电动地下铁路。早期在伦敦市内开通的地下铁路也于1905年全数电气化。1896年,当时奥匈帝国的城市布达佩斯开通了欧洲大陆的第一条地铁,共长5km,11站,至今仍在使用。

我国最早的一条地铁为1965年开工建造的北京地铁(图1.1-2)。1965年7月1日,北京的第一条地铁开工,1969年10月1日第一条地铁线路建成通车,使北京成为中国第一个拥有地铁的城市。天津地铁于1970年开始建造,1984年12月28日建成通车。上海地铁于1990年初开始建设,到1993年开通第一条线路,目前已经成长为世界上规模最大的地铁网络。目前城市发展模式改变为伸开的手掌形模式,而手掌状城市发展的骨架就是城市轨道交通。城市轨道交通的建设可以带动城市沿轨道交通廊道的发展,促进城市繁荣,形成郊区卫星城和多个副部中心,从而缓解城市中心人口密集、住房紧张、绿化面积小、空气污染严重等城市通病。

图1.1-1　英国伦敦大都会地铁　　　　　　图1.1-2　1965年北京地铁

(4) 城市轨道交通的建设与发展有利于提高市民出行的效率,节省时间,改善生活质量。国际知名的大都市由于轨道交通事业十分发达方便,人们出行很少乘私人车辆,主要依靠地铁、轻轨等轨道交通,故城市交通秩序井然,市民出行方便、省时。

4)基本类型

城市轨道交通种类繁多,技术指标差异较大,世界各国评价标准不一,并无严格的分类。由于城市轨道交通在世界范围内发展较快,地区、国家、城市的不同,服务对象的不同等,使城市轨道交通发展成为多种类型,目前尚无十分统一的分类标准。

按容量(运送能力)大小,可分为高容量、大容量、中容量和小容量。

按导向方式,可分为轮轨导向和导向轨导向。

按线路架设方式,可分为地下、高架和地面。

按线路隔离程度,可分为全隔离、半隔离和不隔离。

按轨道材料,可分为钢轮钢轨系统和橡胶轮混凝土轨道梁系统。

按牵引方式,可分为旋转式直流电机牵引、交流电机牵引和直线电机牵引。

按运营组织方式,可分为传统城市轨道交通、区域快速轨道交通和城市(市郊)铁路。

城市轨道交通按运能范围、车辆类型及主要技术特征,可分为有轨电车、地下铁道、轻轨交通、市郊铁路、单轨道交通、新交通系统、磁悬浮交通7类。本书主要介绍地下铁道。

1.1.3 地下铁道

1)地铁概念

《城记》里有这样的一句话:"历史就这样画了一个圈,很多问题又回到了原点。"我们人类的祖先从穴居,发展到半穴居,再到完全的地上建筑,然后我们用科学技术将城市越建越高,可是现在城市发展到了顶峰时期,我们却又不得不利用科技手段重新回到地下,利用整个城市下面的土地来缓解我们日益拥堵的交通状况。这种日渐在城市里扮演重要角色的交通形式,称之为"地下铁道",简称"地铁"(Metro,或 Underground Railway,或 Subway,或 Tube)。

我国地铁应用城市包括北京、上海、重庆、广州、深圳等。地铁是由电力牵引、轮轨导向、轴重相对较重、具有一定规模运量、按运行图行车、车辆编组运行在地下隧道内,或根据城市的具体条件,运行在地面或高架线路上的快速轨道交通系统。地铁是城市快速轨道交通的先驱。地铁的运能,单向在3万人次/h,最高可达6万~8万人次/h。最高速度可达120km/h,旅行速度可达40km/h以上,可4~10辆编组,车辆运行最小间隔可低于1.5min。驱动方式有直流电机、交流电机、直线电机等。地铁造价昂贵,每公里投资在3亿~6亿元人民币。地铁有建设成本高、建设周期长的弊端,但同时又具有运量大、建设快、安全、准时、节省能源、不污染环境、节省城市用地的优点。地铁适用于出行距离较长、客运量需求大的城市中心区域。一般认为,人口超过百万的大城市就应该考虑修建地铁。地铁的主要技术参数如表1.1-1所示。

地铁的主要技术参数　　表1.1-1

序号	项目	技术参数	序号	项目	技术参数
1	高峰小时单向运送能力(人)	30 000~70 000	5	平均运行速度(km/h)	30~40
2	列车编组	4~8节,最多11节	6	车站平均间距(m)	600~2 000
3	列车容量(人)	3 000	7	最大通过能力(对/h)	30
4	车辆构造速度(km/h)	80~100	8	与地面交通隔离率(%)	100

续上表

序号	项 目	技术参数	序号	项 目	技术参数
9	安全性和可靠性	较好	13	城市景观	无大影响
10	最小曲线半径(m)	300	14	空气污染、噪声污染	小
11	最小竖曲线半径(m)	3 000	15	站台高度	一般为高站台,乘降方便
12	舒适性	较好			

地下铁道由于大部分线路在地下或高架通行,因此技术水平要求较高,可靠性和安全性要求也高。地铁系统与国家干线铁路一样,主要由线网、轨道、车站、车辆、通信信号等设备构成,要求各个系统能够有机结合,协同动作,最大限度地完成输送任务。

2)地铁的特点

地铁具有自己的轮轨,与其他交通工具互不联系;具有自己独有的车辆,不同城市地铁使用车辆不同。如:北京地铁使用前苏联车辆,定员186人(已国产化);广州地铁引进德国车辆,定员300多人;牵引动力为电力(直流电,北京、天津采用三轨供电,广州、上海采用架空线供电);运营速度快(一般速度为35~40km/h,最大速度为80km/h)。

地铁作为便利的城市交通工具,与地面交通相比具有明显的优势,但也存在一些缺点。

(1)地铁的优势

①能满足大运量的需要。一条地下铁道单方向每小时的运送能力可达4万~6万人次,为公共汽车的6~8倍,为轻轨交通的2倍多。完善的地下铁道系统会成为城市公共交通的骨干,一般可担负起城市客运量的一半左右。

②节省出行时间。地铁列车以平均每小时35~40km的速度运行,且一般不存在堵车问题,所以省时、快速、方便,减少了乘客出行时间和体力消耗。乘坐地铁通常要比利用地面交通工具节省1/2~2/3的时间。

③能缓和街道交通的拥挤和降低交通事故。地铁以车组方式运行,载客量大,正点率高,安全舒适。此外在多条地下铁道立体交叉情况下,通过在交叉点设立楼梯式电梯或垂直电梯,换乘极为方便,在城市中心区等热闹地带,可将地铁的出入口建在最繁华的街区,或建在大型百货商店以及其他公共场所的建筑物内,极大地方便了乘客,从而可将大量的客流引入地下,减少地面交通车辆,使私人小汽车或自行车出行者改为地铁乘客。

④降低噪声,减少污染。能改善地面环境,降低噪声,减少了城市公共交通产生的废气污染,为把地面变成优美的步行街区创造条件。

⑤节省空间。地铁还可节省地面空间,保存城市中心"寸土寸金"的地皮。

⑥抗力强。地铁有一定的抵抗战争和抵抗地震破坏的能力。

⑦联络路网。地铁网将城市中心区和市郊区(或被河流等分割的市区城市)连成一个整体,既能畅通交通,又能促进经济繁荣。如广州、香港、旧金山等。

⑧节约能源。在全球暖化问题下,地铁是最佳的大众交通运输工具。由于地铁行车速度稳定,大量节省通勤时间,使民众乐于搭乘,也取代了许多开车所消耗的能源。

总之,一个现代化的大都市,尤其是国际化特大城市,如果没有良好的城市运输,是不可想象的,地下铁道作为对运送旅客作用最大的直达运输方式,日益成为目前城市最大的交通方式。

(2) 地铁的缺点

① 建造成本高。由于要钻挖地底,地下建造成本比地面建造高。

② 前期时间长。由于需要规划和政府审批,甚至还需要试验,建设地铁的前期时间较长。从开始酝酿到付诸行动破土动工需要时间较长,短则几年,长则十几年也是有可能的。

③ 运营中的安全性有待提高。虽然地铁对于雪灾和冰雹的抵御能力较强,但是对地震、水灾、火灾和恐怖袭击等的抵御能力很弱。由于地铁的构造特点,极易因为上述因素发生悲剧。为此,自地铁出现以来,工程师们就持续研究如何提高地铁的安全性。

a. 水灾。由于地铁内的系统低于地平线,导致地上的雨水容易灌入地铁内的设施。因此地铁在设计时不得不规划充分的防水排水设施,即使如此也可能发生地铁站淹水事件。为此在发生暴雨时,地铁车站入口的防潮板和线路上的防水闸门都要关闭。如台北捷运在纳莉台风侵袭时曾经发生淹水事件;北京地铁 1 号线因暴雨积水关闭了数小时。

b. 火灾。在以前,人们不太重视地铁站内的防火设施,车站内一旦发生火灾,瞬间就会充满烟雾而引发严重的灾祸。1987 年 11 月 18 日,英国伦敦地铁 King's Cross 站发生火灾,导致 31 人死亡。发生火灾的原因之一是伦敦地铁内采用了大量木质建筑。因此,日本地铁部门规定在地铁站内禁烟,以避免火灾。

2003 年 2 月 28 日,韩国大邱广域市的地铁车站因为人为纵火而发生火灾,12 辆车厢被烧毁,192 人死亡,148 人受伤。这次火灾产生如此严重死伤的原因除了车厢内部装潢采用可燃材料之外,车站区域内排烟设施不完善也是重要因素,加上车辆材质燃烧时产生了大量的一氧化碳等有害物质,导致不少人中毒死亡。

自地铁运营以来,加强地铁的安全性是工程师们一直致力解决的问题。

1.1.4 轻轨交通

1) 基本概念

轻轨交通是城市轨道交通的一种,也就是人们常说的快速有轨交通,是 20 世纪 70 年代发展起来的一种新型城市公共交通系统。由于它具有诸多优点,因而越来越被人们所认可,成为当今世界上发展最为迅猛的轨道交通形式。轻轨交通是指以有轨电车为基础发展起来的电气牵引、轮轨导向、车辆编组运行在专用行车道上的中运量城市轨道交通系统。

2) 轻轨交通的特点

(1) 运量大。这是相较于普通的城市公共交通而言的,近些年来逐渐发展起来的轻轨交通,大多是采用电子控制的技术较为先进的有轨电车,可以拖挂单节或多节车厢,而其单向最大高峰小时客流量可以达到 3 万人次;噪声小、污染小,轻轨采用电力机车牵引,没有困扰城市环境的尾气影响,还可以将其所产生的噪声控制在国家规定标准 70 分贝以内。

(2) 速度快,安全性高。这两者在交通中一直以来似乎是一对不可调和的矛盾,但轻轨却可以做到两者的有机统一。因为轻轨为有轨交通,在专用铁道上行驶,这样就可以避免经常发生交通事故,所以行车的安全性比无轨电车或公共汽车要大得多,几乎可以消除行车伤亡事故的发生。

(3) 灵活性高，成本小。这是相较地铁等其他城市有轨交通来说的，轻轨可以采用多种形式的站台上下乘客，而且可以采用混合路权的形式与其他有轨系统共享轨道，因此其投入的成本非常小；整点运行，这可能是对乘客来说最具诱惑的一条，因为采用电子控制及专用轨道，不仅安全，而且整点准时。

正因为轻轨具有以上诸多优点，使得它成为现代化大都市公共交通的重要选择，与地铁、公路等公共交通共同组成了城市中立体交通网络，改善了城市中人口与交通的紧张关系，提升了城市人群的生活品质。

3) 地铁与轻轨的区别

两者的区别，有人认为，地面下的轨道交通称为地铁，反之就是轻轨；也有人认为，钢轨轻的就是轻轨，重的就是地铁。

这两种划分方式都是不科学的，因为：无论是轻轨还是地铁，都可以建在地下、地面或高架桥上；虽然地铁的轨重一般要大于轻轨，但为了增强轨道的稳定性，减少养护和维修的工作量，增大回流断面和减少杂散电流，地铁和轻轨都趋向选用重型钢轨。

划分两者的依据应是单向最大高峰小时客流量。地铁能适应的单向最大高峰小时客流量为 3 万~6 万人次，轻轨能适应的单向最大高峰小时客流量为 1 万~3 万人次。由此设计的地铁和轻轨，它们的区别首先表现在地铁的轴重普遍大于 13t，而轻轨要小于 13t；其次，一般情况下，地铁的平面曲线半径不小于 300m，而轻轨一般在 100~200m。另外，地铁每列车的编组数也要多于轻轨，车辆定员亦多。从运输能力、车辆设计以及建设投资等方面来看，轻轨与地铁均有所差别。

其实归根结底的区别，或者说本质的区别还是运量，地铁线在高峰小时内，其单向运输能力分别达到 3 万~7 万人次；而轻轨的运力为 0.6 万~2 万人次。运量的大小决定了编组数（地铁列车编组可达 4~10 节，轻轨列车编组为 2~4 节）、列车车型、轴重、站台长度（很重要，牵涉到预留用地，地下车站的面积直接牵涉到造价，因此客流预测很重要）。划分两者区别的依据是所选用列车的规格，按照国际标准，城市轨道交通列车可分为 A、B、C 三种型号，分别对应 3m、2.8m、2.6m 的列车宽度。凡是选用 A 型或 B 型列车的轨道交通线路称为地铁，采用 5~8 节编组列车；选用 C 型列车的轨道交通线路称为轻轨，采用 2~4 节编组列车。列车的车型和编组决定了轴重和站台长度。地铁已经不局限于运行在地下隧道中的形式，而是泛指采用高规格电客列车同时高峰小时单向运输能力在 3 万~7 万人次的大容量城市轨道交通系统。运行线路多样化，地下、地面、高架三者有机结合。国内外众多城市已用"轨道交通"代替"地铁"这一传统称呼。

1.2 地铁建设的条件

1.2.1 地铁建设的必要前提

近年来，随着地铁的修建，城市交通状况得到了很大的改善。地铁的建设不是一朝一夕的事，地铁的一个重要弊端就是造价太高，而我国投资建设模式单一，资金不足，限制了我国地铁的迅速发展，甚至在一些地方引起盲目建设地铁，导致债务负担过重、运营后亏损严重的状况。

比如，上海地铁从准备到1993年开始运营，历经多年；广州地铁一期工程实际投入140多亿人民币，另加5亿多美元贷款，地铁每千米投资已达2亿元人民币以上。因此，地铁的建设应根据实际情况，遵循量力而行、有序发展的方针，使地铁的发展与城市经济发展的水平相适应。对经济条件较好、交通堵塞较严重的城市，在建设地铁的问题上应优先考虑。

因此，一个城市是否修建地铁，必须根据国民经济状况等综合因素，经可行性论证才可确定。有关专家认为，城市地下铁道建设的必要前提可概况为以下三个方面：

（1）城市人口状况

从世界上已有地铁运营的城市看，超过100万人的城市最多，约占80%，其余人口不到100万的城市中，大多数也接近100万，因此，城市人口超过100万时，应作为建造地下铁道的宏观前提。

（2）城市交通流量情况

按城市人口多少评估该城市是否需要修建地铁只能是一种宏观前提。主要应考虑城市交通干道上单向客流量的大小，即现状和可以预测出的未来单向客流量是否超过2万人次；且在采取增加车辆、拓宽道路等措施，已无法满足客流量的增长时，才有必要考虑建设地铁。

（3）城市地面、上部空间进行地铁建设的可能性

城市中心区域的土地被超强度开发，建筑容量、商业容量、业务容量均达到饱和状态，其地面、上部空间在现有技术条件下已被充分利用，调整余地不大。

总的来看，地铁投入运营后，只靠售票的收入支付全部运营管理费用是不够的，有的连年收支都不能平衡，短期内难以回收全部投资，大部分城市地铁要靠政府补贴。从经营情况看，建设地铁是亏本的；但从社会效益、环境保护、战时人防等整体来看，地铁对国家的整体利益，远远超过亏损部分。所以，各国政府仍不惜花费巨资建设地铁。

1.2.2 地铁建设的基本条件

地铁建设过高的造价不仅使多数城市难以承受，盲目建设还容易造成国民经济的局部失衡，为此，国务院在2003年的《国务院办公厅关于加强城市快速轨道交通建设管理的通知》中指出，地铁的建设要坚持"量力而行，有序发展"的原则，并且规定了建设地铁城市应达到的基本条件。

（1）地方财政一般预算收入在100亿元以上。

（2）国内生产总值达到1 000亿元以上。

（3）城区人口在300万人以上。

（4）规划线路的客流规模达到单向高峰小时3万人次以上。

1.2.3 地铁建设的经济措施

地铁建设资金需求量大，仅靠政府单一投资渠道，难以满足城市建设发展的需要。要进一步开放地铁市场，实行投资渠道和投资主体多元化，鼓励社会资本和境外资本以合资、合作或委托经营等方式参与地铁交通投资、建设和经营，并采取招标的方式公开、公正地选择投资者。在融资渠道上，鼓励和支持企业采取盘活现有资产、发行长期建设债券和股票上市等方式筹集资金。地铁沿线土地增值的政府收益，应主要用于地铁项目的建设。

要改革现有国有地铁交通企业的经营体制，引入竞争机制，增强企业活力，提高管理水平

和效益。要通过加强管理,理顺价格,开拓经营范围,提高企业自我积累、自我发展的能力,减轻城市财政压力,逐步实行自负盈亏。

借鉴西方发达国家城市地铁建设的经验,可以采取以下具体措施:

(1)地铁建设与沿线物业综合开发相结合,使沿线物业土地出让的收入投入到地铁工程建设。

(2)积极利用外资,加快地铁建设步伐。

(3)实行地铁建成线沿线单位有偿受益。

(4)设立地铁建设专项基金。

(5)采取合作开发的策略。

(6)建立中央政策性投、融资体系,组建国家开发银行,为地铁项目进行融资。

(7)通过发行地铁建设的国家中长期债券,筹集地铁建设的部分资金。

1.3 地铁交通的发展现状及前景

1.3.1 世界地铁的发展

1843年,英国人皮尔逊提出了在伦敦修建地铁的建议,1860年开始动工修建,采用明挖法施工。隧道断面高5.18m(17ft),宽8.38m(27.5ft),为单拱形砖砌结构。1863年1月10日建成通车,当时用蒸汽机车牵引,是世界上第一条客运地下铁道,线路长约6.4km,1874年在伦敦采用气压盾构修建地铁,1890年建成,并开始采用电力机车牵引地铁,线路长约5.2km。

19世纪的最后10年,世界上又有纽约(1868年)、伊斯坦布尔(1875年)、芝加哥(1892年)、布达佩斯(1896年)、格拉斯哥(1896年)、维也纳(1896年)、波士顿(1897年)、巴黎(1900年)共8座城市修建地铁并投入运营。其中芝加哥修建的全部是高架线,直到1943才建成第一条地下线;格拉斯哥的地铁列车原来在轨道上用缆索牵引,到1936年才改用电力牵引。

20世纪上半叶,柏林、费城、汉堡、布宜诺斯艾利斯、马德里、巴塞罗那、雅典、东京、京都、大阪、莫斯科共11座城市也相继修建了地铁。第二次世界大战期间,有些城市的地铁还发挥了防空掩蔽的作用,避免遭受飞机的轰炸,保护了许多人的生命。第二次世界大战以后,发展地铁已受到各国的广泛重视,纷纷效仿伦敦,兴建地铁的城市如雨后春笋般飞速增多。50年间,又有97座城市建成了地铁。

截至20世纪末期,全世界共有43个国家的117座城市建有地铁,总运营里程接近6000km。其中欧洲有21个国家58座城市,美洲有9个国家31座城市,亚洲有12个国家27座城市,非洲只有1个国家1座城市(埃及的开罗)。地铁最发达的是美国,有14座城市,其次是德国,有11座城市,日本有9座城市,俄罗斯、意大利、巴西和中国(包括香港和台北)各有6座城市,法国和西班牙各有5座城市,比利时有4座城市,英国、加拿大、墨西哥和乌克兰各有3座城市,荷兰、奥地利、印度和韩国各有2座城市,其余有地铁的国家均为1座城市,且这些城市基本上属于该国家的首都。

地铁线路长度超过200km的城市有12座,见表1.3-1,其中上海、北京和伦敦均超过

400km。地铁线路和车站最多的是纽约,共 30 条线路,504 个车站。客运量最高的是莫斯科地铁,平均每天运送 800 万人次,年客运量达 25 亿人次;其次是东京地铁,年客运量为 22.6 亿人次;巴黎地铁居第 3 位,全年运送 13 亿多人次。

全世界 100km 以上地铁线路的城市概况　　　　　　　　　　　表 1.3-1

国家	城市	开通车年代（年）	线路条数	线路长度（km）	车站数目	轨距（mm）	国家	城市	开通车年代（年）	线路条数	线路长度（km）	车站数目	轨距（mm）
中国	上海	1993	14	567	332	1 435	韩国	首尔	1970	19	314	463	1 435
中国	北京	1969	18	544	238	1 435	俄罗斯	莫斯科	1935	12	313	171	1 520
英国	伦敦	1863	12	408	273	1 435	西班牙	马德里	1919	16	296	294	1 445
澳大利亚	墨尔本	1855	20	372	200	1 600	中国	广州	1997	9	270	148	1 435
美国	纽约	1867	30	369	504	1 435	法国	巴黎	1900	16	215	303	1 440
日本	东京	1927	13	326	220	1 067,1 372	墨西哥	墨西哥城	1969	11	201	175	1 435

据统计,目前世界上已有 55 个国家和地区的 168 座城市建造了地铁,下面将具体介绍几座城市的地铁系统。

1) 纽约

地铁是纽约人生活中不可缺少的一部分。在纽约工作或居住的人,除了有直升机和加长轿车接送的大老板,几乎没有人不坐地铁的。每天上下班高峰时刻,几个地铁线路交汇集中的地点,如时报广场、中央火车站等,只见人流滚滚,列车爆满。纽约的地铁系统共有 30 条线路,总长达 369km,504 个车站遍及全市,行车间隔仅两三分钟,要赶赴一个约会,坐地铁是最保险、最节省时间的方式。此外,纽约的地铁票与公共汽车票通用,只要不走回头路,可以免费转乘。因此,通常在纽约只要买一次地铁或公共汽车票,最多转一次车,就可以到达任何一个地方。车票是自动售票系统,每次 2 美元。

纽约的地铁站并不漂亮(图 1.3-1),有时乘坐也不方便,但却是世界上唯一一处 24 小时运营的地铁。因为纽约的地铁曾成百上千次地出现在影片中,所以很多初来乍到的人也不会在地铁站内迷路。另外,纽约的地铁站内会有各式各样的艺术表演,而且往往具有相当高的水准。

图 1.3-1　纽约地铁

2) 巴黎

巴黎地铁(图 1.3-2)是全世界最密集、最方便的城市轨道交通系统。没有去过巴黎的人很难想象地铁究竟有多方便。可以说,巴黎任何一点,以 500m 作为半径画一个圆,那么这个圆里一定会有一个地铁站。

服务于巴黎城区和近郊的地铁有 16 条线路,380 个站,并与 RER 和 SNCF 交通线相连。首发车 5:30,末班车 24:30,有一两个地铁站在晚 8:00 以后关闭。巴黎人说"metro,boulot,dodo",就是他们的生活三部曲:地铁、工作、睡觉。在巴黎的生活三部曲中,地铁首当其冲。在巴黎,说去一个地方,不管是去学校报到,还是去看展览,地点都以地铁站来说明,在一串地址后面用括号注明:地铁××站。

巴黎地铁站里的标识做得很人性化。北

图 1.3-2 巴黎地铁

京的地铁内,防止车门夹手的标志是一个打了红叉的手指,下面还滴着血。可是巴黎地铁里却是一只小兔子,爪子被车门夹到了,倒是没有流血,但耳朵绷得笔直,看着就够让人疼的。

"让乘客方便乘车"永远是巴黎地铁系统努力的方向,巴黎独立运输公司经过多年摸索,终于使巴黎地铁形成了"买票方便""出入站方便""乘车方便""换乘方便"和"购物方便"五大特色。

在巴黎坐地铁,未必要在地铁站里买票,地铁站外的自动售票机以及遍布市内各街区的售票点和酒吧均出售地铁票。地铁当局认为,这样做的好处是避免乘客大量拥堵在地铁出入口的售票点,保证了地铁的流通能力。

为避免乘客一次只买一张票,巴黎地铁推出多项优惠措施,鼓励乘客买"打票"(十张票)、日票、两日票、三日票、五日票、周票、月票或年票。一张巴黎地铁票要 1.3 欧元,但"打票"却只需 10 欧元,一张日票只要 5.3 欧元,周票 15.4 欧元,月票仅 50 欧元,年票也只不过 500 欧元出头。对法国人的收入而言,这部分花费只是他们生活支出的一个零头。虽然这些措施使巴黎地铁的收入大为减少,但为了服务城市总体利益,地铁当局每年还花费巨额宣传费指导居民购买月票或年票。

目前,巴黎地铁出入口已完全放弃人工检票的方式,而改用自动检票机验票。在一些客流量集中的大站,自动检票机的数量甚至多达十几个。由于本地乘客大多持有月票或年票,他们只需将车票放在检票机上扫描即可进入地铁站,十分方便。

在乘车方面,为缩短乘客等车时间,巴黎地铁推出"化整为零"的解决方案。巴黎地铁列车并不长,通常只有五六节车厢,但列车通过的频率非常高,非低谷时间平均每 3~5min 就有一辆车通过。这一方法有效解决了站台拥堵问题。就地铁车厢本身而言,其靠近车门的座位都是可折叠的,在高峰时间,乘客们大多自觉站立以减少拥挤程度。

3) 东京

东京都内的地铁线路纵横交错,如网眼般遍布于各个角落。目前东京的地铁总运营里程达 326km,在世界城市中位居第六(图 1.3-3)。

东京都内的地铁分为两种:一是帝都高速交通财团运营的地铁,即营团地铁,有 9 条线路;二是东京都交通局运营的地铁,即都营地铁,有 4 条线路。两家地铁的日均客流量达 750 多万人次,在城市交通运输中发挥着重要作用。

东京的地铁票在自动售票机上购买。地铁入口处设有一排自动售票机,并悬挂着详细的地铁路线图,图上标有车票价格,令人一目了然。你只需将钱投入自动售票机,就会得到一张票。穿过自动检票口进入候车站台，各种指示牌上详细地为乘客指示着列车运行方向、前方车站等；并向下车乘客指示该换什么车，该朝什么方向走等。东京的交通服务如同日本所有的商业服务一样，细致、周到而又热情。当你出站时发现自己所买的车票金额不够或换车时没来得及买票，只要在出口处的"精算机"上补足不足金额即可。

除从自动售票机上购票外，地铁公司还推出了SF地铁卡，将SF地铁卡直接送入自动检票机，就能进出站，十分方便。2000年营团地铁与关东20家铁路公司联合推出了通用卡，使用一张卡可以换乘加盟公司所有的交通工具，方便性进一步提高。

地铁站内设有升降机，可以将坐轮椅的乘客直接从地上送到地铁站台。银座线、丸之内线等重要线路上行驶的列车车厢内还为盲人提供盲文指示图标，方便残疾人乘坐地铁。地铁列车每节车厢都装有空调，冬天列车的座椅会自动加温，夏天车厢内冷气充足。地铁站内的厕所干净整洁，并免费提供卫生纸。如果乘客需要马桶坐垫、纸巾等其他卫生用品，可以从厕所内的自动贩卖机上购买。

4）伦敦

伦敦地铁（图1.3-4）是在1863年通车的，是全世界第一条地铁，在美国地铁通常指Subway，但是在英国Subway是指地下道，Underground才是指伦敦地铁，Tube是比较口语化的称呼，意即试管、管道。确实，这里的隧道是圆形的。况且，在圆形隧道里穿行的同样也是脑壳圆圆、脸庞圆圆的车辆，真是名副其实。

图1.3-3　东京地铁　　　　　　　　　　　图1.3-4　伦敦地铁

目前，伦敦地铁线路共有12条线路，加上高峰时间和星期日增开的3条线路，共15条线路，总长度约达420km，每天运送旅客300万人次。地铁运营时间从清晨5:30到次日凌晨1:00。在市区任何地点，乘客10min内便可进入四通八达的地铁，从地铁可换乘开往英国各地的火车和飞机，全在建筑物内，不怕刮风下雨。

伦敦地铁的站台上只有该站站名，没有国内地铁那种"开往××方向"及下一站站名之类的标示。不过在通道及电动扶梯（有些站还有电梯间）附近都有路线图，可以按颜色找到自己要乘坐的路线，并顺此线的指示乘车。路线图分为"Eastbound"（向东方向）、"Westbound"（向西方向）、"Southbound"（向南方向）、"Northbound"（向北方向）等。

地铁车辆大多数为自动门，但要注意，有的是需要客人自己按按钮的，按钮上标有"Push to Open"的字样。车内基本上没有广播，但张贴有路线图。

到达目的地的车站后，追寻写有黄字"出口"（Way out）的标志到检票口，由此出去即可。

5) 莫斯科

维基百科写道:"它是世界使用率第二高的地下轨道交通系统,仅次于日本东京"。

莫斯科地铁的主要线路结构为中心辐射状,全长 313km,12 条线路,171 个车站。所有的线路按照开通顺序,获得 1～12 的编号。最重要的是 5 号线——环线,负责连接起其余绝大多数线路,长度大约为 20km。

莫斯科地铁是俄罗斯首都最受欢迎、最快和最安全的运输工具,也是世界上规模最大的地下铁路系统之一,被公认为世界上最漂亮的地铁,并享有"地下的艺术殿堂"的美誉。地铁站的建筑造型各异,华丽典雅,铺设的大理石就有几十种,不同艺术风格的壁画、浮雕、雕刻和灯饰装饰其中,像富丽堂皇的宫殿。图 1.3-5 为马雅科夫斯基地铁站宫殿式的大厅。1938 年建成的马雅科夫斯基地铁站是现代派装饰,它以不锈钢金属柱构成列拱,地面铺砌大理石,宛如地毯,大厅尽头是诗人马雅科夫斯基的半身像。马雅科夫斯基地铁站堪称 20 世纪的建筑艺术精品。

图 1.3-5　莫斯科地铁

莫斯科地铁以"地下的艺术宫殿"的美誉而著称于世。目前,莫斯科地铁的平常日客运量为 850 万人次,高峰时期则超过 900 万人次。对于一个拥有几千万人口的大都市来说,其运输能力远远不够。在快速的生活节奏下,莫斯科地铁的所有线路几乎都是超负荷运行。

在"高峰"期,原本设计标准为每平方米容纳 3 人的地铁通常超载至 5 人,部分中央车站的发车间隔只有 8s。在几条主要地铁线路的终点站,客流量更大。由于这里是城郊居民与城内的连接点,因此常年拥堵不堪。

1.3.2　中国地铁的发展

1) 北京市

北京地铁是中国内地最繁忙的城市轨道交通系统,是中国运营时间最久、乘客运载最多、早晚峰值最忙的地铁线路。北京地铁是世界上规模最大的城市地铁系统之一。

我国于 1965 年 7 月在北京开始修建第一条地铁,工程分为两期。第一期地铁线路自苹果园至北京火车站,全长 24km,共 17 个车站,1965 年 7 月开始动工兴建,于 1969 年 10 月 1 日建成通车。这是北京,也是中国的第一条地铁。第二期工程全长 16.1km,共 12 个车站,并在太平湖建有车辆段和维修车间。1971 年 3 月破土动工,于 1984 年 4 月建成通车。根据北京市地铁网规划,在建国门、东四十条、雍和宫、积水潭、西直门、复兴门 6 个站修建了立体交叉双层站台,为乘客换乘以及今后修建新地铁线提前做好准备。

这两条地铁线路均为浅埋,采用明挖法施工,隧道为整体式钢筋混凝土矩形框架结构,区间为双跨。渡线、岔线和折返线采用单跨或多跨。车站有四跨或双跨侧式站台和三跨岛式站台。线路轨距为 1 435mm,供电方式采用直流电压 750V 第 3 轨供电。列车由 6 节车厢组成。

最高行车速度为100km/h，平均旅行速度为35.4km/h，间隔时间高峰时为3min。

为使第一期地铁线路自苹果园至复兴门折返，并与地铁环线衔接运营，1986年8月开始修建复兴门折返线，1987年12月2日建成并投入使用。这两条地铁线连起来运营后，每天运送乘客146万人次，年客运量已突破5亿人次大关，达到5.3亿人次，对缓解北京市的交通拥挤起到了很大的作用。

1988年下半年开始，从复兴门折返线继续向东延伸至西单站以东的折返线，长1.81km，于1992年10月建成通车。至此，北京已有地铁线总长度42km，共30个车站。

复兴门站是一期和二期地铁线的换乘站。西单地铁站建成通车，虽然可以疏导部分客流，却不能彻底缓解复兴门上、下层站乘客的拥挤状况。解决该拥挤状况的出路在于继续东进，直到八王坟。西单至八王坟间地铁线是苹果园至复兴门段线路的延伸线，也是1号地铁线从苹果园至通州的中段线路，全长12km，共7个车站。其中，建国门以东的永安里、大北窑、热电厂3个站及区间隧道已于1992年6月20日开始施工，与此同时，建国门以西的天安门西站、天安门东站、王府井站和东单站及区间隧道，也已于1992年12月28日相继开工。这段线路，全部采用浅埋暗挖法进行施工，这标志着北京地铁施工技术已达到国际先进水平。

截至2014年5月，北京地铁共有17条运营线路，组成覆盖北京市11个市辖区，拥有231座运营车站、总长467km运营线路的轨道交通系统（不计S2线），工作日均客流约1 000万人次，峰值日客运量1 155.92万人次，图1.3-6为北京地铁2020年线路网络规划。

图1.3-6　北京地铁2020年线路网络规划

2）上海市

早在20世纪60年代，上海就开始了建设地铁的可行性研究，并在衡山路进行了施工试验，但由于历史的原因，这项解决上海人民"行路难"的工程，久久未能实施。十一届三中全会后，修建地铁被重新提到议事日程上来，经过大量的前期准备工作，上海轨道交通1号线于

1990年1月19日正式破土动工。

上海轨道交通1号线,又称上海地铁1号线,是上海的第一条地铁,亦为上海轨道交通最为繁忙、最重要的大动脉,于1993年5月28日开始试运营。一期工程于1995年4月10日全线通车试运营,7月正式投入运营,后又陆续实施了多次延伸工程,使1号线南起闵行区莘庄站,北至宝山区富锦路站,全长近37km,共设28个车站及2个车辆段。

上海轨道交通2号线是上海第二条地下铁路线路,于2000年6月11日开始运营。该线西起青浦区徐泾东站,经过有"中华第一街"之称的南京路,穿越黄浦江,到达浦东新区张江高科技园区,并且再续经唐镇、川沙等地,最后到达上海对外联络大空港浦东国际机场,可以说是连接上海过去和未来的纽带。上海轨道交通2号线全长64km,共有30个车站,每天运营18小时11分钟,日客流现已达到163万人次。

截至2014年7月22日,上海轨道交通全网运营线路总长567km(不含磁悬浮、金山铁路,3、4号线共线段不重复计算),车站共计332座,图1.3-7为上海地铁2020年线路图。

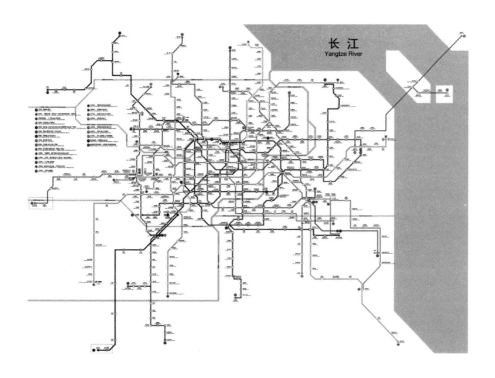

图1.3-7 上海地铁2020年线路图

3)广州市

广州地铁是中国第三大城市广州市的城市轨道交通系统,于1997年6月28日开通,是中国内地第四个开通并运营地铁的城市。截至2013年12月28日,广州地铁共有9条营运路线(1号线、2号线、3号线、4号线、5号线、6号线、8号线、广佛线及APM线),总长为260.5km,共164座车站。

广州地铁1号线(中山路线)是广州市的第一条地铁线路,初建于1997年,起讫站分别为西朗和广州东站,连接市中心3大城区(荔湾区、越秀区、天河区),全长18.497km,识别色为黄色,采用6节编组列车,于1993年12月28日正式动工,1997年6月28日起开始试运营,首段开通西朗—黄沙段,全线于1998年12月28日竣工,1999年6月28日正式通车,标志着中国内地继北京、天津及上海后,第4座城市建有轨道交通系统。

广州地铁由广州市地下铁道总公司负责营运管理,并且还是广佛地铁的实际建设及营运者,并由此间接成为佛山地铁1号线(即佛山境内魁奇路至金融高新区区间)的运营商。

广州地铁现时的口号是"全程为你",在之前使用过的口号为"地铁,为广州提速"以及"新生活干线";广州地铁的吉祥物是"科技范"悠悠(YoYo)。

广州地铁已经成为广州市民最主要的交通工具之一。截至2014年3月,日均客流已达623.4万人次,并在亚运免费期以784.4万人次的峰值打破全国纪录。为更好地解决地面交通堵塞的问题,广州地铁仍在进行大规模的扩建工程,正在建设的路线包括4号线南延段、6号线二期、7号线一期、8号线北延段、9号线、广佛线后通段、13号线一期、14号线一期和支线、21号线。经过数次修订,广州地铁的远期规划长度将达到751km,图1.3-8为广州地铁2030年规划线路图。

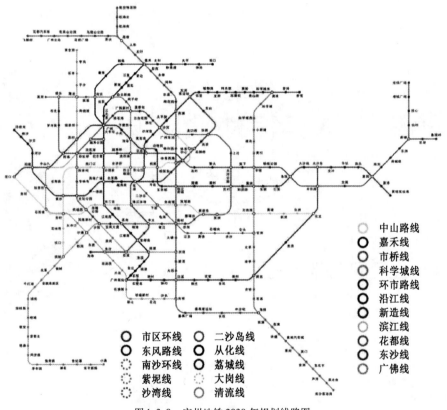

图1.3-8 广州地铁2030年规划线路图

4)香港

据了解,目前世界各国的地铁公司大多赔钱,但香港的地铁公司却能赚钱。香港地铁公司是特区政府全资拥有的一家企业,但并不由政府直接经营,而是通过有关条例,由政府委托有关人员为董事局成员,按照商业原则进行地下铁路的修建、经营和日常管理。因此,在人们心目中,地铁是一家"官有民营"的企业。

香港地铁自1979年年底逐段投入运营,截至2000年上半年约20年的时间里,逐步由前12年的亏损,转为盈利,其中1998年的利润达到28.19亿元;1999年盈利21.16亿元,今年上半年的利润为10.5亿元,并曾在1997年及1998年派发股息。香港地铁能够赚钱,原因是多方面的,从物质基础上说,首先是由于设施先进,保障了庞大客运流量能够畅通无阻,从而发挥了规模效应。

据地铁公司计算,香港目前平均每天有223.5万人次搭乘地铁,星期天的乘客超过228.4万人次,而1999年圣诞前夕,全日载客量约为300万人次。合理的选线设计、先进的硬件设施,保证了地铁运行的安全和畅通,为地铁公司吸引了庞大客流量。

香港地铁系统目前共由5条主线组成,即荃湾线、观塘线、港岛线、东涌线和机场快线,总长为82.2km,低于亚洲区的东京地铁、首尔地铁,与伦敦地铁的规模更是不能相提并论。但若以每公里地铁线路接载的乘客计算,香港超过10万人次,比世界其他地区的地铁要高。从这个意义上说,香港地铁是世界上使用密度最高的市区铁路之一,也是最繁忙的地下交通系统。

香港地铁共有44个车站。地铁由通车之日起,自动售票系统开始运作,而由1997年9月起地铁连同其他公共交通服务机构成立"联俊达"公司,推出"八达通"聪明卡票务系统,方便用户从银行直接转账增值。目前"八达通"销售量已超过580万张。图1.3-9为香港地铁线路图。

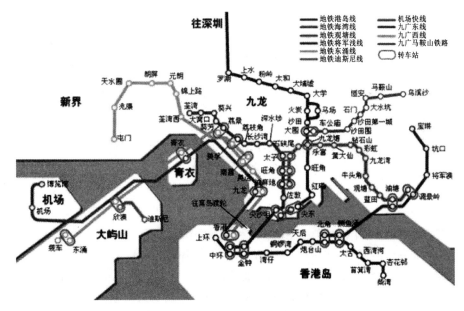

图1.3-9 香港地铁线路图

1.3.3 地铁交通的前景

城市地铁经过一个多世纪的发展,早已突破了原来的纯粹建在地下的概念,许多大城市的地铁网络多由市中心的地下线路和郊区的地面或高架线路组成,这种包括地下、地面和高架线路的地铁网络,一般称为快速有轨交通系统(Urban Rapid Rail Transit System)。有的城市地铁目前全部建在地下,如波恩、里斯本、平壤等。也有一些城市地铁全部为高架线路,如温哥华、台北、马德拉斯等。还有很少城市地铁全部为地面线路,如巴西阿雷格里港和贝洛奥里藏特两城市的轻型地铁,是利用既有市郊铁路改建而成的。但大多数城市地铁少部分线路建在地下,大部分为地面和高架线路,如伦敦地铁全长420km,地下隧道不过160km;芝加哥地铁全长168km,地下线路只有16.5km;其他如维也纳、赫尔辛基、法兰克福、旧金山、汉堡、鹿特丹、巴尔的摩等城市地铁,地上线路的长度均超过地下部分。它们是把市郊铁路与地铁统一规划,连在一起,因地制宜,能上则上,可下则下,形成一个统一的快速有轨交通系统。我国目前正在修建地铁的城市,如上海、天津、广州、南京、深圳等大城市的路网规划中,也均是将地下铁道与地面轻轨线路统一规划和建造。

130多年来,地铁作为城市的主要交通工具,无论是平时还是战争年代,都发挥了巨大作用。随着地铁现代化的高度发展,今后还会发挥越来越大的优势。自20世纪80年代以来,一些城市兴建了轻型地铁,甚至有的城市早年已建成地铁,后来又修建了轻型地铁,形成地铁和轻型地铁在同一个城市并驾齐驱的局面,显示了两者均有着广阔的发展前景。如今,世界上尚有近50座城市正在建设或计划兴建地铁或轻型地铁。

我国内地自1965年建设北京第一条地铁起,至2000年全国城市轨道交通运营线路总长146km。2001~2005年建成399km,比前5年翻了一番多;2006~2010年建成910km,比前5年又翻了一番多;2011~2015年预计建成1 600km,比前5年接近翻番;2014年在建城市40个,在建里程3 892km。至2015年末,全国运营总里程超过3 575km。十二五期间全国城市轨道交通建设总投资将超过1万亿。2016~2020年预测将建成3 000km左右,2020年末累计运营里程将超过6 000km。目前,全国获得国家批准建设轨道交通的城市已达到38个,高居世界第一。未来3年,至少还有10个以上城市将获得批准,中国城市轨道交通的建设热潮至少持续15~20年。未来中国大约有200多个城市有发展轨道交通的潜力,据估计,2050年全国规划的线路总里程数将达到15 000km的规模,远期有可能超过30 000km。

1)内在需求

改革开放以来,随着国民经济的不断发展,我国的城市化进程在逐步加快。随着城市规模的扩大,城市人口密集度不断提升,车辆不断增加,城市路面交通系统面临前所未有的压力,城市交通压力越来越大,现有的道路交通设施已难以满足日益增长的交通需求,迫切需要通过发展地下公共交通来缓解城市交通拥堵的压力。地铁这种动力大、不占用地面空间的交通运输设施,正在大中城市建设中悄然兴起,并成为解决城市交通问题的最佳选择。

在市区地域高密度开发、居住成本不断攀升、居住环境难以改善的背景下,越来越多的人开始关注城郊地带,对城郊交通以及城际交通的需求巨大,轨道交通的分布在很大程度上影响着人们居住地的选择,并能带动沿线的经济发展,增加沿线的人口密度,形成居住区。随着地铁新线建设向城市边缘扩散,未来可用于物业开发的土地资源将更加充裕,从而地铁沿线的物业开发,包括地铁上盖商用物业、住宅物业、办公物业开发,地下空间开发都将是未来地铁建设的重点,也将是地铁公司盈利的重要来源。此外新线的建设将在很大程度上推动沿线土地的升值,同时随着人口密度的增加,也增强了对一系列商业服务的需求。

2)发展方向

从微观角度看,其发展方向为:地下街的发展将日益完善,它将从单纯的商业性质演变为包括多功能的,由交通、商业及其他设施共同组成的相互依存的地下综合体。未来在大城市的中心区,将建设四通八达不受气候影响的地下步行道系统,它很好地解决了人、车分流的问题,缩短了地铁与公共汽车的换乘距离，同时把地铁车站与大型公共活动中心通过地下道连接起来。未来地下空间的发展是高效地利用空间，将能源、物流、运输以及排污集中在地下进行处理。

从宏观角度看，其发展方向为：一是政策更加明晰，地铁交通在城市公交系统中作用越来越大，有条件的城市将把地铁交通作为优先领域，超前规划，适度建设；二是技术更加先进，技术的进步，一方面提高了地铁运行效率和服务水平，另一方面也降低了地铁建设成本；三是经营模式市场化，地铁经营方式有完全的国有垄断经营模式和市场化经营模式，把市场机制运用在地铁交通运营中已成为一种发展趋势；四是管理更加法制化，很多地铁交通实行法制化管理以保障地铁持续、稳定和高效地运行；五是建设运营安全化，地铁交通规模宏大，技术复杂，其建设和运营阶段安全因素影响极大，一旦发生事故，将造成重大人员伤亡和财产损失；六是设备国产化和标准化，在建设创新型国家政策的指引下，推进国产化和标准化建设；七是公共交通网络完善化，以地铁为骨干，与公共汽车等组成公共交通网，公共汽车通达地铁的未及之处，为地铁集结和分配客流。

【思考题】

1. 我国大中城市交通阻塞的原因主要有哪些？解决公共交通的对策是什么？
2. 我国地铁建设的基本条件是什么？
3. 地铁交通有哪些特点？发展前景如何？

第 2 章
地下铁道路网规划

【本章重难点】
1. 了解地下铁道路网规划设计原则。
2. 了解路网规划的要求。
3. 掌握地下铁道路网的基本结构。
4. 了解地下铁道线路设计原则。
5. 了解地下铁道的投资与效益。

2.1 地下铁道路网规划设计原则

2.1.1 地下铁道路网规划的意义

地下铁道路网的布局是否合理,直接关系地下铁道能否在城市交通中发挥重要的作用,直接关系基本建设费用能否降低造价、节约经费,也关系到能否方便、有效地为居民生活服务。反言之,如果地铁路网的规划不够合理,就会影响到城市的建设和长远的发展。由于路网的规划与城市用地规划紧密相关,因此在地铁建设中必须针对路网规划做到心中有数。地下铁道路网布局合理与否,导致能否有效地吸引运输客流。而经验证明轨道交通的建设只有在形成一定的网络时才可以吸引更大的客流需求。

早期建设的地下铁道没有统一的规划,往往是根据某一时期某一地带客流量的需要逐步地进行建设。这样一条条叠加起来的线路,无法形成一定格局的路网,如伦敦、巴黎、纽约等城市。

在我国,由于路网规划不够合理,使得路网规模相当庞大。仅北京、上海、成都、济南、天津、广州6座城市所规划的路网总规模就是亚洲现有地铁总规模的2～3倍。

网络规划的不合理,会带来很多的负面效应,例如:客流负荷不均匀、换乘不便等。将伦敦的地铁建设和莫斯科的地铁建设进行比较,莫斯科的地铁负荷强度大于伦敦地铁的负荷强度,但是其路网密度却低于伦敦的地铁路网密度。究其原因就在于:伦敦地铁缺乏较好的规划,导致其路网布局极其不合理,产生了如路网庞大、负荷不均匀等负面效果。

综上所述,路网规划的好坏直接影响着后期的社会效益和经济效益。因此,做好地铁路网的规划工作有着长远的意义。

2.1.2 路网规划的原则

路网规划包括规模、走向、类型等方面,是地下铁道交通规划的重要组成和具体体现。城市轨道交通规划又是城市建设和城市公共交通的重要组成部分。好的路网规划必须建立在遵循城市交通规划原则的基础之上,包括全局性、客流预测、线路走向、车站布置、交通组织等原则。不管何种原则,需要强调的是,不成网的线路是难以发挥轨道交通效率的。因此,路网规划要遵循的原则有全局性原则、客流预测原则、线路走向原则、车站布置原则和交通组织原则。

1) 全局性原则

路网规划必须符合城市的总体规划。地下铁道交通是大城市总体规划和综合交通规划的重要组成部分。随着城市经济的不断发展,城市区域会不断扩大,为了减少中心城区或老城区过重的交通压力,需要规划一些组团式的城市副中心,即通过在中心城区的周围发展若干个卫星城的方式来扩大城市。交通引导城市发展是一条普遍规律,可以通过轨道交通和城市快速干道改变城市的区域布局。地下铁道交通的发展大大改变了城市的发展模式,使城市沿轨道交通走廊轴向伸展,而城市快速干道及高速公路的飞速发展则带来了城市蔓延和副中心的出现。所以,在制定轨道交通路网规划时,一定要根据城市规划发展的方向留有向外延伸发展的可能性。如上海新一轮总体规划中确定城市发展的四个伸展轴,无不依附于相应的地铁交通干线。

地下铁道交通路网规划要符合城市的愿景规划,要有前瞻性。巴黎市郊快速铁路发展规划是在巴黎城市总体规划和土地使用规划的基础上,结合巴黎市远期发展制订的。在巴黎从单中心向多中心转变的过程中,巴黎的规划部门已经预见到由此带来的客流潜力,及时规划和建设了地区地铁交通线,从而在转轨期间成功疏散了大量客流。交通的便捷也反过来促进了各中心经济迅速发展,从而使城市步入良性发展的轨道。

2) 客流预测原则

路网规划走向要与城市客流预测相适应。通过对城市主要交通干道的客流预测,定量地确定各条线路单向高峰小时客流量,也就可以确定每条线路的规模和容量。在大城市修建地下铁道交通最主要的目的是为居民,尤其是对中、远程乘客,提供优质的交通服务,轨道交通应是最能满足出行要求的交通方式。居民每天出行的交通流向与城市的规划布局密切相关,地铁交通只有沿城市交通主客流方向布设,才能照顾到居民快速、方便的出行需要,并能充分发挥地铁交通客运量最大的功能,提高城市的生活品质和社会效益。

3)线路走向原则

规划线路要尽量贯穿连接城市中心并沿城市主干道布置。城市各类中心是汇集包括行政、资本、商业、交通枢纽和丰富的文化娱乐等资源成为客流汇集最多的地方,并由此形成了具有通达效果的主干道,城市居民由于工作、学习、出行或购物等原因外出时,通常都会沿着主线(主干道)汇集流动而形成密集客流。如果规划线路贯穿连接城市交通枢纽(如火车站、飞机场、码头和长途汽车站等)、商业中心、文化娱乐中心、大型的生活居住区等客流集散数量大的场所,可以大大减小线路的非直线系数和缩短居民出行时间。这样规划的地铁交通路线,可以满足城市居民由于工作、学习、出行等原因外出换乘的需要,最大限度地吸引客流,带来的经济效益和社会效益显著。此外,大型主干道路面宽阔,两侧民居较少,沿城市主干道布置的轨道交通线,可以减少拆迁费用,便于工程展开,减少对城市居民生活的干扰。

4)车站布置原则

线路规划的一项重要内容就是车站规划与选址。车站远近、换乘条件及换乘次数直接影响着出行时间的多少,并且直接影响客流量的大小。根据国内外的经验,在市区,两平行网线间的距离一般以1 400m为宜,同时要求街道布局相配合,除特殊情况外,两线间距离最好不少于800m,且不大于1 600m;在市郊,两线间距离可以适当增大。若在相关交叉点乘客必须换乘时,除在设计中考虑方便的换乘条件之外,经一次换乘就能到达目的地的最好不要超过两次。

5)交通组织原则

地下铁道交通路网与城市公共交通路网和其他交通方式相衔接,以充分发挥各自优势,为乘客提供优质的交通服务。检验现代城市交通状况的优劣,主要是分析居民出行是否方便,而衡量的主要标志是出行时间的长短。所以,大城市的交通组织一定要以地铁交通为骨干,常规公共交通为主题,辅助以其他交通方式,构成多方位多层次交通体系。如常规公共交通与主干道上的轨道交通的车站联系甚至联运,就可以减少居民出门步行时间。

2.1.3 路网规划的要求

路网规划除了遵循上述原则,还要满足一些必定的要求,如客运负荷均匀、地层和环境选线合理、利用既有线路、设置车辆停放和维修基地、设置环形线和优化路网修建程序。

1)客运负荷均匀

路网中各条规划线路上的客运负荷量要尽量均匀,避免出现个别线路负荷过大或过小的现象。这就要求在规划中充分考虑线路吸引客流的能力和居民出行的可达性,使乘客平均乘距与线路长度的比值较大,使乘客穿越商业中心、文化政治中心、旅游点、居民集中次数均衡。

2)地层和环境选线合理

地铁交通是设计车、机、工、电、信等的复杂交通系统,既可能穿越地下,也可能穿越地表,会遇到地下和地上建筑物。因此,在考虑线路走向时,应考虑沿线地面建筑的情况,要注意保护重点历史文物古迹和环境;要尽量避开不良地质地段和重要地下管线等构筑物,以利于工程的实施和降低工程造价。线路位置应考虑尽可能与地面建筑、市政工程综合利用,充分开发地上、地下空间资源,以利于提高工程实施后的经济效益以及社会效益。

3) 利用既有线路

地铁交通应尽可能利用城市既有的铁路设施。上海市明珠线是规划中的4号线,规划线路总长62km,南起闵行,北至宝山。一期工程南起漕河泾,北至江湾镇,全长24.975km。除起点漕河泾站、石龙路站和上海火车站为地面站外,其余16站均为高架站。一期工程充分利用旧有的淞沪、沪杭两条铁路线(约18km),占总里程的72%,其中,高架线约占86%(沿主干道),地面线约占14%(主要在郊区)。这样既减少了路面拆迁费用,又解决了困扰上海市内铁路道口交通通行的难题。该工程可使既有沪杭铁路内环线城市道路的20多处平交道口的交通压力得以缓解,从而大大改善了地面交通的拥挤堵塞状况。

4) 设置车辆停放和检修基地

车辆段(厂)是轨道交通的车辆停放和检修的基地。在规划线路时,一定要同时规划好其位置和利用的范围。另外,还要规划好设备维修、材料供应和人才培训等的用地。该用地最好和车辆段(厂)规划在一起;若条件不允许时,可单独设计。一般而言,这些基地占地面积较大,在"寸土寸金"的大城市里,规划设计时一定要注意节约用地,并要充分考虑利用基地上下方的空间,结合城市规划做好综合开发规划。一般车辆段、检修厂设置在一条线路的两端,这样可以方便地面铁路运输的地铁交通的车辆、设备与材料等经由车辆段(厂)进入地铁交通的地下或高架线。这之间要布置规划轨道专用线,专用线位于车辆段(厂)内。在网线之间,为便于路线调运车辆,还要设置联络线。

5) 设置环形线

环形线的主要作用是减少不需要到市中心去换乘的客流,并使沿环线乘行的乘客能直达目的地,提高其可达性,以起到疏解市中心客流的作用。所以环线设计除考虑方便乘客换乘和减小市中心区客流压力外,还要保证日常有足够的流量。否则,环线客流负荷强度太小,会影响其运营效率和企业的经济效益。因此,轨道交通环线的布设,要在客流预测基础上,经过分析比较,优先组合确定,不可生搬硬套,要做到因地制宜。

6) 优化路网修建程序

在确定线路规划网中各条线路修建程序时,要与城市建设规划、旧城改造计划相结合,以保证地铁交通工程建设计划实施的可能性和连续性,以及工程技术和经济的合理性。

2.2 地下铁道路网的基本结构

2.2.1 路网线路间的基本关系分析

按线路分布方式划分,路网可分为分离式路网与联合式路网两种基本形式。

(1) 分离式路网(图2.2-1)。各线路在不同高程的平面上相交,在交叉处采用分离的立体交叉,路网中各条线路独立运营,不同线路上的列车不能互通,乘客必须通过交叉点处的换乘站中转才能到达位于其他线路上的目的地车站。

（2）联合式路网(图 2.2-2)。各条线路在同一平面内交叉,在交叉处用道岔连接,因而各条线路之间可以互通列车,在整个路网上可以像城间铁路那样实行联运,乘客可以直接到达位于另一条线路上的目的地车站。

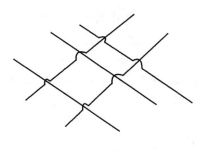

图 2.2-1　分离式路网

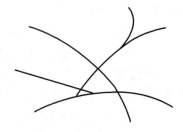

图 2.2-2　联合式路网

2.2.2　路网线路间的基本形态关系

根据线路之间的交叉关系,可以将路网线路之间分为以下三种基本形态关系。

1) 线路之间无交叉

(1) 两条路线平行或近似平行布置(图 2.2-3)。
(2) 两条线路虽不平行但相距较远。
(3) 由于河流等地理因素两线路之间无法或尚未连通(图 2.2-4)。

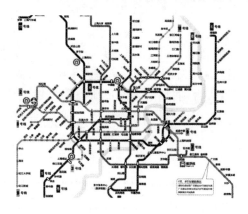

图 2.2-3　两条路线平行或近似平行布置

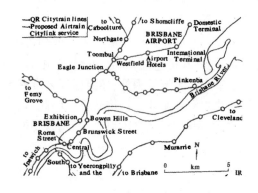

图 2.2-4　河流等地理因素两线路之间无法或尚未连通

2) 线路之间交叉一次

交叉形式可以是"+""X""T"及"Y"字形四种。线路之间交叉一次使得两条线路之间可以直接换乘,但是当换乘客流量很大时容易引起换乘客流的相互干扰和混乱。

a) 鱼形　　　b) 弧弦形

图 2.2-5　交叉两次的形态

3) 线路之间交叉两次以上

(1) 交叉两次的形态——"鱼形"和"弧弦形"(图 2.2-5)。
(2) 两条线路交叉两次以上或多条线路交叉的形态(图 2.2-6)。

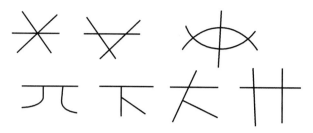

图 2.2-6 两条线路交叉两次以上或多条线路交叉的形态

（3）在一些大城市流量很大的交通走廊上会采用复合形态（图 2.2-7）。

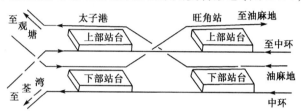

图 2.2-7 流量很大的复合形态

2.2.3 路网形态结构的基本类型

1）路网形态结构的共同特征

地铁路网就像蜘蛛网状一样向外发散，在城市的外围区轨道交通线路呈放射状，密度较低，形成主要的交通轴向；而在内城区轨道交通线路密度较高，形成以三角形、四边形为基本单元的形态多样的网络结构。

2）路网形态结构的基本类型

路网形态结构是指根据地铁规划现状与规划情况编制的路网中各条线路组成的几何图形。一般可以将其分为 18 种形态，如图 2.2-8 所示。

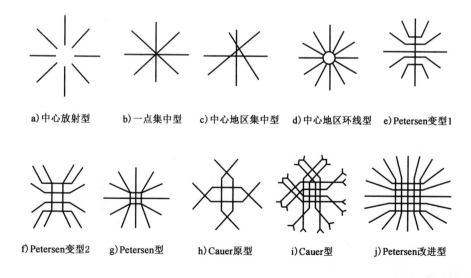

a) 中心放射型　　b) 一点集中型　　c) 中心地区集中型　　d) 中心地区环线型　　e) Petersen 变型 1

f) Petersen 变型 2　　g) Petersen 型　　h) Cauer 原型　　i) Cauer 型　　j) Petersen 改进型

图 2.2-8

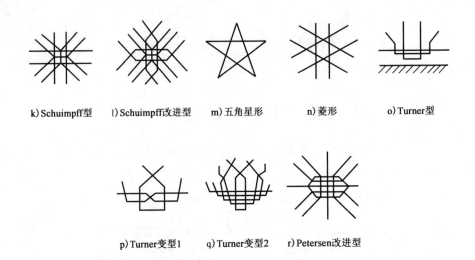

k) Schuimpff型　l) Schuimpff改进型　m) 五角星形　n) 菱形　o) Turner型

p) Turner变型1　q) Turner变型2　r) Petersen改进型

图 2.2-8　路网形态

无论在国内还是在国外,常见的路网类型有网格式、无环放射式和有环放射式三种。以下对这三种类型进行详细介绍。

(1) 网格式

网格式路网,又称为棋盘式路网,是由数条横竖线路组成的线路网,如图 2.2-9 所示,线路走向比较单一,其基本线路关系多为平行与"＋＋"字形交叉两种,这种形式充分反映了原有街道布置特点对线路网形成的影响。如纽约市地铁网、西安地铁路网(图 2.2-10)、北京市的街道与地铁路网的基本形状,均属棋盘式。网格式路网优缺点明显。其优点在于路网线路分布比较均匀,客流吸引范围比例较高;乘客容易辨识方向;换乘站多,路网连通性好。但也存在缺点:线路走向比较单一,平行线路间的换乘比较麻烦。

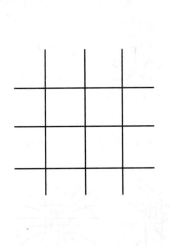

图 2.2-9　网格式路网

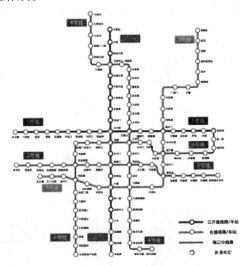

图 2.2-10　西安地铁路网

(2) 无环放射式

无环放射式结构是指路网中所有的线路只有一个交点(换乘站)的结构(图 2.2-11)。其唯一的换乘站一般位于市中心的客流集散中心，如目前的布拉格地铁网络系统（图2.2-12）、俄罗斯圣彼得堡地铁网络，这种路网结构中所有线路间都可以实现直接换乘，一般城市路网中心的可达性很好；此种路网可使整个区域至中心点的绕弯程度最小，市中心与市郊之间的联系非常方便，有利于市中心客流的疏散，也方便了市郊居民到市中心的工作、购物和娱乐出行，有助于保证市中心的活力，维持一个强大的市中心。但换乘站上的客流量大，换乘客流相互干扰也大，常易引起混乱和拥挤市郊居民出行，交通联系不方便。此外换乘车站的设计与施工难度也大。

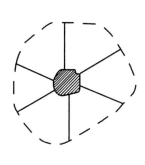

图2.2-11　无环放射式路网

图2.2-12　布拉格地铁路网

（3）有环放射式

有环放射式路网结构是在无环放射式路网的基础上增加环行线而成的路网结构，如图2.2-13所示，常见于一些规模很大的地铁系统，如莫斯科（图2.2-14）、巴黎、东京、上海等，其环线一般与所有的径线交叉。这种路网结构既具备了无环放射式路网的优点，又克服了其一些不足之处。由于环线和所有经过径线可以直接换乘，整个路网连通性好，而且能有效地缩短市郊间乘客利用轨道交通出行的里程和时间，还可以起到疏散市中心客流的作用。但是在市中心只能交到一点，造成市中心客流压力较大。

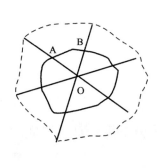

图2.2-13　有环放射式路网

图2.2-14　莫斯科地铁路网

(4) 最佳结构图示

综上三种图示，可以得出最佳结构图示，即如图2.2-15所示的在市中心区多点相交的有环放射式结构。这样多个中心相交，可避免中心站超载。在大城市里，当沿城市边缘地区人口稠密时，应考虑用环线路线。如成都地铁规划（图2.2-16）时采用这一路网结构的设计理念，会使市中心客流分散，更利于交通的运行。

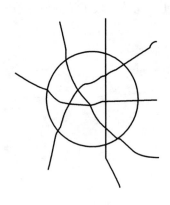
图2.2-15 最佳路网结构

图2.2-16 成都地铁路网

2.2.4 路网的组成

地铁路网中的每一条线路必须按照运营要求布置各项组成部分，以发挥其运营功能。路网通常由区间隧道、车站、折返设备、车辆段（车库及修理厂）以及各种联络支线（渡线）组成，如图2.2-17所示。

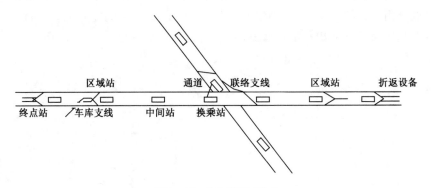

图2.2-17 地铁线路网组成

1）区间隧道

区间隧道供列车通过，内铺轨道，并设有排水沟、安装牵引供电装置（接触轨——第三轨，或架空接触线）、各种管线及信集闭设备。

2）车站

车站是旅客上、下车及换乘的地点，也是列车始发和折返的场所。按运营功能，分为中间站、换乘站、区域站、终点站。

(1) 中间站

中间站，仅供旅客乘降之用，是路网中数量最多、最通用的车站。中间站的通过能力，决定了线路的最大通过能力。如若平均的停车时间为 30s，则线路的通过能力为每小时 34 对列车（列车间隔 105s）；如果将停车时间减为 25s，则通过能力可增加到每小时 40 对（列车间隔为 90s）。路网中所有中间站作为一个整体，采用同样的布置较为有利。

在路网修建的初期，多数车站属于这一类型。但是随着线路数目的增多，在交叉点处的中间站，就要起换乘作用，因而应根据路网的远景规划，留有余地，以备扩建，以保证在不停车的条件下修建换乘通道及设备。

在分段修建和分期通车情况下，有些中间站初期将作为临时终点站。

（2）换乘站

换乘站，位于地铁不同线路交叉点的车站。除供旅客乘降外，还可供旅客由此站经楼梯、地道等通道去其他站层，换乘另一条线的列车。

地下铁道路线之间或地下铁道与其他城市交通工具间，有必要构成一个整体运输网。在线路交叉点处，一条线设有车站时，另一条线也必然在此范围内设站，这样在平面位置上大多情况成为交叉。一般为换乘方便，换乘设备集中设在车站的中央部分，这样会造成工程量比较大。联络两线的换乘设备（换乘节点）同时施工比较好，即使分段施工分期运营的规划中的换乘站，换乘节点也以先期施工为好。可避免今后一边运营、一边改建，延长工期，影响安全。

线路交叉位置和两站乘降站台的平面位置一般有：交叉"十字形""L形""T形"三种组合方式。上下车站站台间以阶梯连接，如图 2.2-18 所示。其中十字形交叉方式施工比较简单；但在两站的端部进行换乘时，增加了旅客不必要的步行，同时在站台上形成了拥挤的步行人流，对运输不利。

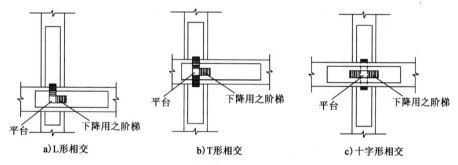

图 2.2-18　地铁换乘站的三种类型（垂直换乘方式）

在客流较大时，换乘的理想方案是采用平行型的换乘站，在这种车站站台上，旅客只需走到站台的另一边或通过天桥地道即可换乘。可是在车站前后的线路，必须进行复杂的展线，并立体交叉，因此加长线路、加大坡度、增多曲线，当线路交角越大，越复杂。平行型换乘站内均可设两个站台，两站台间以地道或天桥连接，如图 2.2-19 所示。

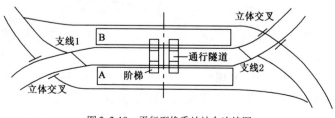

图 2.2-19　平行型换乘站站台连接图

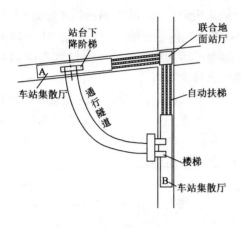

图 2.2-20 联合换乘站

当车站位置较深时,可利用联合式的地面站厅或地下站厅来换乘,联合式地面或地下站厅用自动扶梯与两个车站连接,而在地面上只设一个共同出入口。如图 2.2-20 所示,此种换乘方式在深埋地下铁道中选用较多。

在规划换乘站时,换乘周转客流尽可能和上、下车客流分开。

换乘站方案的选择受许多条件的制约,其中主要包括城市现有建筑(如管路、古建筑等)及街道布局,既有线和新建线相对方向,土层覆盖厚度和换乘客流量等。这些条件决定了车站出入口位置及换乘条件。有时地质条件也起控制车站位置的作用。车站最后方案选要建立在详细的调查研究和技术经济比较的基础上。

(3)区域站

区域站是有折返设备的中间站,列车可在此类车站折返或停车。根据线路上的客流分布,可从此类车站始发区间列车,进行区域旅客列车运转。

(4)终点站

线路的起始点,除供旅客上下车外,还用于列车的停留、折返、临时检修。为了能够起到这些作用,终点站需要有四股尽端线。当线路延长时,终点站便成为中间站,同时可当作一个有两股尽端线的区域站来使用。

(5)车站的位置与站间距

路网中车站位置、站间距、车站规模及形式的选定应与城市交通近期和远期发展规划、使用要求相结合来综合考虑,决定原则一般如下:

①客流比较集中的地点,如火车站、主要街道的十字路口、商场中心、集会广场、公园、文化娱乐中心等处应设站。

②根据城市规划,在将开辟的新工业区、居民点等处应考虑设站。

③地铁线路交叉处,应考虑设站。

④站间距对地下铁道的基建投资及运营有较大影响。从旅客方便而论,站间距以短为宜,但站间距短,设站要多,将会提高造价(一座车站的土建投资约等于 1km 区间隧道的造价),电能消耗大,运营速度降低,因此,必须两者兼顾,既要方便旅客,又要考虑投资。一般市区站间距约 1km,郊区可更大一些,但不宜大于 2km。

⑤经调查统计分析,确定客流的大小及特点,从而决定车站规模及形式,但客流量的估计受许多因素影响,很难准确。因此车站规模及形式,为便于设计、施工及管理应尽量定型化。

3)折返设备

折返设备有环形线、单线尽端线、双线尽端线。前两者只能供列车折返,后者可停放列车。在此可进行临时检修(应设检修坑)。

在线路的终点站,列车折返迅速程度决定了线路的最大通过能力,因而折返设备是线路薄弱的一环。在国外(如伦敦、巴黎)广泛采用环形线的折返设备,如图 2.2-21 左侧所示,以保证最大通过能力,节约设备费用及运营成本。可是环形线折返设备使得列车在小半径曲线上运行,单侧磨耗钢轨,不能停放及检修列车,难于延长线路,若用明挖施工修建时,则存在增大开挖影响范围等缺点。因而常采用尽端折返设备,如图 2.2-21 右侧所示。用尽端折返线时列车可停留、折返、临时检修,也不妨碍线路的延长。

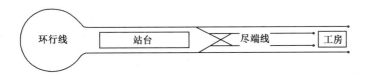

图 2.2-21 地铁折返线

尽端折返线的有效长度为从道岔外基本轨第一个绝缘接头到车挡中心的距离,应较列车计算长度多出一定长度(约 29m)。每一折返线下设宽度为 1.2～1.3m,深约 1.2m 的检查坑,以便检查车辆的走行部分。

在车挡后应设一线路工房,还应包括卫生技术设备、修配间、储存间等。

4)车辆段(车库)

车辆段(车库)规模根据该地铁所拥有的车辆数(运行车辆、预备车辆、检修车辆的总和)来决定。车辆段一般位于靠近线路端点的郊区,早上车辆向市中心发车,夜间收班向郊外入库。车辆的调配损失不大。车辆段设有待避线、停留线、检车区、修理厂、调度指挥所和信号所等。

5)联络线

路网中地下线路与地面车库应有专用线联系,此种专线一般不宜和折返线合用。此外,在路网的交叉线附近,为便于两线间车辆互相调配,可设联络线。为便于车辆折返,在适当位置设有渡线。

大城市四周的郊区范围内,沿半径方向可达数十公里,大部分的郊区居民与城市有工作上、文化上、生活上的联系,因而需要组织良好、迅速的市内外交通运输。为使地下铁道能服务于近郊区的客流,各方向来的市郊铁道,常设地下联络线,并在市内设站,作为市内交通的一部分。联络线和地下铁道交叉处设换乘站,以供旅客换乘。

2.3 地下铁道线路设计

线路是地铁的基本组成部分,线路设计标准直接与运行安全、行车速度、养护维修以及工程造价等密切相关。在考虑线路的具体位置时,应配合城市规划和现有地面及地下建筑物位置,尽量减少拆迁,减少施工对既有交通的干扰。在线路经过高大建筑物、名胜古迹等地点时,应作横断面定线,以尽量减少对这些建筑物距离的影响。

地铁线路设计须经调查研究、勘测、方案比较。勘测设计必须以经过批准的设计任务书为依据,设计任务书内容包括:建设意义、线路起终点、线路主要走向、主要技术标准、交付运营期限等。勘测设计大体要经过方案依据、初测、初步设计、定测、施工设计、施工监测、修改设计等过程来完成。

2.3.1 地下铁道线路设计原则

(1)正线皆为右侧行车的双线,并采用与地面线路相同的标准轨距1 435mm。
(2)线路远期的最大通过能力,每小时不应小于30对列车。
(3)每条线路应按独立运行进行设计。线路之间以及与其他交通线路之间的相交处,应采用立体交叉。
(4)车站一般应设在直线上,保证行车安全与施工方便。
(5)线路应尽量平缓顺直。
(6)线路的每个终点站和区段运行的折返站,应设置折返线或渡线,其折返能力应与该区段的通过能力相匹配。当两折返站过长时,宜在沿线每隔3～5个车站端加设渡线和车辆停放线。
(7)在线路网中,至少应有一个车辆段设置连接地面的铁路专用线。连接地面的铁路专用线,应符合国家现行有关铁路规划的规定。

2.3.2 线路平面设计

理想的线路平面由直线和很少的曲线组成,而且每一曲线应采用尽可能大的半径。因为小半径曲线有许多缺点,如需要一个较大的建筑接近限界去容纳车辆端部和中部的偏移距,增加了轮缘和轨道的磨损,增加噪声和振动,并需要限速。而限制速度就会增大运营费用和基本维修费用。可是在城市中,两个车站往往不在一条直线上,因此曲线连接又是不可避免的,但应尽量避免采用小半径曲线。

1)最小圆曲线半径

最小曲线半径与地铁线路的性质,如车辆性能、行车速度、地形地物等条件有关。它对行车安全与稳定以及基建投资等均有很大影响,因此曲线半径是修建地下铁道的一个主要技术指标。最小曲线半径的计算公式为:

$$R_{\min} = \frac{11.8V^2}{h_{\max} + h_{gy}} \tag{2.3-1}$$

式中:$R_{\min}$——满足欠超高的最小曲线半径(m);
　　　V——设计速度(km/h);
　　　$h_{\max}$——最大超高,取120mm;
　　　h_{gy}——允许欠超高。

根据目前我国地铁车辆运行情况,现行《地铁设计规范》(GB 50157—2013)(以下简称《规范》)规定的最小曲线半径如表2.3-1所示。

最小曲线半径　　　　表2.3-1

线　别	一般情况(m)	困难情况(m)
正线	300	250
辅助线	200	150
车场线	110	80

车站站台段线路通常应设在直线上,但个别情况下,由于城市建筑物和地形的限制,车站

可能不得不设在曲线上,此时站台曲线半径应不小于800m。

2)缓和曲线

(1)缓和曲线长度计算

设置缓和曲线的目的在于满足曲率过渡、轨距加宽和超高过渡的需要,以保证乘客舒适安全。缓和曲线的半径是变化的,它与直线连接一端的半径为无穷大,然后逐渐变化到等于所要连接的圆曲线半径,为便于测设、养护维修和缩短曲线长度,《规范》采用与地面铁路相同的三次抛物线形。其方程式为:

$$Y = \frac{X^3}{6C} \qquad (2.3\text{-}2)$$

式中:C——缓和曲线的半径变化率,$C = \dfrac{GV\alpha^2}{gi} = \rho l = Rl_0$;

R——曲线半径(m);

G——两股钢轨轨顶中线间距,取1 500mm;

g——重力加速度,取9.81m/s²;

i——超高顺坡(‰);

ρ——相应于缓和曲线长度为L处的曲率半径(m);

l——缓和曲线上某一点至始点的长度(m);

l_0——缓和曲线全长(m);

α——圆曲线上未被平衡的离心加速度,取$\alpha = 0.4\text{m/s}^2$。

缓和曲线长度的确定可以从下述三个方面确定:

①从超高顺坡的要求计算。一般超高顺坡率不宜大于2‰,困难地段不应大于3‰,按此要求,缓和曲线的最小长度为:

$$l_{01} \geq \frac{h}{3} \sim \frac{h}{2} \qquad (2.3\text{-}3)$$

式中:l_{01}——缓和曲线长度(m);

h——圆曲线实设超高(m)。

②从限制超高时变率,保证乘客舒适度分析。

$$l_{02} \geq \frac{hV}{3.6f} \qquad (2.3\text{-}4a)$$

式中:l_{02}——缓和曲线长度(m);

f——允许的超高时变率取$f = 40\text{mm/s}$。

$$l_{02} \geq \frac{hV}{3.6f} = 0.007Vh \qquad (2.3\text{-}4b)$$

以最大超高$h_{max} = 120$mm代入:

$$l_{02} \geq 0.84V h$$

③从限制未被平衡离心加速度时变率,保证乘客舒适度分析。

$$l_{03} \geq \frac{\alpha V}{3.6\beta} \qquad (2.3\text{-}5a)$$

式中:l_{03}——缓和曲线长度(m);

β——离心加速度时变率,取$\beta = 0.3\text{m/s}^2$。

将 $\alpha、\beta$ 值代入上式有：

$$l_{03} \geq \frac{0.4V}{3.6 \times 0.3} = 0.37V \quad (2.3\text{-}5b)$$

比较式(2.3-3)~式(2.3-5)可见，对缓和曲线长度起控制作用的是式(2.3-3)和式(2.3-4)，即缓和曲线的长度主要是应满足超高顺坡和超高时变率的要求。综合以上分析，可将缓和曲线长度的计算办法归纳如下：

当 $V \leq 50\text{km/h}$ 时，缓和曲线 $l_0 = h/3 \geq 20\text{m}$；

当 $50\text{km/h} < V \leq 70\text{km/h}$ 时，缓和曲线 $l_0 = h/2 \geq 20\text{m}$；

当 $70\text{km/h} < V \leq 3.2\sqrt{R}$ 时，缓和曲线 $l_0 = 0.007Vh \geq 20\text{m}$。

由此求出的缓和曲线长度 l_0 值按 2 舍 3 进，取 5m 的倍数处理。缓和曲线最小长度 $l_{0\min}$ 取 20m 主要是从不短于一节车厢的全轴距来确定的。全轴距是指一节车厢第一位轴距至最后位轴距之间的距离。

(2)缓和曲线长度

按照以上计算方法，《规范》规定，在正线上当曲线半径等于或小于 2 000m 时，圆曲线和直线间应根据曲线半径及行车速度按表2.3-2设置缓和曲线。

缓 和 曲 线 长 度　　　　　表 2.3-2

$V(\text{km/h})$ $l_0(\text{m})$ $R(\text{m})$	90	85	80	75	70	65	60	55	50	45	40	35	30
2 000	30	25	—	—	—	—	—	—	—	—	—	—	—
1 500	40	35	30	25	20	20	20	20	—	—	—	—	—
1 200	50	40	35	30	25	20	20	20	—	—	—	—	—
1 000	60	50	45	35	30	25	20	20	20	—	—	—	—
800	75	60	55	45	35	30	30	25	20	20	—	—	—
700	75	70	65	50	40	35	30	25	20	20	—	—	—
600	75	70	70	60	50	45	35	30	20	20	20	—	—
500	—	70	70	65	60	50	45	35	20	20	20	—	—
450	—	—	70	65	60	55	50	40	25	20	20	20	—
400	—	—	—	65	60	60	55	45	25	20	20	20	—
350	—	—	—	—	60	60	60	50	30	25	20	20	20
300	—	—	—	—	—	60	60	60	35	30	25	20	20
250	—	—	—	—	—	—	60	60	40	30	25	20	20
240	—	—	—	—	—	—	—	—	40	35	30	20	20
230	—	—	—	—	—	—	—	—	40	35	30	25	20
220	—	—	—	—	—	—	—	—	40	40	30	25	20
210	—	—	—	—	—	—	—	—	40	40	30	25	20
200	—	—	—	—	—	—	—	—	40	40	35	25	20

续上表

V(km/h) l_0(m) R(m)	90	85	80	75	70	65	60	55	50	45	40	35	30
190	—	—	—	—	—	—	—	—	40	40	35	25	20
180	—	—	—	—	—	—	—	—	40	40	35	30	20
170	—	—	—	—	—	—	—	—	40	40	40	30	20
160	—	—	—	—	—	—	—	—	—	40	40	30	25
150	—	—	—	—	—	—	—	—	—	40	40	35	25

(3) 不设缓和曲线时的圆曲线半径

缓和曲线是为了满足乘客舒适度要求而设置的,是否设置则视圆曲线半径(R)、时变率(β)是否能符合不大于 $0.3\mathrm{m/s^2}$ 的规定而定。当设计速度确定后,按允许的 β 值,由下式可确定不设缓和曲线的圆曲线半径 R:

$$R \geqslant \frac{11.8V^3 g}{1\ 500 \times 3.6L\beta + LiVg/2} \tag{2.3-6}$$

式中:L——车辆长度(m);
   β——未被平衡的离心加速度时变率,取 $0.3\mathrm{m/s^2}$;
   g——重力加速度,取 $9.81\mathrm{m/s^2}$;
   i——超高顺坡,取 $2\% \sim 3\%$;
   V——设计速度(km/h)。

3) 圆曲线与夹直线最小长度

正线及辅助线的圆曲线的最小长度不宜小于20m;在困难条件下,不得小于一个车辆的全轴距。

正线及辅助线上两相邻曲线的夹直线长度,在有缓和曲线时,不应小于20m;车场线的夹直线长度不得小于3m,即不应短于车辆转向架的轴距。

为避免增加勘测设计、施工和养护维修困难,地铁线路不宜采用复曲线。在困难地段,有充分技术依据时可采用复曲线。但当量圆曲线的曲率差大于1/2 000(即:$1/R_1 - 1/R_2 >$ 1/2 000)时应设置中间缓和曲线,其长度通过计算确定,但不小于20m。

4) 道岔

道岔应设在直线上,有缓和曲线时,曲线起讫点距道岔前端或后端不小于5m;无缓和曲线时,曲线起讫点距道岔前端或后端不小于5m加上超高顺坡的距离。

2.3.3 线路纵断面设计

线路纵断面设计受城市地形和地质条件支配,其中车站的埋深是线路的高程控制点。而埋深受技术条件、投资和地质防护要求等因素制约。浅埋地铁区间隧道衬砌顶部至地面距离不小于2m,车站前厅顶部要有 $1 \sim 1.5$m 的回填土。深埋地铁衬砌顶部宜在基岩面 $8 \sim 10$m 以下。因此,在进行线路纵断面设计时,可在一定的土层覆盖厚度要求条件下,首先拟定站台高程,此高程就成为站间高程的控制点。站间线路纵剖面,可根据规定的最大坡度、最小坡段长及站间地形等条件进行站间线路纵剖面设计。必要时,调整车站埋深,以求较为合理的纵断面。

1) 纵坡标准

线路坡度应尽可能平缓,其最大允许坡度值,主要从列车的运行安全、运行速度与乘客的舒适度三方面来衡量。《规范》规定,正线的最大坡度宜采用30‰,困难地段可采用35‰,辅助线的最大坡度可采用40‰,但均不包括各种坡度折减值。

最小坡度考虑排水要求,一般采用3‰,仅在特殊条件下,采用短平坡道(坡度0~3‰),但此时应确保排水的畅通。

车站站台段线路应设在一个坡度上,坡度一般采用3‰,困难条件下,可设在2‰或不大于5‰的坡道上。为了减少行车电力消耗,限制隧道内的散热量,并有利于行车安全,车站间的纵坡应尽可能设置成使列车出站后下坡、进站前上坡减速,但这项措施只有在暗挖深埋时可以实现。明挖浅埋时,将会增加开挖深度,增加造价。

隧道内的折返线和存车线,应布置在面向车挡的下坡道上,其坡度宜为2‰。车场线可设在不大于1.5‰的坡道上。

道岔应铺设在不大于5‰的坡道上,困难情况下可铺在不大于10‰的坡道上。

2) 坡段长度及连接

纵断面宜设计较长的坡度,最短不小于远期列车计算长度,如为6节车厢编成列车运行的线路,其坡段长度应为120m。

坡道与坡道的交点处,发生坡变,列车通过变坡点时会产生附加加速度,车钩应力将发生变化,为保证行车平顺与安全,当区间两相邻坡段的代数差等于或大于2‰时,在换坡点处应设置竖曲线连接。竖曲线半径应符合表2.3-3的规定。

竖曲线半径   表2.3-3

线别		一般情况(m)	困难情况(m)
正线	区间	5 000	3 000
	车站端部	3 000	2 000
辅助线		2 000	
车场线		2 000	

连接车站和区间的竖曲线不能侵入车站站台和道岔范围内,其起讫点距道岔前端或后端应不小于5m。两相邻竖曲线之间的夹直线长度在一般情况下应不小于50m。缓和曲线的超高顺坡率大于1.5‰时,竖曲线不能和缓和曲线重合。

2.3.4 超高

车辆通过线路曲线部分时,由于离心力的作用,有向曲线外侧抛出的趋势,为防止这种趋势发生,需使线路外侧钢轨比内侧钢轨高,这就是超高。在道岔地点,因设超高有困难,所以一般不设。

曲线外轨超高的数值根据离心力的大小确定。曲线半径越小,速度越高,离心力越大,此时需要平衡离心力的超高值也就越大。其计算公式如下:

根据离心力的大小：

$$J = m \cdot \frac{V_c^2}{R} = \frac{QV_c^2}{gR} \tag{2.3-7}$$

式中：J——离心力(kg)；
Q——车辆质量(kg)；
m——车辆质量(Q/g)；
V_c——车辆行驶速度(km/h)；
R——曲线半径(m)；
g——重力加速度，取 9.81m/s²。

如图 2.3-1 所示，θ 为轨顶面与水平线的倾斜角；J 为离心力；h 为外轨超高；G 为轨距。根据静力平衡原理：

$$h = J \cdot \frac{G}{Q} = \frac{G}{Q} \cdot \frac{QV_c^2}{gR} = \frac{GV_c^2}{gR} \tag{2.3-8a}$$

把速度 V_c 的单位由 km/h 换算为 m/s，则有：

$$h = G \cdot \left(\frac{1}{3.6}\right)^2 \cdot \frac{V_c^2}{9.81R} = \frac{GV_c^2}{127R} \tag{2.3-8b}$$

以轨距 $G = 1\,500$mm 代入上式中得：

$$h = \frac{1\,500 V_c^2}{127R} = 11.8 \frac{V_c^2}{R} \quad (\text{mm}) \tag{2.3-8c}$$

超高数值应取 5mm 的整数倍，一般 $h < 120$mm。计算数值小于 10mm 时可不设超高。

为减少隧道净空高度增加和车辆重心抬高，在地下铁道线路上采用半超高的设置方法，即通过把外轨抬高 $h/2$、内轨下降 $h/2$ 来实现全部超高的设置。超高数值按直线方式递减，设有缓和曲线时，在缓和曲线全长范围内递减；无缓和曲线时，应在曲线以外相当的距离内递减。

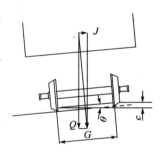

图 2.3-1 超高计算

2.3.5 轨距加宽

具有固定轴距车辆，为平顺圆滑通过线路曲线部分，轨距应有一定扩大，这种扩大称轨距加宽，如图 2.3-2 所示。一般轨距加宽办法是内轨向曲线内侧扩大。其值视车辆固定轴距、曲线半径、轮与轮缘间的间隙、轮缘高度、轮距计算决定。

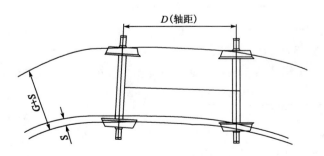

图 2.3-2 地下铁道轨距加宽示意图

轨距加宽，一般都在曲线半径小于 200m 的辅助线和车场线内才进行。轨距加宽值一般在 15mm 以下。轨距加宽在缓和曲线全长内递减。

2.4 地下铁道的投资与效益

地铁工程是规模庞大的城市基础设施项目，它的建设需要一次性投入巨额资金。因此，进行地下铁道规划时，必须考虑基建投资的概算，巨额经费的来源，运营成本、票价、投资偿还的可能性与途径，以及修建地铁后的实际效益等问题。

2.4.1 基建投资经费

北京地铁 1 号线第一期工程当时估算浅埋方案平均造价约 3 000 万元/km，实际投资仅为 2 470 万元/km，而深埋时也不超过 1 亿元/km。这是由于 20 世纪 80 年代初期，我国的整体经济规模还不太高，人民生活水平和各种物价指数均较低的条件下的造价。当时，香港地铁的造价也仅为 6.2 亿港元/km，折合 2.5 亿元人民币/km（1985 年）。到 20 世纪 90 年代后期，随着我国经济的迅速发展，人民生活水平的不断提高，建造地下铁道的人力和各种原材料的物价指数上涨了几倍，从而使得造价大幅度上升。如北京地铁 1 号线复兴门至八王坟段投资便超过 3 亿元/km。表 2.4-1 为我国现阶段正在建设中或即将动工的地铁工程造价概况，从表中可以看出，除天津市以外，其他各城市的地铁造价均已超过 4 亿元/km，而天津地铁 1 号线的造价未超过 3 亿元/km，也是因为有 7.4km 属于旧线改造部分。

我国现阶段正在建设中的地铁工程造价概况　　　　表 2.4-1

城 市	地铁名称	修建年份（土建部分）	长度（km）	总造价（亿元）	平均造价（亿元/km）	备 注
北京	16 号线	2015 ~	27.6	330	12	
上海	15 号线	2015 ~ 2018 年	42.3	421	>7.14	
广州	1 号线	1993 ~ 1997 年	18.5	122.6	6.63	
	7 号线	2012 ~ 2016 年	18.6	28.9	1.55	
深圳	首期工程	1999 ~ 2004 年	19.5	105.85	5.43	
	二期工程	2004 ~ 2008 年	23.0	126.50	5.50	
南京	1 号线	2000 ~ 2003 年	16.9	70.15	4.15	
天津	4 号线	2016 ~ 2020 年	43.5	275	8.8	

国外其他城市地铁造价如表 2.4-2 和表 2.4-3 所示。其中，德国慕尼黑地铁工程的费用比例为：主体工程占 62.3%，土地征用、人寿保险、使用数占 3%，街道修复工程占 1.5%，建筑物、内部装修工程占 4.0%，人员与材料费占 7.5%，运营设备费占 16.9%，投资结合占 4.8%。

世界部分城市地铁工程造价一览表　　　　表 2.4-2

地铁名称	修建年份	长度（km）	造价（外币）	折合人民币（亿元/km）	备 注
巴尔的摩（美国）	20 世纪 80 年代初	12.0	0.5 亿美元/km	1.6	

续上表

地铁名称	修建年份	长度(km)	造价(外币)	折合人民币(亿元/km)	备注
华盛顿(美国)		160.0	0.55亿美元/km	1.76	
东京半藏门线(日本)	1973年	10.5	210亿日元/km	4.0	
东京有乐町线(日本)	1970年	23.0	141亿日元/km	2.7	深埋
慕尼黑(德国)			0.44亿美元/km	1.44	平均造价
里昂4号线(法国)	20世纪80年代初	10.9	2.8亿法郎/km	4.9	

各项经费占总投资的比例　　　　　　　　　　表2.4-3

地铁名称	土地征用(%)	土建(%)	车辆(%)	设备及其他(%)
半藏门线	7	56	10	27
有乐町线	7	46	14	14
法国里昂四号线	15	40	12	33
德国慕尼黑	4.5	62.3	16.9	16.3
北京地铁1号线复八段	8	42	23	27

从表2.4-3可以看出,土建部分(主体工程)费用和土地征用费用两项合计占整个工程投资的50%以上,这部分资金通常在工程动工时应基本到位。

2.4.2 运营成本与票价

1) 运营成本

地下铁道的运营成本包括:
(1) 基本折旧费。
(2) 工资(固定工资和附加工资)。
(3) 车辆修理费。
(4) 电力费。
(5) 线路与设备维修养护费。
(6) 大修提成费。
(7) 行政管理费。

以上各项费用折合单位为元/百车 km。

2) 票价

(1) 偿还投资票价

按总投资、利息及偿还期限计算:

$$偿还投资票价 = \frac{运营总成本 - 基本折旧费 + 还款}{年客运量} \times (1 + 税率)$$

(2) 不亏本票价

不亏本票价是指工程投资全由国家拨款,不偿还计息,在运营后,收入与支出达到平衡的票价。

$$不亏本票价 = \frac{运营总成本 + 公安经费}{年客运量} \times (1 + 税率)$$

由于地铁投资大，运营费也可观，因此要实行偿还投资票价，必然加重城市居民负担，靠票价维护运营也有困难。目前只有莫斯科和香港地铁不亏损，其余的都得靠国家财政补贴，特别是我国低工资制这些问题显得更突出，只有实行政策性票价，才能解决地铁亏损问题。

2.4.3 社会效益分析

近年来许多国家已经不是从单纯利润观点，单方面来评估城市运输效益，如法国政府通过决定，认为发展城市运输必须考虑它的"社会价值"，苏联曾颁布了《确定基本建设投资经济效益标准法》（由原国家计委和建委1980年批准）、《非生产领域费用效果暂行计算办法》。根据这些规定，评估地下铁道效益，应当计算地铁直接的经济效益和伴随的经济效益，即：

$$总效益 = 直接效益 + 伴随效益$$

直接效益是指降低运营费和节省为改善地面效能以满足客运量所需的基建投资费。

伴随效益包括以下五个方面：

1）节省时间效益

节省时间效益是指旅客乘地铁比乘地面交通所节省时间而得的折算为金钱的伴随效益。即：

$$节省时间效益 = 全年客运量 \times 单程节省时间 \times 全市人均国民预测收入$$

客运量与预测收入以同一远景规划年限计。预测收入以小时计。

2）提高劳动生产率的效益

提高劳动生产率的效益是指旅客乘地铁减轻运行疲劳而得到的伴随效益。旅客乘车时间的增加和车辆的舒适度差都会增加旅客的疲劳程度，从而降低劳动生产率。苏联对百万人以上的大城市进行的居民"乘车疲劳"的研究表明，平均乘车时间每增加10min，劳动生产率降低1.5%～4%，根据苏联《可行性研究标准》资料，旅行舒适可提高劳动生产率1.4%～7%。国际标准化组织（ISO）对交通车辆的舒适性提出了与乘车时间有关的极限标准。实测：公共汽车乘车30min的CR值为12～14，地铁为5～6，即公共汽车的疲劳程度比地铁大一倍。

$$提高劳动生产率效益 = \frac{全年客运量 \times 1}{往返系数} \times 8 \text{ 小时} \times 1.4 \times 全市人均国民预测收入$$

3）减少交通事故效益

从乘客的角度来看，地铁最突出的特点就是准时性和高效性，选择地铁系统使乘客的旅行时间大大缩短。地铁的快捷、舒适，使得乘客可以减轻途中的疲劳。地铁本身事故比地面交通事故要少得多，而且由于地铁对地面公交客运量的分流，缓解了地面道路交通的拥塞程度，从而间接减少了地面机动车辆发生交通事故的频率，既减少了交通事故损失，又提高了乘客的安全性保障。由此可见，地铁对于提高城市活力、优化居住环境、美化城市景观、提高城市形象都有重要作用。

4）减少污染和噪声

据测定，汽车每耗用1t油，可产生COCH化合物、NO化合物、铝、烟微粒等有害物质40～

70kg。据慕尼黑在 50 个地点测定,第一条地铁开通后,以 1973 年与 1970 年相比,CO 减少 25%,CH_4 减少 35%,NO 减少 44%,地铁车辆行驶虽然也产生噪声,但对地面环境无影响。

5) 减轻道路拥挤,提高地面车辆行车速度

根据 1983 年北京市统计,客运量为 55.7 亿人次,其中自行车承担 43.8%,公共汽车、电车为 52.4%,小汽车为 2.4%,地铁仅 1.4%;早高峰时,北京市主要路口自行车流量超过 1 万辆的有 23 处,有的路口达 2 万多辆。据测算,公共汽车每乘客占道路面积为 $0.7m^2$,自行车为 $4m^2$/人,小汽车 $22m^2$/人。乘坐地铁乘客不占任何道路面积。将自行车的客流和公共汽车的客流吸引到地铁,可以大大减少地面车流,减轻道路拥挤。据天津市测算,一个每小时通过 1 800 辆机动车的路口,如果堵塞半小时,一年仅运营费要损失一千万元;天津市全市机动车车速平均降低一公里就等于损失三千多辆车的运能。

虽然地铁投资巨大,但其社会效益也是非常显著的,这对地铁建设的决策是十分必要的。

2.4.4 资金筹集

修建地铁的效益为大家所接受,但巨额的投资毕竟难于筹集,因此,必须采取多渠道方式。其筹措资金的渠道主要有:

1) 国家与地方财政拨款

地下铁道作为城市公共交通服务体系的一部分,地方政府有责任在建设资金上予以大力支持,在财政能力允许的前提下,每年应按一定比例将地铁建设和运营拨款纳入全市总的财政总支出预算中。此外,政府还可在资金筹措阶段实行一些倾斜政策。

2) 国内外银行贷款

广州地铁 1 号线很大一部分资金来源于此渠道。地铁修建后为偿还贷款,政府应考虑在拨款部分中包括土地所有权,即在地铁一定范围内,属地铁经营企业的产权,地铁企业可以采用多种经营方式,如香港地铁的物业开发,增加收入。

3) 企事业单位赞助

因为企事业是社会效益的受益者,可按工资总额收取一定比例的交通赞助费,或由某些大型企业和公司赞助基建费,并与厂商产品广告权相结合。

4) 采用股份制公司

近年来,一些城市相继打破投资单一和经营垄断的局面,加速地铁建设的市场化进程。如北京选择地铁 5 号线为突破口,公开招商,放开产权。同时,以政府给予补贴的方式保证投资者取得回报。此外,上海地铁在今年 7 月借"壳"上市,开创了国内轨道交通上市的先例。而为广州市政府全资拥有的广州地铁公司,据称也有上市的打算,但目前还只是处于研究阶段。

【思考题】

1. 地下铁道路网规划设计原则是什么?

2. 路网规划的要求有哪些?
3. 地下铁道路网的基本结构选择与交通运输量有什么关系?
4. 地下铁道线路设计原则是什么?
5. 如何分析地下铁道的投资与效益?

第3章 地下铁道车站

【本章重难点】
1. 了解影响车站的规模的因素。
2. 了解站台形式及相应的特点。
3. 掌握地铁车站的长度和宽度设计要求。

3.1 概 述

　　车站是旅客上、下车的集散地点,也是列车始发和折返的场所,是地下铁道路网中的重要建筑物。从规划设计、设备配置、结构形式、施工方法等方面考虑,车站都是最复杂的一种建筑物,因而在地铁基建投资中,所占比重最大。
　　在使用方面,车站供旅客乘降,是客流集中处所,故应保证使用方便、安全、迅速进出站。为此要求车站有良好的通风、照明、卫生设备,以提供旅客清洁的卫生环境。
　　地下铁道车站又是一种宏伟的建筑物,它是城市建筑艺术整体的一个有机部分,一条线路中各站在结构或建筑艺术上都应有独自的特点。
　　地下铁道的运输效率高低,在很大程度上取决于车站的合理设计。
　　车站设计时,应首先确定车站在现有城市路网中的确切位置。这涉及城市规范和现有地面建筑状况,地下铁道车站不比地面建筑,既经修建欲改移位置则比较困难,因此确定车站位置时,必须详细调查研究,作经济技术比较。车站位置确定后,进行选型,然后根据客流及其特点确定车站规模、平面位置、横断面结构形式等。同时,还应充分利用地下、地上空间,实行综合开发;还必须考虑到车站的防灾、抗灾等方面的要求。

在车站设计中,附属建筑物的合理设计,决定了车站能否合理发挥作用,因此必须给予充分的注意。

3.1.1 车站规模

车站规模主要指车站外形尺寸大小、层数及站房面积多少。车站规模指标包括设计年度平均日旅客发送量、旅客最高聚集人数、发车班次、发车位数等。

车站规模主要根据本站远期预测高峰小时客流量、所处的位置的重要性、站内设备和管理用房面积、列车编组长度及该地区远期发展规划等因素综合考虑确定。车站规模一般分为3个等级,具体见表3.1-1。

车站规模划分　　　　　　　表3.1-1

规模等级	适用范围
1级站	适用于客流量大、地处市中心区的大型商贸中心、大型交通枢纽中心、大型集会广场、大型工业区及位置重要的政治中心地区
2级站	适用于客流量较大、地处较繁华的商业区、中型交通枢纽中心、大型文体中心、大型公园及游乐场、较大的居住区及工业区
3级站	适用于客流量小、地处郊区各站

3.1.2 车站组成

车站平面布置应力求紧凑、适用、合理,能设于地面部分的设备房间,尽量建于地面,而不设于地下,以降低造价。车站的平面位置、规模及结构形式必须充分考虑城市客流特点和经济合理,并考虑远期的发展。

1)车站的平面组成

地下铁道车站的平面基本由地面站厅或出入口、中间站厅、站台、辅助用房4部分组成。如图3.1-1所示。

(1)地面站厅或出入口

地面站厅或出入口为地下铁道与地面的联络口,供旅客进出车站使用。

(2)中间站厅

中间站厅立面位于站台与地面之间,一般在中二层部分,供售票、候车、小卖部等用。侧式站台埋深较浅时,无法设中间站厅,可设地面站厅(或出入口)代替中间站厅的作用。中间站厅地板下表面至站台面距离为2.85~2.90m,高出车顶20cm左右,净空在3m左右。

(3)站台

站台供乘客乘降,分散上下车人流。

(4)辅助用房

辅助用房用于保证地下铁道正常使用,除以上供旅客乘降用的站台以外,还应配有高压配电、低压配电、变压器室、牵引变电室、风机室、广播室、主(副)值班室、继电器室;还包括信号工区及驻站通信室、仓库、厕所、污水泵房、服务人员休息等辅助用房。

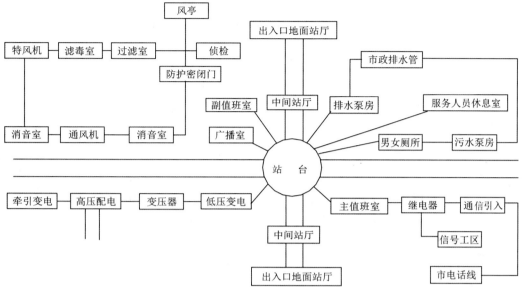

图 3.1-1　车站的平面组成

2）平面设计的基本要求

地下铁道车站在建筑上、结构上、施工技术设备上均较为复杂，是一项综合性工程。所以在进行设计时，首先要考虑总平面布置。对必须设站的地区进行详细的调查。车站总平面设计中所需考虑的问题如下：

（1）根据使用要求，合理组织人流，确定地面出入口及站厅的数量和位置。
（2）根据城市规划要求，把出入口及地面站厅与街道人行道、绿地的规划有机结合起来。
（3）地面站厅或出入口应尽量隐蔽，不宜单独建于街道绿地内，最好与两旁建筑物结合考虑。
（4）一般车站应设在街道十字路口交叉处，以便与地面公共汽车及电车的停车站联系起来，埋深太浅的侧式站台车站位置，常设在十字路口的一侧。一般车站应在直线上。
（5）考虑到原有建筑物的拆迁，出入口位置应退入建筑红线5m以内。
（6）在风亭周围3m以内应没有高层建筑物，以免建筑物破坏倒塌时，风口被堵，影响通风。如其建于建筑物内，应考虑设另一安全风口。
（7）立交换乘站，尽可能正交，以便使结构受力合理，施工方便。

3.2　站 台 设 计

3.2.1　站台形式

1）岛式站台

站台设在上下行线路中间（图3.2-1），此种站台供两条线路使用，站台两端设楼梯或自动

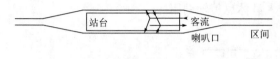

图 3.2-1　岛式站台

扶梯与中间站厅连接,其宽度由客流量建筑要求而定,一般采用 8～10m。浅埋地下铁道线路由区间进入车站时,由于线间距改变,中间应设一过渡段——喇叭口。

岛式站台适用于规模较大的车站,如始终站、换乘站,这种方式上下行线共用一个站台,可起到分配和调节客流的作用,对于乘客需要中途折返比较方便。我国现已修建的地下铁道车站中多采用岛式站台。其他国家亦多采用岛式站台,如东京、汉堡、莫斯科等城市的地下铁道车站。

2)侧式站台

在上、下行线路各设一站台时,称为侧式站台(图 3.2-2)。线路可以以最小线间距在两站台间通过,因而区间隧道与车站连接处不需修建喇叭口,侧式站台宽度一般为 4～6m。因侧式站台端部宽度不足以设置自动扶梯,所以一般均设楼梯。有时,也可在站台中部设出入口。

侧式站台适用于规模较小的车站,如中间站,不同方向的两条正线,分别使用各自的站台,上、下行旅客可避免互相干扰。中国天津市、法国巴黎、英国伦敦等城市采用侧式站台。

3)混合式站台

在一个车站同时采用岛式、侧式站台时,称为混合式(一岛一侧或一岛两侧)。岛式与侧式站台间以天桥或地道相联系(图 3.2-3)。

图 3.2-2　侧式站台　　　　　　　　　图 3.2-3　混合式站台

此种站台的主要目的是为了解决车辆中途折返,满足列车运营的要求。另一方面也是为了避免站台产生超荷现象。但此种形式造价高,进站出站设备比较复杂,因而较少采用。

对于岛式或侧式站台的选用,没有特别决定性的条件可循,但对客流随时间而有向某一方偏大的车站来说,采用岛式站台较为有效。两种站台优缺点的比较如表 3.2-1 所示。

岛式站台与侧式站台的优缺点比较　　　　　　　　表 3.2-1

站台形式	岛 式 站 台	侧 式 站 台
利用率方面	站台利用率高,可起分散人流的作用,在相反方向列车不同时到达时,可互相调节,但同时到达时,容易交错混乱,甚至乘错方向	两站台分开设置,利用率低,但相对方向的人流不交叉,不致乘错车,对客流不能起调节作用
管理方面	管理上比较集中	工作人员人数增加,管理分散不方便
折返方面	对旅客中途折返较方便	对旅客中途折返不方便,须经天桥、地道或地面才能折返
结构方面	需设中间站厅,结构较复杂,需设喇叭口,在直线部分的线路至少要增加两条反向曲线	可不设中间站厅,结构简单,线路没有特别的变更,可直线通过,不设喇叭口
建筑空间方面	建筑空间艺术处理好,空间完整、气魄大	在建筑艺术处理上空间较分散
站台延长方面	站台延长困难	站台延长容易
建管费用方面	建筑费用大	建筑费用省

3.2.2 站台的几何尺寸

1) 站台长度

站台长度分为站台总长度和站台计算长度两种。站台总长度是根据站台层房间布置的位置及需要由站台进入房门的位置而定,是指每侧站台总长度。站台计算长度是指列车最大编组数的有效长度 L_0 与列车停站停车误差 δ 之和,站台计算长度 L 一般可由下式计算:

$$L = L_0 + \delta \tag{3.2-1}$$

L_0 在无站台门的站台应为列车首末两节车辆驾驶室门外侧之间的长度;在有站台门的站台应为列车首末两节车辆客室门外侧之间的长度。停车误差 δ 是指考虑到停车时位置的不准确和车站值班员及驾驶员对确定信号的需要,当无站台门时应取 $1\sim2\text{m}$;有站台门时应取 $\pm0.3\text{m}$ 之内。此外,还需考虑有辅助用房(广播室、信号室、运输值班室)时,还应适当增长站台,因此,站台的长度一般为 $120\sim140\text{m}$。

2) 站台宽度

站台的宽度由站台形式、楼梯的位置、高峰时客运量、列车运行间隔等决定,其次是考虑站台边缘安全带的宽度、站台的座椅、车站立柱的关系等。

站台宽度是车站规模的一项重要指标,通常按以下两式计算:

岛式站台宽度

$$B_\text{d} = 2b + n \cdot z + t \tag{3.2-2}$$

侧式站台宽度

$$B_\text{c} = b + z + t \tag{3.2-3}$$

$$b = \frac{Q_\text{上} \cdot \rho}{L} + b_\alpha \tag{3.2-4}$$

$$b = \frac{Q_{\text{上,下}} \cdot \rho}{L} + M \tag{3.2-5}$$

式中:b——侧站台宽度(m);

n——横向柱数;

z——纵梁宽度(含装饰层厚度)(m);

t——每组楼梯与自动扶梯宽度之和(含与纵梁间所留空隙)(m);

$Q_\text{上}$——远期或客流控制期每列车超高峰小时单侧上车设计客流量(人);

$Q_{\text{上,下}}$——远期或客流控制期每列车超高峰小时单侧上、下车设计客流量(人);

ρ——站台上人流密度,取 $0.33\sim0.75\text{m}^2/$人;

L——站台计算长度(m);

M——站台边缘至站台门立柱内侧距离(m),无站台门时,取0;

b_α——站台安全防护宽度(m),取0.4,采用站台门时用 M 替代 b_α 值。

式(3.2-2)和式(3.2-3)中的 b 值,应取式(3.2-4)和式(3.2-5)计算结果中的较大值。

为了保证车站安全运营和安全疏散乘客的基本需求,无论计算数值如何,我国《地铁设计规范》(GB 50157—2013)中规定了车站站台的最小宽度值,见表3.2-2。

车站各部位的最小宽度(单位:m)　　　　　　　　　表 3.2-2

名　　称	最小宽度
岛式站台	8.0
岛式站台的侧站台	2.5
侧式站台(长向范围内设梯)的侧站台	2.5
侧式站台(垂直于侧站台开通道口设梯)的侧站台	3.5
站台计算长度不超过 100m,且楼、扶梯不伸入站台计算长度 岛式站台	6.0
站台计算长度不超过 100m,且楼、扶梯不伸入站台计算长度 侧式站台	4.0

3) 站台高度

站台高度是指线路走行轨顶面至站台地面的高度。站台实际高度是指线路走行轨下面结构底板面至站台地面的高度,它包括走行轨顶面至道床底面的高度。站台高度的确定,主要根据车厢地板面距轨顶面的高度而定。如图 3.2-4 所示为位于直线上车站的站台高度,从车站隧道底板顶面至站台面高度为 A 型车不小于 1 640mm,B 型车不小于 1 610mm,隧道底板顶面至钢轨顶面高度为不小于 650mm(一般为整体道床),车厢地板至钢轨面高度为 965mm。

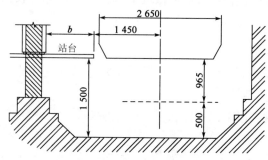

图 3.2-4　车站站台高度图(尺寸单位:mm)

4) 站台上部净空高度

站台上部净空高度,一般由建筑艺术及工程上的要求考虑来决定,增大高度较为美观,但结构边墙、立柱均增高,工程数量亦相应增大。最小站台上部净空高度,一般规定为 3m。单拱车站站厅高度,通常需定得高些,使能符合建筑艺术的要求。根据经验站厅跨度与高度之比约等于 2。

北京地铁第一、二期工程车站主要内部尺寸见表 3.2-3,其中站台长度按六节车辆编组考虑,侧式站台有效长度为 118m,实际长度为 120~150m。一期工程中,北京火车站地铁站、前门站属甲型;木樨地、公主坟、崇文门、宣武门、南礼士路等为乙型。二期工程因在人口密集的市中心区,除复兴门站因与一期地铁衔接规模略小外,其余均为同一规模的大站。表 3.2-4 为上海 1 号线地铁车站主要尺寸。

北京地铁第一、二期车站主要尺寸(单位:m)　　　　　表 3.2-3

线　别		站台总宽	中间集散厅宽	中间集散厅高	侧站台宽
二期		13.1	6.0	6.7	
一期	甲型	12.5	5.95	4.95	2.475
一期	乙型	11.0	5.0	4.55	2.1
一期	丙型	9.0	4.0	4.35	1.75

上海地铁1号线车站主要尺寸(单位:m)   表3.2-4

规 模	站台总宽	侧站台宽	站台长度	站台面至楼板底宽	站台面至吊顶面高	吊顶设备层高	纵向柱中心距
大	14	3.5~4	186	4.1	3	1.1	8~8.5
中	12	2.5~3	186	4.1	3	1.1	8~8.5
小	10	2.5	186	4.1	3	1.1	8

3.3 车站结构

地下铁道车站的结构形式与区间隧道衬砌结构一样,可基本上分为矩形框架结构(或称箱形框架结构)、拱形结构和圆形结构三种。在这三种结构中,我国使用最多的是箱形框架结构,其次是拱形结构,圆形结构主要用于国外地铁,我国几乎不太采用。

3.3.1 箱形框架结构车站

浅埋地铁车站采用框架结构便于施工,而且净空断面能充分利用,杆件刚性结合,断面最经济。

框架结构又可分为单跨、双跨、三跨、四跨几种类型。我国地铁车站结构中,双跨、三跨、四跨较多,单跨采用较少。其中三跨广泛用于岛式站台中,双跨和四跨在侧式站台中被普遍采用。

早期地铁多采用单跨框架结构车站,边墙及底板用整体浇筑混凝土,或用块石砌成,顶板可用铆接工字钢钢梁,在其上以单拱纵向跨越梁间。近代技术的发展,可采用预应力混凝土构件,因而出现了大跨度单跨顶板,如图3.3-1所示的单跨车站,顶板为肋形盖板,板宽0.75m、1.0m、1.5m或更宽,边墙可为整体混凝土,并与底板刚接或采用预制构件支在底板上。

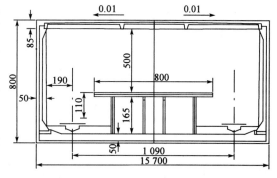

图3.3-1 单跨车站(尺寸单位:cm)

单跨车站构造形成根据底板受力条件不同而不同,当地基比较松软,地下水压很大时,必须修仰拱,但由于大跨度仰拱增加开挖工作量,且施工复杂,因而这种单跨车站仅适用于底板为平板时。

在侧式站台中,广泛采用双跨或四跨的箱形框架整体结构形式,图3.3-2、图3.3-3即属此种类型,此种结构整体性好。岛式站台车站较广泛采用三跨箱形框架结构。

现代各国的两跨及三跨地下铁道车站,多采用整体式钢筋混凝土(图3.3-4)或钢筋混凝土预制构件。整体式钢筋混凝土采用不同形式的顶板、边墙、底板。此种顶板绝大部分为肋式板,其主要承载结构为一根或两根跨在立柱之间的纵梁,纵梁支承着横梁,横梁作为顶板的支承。在某些方案中,不设横梁,纵梁直接支承顶板,此时顶板厚度加大,多数借助纵梁和立柱上方通过的横梁组成的顶板,会形成一种尺寸较大的矩形基本方格,在这一基本方格内再以一些断面相同、彼此交叉的梁组成一些小方格,这样在线路上方形成四至九个近似于正方形的"井式楼盖"。三跨式车站也有采用如图 3.3-5 的"无梁楼盖"形式。"无梁楼盖"形成的整体式钢筋混凝土车站结构是较好的方案。此种结构整体性好,车站内空间利用充分,艺术效果较好。

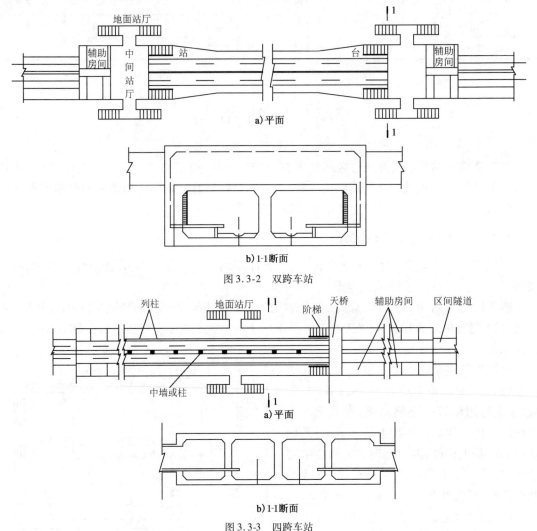

图 3.3-2 双跨车站

图 3.3-3 四跨车站

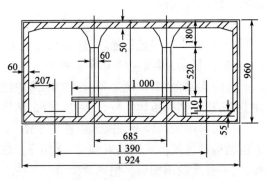

图 3.3-4 三跨车站断面图(尺寸单位:cm)　　图 3.3-5 三跨"无梁楼盖"车站(尺寸单位:cm)

在两跨及三跨车站结构方案中，底板也可有不同方案。一种是底板为较厚的钢筋混凝土板，在其上支承边墙和柱基。另一种是底板为连续板，并与底部纵梁刚性连接，在此纵梁上支承车站立柱。

在某些车站结构方案中，边墙和立柱设有条形基础，此基础直接支于地层上，而混凝土底板各跨独立，且简支于边墙及柱的条形基础上，这种底板相当于弹性地基上的单跨、双跨、三跨板。这些板承受地基反力，也常承受地下水压力。

双跨及三跨车站的边墙与顶板整体连接，是两端为刚性连接的实体板。

在两跨及三跨车站中，立柱间距为5~7m，对于此类车站采用标准的立柱间距，具有一定的现实意义，因为这样可采用标准的构件骨架及标准单元的金属模板，有利于施工和降低造价。

图3.3-6为采用预制构件的三跨车站方案，主要优点是建造简单，其基本施工步骤是进行预制构件的安装。在此车站中，底板可采用就地浇筑或用预制块铺装，再行填缝两种做法。

顶板预制块有两种形式：肋式和平板式，前者为槽形成板，后者为空心矩形板，纵梁为简支及双悬臂式。从车站建筑装饰考虑，纵梁断面可采用倒"T"形，以增大站台上方净空高度，得到较好的艺术效果。

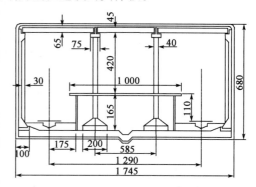

图3.3-6 三跨预制构件车站（尺寸单位：cm）

边墙砌块亦系肋形板，以减轻自重和节约材料消耗，并于上下端设牛腿，上端以利支撑顶板，下端以利传递荷载。

立柱安装于底板纵梁的柱窝中，此时底板纵梁亦作为底板的中间支座。若地基为坚实岩层时，可不设纵梁，立柱下设柱靴，将压力直接传于底板。

车站采用拱形顶板时具有较好的艺术效果，地下站厅显得宽敞美观。但增加了结构的高度，相应地要增加基坑开挖深度和提高工程造价，有时甚至影响明挖法施工。

此外，由于基坑法施工，在衬砌背后没有地层抗力，拱脚处的抗力要由边墙承受，因而必须加大边墙的尺寸，且使边墙与底板刚性连接，这样就必须增大基坑开挖宽度，增加了结构构造和施工上的复杂性，提高了工程造价，因此在浅埋地下铁道车站大多采用平顶板。

3.3.2 拱形结构车站

1）单拱形结构

地下铁道修建时，所需开挖坑道的宽度很重要，因为它决定了地层开挖的工作量、地面受干扰范围的大小。在采用暗挖法施工时，开挖宽度决定了地层压力的大小及其特征。因而在设计车站时，应尽量把坑道宽度减至最小，从这点看单拱车站站台布置紧凑美观，具有明显的优点。

早期修建地下铁道的国家，曾比较广泛采用过单拱车站，例如巴黎地下铁道，无论在深埋及浅埋条件下，单拱车站是基本的车站形式。莫斯科地下铁道线上，现在运营的有两座埋深较浅的单拱车站，其中一个是在明挖基坑中修建的，衬砌由拱形过梁的单跨框架形成，如图3.3-7所示。我国广州地铁1号线的花地湾车站，亦是这种结构形式（侧式站台）。

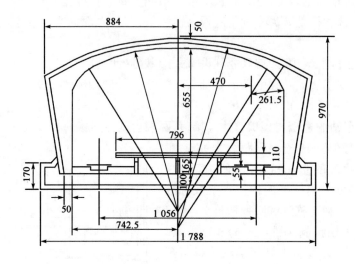

图 3.3-7 单拱形过梁车站(尺寸单位:cm)

单拱车站拱墙的构造形式由其所处的地质条件不同而不同,同时地质条件也影响着施工方法的选择,当拱部位于软弱地层时,最好的方案是采用钢筋混凝土或铸铁衬砌。当拱部位于硬岩层中时,可用矿山法施工,采用整体混凝土拱圈或喷射混凝土衬砌。

边墙可采用整体式和装配式混凝土,底板若位于坚硬岩层,并无地下水压力时,只简单铺上混凝土即可,当有静水压力时,修整混凝土仰拱,并做粘贴式防水层。若地下水压力不大时,则可采用喷射混凝土。

2) 双拱和三拱车站

当地铁车站位于深埋地段或即使位于浅埋地段,但为了不妨碍地面繁忙的交通,也需采用暗挖法施工时,车站结构通常可采用双拱和三拱结构。这两种结构形式在我国近期建成和正在建设的浅埋地铁车站中比较流行。图 3.3-8 为建在较硬岩层中的深埋双拱车站图。图 3.3-9 为深圳地铁某浅埋双拱车站结构断面图;图 3.3-10 为北京地铁西单三拱车站结构断面图(浅埋)。

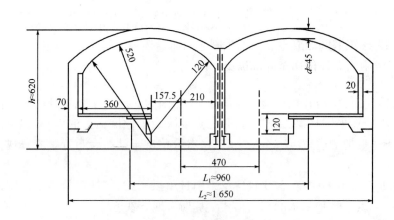

图 3.3-8 双拱车站图(尺寸单位:cm)

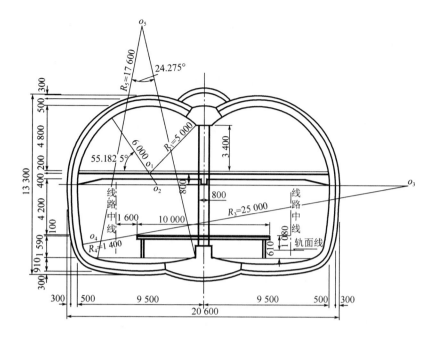

图 3.3-9 双拱车站结构断面图(尺寸单位:cm)

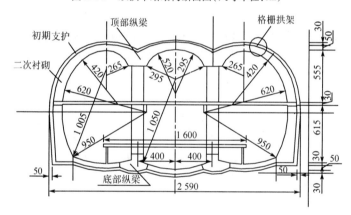

图 3.3-10 三拱车站结构断面图(尺寸单位:cm)

结构的构成与区间拱形结构一样,通常采用复合式结构。初期支护为格栅拱架加喷射混凝土,二次衬砌为模筑钢筋混凝土。顶部拱圈之间通过顶部纵梁连接,再将拱圈所承受的部分荷载和自重,通过中间立柱传递至底部纵梁。

浅埋暗挖时的岛式车站究竟是采用双拱还是三拱结构,需视车站的规模和位置而定。

3.3.3 圆形结构车站

圆形结构车站主要适用于采用盾构法施工的深埋地铁车站,且大多在欧洲早期地铁(如俄罗斯)建造中采用,其结构类型主要有三拱塔柱式车站、三拱立柱式车站两种。

1)三拱塔柱式车站

三拱塔柱式车站如图 3.3-11 所示,它是由三个封闭圆形隧道所组成的结构物,这三个隧道靠横向通道连接成为一个整体,通道之间的部分为巨型的塔柱,由它来承受半圆拱传来的荷载,并通过它传给基础,所谓三拱塔柱式也由此而得名。

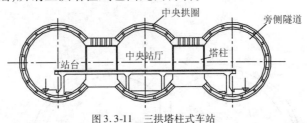

图 3.3-11 三拱塔柱式车站

车站相邻隧道衬砌间的净距离,根据施工条件而决定,当用铸铁管片成环时,这一距离最小为 90cm。

站厅尺寸及通道数目均按客流来确定,并应满足各项技术要求。按城市地面建筑物分布情况来决定集散厅的长度和地面站厅的设置位置。地面站厅以 30°倾角的自动扶梯隧道与车站集散厅相连,为能缩短集散厅(中央隧道)的长度,以降低造价,自动扶梯隧道最好沿车站纵轴方向安设,这样可使站台直接与地面连接,从而缩短整个车站长度。但由于地面建筑物条件限制,扶梯隧道往往与车站纵轴成一角度,这样就需修建地下通行隧道和楼梯,而且使扶梯张拉室移设于车站的一侧,结果不仅增加了通道长度和造价,也使旅客感到不方便。

有关站台的宽度(乘降站台边缘至塔柱侧塔柱车站墙壁饰面的宽度),应由客流密度决定,但不得小于 3.45m。

站厅高度(由站台面至拱饰面),应按建筑艺术及构造的观点拟定,不得小于 4.0m,中央集散厅的宽度不小于 6m。隧道间通道宽度不小于 2.7m,高度不小于 2.5m,通道、走廊及阶梯宽度不小于 3.0m。

车站侧隧道长度,由乘降站台决定,乘降站台长度应超过计算列车长度 2m。中央隧道(集散厅)长度,由车站客流决定。在 8 辆车编成列车时,站台每边至少容许设置 8 个通道;5 辆车时,每边至少容许设置 4 个通道,且不少于乘降站台数的 1/2。

俄罗斯某些深埋地下铁道车站隧道的铸铁衬砌采用直径 7.8m、8.5m、9.5m 等,塔柱式车站在俄罗斯地下铁道中用的最多。但它仍有一定的缺点:

(1)占面积很大的塔柱(每一塔柱占 $2m^2$)使车站面积变得很狭窄。

(2)车站被塔柱分隔成三个单独的站厅,失去了车站建筑规模的整体性。

(3)由于坑道总宽度极大(超过 30m),因而地层压力亦大,这样使车站结构实际强度安全系数降低。

(4)必须为设通道及旁洞衬砌而铸制大量非标准管片,这样就增加了成本并产生了额外的困难。

(5)通道设置很费工,并难于用粘贴式防水层防止漏水。

由于这些缺点,所以在地质条件较好时,应当考虑采用其他的车站结构形式。

2)三拱立柱式车站

如图 3.3-12 所示,包括两个平行的旁侧隧道,它们在与其间的中央站厅相连接的地方

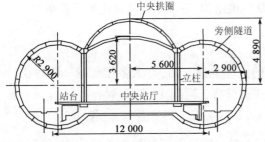

图 3.3-12 三拱立柱式车站(尺寸单位:cm)

断开,中央站厅为拱圈所跨越,该拱圈通常高出旁侧的两隧道的拱圈。两个旁侧拱圈及中央拱圈均支撑于纵梁或过梁及立柱上,由它们将荷载传递到结构物的底板及仰拱上。

侧站台及集散厅长度均按列车计算长度决定,并应留有一定的富余量。

立柱式车站站台宽度应不小于10m,其中由站台边缘至立柱外侧间的距离应不小于2m,在不设立柱段,站台宽度应不小于3m,站厅高度应不小于4m。立柱式车站由于两个旁侧隧道间的净距不能容下一个自动扶梯张拉室(9.5m),故将其设在车站的一端的两个区间隧道之间与站厅连接,因此站台位置决定了地面站厅的位置。

用立柱式车站时,可以消除上述塔柱车站具有的缺点,然而立柱式车站却有下列缺点:

(1)荷载由拱圈借助一些铸铁管片传于立柱,这些铸制管片是以铸制管片构成的钢梁或铸铁过梁支承,这两种铸制管片的形状均比塔柱式车站钢架管片要复杂。

(2)两旁侧隧道间的净距小于设置自动扶梯张拉室的外径(9.5m),这样便不能在两个车站隧道之间设置张拉室,而不得不将它设在车站端部的两个区间隧道之间,因而造成了中央集散厅不必要的延长,其长度与乘降站台长度相等。若为缩短集散厅的长度,而将它移到车站的某一端是不合理的。因为这样做会使车站运营条件恶化。此外,在不中断车站正常运营条件下,修建第二座自动扶梯隧道难以进行。

因此在有些情况下,若根据与城市建筑物有联系的地面站厅的位置,使得自动扶梯的转折线深入到沉降站台的范围,一般说来,就不能采用立柱式车站。

3.3.4 车站结构的沉降缝

对于上述各类型车站,为满足施工需要和保证车站各部分能自由相对沉陷,应设沉降缝。沉降缝对保持车站建筑物和建筑装饰的完整性来说也很重要。因为车站结构各部分受到强度不同的荷载,或者分别支承在弹性性质互不相同的土壤上面,所以如不对结构采取相应的措施,则很难保持结构完整性。例如车站中间站厅所受回填重量就小于与其毗连的喇叭口和车站大厅所受荷载,应在它们两端部设沉降缝将喇叭口及车站大厅分离开来。此外车站大厅本身沿全长也用沉降缝分成2~3段,如图3.3-13所示。

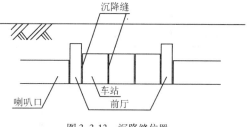

图3.3-13 沉降缝位置

3.3.5 车站设计方案示例

1)三跨箱形框架岛式站台车站

此种车站由两个"L"形出入口和两个"T"形出入口经人行通道连接地面与中间站厅,再以双向宽楼梯将地下中间站厅与站台(中间集散厅)连接,车站辅助房间分别设于站台两端和中间部分。当规划安设自动扶梯时,其"L"形地面出入口宽度要考虑扶梯与阶梯并列配置时的必要宽度,如图3.3-14所示。

2)四跨箱形框架侧式站台车站

此种车站有两个"T"形地面出入口,分设于车站两侧,地面出入口由人行道直接连接车站侧站台,没有中间站厅。在埋深可能条件下,两侧站台以跨线天桥相连通。车站辅助房间设于车站两端或天桥两侧二层楼上,车站平面布置如图3.3-3所示。图3.3-15为车站实例图。

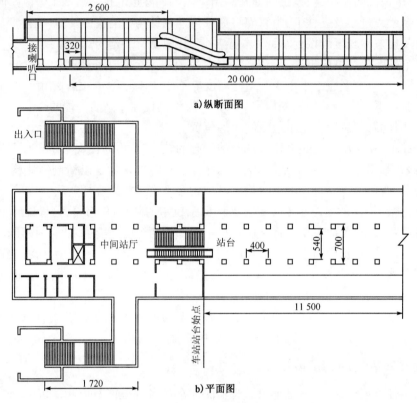

图 3.3-14 三跨岛式站台车站示例图(尺寸单位:cm)

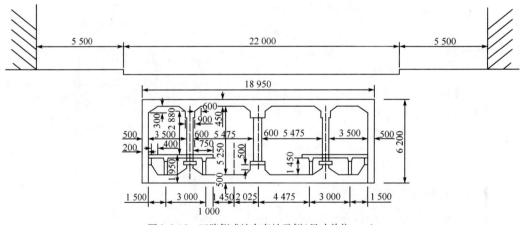

图 3.3-15 四跨侧式站台车站示例(尺寸单位:mm)

3) 双跨箱形框架侧式站台车站

此种车站有 4 个"T"形地面出入口,分设于车站两侧,经人行通道与中间站厅相连,中间站厅以单向楼梯与站台相连,站台上不设立柱,站台宽度可适当减窄,站台瞭望条件较好。车站辅助房间分设于车站两端或中间站厅部分,车站平面布置如图 3.3-2 所示。

4) 双跨拱形结构岛式站台车站

车站平面如图 3.3-16 所示。此种车站同样有 4 个"T"形地面出入口,分设于车站两侧,经人行通道与中间站厅相连,中间站厅以单向楼梯与站台相连,站台上仅设一排立柱(双拱结构),这样站台宽度又可大为减窄。车站辅助房间分设于车站两端或中间站厅部分,车站横断面结构如图 3.3-9 所示。

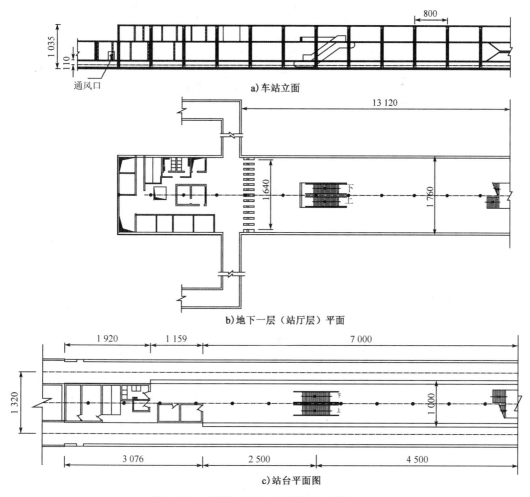

图 3.3-16 双跨岛式站台车站示例(尺寸单位:cm)

图 3.3-17 为上海地铁 2 号线部分车站局部景观。

a) 河南站　　　　　　　　　　b) 人民公园站

图 3.3-17

c) 中山公园站

图 3.3-17　上海地铁 2 号线部分车站局部景观

3.4　出入口建筑物

3.4.1　地面站厅

地面站厅是旅客进出地下铁道车站的咽喉,其位置选择、规模大小,应满足城市规划和交通的要求,并应便于乘客进出站。建造时可单独修建。在地面比较狭窄时,亦可与待建或已建的建筑物联合修建,但应预先采取措施消除和减少风机及自动扶梯运转时噪声和振动的公害。为方便出站人员的疏散,联合修建时的建筑物应退出建筑红线 5m 以外。

地面站厅的位置应尽可能使乘客横穿街道的次数少,所以常常设于街道十字路口一侧。

地面站厅地坪高程,要考虑暴雨时最高水位。为避免水淹的可能,应高出地面 10~15cm。地面站厅净空高度,一般在 2.2~3.5m。地面站厅面积除考虑客流量、建筑艺术要求外,还应考虑是否要设售票、检查、管理办公室,如没有中间站厅时,还应考虑休息、候车、小卖部等需要。

建筑艺术要求,须根据客流量多少及车站所在地区有否特殊要求而定。

图 3.4-1 为单独设地面站厅方案,图中自动扶梯大厅,设有检票口。售票厅内设人工及自动售票口,售票口数目由客流决定。办公室(面积 200~400m^2),用于管理地面站厅。出口大厅,有时可能不设,即由自动扶梯大厅直接出站。地下设施通风井的进风口和排风口宜分开建设,其水平距离不小于 10m,垂直距离不小于 6m;如有室外售票处,则需要设置前室,将售票厅、出入口与广场分隔开来。上述各房间与场所的相对位置,应根据站厅布设的具体条件及其运营的具体条件确定。

图 3.4-2 所示为地面站厅与其他建筑物

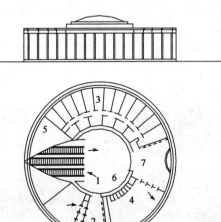

图 3.4-1　地面站厅

1-自动扶梯大厅;2-售票厅;3-办公室;4-出口大厅;5-通风渠及进排风设备;6-自动电话;7-前室

结合设置方案。

3.4.2 地面出入口及人行通道

不设地面站厅的车站,应根据所在位置、地面建筑与街道情况布置出入口,出入口一般都设有顶盖,它包括楼梯或自动扶梯、地面或地下售票处、地下人行通道,它的平面组成简单,外形小、占地少,故可设在人行道边或拐角处,并尽可能靠近城市地面公交停靠站附近。又由于它构造简单,造价经济,所以在一个车站可设置多处,并可与人行横道连接,成为城市交通的组成部分。

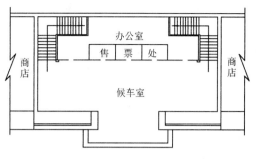

图 3.4-2 地面站厅与建筑物合建图

1) 位置选择

出入口位置决定于车站的地势和所选地区的具体条件,并应满足城市规划及交通的要求,一般选择在人流集中的地方。

(1) 设在沿街道人行道边(图 3.4-3)和街道拐角处,可采用平面曲线形式,并可双向出入(图 3.4-4),但应注意和邻近建筑物的关系。设在人行道上的出入口,可加设栏杆围护方式。

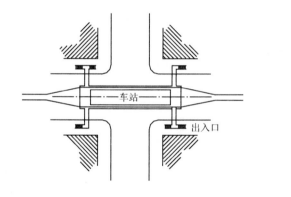

图 3.4-3 沿街道布置

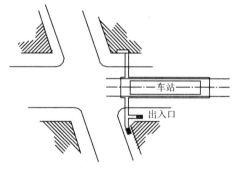

图 3.4-4 双向出入

(2) 设在街道中心广场、街心花园、安全岛处。因其面积比较宽广,位置选择比较自由,亦便于客流疏散;但旅客出入必须横穿街道,这样不够安全。现有实例多设于次要街道的安全岛上。

(3) 设在建筑物内,如百货商店、办公室楼的底层等。这种出入口的扶梯可直通人行道,使旅客与进出上述建筑物的人流不干扰。另一种是扶梯完全设于大楼中,乘客出扶梯直通建筑物内,这种位置对乘客进入公共建筑物较为方便。在市中心区,空地较少的情况下,较合理,但使建筑物复杂化。

(4) 设在车站广场及停车场上。在火车站广场前或公共汽车站附近,应使地下铁道与地面交通工具紧密连接,换乘方便。

实际上一个地下铁道车站有几个出入口,可设在上述所提出的各种位置上。总的来说应符合设置合理、投资经济的目的。

2) 地面出入口的平面类型

出入口平面一般有三种形式:"L"形、"T"形、"一"形。"一"形最简单。"L"形(或平面曲线型)可设于街道拐角处。如在人行道上设置时,以"T"形较好,双向出入,宽度可减半。在一个车站有4个以上的出入口时,可在两个对角位置各设一"T"形出入口。

3) 出入口及通道的数目和宽度

地铁车站出入口及通道的数目由客流量及所在地区的情况决定,从站内发生灾害性事故后,疏散旅客考虑,一个车站最少应有两个出入口通到站台的楼梯,岛式必须两个,侧式必须四个,即站台两端头必须要有通向地面的出入通道。

出入口及通道的宽度,一般是通过客流量来计算决定。一个通道的最小宽度应在1.5m以上。采用宽度一般不宜小于2.0m。通道内净高一般为2.5m左右。

在确定通过能力时,还必须考虑到客流分布的不均匀性,如有两个地面站厅或出入口,对每个均应乘以不均匀系数1.25。通过能力按下述规定计算。

每米宽的通道和走廊通过能力:单向(一个方向)5 000人/h,双向(具有相反方向)4 000人/h。

每米宽的楼梯通过能力:单向行人(下楼时)4 000人/h,单向行人(上楼时)3 750人/h。

(1) 通道宽度计算(图3.4-5)

单支(车站两侧各一个):

$$b = \frac{最大客流量}{4\,000 \times 2} \quad (m) \qquad (3.4\text{-}1)$$

双支(车站两侧各两个):

$$b = \frac{最大客流量 \times 1.25}{4\,000 \times 2 \times 2} \quad (m) \qquad (3.4\text{-}2)$$

(2) 出入口宽度计算(图3.4-6)

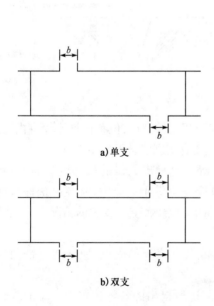

图3.4-5 通道宽度

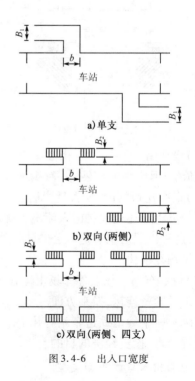

图3.4-6 出入口宽度

单支一个出入口(单向两侧):

$$B_1 = b \qquad (3.4\text{-}3)$$

双向(两侧):

$$B_2 = \frac{b \times 1.25}{2} \quad (3.4\text{-}4)$$

双向(两侧,四支):

$$B_3 = \frac{b \times 1.25 \times 1.25}{2 \times 2} \quad (3.4\text{-}5)$$

单向入口门(每扇为0.85m),通过能力为5 000 人/h。

(3) 出入口的地面形式

出入口的地面形式与自然气候条件、城市规划要求、周围建筑物有关,一般可分为露天与带屋盖两类。我国一般采用带屋盖形式。

3.4.3 升降设施

旅客在乘用地下铁道的过程中,不仅在水平方向,还须在垂直方向移动,因为车站的乘降站台,一般均处在地下一定的深度,尤其是深埋车站时更深,地下铁道车站必须具有一种能满足客流需要的竖直升降设施。升降设施一般采用阶梯和自动扶梯两种形式。当车站埋深较浅,且客流不大时,常用阶梯;对深埋地铁车站除设有步行阶梯外,一般还设有自动扶梯。

1) 阶梯

阶梯即一般楼梯,阶梯主要考虑的尺寸是踏步的高和宽。我国目前采用的踏步高为145~150mm,踏步宽为300~320mm,阶梯每升高3m 设宽为1.2~1.8m 的步行平台,阶梯上部净空高度(踏步面至天花板)最低为2.5m,一般为2.7~3.0m,考虑到阶梯有时与自动扶梯并列的情况,阶梯的坡度一般采用30°。阶梯原则上应设扶手栏杆。

车站阶梯最小宽度的计算,应以上车乘客的流动宽度计算,并考虑交错的富余量等。阶梯宽度的计算式为:

$$B = \frac{1}{Pv} \cdot \frac{S}{T}(1+\alpha) \quad (3.4\text{-}6)$$

式中:T——列车运转时间间隔(s);

P——人群密度,取 22 人/m²;

v——人流移动速度,取 0.5m/s;

S——通过人数(人);

B——阶梯宽度(m)。

2) 自动扶梯

浅埋地下铁道,由于和其他地下设施的相互关系,盾构施工方法的采用和已有线路的立体交叉等,埋深向深处增加,所以作为旅客服务的设施,地铁车站目前大多都趋向于考虑设置自动扶梯[图3.3-17c)和图3.4-7]。自动扶梯能连续不断输送旅客,通过能力不受升降高度的影响。运送极为均匀,乘客在扶梯前无须等候,所以靠近扶梯处交通不致堵塞。尤其

图3.4-7　自动扶梯

在遇电动装置停止运转时,可作为普通阶梯使用,不影响乘客乘降。唯一缺点是造价高。在浅埋地下铁道中为达到经济合理的目的,有时上升时采用自动扶梯,下降时采用阶梯的办法,以减少自动扶梯的设置数量。

自动扶梯的设置地点,从利用效率及管理上出发,设在检票口后方较好,但是由于街道内的其他城市设施的影响,也不得不在检票口以外的出入口部分设置自动扶梯。

(1)自动扶梯的设置

一般升降高度在5～6m时,就需设置自动扶梯(如北京地铁在6m左右),另外,根据客流量的多少,重要的车站均设置自动扶梯。

(2)自动扶梯的输送能力

$$Q = 3\,600 \cdot m \cdot n \cdot v \cdot \phi \tag{3.4-7}$$

式中:Q——自动扶梯的输送能力(人/h);

m——每延米梯带的阶梯数目;

n——每一阶梯站立人数;

v——梯带的运转速度(m/s);

ϕ——梯带的乘载系数,其值决定于v,可按求得$\phi = 0.6(2 - v)$。

当$m = 2.5, n = 2, v = 0.75\text{m/s}$时,自动扶梯的输送能力为10 000人/h。地下铁道每一入口处的自动扶梯的梯带数目,应按通过最大客流量估算,在未设步行阶梯的情况下,一般不少于3条,第2梯带用于升降,第3条作为后备,以供检修前者之一或某一损坏时和在"高峰"时刻加强某一方向运送能力时,加以使用。在换乘站设扶梯时,一般为4条(两条上升,两条下降),但采用自动扶梯设备费较高,大多采取自动扶梯与人行阶梯同时作为升降工具。

3.4.4 车站辅助用房

1)辅助用房的分类

车站辅用用房大致可分为以下几类:

(1)运营管理用房。如行车值班室、站长室、工作人员办公室、会议室、广播室、售票处、问讯处等。

(2)电力用房。如牵引降压变电室、照明配电房、通风机房、给排水房(泵房)、电池等。

(3)技术用房。如继电器室、信号值班室、通信引入线室。

(4)生活服务用房。如休息室、厕所、盥洗室、茶炉房、仓库等。

2)设置面积及位置

各种房间所需的面积及其在车站设置的位置,主要由车站的规模和对房间功能上的需要所决定。如车站值班室设于发车端;广播室设于瞭望条件好的地方,如侧式站台中部;但也有一些房间设置的位置并不严格,可以选择任何适当的地方,有些房间(如继电器室、站长室、问讯处)的面积可采用标准尺寸。以下是几种主要辅助用房的设置面积及位置。

(1)主(副)值班室位置设在发车端,并设于内环侧,在有道岔的车站应位于咽喉道岔发车端。主副值班室面积为15～20m²,室内设有行车控制台、电视监视设备。与继电器室之间用分线柜相隔。地面采用水磨石,在控制台周围应采用绝缘地面。

(2)继电器室与主值班室以分线柜相隔,并有电缆沟相通,室内地面最好用绝缘地面,温度不超过35℃,相对湿度不大于80%。

(3)广播室,平时作为车站宣传广播用,在事故当中,可作指挥命令、通信联络用。设在站台有较好瞭望条件的地方,一般在岛式站台,设在站台阶梯下部,侧式站台设在站台中部附近。为了便于瞭望,其前面应比站台墙面突出40cm。广播喇叭设于站台墙面或柱上(区间隧道中墙亦设,发生事故时应用),广播室内墙面、天花板、门均应作隔声处理。以免列车噪声干扰,影响广播的清晰程度。噪声要求小于40分贝,混响时间要小于0.4s,室内地面用木地板。

(4)信号工区或值班室面积15m^2,供检修信号设备用。

(5)服务人员休息室供站台服务人员休息用,侧式站台车站每侧均应设休息室。面积为12m^2,人员住站时,按每人占7.5m^2(其中包括服柜0.5m^2/人)计算。

(6)厕所、盥洗室面积的大小及坑位,决定于车站所在地区或车站规模、站内停留人数以及卫生技术标准,目前还没有较完善的计算方法。我国地铁大多仅在车站一端设立供站务人员或旅客使用的卫生间(包括厕所及盥洗室)。在区间每隔500~800m设一区间卫生间,平时不对旅客开放使用,仅考虑非常时期人员待避使用。一般情况下厕所下面设污水泵房、沉淀池,污水经沉淀后由污水泵抽到城市排污管排除或由吸污车吸走。

(7)通信引入室有电缆沟与继电器相通,电缆线从引入口进入车站,引入口尺寸一般为350~200mm。

(8)电力系统用房,有高压变电室、牵引变电室、降压变电室。由地区变电站将10kV高压电以地下电力电缆输入车站高压变电室,再经降压变电室,将10kV高压电降为380V、220V,经低压配电柜控制通往用户。一般降压变电室配置变压器,以备不停电检修及发生故障时供电。

牵引变电室使高压10kV交流电变为825V直流电,以供机车牵引使用。其位置常设于地面,在地下设控制室、开关所。每两站设置一个牵引变电站。由地面牵引电站的车站地下站内设控制室,面积为40m^2。在地面没有牵引电站的车站在地下设开关所,面积30m^2。变电所间隔为600~750V,为2km左右,1 500V时为4km左右。

图3.4-8为一车站辅助用房布置示例简图。

3.4.5 车站建筑装修

地下铁道建筑装修是车站建筑艺术形成的重要内容,它不仅关系到车站使用,同时通过建筑装修来确定车站所需体现的主题思想内容。

地下铁道车站不像地面车站,乘客可依地面建筑物特征来确定自己所处车站位置和事先知道下一站的站名,所以车站设计中,特别在装修中,应注意一条线路的建筑处理的统一整体概念和各个车站装修艺术上的不同变化,获得有效的具体特征。

车站建筑的设计原则是:

(1)朴素大方、适用、经济和美观。

(2)选用饰面材料考虑适当的外观和价格的同时,也应考虑耐久性、抗破坏性能、耐火性能,易冲洗、养护,及修复、声学效果等。

(3)具有足够的照度,给乘客以明快、舒适的感觉。

(4)各种装修设计要有所不同,便于乘客识别,并应设置乘客向导设备(如站名牌、指示牌等)和为乘客服务设施(如座椅、时钟等)。

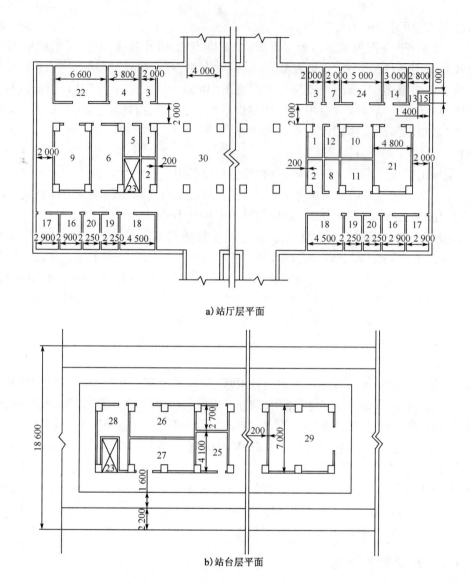

图 3.4-8　车站辅助用房布置示例简图(尺寸单位:mm)

1-售票处;2-补票处;3-问讯处公用电话室;4-站长室;5-保卫室;6-车站控制室;7-广播室;8-维修室;9-会议室;10-站务室;11-会计室;12-茶水间;13-盥洗室;14-清扫员室;15-清扫工具室;16-男卫生间;17-女卫生间;18-工作人员休息室;19-男更衣室;20-女更衣室;21-电讯用房;22-通信用房;23-电梯室;24-备品间;25-副值班室;26-牵引变电站;27-降压变电站;28-污水泵房;29-库房;30-中间站厅;31-站台;32-出入口;33-商店

车站装修工程包括吊顶、灯具、墙、柱、地面、门窗花格等。

1)吊顶

地下铁道车站天花板吊顶主要是指用于集散厅、站台上部的吊顶,是车站建筑艺术、照明、通风、吸声等方面的综合工程,是地下铁道车站建筑装修的重点。

(1)吊顶的作用

①吊顶可提高灯具的发光效率,根据建筑艺术的要求,做成各种形式,改善地下铁道车站的空间气氛,克服空间低的压抑感觉,达到开朗新颖的效果,使人能有一个舒适的环境感。

②吊顶能遮挡住主体结构的大梁、硬肋的施工偏差,其上部空间(一般留有 80cm 的高度)可作车站照明、通信管线通道或兼作通风道使用。

③可架设灯具,满足照明需要,根据设计要求敷设吸声材料,以满足要求。

④可起防漏及防潮作用。

(2)地下铁道吊顶的设计要求及构造

地下铁道吊顶的构造设计要求能防火、防锈、防震、防水、不易积尘、易于清扫、便于维修,并且有一定的强度。吊顶尽量做到设计定型化、生产工厂化、施工装配化。

(3)吊顶构造

车站集散厅的吊顶主要有下列几种形式:平吊顶、人字形和折板式吊顶。有些地方,结构本身即具有建筑上的价值,或者由于其他理由,有不设吊顶或不需要设置吊顶的情况。结构将任其暴露在外,这是所谓结构顶棚方式。其做法主要有下列三种:

①拉毛。用于适宜以构造饰面处理的公共场所。

②保持自然状态和涂漆。用于只需要最小处理的设备房间,以及不适宜构造饰面的公共场所。

③喷涂吸声材料。用于需要吸声处理的地方,如在轨道上的站台平面。

吊顶是由钢筋吊杆、带钢冷拔成"匸"形的大小龙骨、6~8mm 石棉水泥板构成。

吊杆间距一般在 1m 左右,小龙骨的间距因选用的材料规格不同而不同。吊顶与结构顶板的连接方式为角钢的一边和钢筋吊杆焊接,另一边用胀管螺栓固定于结构顶板。吊杆下端锤扁,并用兜铁穿螺钉固定在∟25×3 角钢框上,角钢框安四个挂钩再挂在小龙骨上。石棉水泥板,按建筑要求,穿 ϕ10mm 孔(穿孔率为 10% 左右),并在它的上面放包玻璃丝布的矿棉毡,作为吸音处理。板面用乳胶漆粉刷。为防止龙骨锈蚀,应在表面涂水溶性酚醛磁漆或电泳漆。

在结构变形缝处,吊顶不设伸缩缝,其变形靠吊杆本身变形调节。

2)车站的装修

(1)地面装修

地下铁道车站地面,由于车站的不同区域和各种不同服务房间要求不一致,对地面有不同的建筑要求。一般要求地面耐磨、防滑、易清洁、易修复、防潮、美观且有光泽。

在地面装修中,常用的装饰材料有:大理石、美术水磨石、缸砖、瓷砖、马赛克、聚氯乙烯砖、橡胶、木材等。地下铁道车站中,常用的地面铺装种类有:

①水磨石地面。

水磨石地面有现浇水磨石地面。现浇水磨石是用大理石碎渣和白水泥拌和做面层,普通水泥砂浆打底,以玻璃条或铜条分格,采用人工或水磨石机磨光打蜡而成。现浇做法施工期较长,故常用工厂预制美术水磨石现场铺砌的办法。这类地面的优点是不起尘、易清洁、平整、打蜡后光滑美观,常用于地下铁道车站的集散厅和中间站厅的地面。

②瓷砖地面。

红瓷砖厚 1.5~2.0cm,铺座在水泥砂浆和水泥焦渣垫层上而成。地面具有耐磨、防滑的特点,常用于车站主要客流周转区域,如人行通道及出入口处的地面。

③马赛克地面。

马赛克是由高级菱苦土加铜矿石等烧制而成,规格有 19mm×19mm 方形或正六角形(约 25mm 宽),铺装时可做成各种图案。

马赛克地面质地坚实、耐磨性好、不滑、可冲洗；但易于积土，施工繁杂，易脱落，光泽亮度差。常用于通道、侧站台集散厅的地面。不过最多用于盥洗室、卫生间和其他经常潮湿的地面，有时侧站台的安全警戒线标志也采用它。

④水泥地面。

水泥地面一般用1:3水泥砂浆面层、1:8水泥焦渣垫层做成。此类地面表面平整，施工方便，造价低。适用于办公、生活、仓库及无特殊要求的房间地面。

⑤木地板地面。

木地板地面由木板条、木龙骨、焦渣垫层构成。木地板富有弹性，易清洁，行走舒服，有吸声保暖作用，一般用于广播室的地面。

为了安全，所有楼梯均设置耐磨防滑条。为明确划分站台边缘，距边缘约250mm应做一条永久性白色的防滑警戒线。另外站台边是车站最易发生人身事故的地方，所以防滑耐磨很重要。除做上述警戒线标志外，站台边缘地面常用人造花岗岩或剁斧石做成。

图3.4-9 车站柱子装修示例

（2）柱子装修

地下铁道车站的中间站厅及集散厅部分，均设有柱子，通常是钢筋混凝土或钢管柱，其形状大致有圆形、矩形、方形、正多边形等。从车站建筑艺术整体要求出发，柱子外表面均应进行装饰处理，图3.4-9即为一个装修示例。

①钢管柱的处理方法。

a. 外贴大理石或预制水磨石的方法：在钢管柱的外表面焊钢丝网，抹水泥砂浆，并在其外贴大理石（或预制水磨石），并用铁件锚固。

b. 喷刷美术漆的做法：在钢管的外表面焊一层钢丝网，外抹水泥砂浆压光，外喷彩色无光漆；柱帽部分，一般采用白色乳胶漆；柱踢脚常用黑色的大理石或水磨石。

②钢筋混凝土柱的处理方法。

一般钢筋混凝土柱的体积相对比较大，因此在装修处理中，为减轻这种笨重的感觉，可采用以下几种做法：

a. 用同一种色彩的大理石（或水磨石）装修柱子的四个柱角处，采用别的颜色来对比，镶边点缀。

b. 四个柱面用线条竖向分割一下，使柱子显得纤细些。

c. 柱的正背两面，用质感效果较好的大理石（或水磨石）来装修，而柱子的两侧面用马赛克或喷漆处理。以造成正（背）面与侧面在质感和色彩上形成对比，减轻柱笨重的感觉。

（3）墙面装修

墙面装修主要是指车站人行通道的侧面墙、中间站厅的内墙面以及站台部分的侧墙墙面的装修。通常采取的处理方法如下：

①水磨石及大理石墙面。

乘客接触多的墙面，将采用预制水磨石或大理石墙面，做法与柱面相同，墙面混凝土须先凿毛后再做饰面。钢丝网最好与墙钢筋焊在一起，然后用钢丝和镀锌铁丝将大理石板（预制水磨石板)挂住。

②马赛克墙面。

先将墙面混凝土凿毛,再抹水泥砂浆层,然后外贴马赛克而成。做法大致与马赛克地面相仿,这种墙面用于需要耐久的表面,另外因线缝较多,也常用于伪装墙的墙面。

③外露混凝土墙面。

乘客接触不到的建筑部位,由于实用上和建筑艺术上的理由,不需要或者没有必要做上述饰面时,往往保持天然的混凝土表面,并加拉毛处理(拉毛方向以垂直方向较好,少积尘,便于清洗)。这种拉毛墙面,可用在岛式站台车站两侧的墙面装修,它具有一定的吸音作用。

另一种是用精确的模板灌注成的光滑表面。

④喷漆墙面。

墙面混凝土凿毛后,表面抹白灰砂浆,然后外刷乳胶漆两道而成。此种墙面比较经济,但在没有风机送风的情况下,乳胶漆易脱落。

【思考题】

1. 简述地下铁道车站建筑设计的特征和原则。
2. 地铁车站的长度和宽度设计有什么要求?
3. 车站装修应该考虑哪些因素?

第4章 地下铁道区间隧道

【本章重难点】
1. 了解地铁区间隧道的类型。
2. 掌握区间隧道转弯段的加宽设计。

区间隧道是在同一地铁线路的相邻地铁车站间设置的隧道,主要用于通行地铁列车,它的结构长度是地铁线路上最长的,其设计是否合理,对地下铁道的造价起着至关重要的影响。

在线路平、纵断面设计的基础上,根据沿线地形、地貌、水文地质、工程地质、环境要求、工期要求、工程投资、建筑限界及施工方法等因素,结合工程类别及现场监控量测进行地下铁道区间隧道的设计。

4.1 区间隧道的结构类型

区间隧道为连接两个地下车站的建筑物,应根据沿线地段不同的工程地质和水文地质条件、埋深、城市规划以及工程投资等具体条件来选择相应的施工方法和结构形式。修建区间隧道一般采用的方法有矿山法、浅埋暗挖法、盾构法、明挖法;采用的结构形式有矩形、圆形、多圆形、拱形及椭圆等断面形式。

4.1.1 区间隧道的结构类型

1) 明挖法隧道结构形式

明挖法是一种造价经济、施工快捷的施工方法,适用于各种不同的地质条件,施工工艺简单安全,技术成熟,质量可靠,在有条件的地方,应优先考虑明挖施工。采用明挖法修建的区间隧道结构,在暗埋段的结构形式一般为矩形,在敞开段的结构形式一般为U形。这里主要介绍单线单跨结构和双跨双线结构。

(1) 单跨单线矩形隧道结构

单跨单线隧道结构如图4.1-1所示。衬砌结构可采用就地灌注全封闭式钢筋混凝土框架,这需要在现场连续浇灌混凝土,中间不停顿,有一定的施工难度,但结构整体性好。也可采用将顶板、边墙、底板分步灌注的方法,以减小施工难度,但应严格注意灌注交接面的处理。还可采用预制构件组成的装配式衬砌。

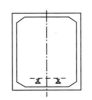 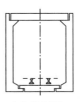

a) 全封闭式钢筋混凝土框架　　b) 分步灌注整体式框架　　c) 装配式框架

图 4.1-1　单跨单线隧道结构图

(2) 单跨双线隧道结构

有的边墙和底板是整体混凝土,顶板是金属梁构成,或肋式钢筋混凝土板。此种构造的隧道净空能够充分利用,结构总宽度有所减少,但受力不如双跨结构合理,具体如图4.1-2所示。

(3) 双跨双线隧道结构

双跨双线隧道结构如图4.1-3所示。因双跨结构宽度大,如做成整环段预制衬砌,则吊运很不方便,故一般不采用,只有整体式钢筋混凝土衬砌和预制构件装配式衬砌两种类型。

 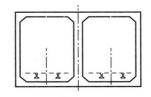

图 4.1-2　单跨双线隧道结构图　　　　　　图 4.1-3　双跨双线隧道结构图

但是,明挖法对城市的道路交通影响较大,有时为了进行明挖法施工,需要进行建筑物的拆迁。因此,采用明挖法施工隧道的适用条件为:在基坑开挖范围内无重要的市政管线或市政管线可以改移;施工期间对城市道路交通和周边的商业活动影响较小。

2) 矿山法(暗挖法)隧道结构形式

采用暗挖法修建的区间隧道一般为拱形,隧道衬砌一般是由初期支护、防水层和二次衬砌组成的复合式衬砌结构。

暗挖法施工适用的基本条件为:不允许带水作业,开挖面土体应具有相当的自立性和稳定性。当土体难以达到所需的稳定条件时,必须通过地层预加固和预处理等辅助措施,以提高开挖面土体的自立性和稳定性。由于暗挖断面变化比较灵活,在设置渡线的区间结构施工具有独特的优势。

3) 盾构法隧道结构形式

我国在上海地铁1号线中正式采用盾构法修建区间隧道,该线于1994年投入运营。

盾构法是在盾构机钢壳体的保护下,依靠其前部的刀盘或挖掘机开挖地层,并在盾构机壳体内完成出渣、管片拼装、推进等作业。其主要施工步骤如下(图4.1-4):

(1) 在盾构法隧道的起始端和终端建工作井或者利用车站的端头井。
(2) 盾构在起始工作井内安装就位。
(3) 依靠盾构千斤顶推力(作用在已拼装好的衬砌外环和工作井后壁上)将盾构从起始工作井的墙壁开孔处推进。
(4) 盾构在地层中沿设计轴线推进,在推进的同时出土和安装管片。
(5) 及时向衬砌背后的空隙注浆,防止地层移动,并固定衬砌环的位置。
(6) 盾构进入终端工作井,在终端工作井内盾构可以被拆除,吊出工作井;也可以在井内掉头,或穿越工作井(车站)继续推进第二条区间隧道。

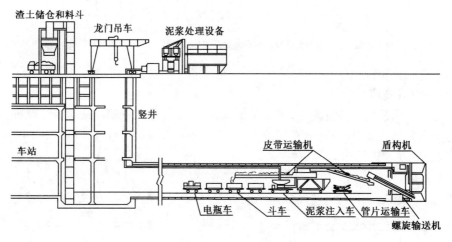

图 4.1-4 盾构法施工工序示意图

盾构法的施工易于管理,施工人员少,工作环境好,同时还具有衬砌精度高、衬砌质量可靠、防水性能好、地表沉降少、不影响城市交通等优点。但也存在施工设备复杂、断面形式变化不灵活、盾构选型与地层条件密切相关等缺点。

4) 沉埋法隧道结构形式

地下铁道穿越江、河、湖、海时,往往采用预制沉埋法施工,这一方法的要点是先在干船坞或舰台上分段制作隧道结构,然后放入水中,浮运至设计位置,逐段沉入水底预先埋好的沟槽内,处理好各节段的接缝,使其连成整体贯通隧道。

沉埋结构横断面有圆形和矩形两大类,断面形状的设计要从空间的充分利用和结构的受力合理两方面综合考虑。当隧道位于深水中(大于44m),管段承受较大的水压时,可利用矩形断面,水深介于34~44m时,要进行详细对比予以选择。

每节沉管的长度依据所在水域的地形、地质、航运、航道、施工方法等要求确定,一般为

60~140m，多数在100m左右，最长的已达到268m。

管段结构构造除受力要求外，还应考虑管段浮运、沉放、波浪力、基础形式及地基性质的影响。沉管段结构的外轮廓尺寸要考虑浮力设计中既要保证一定的干舷，又要保证一定的安全系数。沉管结构中不允许出现通透性裂缝，非通透性裂缝的宽度一般控制在0.14~0.2mm，因此不宜采用HRB400或HRB400以上钢筋。

当隧道的跨度较大，或水、土压力较大(300~400kPa)时，顶、底板受到的弯矩和剪力很大，此时可采用预应力混凝土结构。一般为简化施工，尽量采用钢筋混凝土结构。

沉管段连接均在水下进行，一般有水中混凝土连接和水压连接两种方式。按变形状况可分为刚性接头和柔性接头。对于地震区的沉管隧道宜采用特殊的柔性接头，这种接头既能适应线位移和角变形，又具有足够的轴向抗拉、抗压、抗剪和抗弯刚度。

管段沉放和连接后，应对管底基础进行灌砂或以其他方法予以处理。

5) 顶进法隧道结构形式

浅埋地下铁道线路在穿越地面铁路、地下管网群、交通繁忙的城市交通干线、交叉路口及其他不允许开挖地面的区段时，通常采用顶进法施工。

顶进法施工一般分为顶入法、中继间法和顶拉法三种，各种方法对其相应结构及构造有不同要求。

顶进法施工的区间隧道的结构形式，应根据工程规模、使用要求、工程地质情况、施工方法合理选用，一般多选用箱形框架结构。其正常使用阶段的结构强度可参照明挖框架结构设计，垂直荷载应注意地面动载的影响。对施工阶段的结构强度，要验算千斤顶推力的影响及顶进过程中框架可能受到的应力变化，在刃角、工作坑、滑板、后背等设计中除强度、刚度、稳定性满足要求外，还应考虑施工各阶段受力特性及构造措施。

4.1.2 区间隧道的衬砌结构类型

地铁区间隧道采用的衬砌结构类型，主要有整体式衬砌、装配式衬砌、复合式衬砌以及挤压混凝土衬砌。

1) 整体式衬砌

整体式衬砌是指现浇模筑混凝土，有素混凝土和钢筋混凝土两种。整体式钢筋混凝土衬砌具有结构整体性好、易于成形、施工方便等特点，是地铁中最为广泛使用的衬砌，适用于所有形式的隧道结构。其不足之处是由于地下施工空间有限而使得绑扎钢筋不方便，而且还需要有一定的养护时间，不能立即承载，对围岩不能做到及时支护，施工进度也比较慢。在地铁中，素混凝土衬砌因其强度有限，特别是抗拉强度较低，除非是比较好的地质条件，一般不单独使用，而是与其他形式的衬砌组合使用。

2) 装配式衬砌

装配式衬砌具有施作后能立即承载、施工易于机械化等特点，且由于在工厂预制，能保证较高的质量要求。装配式衬砌有管片式和砌块式两种，但在地铁中一般都采用管片式。装配式衬砌又有整环段预制与构件预制(顶板、边墙、底板)两种类型。整环段预制衬砌因只有环段对接缝，无构件拼接缝，故结构的整体性好，有利于防水，且施工进度快，但需要有大型的吊装设备，而且由于施工的原因，只能用于明挖法施工的隧道。预制构件方式吊运施工方便，但结构整体性较差,且需要加强对拼装缝的防水措施,明挖和暗挖隧道均可采用。

3) 复合式衬砌

复合式衬砌适用于矿山法隧道,衬砌分内外两层,外层(与围岩接触)可以为锚喷支护、挤压混凝土衬砌、装配式衬砌,内层为整体式素混凝土或钢筋混凝土衬砌。两层之间可设防水层。复合式衬砌具有支护及时、能有效抑制围岩变形、充分发挥围岩自承能力、能适应隧道建成后衬砌受力状态变化等显著优点,在地铁工程中已广泛采用。

4) 挤压混凝土衬砌

挤压混凝土衬砌是在盾构推进的同时,通过高压挤压尚未凝固的混凝土而得到的一种早强、密实的现浇混凝土衬砌,并可往混凝土中掺入钢纤维进一步提高其强度。它能有效地填充盾构的建筑空隙,从而减小地表下沉量。同时,混凝土经挤压后强度提高,抗渗性增强,结构承载力加大。它的施工工艺简单、自动化程度高、施工进度较快。

5) 衬砌结构混凝土的最低设计强度

地铁隧道衬砌结构的混凝土强度原则上不得低于C20。随着结构的不同,所要求的最低设计强度也不同。表4.1-1列出了各种施工方法及相应的结构类型、混凝土最低设计强度等级。

混凝土最低设计强度等级　　　　表4.1-1

施工方法	结构类型	强度等级
明挖法	整体式钢筋混凝土结构	C34
	装配式钢筋混凝土结构	C34
	作为永久结构的地下连续墙和灌注桩	C34
盾构法	装配式钢筋混凝土管片	C40
	整体式钢筋混凝土衬砌	C34
矿山法	喷射混凝土衬砌	C20
	现浇混凝土或钢筋混凝土衬砌	C34
顶进法	钢筋混凝土结构	C34
沉管法	钢筋混凝土结构	C34
	预应力混凝土结构	C40

4.1.3 区间隧道的衬砌结构构造

1) 明挖法隧道衬砌结构

明挖法隧道衬砌结构可以采用现场整体浇注式,或者采用预制结构进行装配。整体浇筑的衬砌结构整体性能好,防水性能容易得到保证,适用于各种工程地质与水文地质条件;而装配式的衬砌结构,整体性能较差,防水较困难,目前已经较少采用。

2) 暗挖法(矿山法)隧道衬砌结构

初期支护采用喷锚支护,对围岩起加固作用,并控制围岩的变形,防止围岩松动失稳。由于地铁区间隧道一般位于市区,为减少地层变形,减小对地面道路和建筑物的影响,在开挖后应立即施工初期支护,并应与围岩密贴。根据土层和环境的具体情况,初期支护可以选用锚杆、喷射混凝土、钢筋网和钢支撑等。初期支护结束后施工防水层,其作用除防水外,还可以减少二次衬砌因混凝土收缩而产生的裂缝。材料一般选用抗渗性能好、化学性能稳定、耐久性好,并有足够的柔性、延伸性和抗拉性能的塑料或橡胶制品。二次衬砌为模筑混凝土或喷射混凝土,通常在初期支护封闭后尽快施工。

3)盾构法隧道衬砌结构

盾构隧道的衬砌有单层衬砌和双层衬砌两种。单层衬砌可采用装配式钢筋混凝土衬砌或挤压混凝土衬砌;双层衬砌可以分为外层衬砌和内层衬砌。一般来说,外层衬砌是将管片组装成环形结构,也有代替管片而直接浇筑混凝土形成一次衬砌的方法(压注混凝土施工法)。内层衬砌是在一次衬砌内侧修筑,一般采用现浇混凝土施工。双层衬砌的外层是承重结构的主体,内层是对外层衬砌的补强,也有利于防水、防腐蚀和增加结构刚度,同时还能修正施工误差和保证衬砌内壁光滑,并减少列车运行时的振动噪声,但其施工周期长、造价高,因此在满足结构受力要求的前提下,应优先使用单层衬砌。

盾构隧道拼装的管片一般是由钢筋混凝土或钢材制成,将其分割为数个管片,组装成圆形、复圆形等环形结构形成衬砌。因此,采用盾构法修建的隧道一般为单圆或多圆隧道。目前国内采用较多的为单圆盾构隧道,修建的两条单圆隧道作为地铁的上、下行线。该施工方法目前已比较成熟,在上海、南京、广州等地的地铁建设中被广泛采用。双圆盾构的优点在于:两区间隧道总宽度从原来的约18m(或更大)减小为现在的11m左右,缩小约40%。这样,一方面大大缩小了双区间隧道所占用的地下空间,增加了地铁选线的灵活性,并显著减少了工程量;另一方面,还可使区间隧道沿线地面构筑物的影响控制范围大为缩小,更有利于城市地面的规划和建设。日本还开发了不规则的多元型盾构,利用该盾构还可以直接建造地铁车站。

4)渡线隧道衬砌结构

地下铁道路网在运作时,列车的折返、检修、调度等作业要求在地铁正线之间设置渡线。渡线设置在两条正线之间,也可能由正线引出并逐渐与正线分开,这就必须在渡线部分专门设置隧道,这种专为渡线设置的隧道称为渡线隧道。由于正线与岔线的间距逐渐变化,渡线隧道断面也必须相应变化,为施工方便,可以采用分段变化。在渡线地段一般布置为三股道与四股道,故隧道的总跨度比较大,原则上以一跨一线为宜,有三跨三线式、四跨四线式等,如图4.1-5所示。但如技术条件能保证,也可以设计为大跨度渡线隧道。

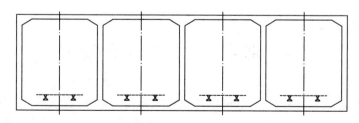

图4.1-5 四跨四线隧道结构

正线渡线[图4.1-6a)],作为列车中途折返用,设于区域站的后方。岔线渡线[图4.1-6b)],作为去地面车库的支线。折返渡线[图4.1-6c)]作为列车停留、检修、尽端折返用,设于终点站后方。

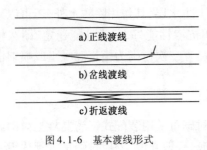

图 4.1-6 基本渡线形式

5）防灾设备段结构

从战备和防灾的角度考虑，在地下铁道隧道中应设置区间设备段。这是设在两个车站之间的区间建筑物（图 4.1-7），靠区间隧道的一侧设置，其布置方式按地铁总体规划进行，主要作用为：

（1）设置风机室，供平时和非常时期通风用，并相应设有消音和空气过滤设备。

（2）设置深井泵房，当地面水源被毁或被污染而无法使用时，可提供紧急水源。每隔4km左右设一深井。

（3）设置防护门，当发生火灾或爆炸冲击波时，可用防护门迅速隔断灾害区。一般情况下，每隔4km设一防护门。通过河流时，两岸必须设防淹门，当过河段受到破坏河水涌入时，用以阻断水流。

（4）设置扩散室，用于战时扩散高压爆破冲击波。

（5）设置洗消设备，用于非常时期受到化学污染后进行清洗、消毒。

（6）设置卫生设施，用于非常时期地铁躲避人员的需要。

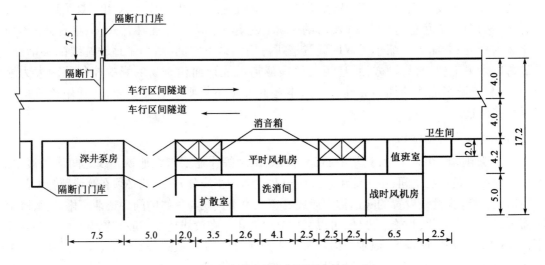

图 4.1-7 区间设备基本布置（尺寸单位：m）

4.2 地下铁道线路上部建筑

地下铁道线路上部建筑是地铁、轻轨的重要组成部分。地下铁道的特点是行车密度大，维修养护时间少，而且完全是客车性质，这就需要使用既能保证行车安全、平稳、快速、舒适，又能尽量减少维修工作量的线路上部建筑。

4.2.1 地下铁道线路上部建筑功能

如今的城市轨道交通已有多种固定导轨形式，不同轨道交通系统的轨道结构功能不尽相

同,在轮轨系统中,线路上部建筑的功能有以下几点:

(1)导向。引导轨道交通列车沿固定的路线行驶,这是各类轨道交通系统上部建筑共有的功能。列车在曲线段运行时,装配在车辆底部转向架上的车轮会冲击钢轨,固定的钢轨会迫使车轮朝钢轨行进方向转向,引导列车沿钢轨延伸方向行驶;在直线段,钢轨与车轮间的契合关系在一定程度上限制了车辆的横向移动。

(2)减小荷载作用强度。列车荷载通过车轮传递到钢轨,然后通过轨枕、道砟等传递到路基。由于传递过程中力的接触面不断扩大,因而至路基面的压强大大减小,承载力有限的路基不会产生明显变形。

(3)减振降噪。线路上部结构中介于钢轨与轨枕之间的垫圈、有砟轨道结构的道砟等都具有一定的弹性,这对减少列车及轨道结构的振动有一定作用。通过改善钢轨平顺度、轨面平滑度等可以降低轮轨摩擦引起的噪声。

4.2.2　地下铁道线路上部建筑结构基本要求

(1)结构简单、整体性强,具有坚固性、稳定性、均衡性等特点,确保行车安全、平稳、舒适。

(2)具有足够的强度、刚度;便于施工、易于管理,可靠性高、使用寿命长,可以减少维修或者避免维修,并有利于日常的清洁养护,降低运营成本。

(3)选用强度高、韧性好的扣件。

(4)采用成熟的新工艺、新技术、新材料,满足绝缘、减振降噪和减轻轨道结构自重的需要,尽可能符合城市景观和美观要求。

4.2.3　地下铁道线路上部建筑结构及组成

轨道铺设于路基上,是直接承受机车、车辆巨大压力的部分,由钢轨、轨枕、连接零件、道床、防爬设备及道岔等组成。

1)钢轨

钢轨是轨道主要组成部分,直接承受列车荷载并传递到扣件、轨枕、道床至结构底板,为车轮的滚动提供小阻力的表面,此外还兼作轨道牵引电力回流的作用。在列车动荷载作用下,钢轨产生弹性挠曲和横向弹性变形,故要求钢轨应有足够的抗弯刚度;为保证在动荷载作用下钢轨不致折断和损坏,又要求它具有一定的韧度;为了不致被车轮压陷和磨耗太快,要求钢轨具有足够的硬度。总之,要求钢轨具有足够的承载能力、抗弯强度、抗断裂韧性和稳定、耐磨、耐腐蚀的性能。

我国地铁及轻轨没有统一的选型标准,现行主要钢轨类型有 74kg/m、60kg/m、40kg/m、43kg/m、38kg/m 五种。标准轨长为 24m 和 12.4m。参考国家铁路钢轨选型标准:年通过总重在 14~30Mt 时,采用 40kg/m 钢轨;在 30~60Mt 时,采用 60kg/m 钢轨。随着地铁车辆轴重加大和年通过总质量的增长及列车速度的提高,目前各国都有选择重型钢轨的趋势。从技术性能上分析,我国生产的 60kg/m 钢轨较 40kg/m 钢轨质量只增加 17.4%,而允许通过的总质量可增加 40%。同样条件下,60kg/m 钢轨较 40kg/m 的轨道维修工作量减少 40%。重型钢轨不仅能增加轨道的稳定性,还能增加回流的断面,减少杂散电流。有关资料还表明:与 40kg/m 钢轨相比,60kg/m 钢轨的使用寿命延长 1.4~3.0 倍,钢轨抗弯强度增加 34%,弯曲压力减少 28%,由疲劳破坏造成的更换率下降了 84%,受列车冲击造成的振动减少了约 10%。

综上所述,结合《地铁设计规范》(GB 50157—2013)中的规定,在经济条件允许的情况下,正线上选用60kg/m钢轨;车场线因是空车运行,行车速度低,可采用43kg/m钢轨,但目前国内钢轨生产厂家已不再正常生产该钢轨,故采用40kg/m的钢轨,两种钢轨的物理力学参数值见表4.2-1。直线地段轨距1 434mm,半径等于及小于200m曲线地段的轨距应按相应要求加宽。

国产60kg/m和40kg/m钢轨的物理力学参数值　　　　表4.2-1

参　数	钢轨类型	
	60kg/m	40kg/m
横断面面积(m^2)	77.4	64.8
重心距轨底距离(cm)	8.1	7.1
重心距轨头距离(cm)	9.4	8.1
对水平轴的惯性矩(cm^4)	3217.0	2037.0
对垂直轴的惯性矩(cm^4)	424.0	377.0
下部断面系数(cm^3)	398.0	287.2
上部断面系数(cm^3)	339.4	241.3
底侧边断面系数(cm^3)	69.9	47.1
每延米质量(kg)	60.6	41.4

钢轨接头是轨道的薄弱环节,为减小接头磨耗和冲击振动,提高行车平稳性和乘客舒适度,作为客运专线的地铁(轻轨)线路,一般铺设长轨节,即无缝线路。

2)连接零件

钢轨连接分为中间连接和接头连接两类。

(1)中间连接

中间连接为钢轨与轨枕之间的连接,通常称为扣件。扣件的作用是固定钢轨,阻止钢轨纵向和横向位移,防止钢轨倾斜,将钢轨承受的力传递给轨枕或道床承轨台,并能提供适当的弹性,在动力作用下充分发挥其缓冲及减振性能,以减缓线路残余变形积累的速度。此外,其本身构造应简单,易于装配及卸除。

扣件由道钉、扣板、垫板和轨下垫层等组成,有些扣件允许垫板的高度在一定范围内调整。扣件类型按不同的分类方式可有不同的形式,如按其与钢轨、轨枕的连接形式,可分为不分开式和分开式两类。不分开式扣件是用道钉将钢轨、垫板同时连接于轨枕上;分开式扣件是把钢轨与垫板、垫板与轨枕分别连接。按扣件的弹性性能,分为全弹性扣件(垂直和水平方向都具有一定弹性)、半弹性扣件(仅考虑垂直方向的弹性)。

我国已建和在建的地下铁道铺设的扣件类型较多,除天津地铁1号线既有段原铺设刚性扣板式扣件外,其他均铺设弹性扣件,其中主要由DTⅠ、DTⅡ、DTⅢ、DTⅣ、DTⅤ、DTⅥ和DTⅦ等型号。例如,北京地铁一、二期工程采用了DTⅠ型扣件,上海地铁1号线采用DTⅢ型扣件(图4.2-1),上海地铁2号线采用DTⅥ型扣件(图4.2-2),三者均为全弹性分开式扣件。

(2)接头和接头连接

一定长度的钢轨连接成连续的轨线,才能供列车运行。在两根钢轨之间用接头夹板连接。

城市轨道交通中,由于行车、环境以及舒适度的要求,采用无缝线路,因此钢轨接头大为减少。但在缓冲区、轨道电路绝缘区、道岔区等地段仍有接头。

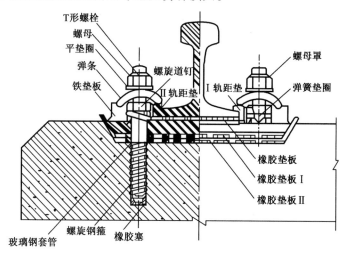

图 4.2-1　DTⅢ型扣件

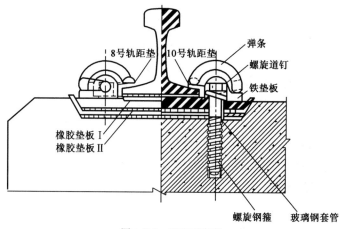

图 4.2-2　DTⅥ型扣件

按两股钢轨接头相互位置分为对接和错接两种。我国铁路、城市轨道交通钢轨接头均采用对接方式。其优点是运行中车轮同时冲击钢轨接头,减少冲击次数,改善运营条件,列车运行平稳,铺轨时也利于机械化施工。

接头连接零件包括夹板、螺栓和弹簧垫圈等。

(3)缩短轨

曲线地段和直线地段相同,都应使两股钢轨的接头对齐。但曲线上的外股轨线比内股轨线长,如果铺轨时采用相同长度的钢轨,内外股钢轨接头必然错开。为使曲线上的钢轨接头对接,需在曲线内股铺设一定数量的厂制缩短轨。

3)轨枕

轨枕是钢轨的支座,起着保持钢轨位置、固定轨距和方向、承受钢轨传来的压力并将其传递给道床(基础)的作用。因此轨枕必须具有坚固性、弹性和耐久性。轨枕是轨下基础的部件之一。

轨枕按其使用部位,可分为区间线路普通轨枕、道岔上岔枕和无砟桥枕;轨枕按其材料,可分为木枕、混凝土枕和钢枕等。

预应力混凝土轨枕,简称 PC 轨枕,已得到各国的广泛采用。按照其制造方法的不同,可分为先张法和后张法 PC 枕。配筋材料可以是高强度钢丝,也可以是钢筋。混凝土轨枕按结构形式可分为整体式与组合式两种,整体式轨枕整体性强,稳定性好,制作简便,是目前广泛采用的一种类型;组合式轨枕由两个钢筋混凝土块使用 1 根钢杆连接而成,其整体性不如前者,但钢杆承受正负弯矩的能力比较强。

轨枕类型的选择随轨距、道床种类、使用场所不同而异。地下铁道正线隧道内线路一般采用短轨枕或无轨枕的整体钢筋混凝土道床,车场线采用普通预应力钢筋混凝土轨枕,在道岔范围内少数区段采用木枕。

隧道的正线及辅助线的直线段和半径 $R \geqslant 400$m 的曲线段,每千米铺设短轨枕数为 1 680 对,半径为 400m 以下的曲线地段和大坡道上,每千米铺设轨枕数为 1 760 对,车场线每千米铺设轨枕数为 1 440 根。

4) 道床

道床是轨枕的基础,其主要功能有:

(1) 均匀传布轨枕荷载于较大的路基面上。

(2) 提供纵、横向阻力,阻止轨枕纵、横向移动,保持轨道的正确位置,这对无缝线路尤为重要。

(3) 使轨道具有必要的弹性及缓冲性能。在有砟轨道中,道床利用碎石颗粒间存在的空隙和摩擦力,使轨道具有一定的弹性和阻尼,起到了缓冲和减振的作用。

(4) 排水作用。路基将因含水而使其承载能力大大下降,因此,保证轨道通畅、排除地表水对减轻轨道的冻害和提高路基的承载能力非常重要。

(5) 便于校正轨道的平面和纵断面。轨道不平顺可以通过捣固枕下道砟加以操平,轨道方向错乱可以通过拨道予以拨正。

用作道床的材料应满足上述功能要求。

道床一般有碎石道床和整体道床两种,碎石道床的优点是结构简单,容易施工,减振、减噪性能较好,造价低。但其轨道建筑高度较高,增大隧道净空,增加结构投资,同时轨道维修量大,隧道内捣固粉尘影响作业人员健康,所以地铁隧道不宜采用碎石道床。整体道床的优点是道床整体性好,坚固稳定、耐久;轨道建筑高度小,有利于减少隧道净空,节省投资;轨道维修量小,维修时间短。所以在地铁隧道内宜采用整体道床,地铁衬砌一般为封闭的混凝土结构,给整体道床提供了坚实的基础。但是整体道床刚性大、弹性差,故钢轨的扣件应具有足够的弹性及持久性,以减轻轨道的振动、降低噪声和减少钢轨的磨损。

一般整体道床形式分无枕式和轨枕式整体道床两种。

① 无枕式整体道床。

无枕式整体道床(图 4.2-3)也称为整体灌注式,没有专门的轨枕,承轨槽和挡肩在灌筑混凝土时一次成型,连接扣件的玻璃钢套管按设计位置预埋在道床内,然后再安装钢轨和扣件。施工方法烦琐,机具复杂,进度慢,承轨台抹面精度不易保证,难以达到设计要求,北京地铁一期工程就采用了这种道床,之后国内较少采用。

② 轨枕式整体道床。

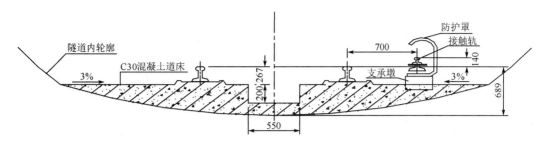

图 4.2-3 无枕式整体道床(尺寸单位:mm)

这种形式道床可分为短枕式和长枕式两种。

a. 短枕式整体道床称为支承块式整体道床,即钢轨置于支承块(短轨枕)上,支承块为钢筋混凝土预制,嵌入混凝土道床中,道床为现浇素混凝土,采用中心水沟。短轨枕在工厂预制,其横断面为梯形,内布钢筋,底部外露钢筋钩,以加强与道床混凝土的连接。这种道床稳定、耐久,结构比较简单,造价较低,施工容易,进度较快。北京地铁一、二期工程,天津地铁均铺设了这种道床,如图 4.2-4 所示。

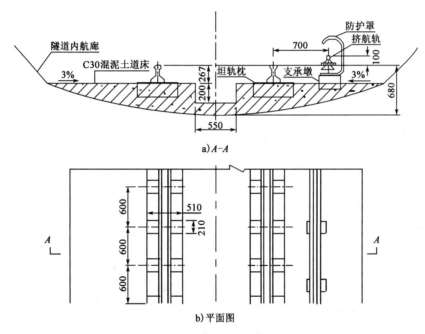

图 4.2-4 短枕式整体道床(尺寸单位:mm)

b. 长枕式整体道床设侧向排水沟,长轨枕一般要预留圆孔,使道床纵向筋穿过,加强了与道床的连接,使道床更加坚固、稳定和整洁美观。这种道床适用于软土地基隧道,可采用轨排法施工,进度快,施工精度亦容易得到保证。上海和新加坡地铁铺设这种道床的适用状况良好,如图 4.2-5 所示。

c. 其他形式整体道床。

为减少振动和噪声,整体道床还有几种形式,如弹性短枕式、塑料短枕式、短木枕式、浮置板式、纵向浮置板式(图 4.2-6)、弹性整体道床等形式,都具有较好的减振降噪效果,对防振、防噪有严格要求的地段可选铺这几种形式的整体道床。

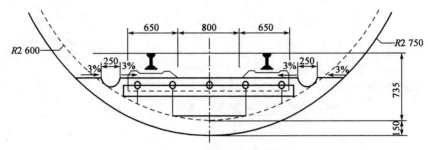

图 4.2-5 长枕式整体道床(尺寸单位:mm)

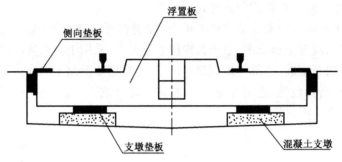

图 4.2-6 纵向浮置板式整体道床

5)道岔

道岔起到列车从一股轨道转入或越过另一股轨道时的调车作用。终始车站、中间站、行车线、检修线的附近,车辆需要折返、调动的部位均需设置道岔。道岔应设在直线地段,道岔端部距曲线端部的距离不宜小于4m,车场线可减少到3m。

从广义上来说,道岔包括线路的连接与交叉。它有连接、交叉、连接与交叉三种基本形式。轨道交通常用的线路连接设备有各种类型的单式道岔和复式道岔;交叉设备有直角交叉及菱形交叉;连接与交叉设备的组合有交分道岔及交叉渡线等。

根据用途和平面形状,道岔的标准类型有普通单开道岔、单式对称道岔、三开道岔、交叉渡线、交分道岔等。普通单开道岔也称单开道岔,由转辙器、辙叉及护轨和连接部分组成。

道岔号数为辙叉角余切的取整值,常用的道岔号数有9号、12号、18号等。号数越大的道岔,允许侧向通过的列车速度越大。例如18号道岔允许侧向通过速度为44～80km/h,而12号道岔的允许侧向通过速度只有30～44km/h。一般来说,正线与辅助线上宜选用9号道岔,车场线位置处宜采用不大于7号的道岔。

4.3 地下铁道区间隧道限界与净空

隧道净空是指隧道内轮廓线所包围的空间,包括公路隧道建筑限界、通风及其他功能所需的断面积。限界是确定行车轨道周围构筑物净空大小和管线、设备安装位置的依据,也是设计与施工必须共同遵守的技术规定,各种建(构)筑物和设备均不得侵入其中。

4.3.1 限界的分类

地下铁道的限界主要包括车辆限界、设备限界、接触网或接触轨限界、建筑限界。它们是根据车辆的轮廓尺寸和性能、线路特性、设备安装以及施工方法等因素经技术经济比较综合分析确定的。

1) 车辆轮廓线

车辆轮廓线即车辆横断面外轮廓线,经过分析研究后确定,并作为确定车辆限界及设备限界的依据,是车辆设计制造的基本数据。

车辆轮廓线的确定需要使用到计算车辆,它是指认定具有某一横断面轮廓尺寸和水平投影轮廓尺寸及认定结构的车辆在轨道上运行,并使用该车辆作为确定车辆限界及设备限界尺寸的依据,这种车辆称为计算车辆。实际运行的新旧车只要符合车辆限界及其纳入限界的校核,就能通行无阻,不必与计算车辆取得一致。

2) 车辆限界

车辆限界是一个限制车辆横断面最大允许尺寸的轮廓图形,无论空车或重车停在水平直线上时,该车一切突出部分和悬挂部分都应容纳在车辆限界轮廓之内。

车辆限界应根据车辆的轮廓尺寸和技术参数,并考虑在静态和动态情况下所达到的横向和竖向偏移量及偏转角度,按可能产生的最不利情况进行组合计算确定。国产标准车辆分 A 型与 B 型两种,A 型为接触网供电,即采用受电弓受电;B 型车分为 B_1 型与 B_2 型两种,B_1 型为接触网供电,而 B_2 型为接触轨供电。

目前,北京地铁使用的车型如图 4.3-1 所示,北京地铁电动车组的相关参数见表 4.3-1。其中车辆每侧车门数为 3 对,车门宽度为 1 200mm,车门间距离为 4 470mm,车辆构造速度为 80km/h,载员 240 人。

图 4.3-1 北京地铁电动车组

北京地铁电动车组的相关参数 表 4.3-1

车种	带驾驶室动车(Mc)、动车(M)、拖车(T)、拖车(T′)			
编组	Mc-T + M-T′ + T-Mc			
车辆自重	Mc	M	T	T′
	33.4t	32.1t	26.9t	24.3t
额定载员(人)	230	244	244	244
轨距	1 434mm			
供电及受电方式	DC 740V,第三轨上部接触式			
车辆轮廓尺寸	19 000(L)mm × 2 800(W)mm × 3 410(H)mm,车辆定距 12 600mm			
转向架	无摇枕转向架,空气弹簧,轴距 2 200mm,车轮直径 840mm			
客室通风	轴流式风机,Mc 车 10 个,其他车 12 个,输入功率 200V·A,风量 2 400m³/h			
客室照明	荧光灯带			
列车运行性能	构造速度	平均加速度	平均减速度	
	80km/h	0.83m/s²	0.94m/s²(常用)	1.2m/s²(紧急)

3) 设备限界

设备限界是指地下铁道中的任何设备均不得侵入的限界。设备限界以车辆限界为基础，位于车辆限界之外，主要考虑因素有车辆限界、信集闭设施的外形尺寸、接触轨或架空线限界，以及安全预留量等，其水平基准面是轨顶面。设置安全预留量是考虑到在轨距变化和轨道高低不平时出现最大容许误差时引起的车辆附加偏移量。图4.3-2所示为地下铁道区间隧道设备限界，图4.3-3表示出了车辆限界与设备限界的关系，图4.3-4为隧道基本设施的配置情况及它们与车辆限界、设备限界的关系。

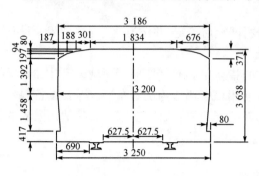

图4.3-2 区间隧道设备限界(尺寸单位:mm)

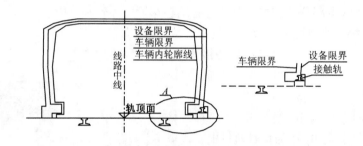

图4.3-3 各种限界相互关系
A-接触轨限界

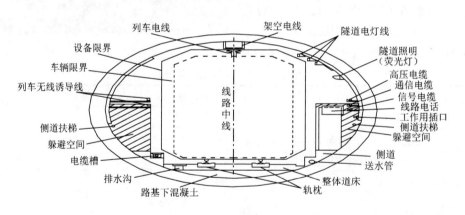

图4.3-4 隧道设施配置图

4) 接触网(或接触轨)限界

接触网限界决定于车辆受电弓升起高度允许值，及可能的偏移、倾斜、允许磨耗量以及接触网安装需要的高度。

接触轨限界需要保证设置接触轨的空间，接触轨限界设在设备限界范围以内，用以控制接触轨的固定结构和防护罩的安装，同时还要保证容纳受流器在安全工作状态下所需要的净空。

5)建筑限界

隧道限界在设备限界之外,是决定隧道衬砌内轮廓尺寸的依据,任何固定的结构都不得侵入建筑限界。建筑限界包括了上述各种限界。具体来说,在隧道内设置的各种设施(如信集闭、供电、照明等)及轨下基础均包括在这一限界之内,同时还考虑了允许的设备安装误差及安全间隙,如图 4.3-5、图 4.3-6 所示。依据相关地铁规范,隧道建筑限界就是衬砌内轮廓线。此外,目前我国各城市中采用的地铁车辆在结构形式上不尽相同,因此限界也就不会一致,但各种限界之间的相互关系是一样的。

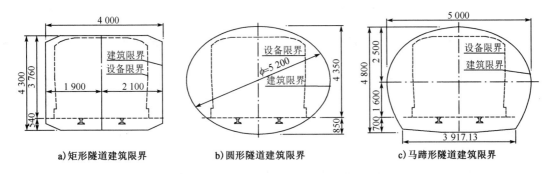

图 4.3-5　地铁直线隧道区间隧道 B_1 型车建筑限界(尺寸单位:cm)

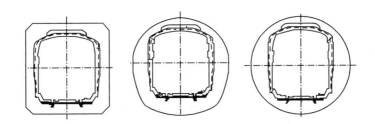

图 4.3-6　地铁直线隧道区间隧道 A 型车建筑限界

4.3.2　限界确定原则

地下铁道的限界是确定行车轨道周围构筑物净空的大小和各种设备及管线安装相互位置的主要依据,是工程设计和施工中各专业间共同遵守的技术规定,因此,限界设计应根据以下原则确定:

(1)限界应保证列车安全、高速、正常地运行。确定的限界应经济合理、安全可靠,且满足各种设备和管线安装的需要。

(2)限界应根据车辆的轮廓尺寸和技术参数、轨道特性、受电方式、设备及管线安装、施工方法等因素,进行综合分析,计算确定。

(3)限界确定中,对结构施工、测量、变形误差,设备制造和安装误差,以及在施工、运营中难以预计的其他因素在内的安全留量等,都应分别进行研究并予以考虑。

(4)限界一般按平直轨道的条件确定。曲线段和道岔区的限界应在直线地段限界的基础上,根据车辆的有关尺寸以及不同的曲线半径、超高和不同的道岔类型分别进行加宽和加高。

(5)设备限界与车辆限界之间的间隙主要为安全预留量,应全面考虑横向安全留量和竖向安全留量。

4.3.3 地铁区间隧道限界设计(加宽、加高)

限界设计的任务是在满足城市轨道交通车辆安全运行的前提下,合理地选择桥梁、隧道等结构的有效断面尺寸,以节省工程投资。当隧道位于直线上时,则为直线隧道建筑限界;位于曲线上时,则为曲线隧道建筑限界,后者必须按不同曲线半径和超高以及车辆的有关尺寸进行加宽和加高。

1)直线地段

区间隧道直线地段各种类型的隧道建筑限界与设备限界之间的间距,应能满足各种设备安装的要求。

2)曲线地段

(1)矩形和马蹄形隧道。

矩形和马蹄形隧道的建筑限界,应按直线地段的建筑限界分别进行加宽和加高,计算公式如下:

①由于车厢纵轴线与线路中线的偏移而引起的加宽与加高。

a. 曲线内侧加宽 $d_{曲内}$:

$$d_{曲内} = d_{内} + \delta = \frac{l^2 + a^2}{8R} \quad (4.3\text{-}1)$$

式中:l——车辆定距;
a——车辆固定轴距;
R——圆曲线半径。

b. 曲线外侧加宽 $d_{曲外}$:

$$d_{曲外} = \frac{L^2}{8R} - d_{曲内} = \frac{L^2 - (l^2 + a^2)}{8R} \quad (4.3\text{-}2)$$

②由于超高使车厢倾斜而引起的加宽与加高。

如图 4.3-7 所示,车厢上的 a、b、c 是三个控制点,当列车进入超高地段时,车厢发生偏转,这三个点将偏离原来的位置,引起加宽与加高。曲线加宽平面示意图见图 4.3-8。

a. 曲线内侧加宽 d_c:

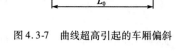

图 4.3-7 曲线超高引起的车厢偏斜

$$d_c = \frac{L_0}{2} \cdot \cos\theta + H_c \cdot \sin\theta - \frac{L_0}{2} = H_c \cdot \sin\theta - \frac{L_0}{2}(1 - \cos\theta) \quad (4.3\text{-}3)$$

式中:L_0——车厢的最大宽度;
θ——车厢偏转的角度;
H_c——偏转前,车厢 c 点距轨顶面的垂直高度。

b. 曲线外侧加宽 d_b:

$$d_b = \frac{L_0}{2} + H_b \cdot \sin\theta - \frac{L_0}{2}\cos\theta = H_b \cdot \sin\theta + \frac{L_0}{2}(1 - \cos\theta) \quad (4.3\text{-}4)$$

式中：H_b——偏转前，车厢 b 点距轨顶面的垂直高度。

c. 顶部加高 h_a：

$$h_a = \frac{L_1}{2}\sin\theta - H_a \cdot (1-\cos\theta) \qquad (4.3-5)$$

式中：L_1——车厢顶部的宽度。

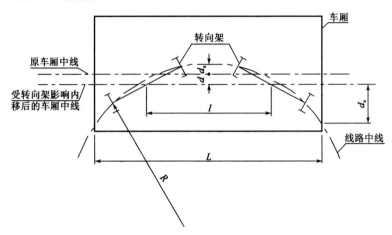

图 4.3-8　曲线加宽平面示意图

③曲线总加宽与总加高。

a. 内侧总加宽：

$$d_内 = d_{曲内} + d_c = \frac{l^2 + a^2}{8R} + H_c \cdot \sin\theta - \frac{L_0}{2}(1-\cos\theta) \qquad (4.3-6)$$

b. 外侧总加宽：

$$d_外 = d_{曲外} - d_b = \frac{L^2 - (l^2 + a^2)}{8R} - H_b \cdot \sin\theta - \frac{L_0}{2}(1-\cos\theta) \qquad (4.3-7)$$

c. 总加宽：

$$d_总 = d_外 + d_内$$

d. 总加高只有超高引起的一项，即：

$$h_a = \frac{L_1}{2} \cdot \sin\theta - H_a \cdot (1-\cos\theta) \qquad (4.3-8)$$

④曲线加宽设置方法。

a. 圆曲线地段。

区间隧道圆曲线部分按上面计算的加宽值 $d_总$ 加宽，即以线路中线为准，曲线内侧加宽为 $d_内$，曲线外侧加宽为 $d_外$。

b. 有缓和曲线地段。

将缓和曲线部分分为两段，分别给予不同的加宽值：Ⅰ. 自圆曲线终点至缓和曲线中点，并向直线方向延伸车辆长度一半，采用圆曲线的加宽断面，即加宽 $d_总$；Ⅱ. 缓和曲线的其余部分，并自缓和曲线终点向直线方向延伸前转向架中心至车辆后端的长度，采用圆曲线加宽值的一半，即 $d_总/2$。不同加宽断面的衔接处，可以用错台的方式变换，也可在约 1m 的范围内抹顺过渡，如图 4.3-9 所示。

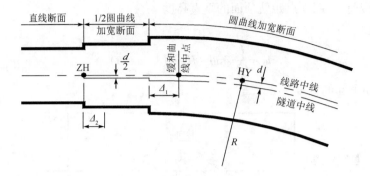

图 4.3-9　有缓和曲线时的加宽
d-圆曲线地段隧道中线偏移值；R-圆曲线半径

c. 无缓和曲线地段。

当曲线半径大于 3 000m 时，可以不设缓和曲线，但直线地段与圆曲线地段之间仍需要有过渡性衔接。当车辆前转向架进入圆曲线时，车辆开始倾斜，从直圆点（ZY）至车辆后端的范围内采用圆曲线加宽断面，如图 4.3-10 所示。

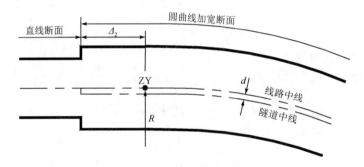

图 4.3-10　无缓和曲线时的加宽
d-圆曲线地段隧道中线偏移值；R-圆曲线半径

（2）圆形隧道（含双圆隧道）。

曲线圆形（含双圆）隧道的直径无法调整，其建筑限界应按全线最小曲线半径来确定。采用盾构法施工的圆形隧道，在建筑限界与设备限界之间的空间不宜小于 140mm，以满足电缆管线横穿的需要。

（3）道岔区建筑限界。

在道岔区，由于车辆由正线进入侧线或渡线时要产生内外侧偏移，因此，道岔区的建筑限界需在一般直线段建筑限界的基础上，根据不同道岔类型和车辆有关尺寸计算出的加宽量和安装设备所需的加高量，分别进行加宽和加高。加宽分道岔外侧（直股一侧和导曲线外侧）加宽和内侧（侧股的导曲线内侧）加宽。

① 曲线内侧加宽量：

$$e_{内} = \frac{l^2 + a^2}{8R_0} \tag{4.3-9}$$

② 曲线外侧加宽量：

$$e_{外} = \frac{L_0^2 - (l^2 + a^2)}{8R_0} \tag{4.3-10}$$

式中:R_0——道岔导曲线半径(mm)。

(4)竖曲线地段的建筑限界加高量。

①凹形竖曲线:

$$\Delta H_1 = \frac{(l_1^2 + a^2)}{8R_1} \tag{4.3-11}$$

②凸形竖曲线:

$$\Delta H_2 = \frac{L_0^2(l_1^2 + a^2)}{8R_2} \tag{4.3-12}$$

式中:R_1、R_2——凹、凸形竖曲线半径(mm)。

(5)车站直线地段的站台高度应低于车厢地板 40~100mm。站台边缘距车厢外侧面之间的空隙宜留 100mm。

4.3.4 地铁区间隧道内轮廓线确定

净空断面形式确定之后,接着应确定断面的大小,换言之,应设计合理的衬砌内轮廓线,它主要由隧道建筑限界决定,同时考虑结构受力合理、经济节省的原则。

1)矩形隧道衬砌内轮廓线

对于矩形结构来说,其衬砌内轮廓线与隧道建筑限界重合时,开挖断面最小。从结构受力的角度来看,矩形断面越小,受力就越有利。这就决定了最合理的方式是使得矩形衬砌内轮廓线与隧道建筑限界重合。

2)圆形隧道衬砌内轮廓线

同样的道理,圆形结构的衬砌内轮廓线也应与隧道建筑限界一致。

3)马蹄形隧道衬砌内轮廓线

从减小开挖断面积、降低造价的角度出发,马蹄形结构当然也应当使衬砌内轮廓线与隧道建筑限界一致。但是,由于马蹄形拱轴线的特点,这时的受力状态往往并不是最佳的。一般而言,在垂直压力大于水平压力的情况下,抬高拱顶(即加大矢跨比)有利于结构受力。因此,对于马蹄形隧道,应该对结构受力进行分析之后,再决定衬砌内轮廓线。

【思考题】

1. 地铁区间隧道有哪些类型?
2. 地铁区间隧道限界与净空应如何确定?
3. 如何设计区间隧道转弯段的加宽段?

第 5 章
地铁设备管理与防灾减灾

【本章重难点】
1. 了解地铁设备管理的特点及内容。
2. 了解地铁供电系统的组成。
3. 了解地铁环境控制管理系统的组成。
4. 掌握地铁照明系统。
5. 掌握地铁的通信与信号。
6. 掌握地铁给排水系统。
7. 掌握地铁通风。
8. 掌握地铁消防。
9. 掌握地铁防灾。

5.1 地下铁道供电系统

电能对地铁的运行起着至关重要的作用,除机车采用电力牵引外,为保证乘客乘坐环境的舒适,地铁还要有可靠的通风换气、空调设施,以及自动扶梯、排水排污、消防、照明等设备,这些无一例外地需要电能,可以说供电系统是地铁的大动脉,是基础能源设施。

地铁作为城市电网的重要用户,属一级负荷,地铁供电系统的变电所都要求获得双路电源。地铁的供电系统分为三部分,即主变电所、牵引变电系统和变配电系统,如图 5.1-1 所示。

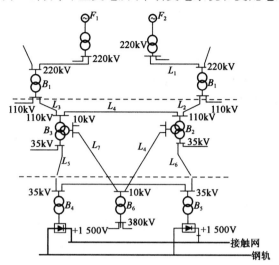

图 5.1-1 供电系统

F_1、F_2-城市电网发电厂;$L_1 \sim L_7$-传输线;$B_1 \sim B_3$-主变电所;B_4、B_5-牵引变电所;B_6-降压变电所

5.1.1 主变电所

地铁供电系统的主变电所对城市电网是用户,对供电系统是电源,它担负着将城市电网高压电变成牵引供电系统和变配电系统所需要的电压,并向地铁供电的任务。

主变电所的主结线如图 5.1-2 所示。

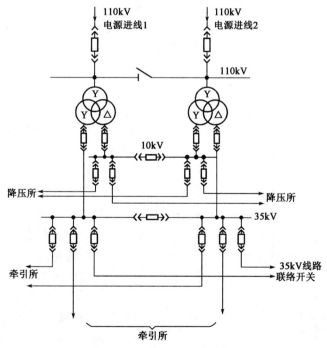

图 5.1-2 主变电所的主结线

主变电所的设计要遵循以下原则:

(1)主变电所的站位应选在线路附近,尽量缩短主变电所到车站之间的电缆通道。

(2)每座主变电所从城市引入双路独立电源,当一路发生故障时,另一路能承担变电所的全部负荷。

(3)主变电所高压侧应为内桥主结线,设桥路开关;低压侧单母线分段,设分段开关。桥路开关和分段开关正常处于断开状态,失压自投,故障闭锁。

(4)为减少占地面积,主变电所应设计成室内式,设两台主变压器和两台自用变压器。主变压器的容量应按地铁远期最大用电负荷设计。

(5)因主变电所的负荷为直流牵引负荷和低压动力照明负荷,其功率因素补偿主要是补偿变压器的空载无功功率。

(6)变电所按三级控制设计,并应有人值班。

(7)变电所宜选用SF6绝缘全封闭组合电器GIS,以减少占地面积。变电所的平面布置应紧凑,便于设备运输、安装和运行维护,并设有通往地铁或轻轨的电缆通道。

(8)主变压器宜采用油浸风冷、有载自动高压变压器。根据需要可为三级圈或双线圈的结构。

5.1.2 牵引供电系统

牵引供电系统由牵引变电所和牵引网两部分构成。

1) 牵引变电所

牵引变电所在线路上的位置和容量,需根据运行高峰小时的车流密度、车辆编组及车辆形式通过牵引供电计算,经多方案的比选确定。牵引变电所应有两路独立电源,设两套整流机组,其容量按远期运量的牵引负荷进行计算。

牵引变电所的位置,对于地下线路,如果地面有地方,设于地面比较合适,便于运营维护。但地铁地下线路多在人口稠密、商业繁华的地区通过,城市用地本来就很紧张,要在这些地区的地面上找到设置牵引变电所的地方比较困难。一般将牵引变电所和降压变电所合建于地下车站的站台端,形成牵引降压混合变电所。相邻牵引变电所之间的距离一般为2~4km,牵引变电所的主结线如图5.1-3所示。

地下牵引变电所应设置良好的通风散热装置,如机械送排风不能满足要求时,应设冷风再循环系统。变电所设备选型原则是防火、防潮、低噪声、空气自冷。

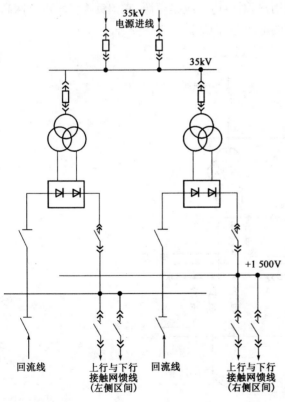

图5.1-3 牵引变电所的主结线

牵引变电所平面布置可分成变压器室、高压室、低压室、蓄电池室、集控室、值班室等，如图5.1-4所示。

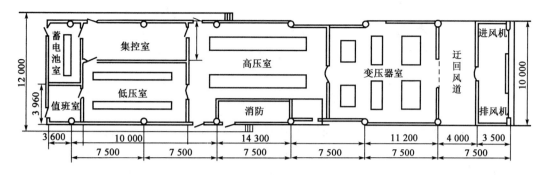

图5.1-4 牵引变电所平面布置图(尺寸单位：mm)

2）牵引网

地铁牵引网是沿线路铺设专为电动车辆供给电源的装置。它由两部分组成：正极接触网供电，负极走行轨回流。牵引网可分为架空接触网和接触轨(第三轨)两种基本形式。

（1）架空接触网

架空接触网又分为刚性和柔性悬挂两种基本形式，如图5.1-5所示。除日本个别城市地铁用刚性悬挂外，地铁多采用柔性悬挂形式。由于地铁在地下线路受空间的限制，悬挂形式多采用占空间小的两种形式：全补偿简单链形悬挂和补偿弹性简单悬挂。

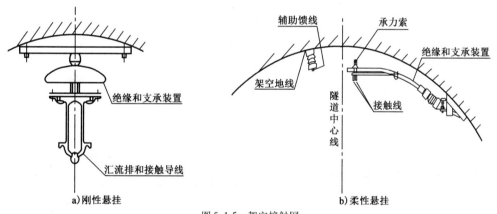

图5.1-5 架空接触网

广州地铁采用的架空接触网为全补偿简单链形悬挂，上海和香港地铁采用的则是弹性简单悬挂。

架空接触网的主要优点是：安全性较好，车辆可随时落弓脱离电源；电压较高，适用于大运量系统供电。一般在车辆编组总重量超过400t时，采用架空接触网比较合适。

架空接触网的主要缺点是：要经常进行巡视维修，易受外界气候条件的影响；容易局部磨损，寿命较短，要定期更换；在地面线，对市容景观有影响。

（2）接触轨

接触轨根据与电动车辆受流器的接触面不同，可分为上部接触、下部接触、侧面接触三种形式，如图5.1-6所示。

a) 上部接触　　b) 下部接触　　c) 侧面接触

图 5.1-6　接触轨集电布置

接触轨的主要优点是：寿命长，可长期使用；维修量极小或基本不用维修；在地面对城市景观没有影响。

接触轨的主要缺点是：车辆不能脱离电源；电压偏低，对于大运量的车辆供电，使得牵引变电所的距离较近。一般在车辆编组总重量不超过 350t（定员）时，采用接触轨供电比较合适。

架空接触网与接触轨比较如表 5.1-1 所示。

架空接触网与接触轨对比简表　　　　　表 5.1-1

类型 项目	架空接触网	接触轨
安全性	在紧急事故情况下，架空接触网利于疏散乘客，对人身安全不存在危险影响	在紧急事故情况下，接触轨不利于疏散乘客，易发生触电，造成人身伤亡事故
技术水平投资	达世界先进水平，采用银铜合金电车线，每公里造价约 120 万	技术水平较低，采用 50kg/m 低碳钢，每公里造价约 110 万
维修工作量	维修工作量较大，但不影响工务维修	维修工作量较小，但对工务维修有影响
牵引供电	供电质量高，电能损耗小，牵引变电所少，占地和投资少	供电质量较差，电能损耗较大，牵引变电所多，占地和投资多
杂散电流腐蚀	杂散电流腐蚀较小	杂散电流腐蚀较 DC 1 500V 架空接触网约大 50%
隧道净空	隧道净空要求较接触轨稍大，但牵引变电所数量少，减少了车站建筑面积	隧道净空要求较小，但牵引变电所数量多，增大了车站建筑面积
车辆方面	取流平稳，电磁干扰非常小	取流不平稳，有冲击，电磁干扰大
线路及城市景观	地面线路无须封闭，对城市景观影响较大	地面线路必须封闭，但对城市景观基本没影响

5.1.3　变配电系统

地铁除了直流电动车辆外，其他所有交流低压负荷都由变配电系统供电。变配电系统由降压变电所和动力照明两部分组成。

1) 降压变电所

地铁的每个车站都应设降压变电所，一般设于站台两端，各负责半个车站和相邻半个区间的供电。如和牵引变电所位置相同，则与牵引变电所合建；如是地面车站，则与地面站务用房合建。降压变电所平面布置如图 5.1-7 所示。

降压变电所的两路电源可以来自主变电所，也可来自相邻牵引变电所，并在降压变电所设两台电力变压器，保证地铁的正常运行，降压变电所的主结线如图 5.1-8 所示。低压负荷按动力、照明、广告照明、空调分别计量,以便进行用电考核。在站台两端各设一组镉镍碱性蓄电池组,其容量选择应满足变电所双路失压时,供给车站、区间220V事故照明,时间不少于30min,以便使地下车站的旅客能安全撤出到地面。事故照明电源正常由两路低压电源供电,两路电源一用一备,自动切换。只有当变电所双路电源失压时,才自动切换到蓄电池组供电。

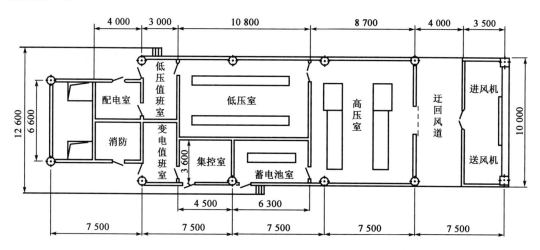

图5.1-7 降压变电所平面布置图(尺寸单位:mm)

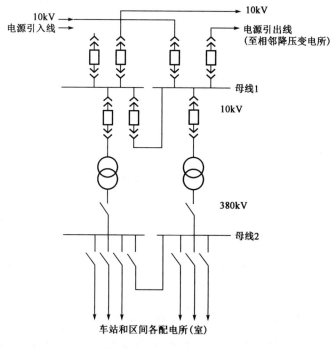

图5.1-8 降压变电所主结线

2) 动力照明

动力照明系统采用380V/220V三相五线制系统(TN-S系统)配电。

低压负荷按其用途和重要性可分为三大类:

一类负荷：事故风机、消防泵、主排水泵、售检票机、防灾报警、通信信号、事故照明等。采用双电源、双电缆，供电末端自动切换，来电自复。

二类负荷：自动扶梯、局部通风机、普通风机、排污泵、工作照明、节电明明等。采用双电源、单电缆。

三类负荷：空调、冷冻机、热风幕、广告照明、维修电源等。采用单电源、单电缆。

对于一、二类负荷，一般由两路电源供电，当一台变压器故障解列时，另一台变压器可承担全部一、二类负荷。三类负荷由一路电源供电，当一台变压器故障解列时，可根据运行需要自动切除。用电设备的双电源切换箱应当设计成自投自复装置，一路为工作电源，另一路为备用电源。

为便于运营管理，在车站两端的站台层和站厅层，宜各设一配电室，以便于对本层用电设备的供电和管理。

动力照明的配电方式基本上采用放射式供电，个别负荷可采用树干式供电，对于大容量的动力设备和主要用户应由变电所直接供电，如车站风机、冷冻机组、消防泵、区间排水泵、通信、信号等用电设备。

区间每隔100m设一个动力插座箱，内设三相漏电开关、三相插座和单相插座各一个，容量为15kW。每一回路只考虑一组使用，箱体应为防潮、防溅型。

5.2 地下铁道的环境控制系统

5.2.1 地铁环境的特点

(1) 地铁的车站和区间隧道除出入口（地面线和高架线除外）等极少部位与外界相连通外，其余基本上与外界隔绝，只有用人工气候环境才能满足乘客的要求。

(2) 由于地铁车站和区间隧道需要不分昼夜地照明，因此车站和车厢的照度、色调、装饰和布置都成为影响乘客心理的重要因素。

(3) 列车各种设备的运行和乘客都将释放出大量的热，若不及时排除，将使车站和区间隧道的温度上升，使乘客在此环境中难以忍受。

(4) 地铁隧道是狭长的地下建筑物，列车及各种设备的运行产生的噪声不易消除，对乘客的影响较大。

(5) 地铁列车在区间隧道运行时产生"活塞效应"，若不能合理应用，会干扰车站的气流组织，使乘客感到不舒适，并影响车站的负荷。

(6) 当发生事故，尤其是发生火灾事故，将导致环境恶化，不易救援，要采取有效措施。

由此可见，要建立一个能满足乘客、工作人员生理上和心理上要求的人工环境，是一项复杂的系统工程，它包括环境中空气的温度、湿度、空气流动速度、空气质量等诸多因素。

通风和空调的任务是采用人工的方法，创造和维持满足一定要求的空气环境。它包括空气的温度、湿度、空气流动速度和空气质量；当列车阻塞在区间隧道内时，能维持车厢内乘客短时间能接受的环境条件；当地铁发生火灾事故时，能提供有效的排烟手段，给乘客和消除人员输送足够的新鲜空气，形成一定的风速，引导乘客迅速撤离现场。

5.2.2 地铁通风空调系统

地铁通风空调系统一般分为开式系统、闭式系统和屏蔽门式系统,根据使用场所不同、标准不同又分为车站通风空调系统、区间隧道通风系统和车站设备管理用房通风空调系统。

1) 开式系统

开式系统是应用机械或列车"活塞效应"的方法使地铁内部与外界交换空气,利用外界空气冷却车站和隧道。这种系统多用于当地最热月的月平均温度低于25℃且运量较少的地铁系统。

(1) 活塞通风

当列车的正面与隧道断面面积之比(称为阻塞比)大于0.4时,由于列车在隧道中高速行驶,如同活塞作用,使列车正面的空气受压,形成正压,列车后面的空气稀薄,形成负压,由此产生空气流动。利用这种原因通风,称之为活塞效应通风。

活塞风量的大小与列车在隧道内的阻塞比、列车行驶速度、列车行驶空气阻力系数、空气流经隧道的阻力等因素有关。利用活塞风来冷却隧道,需要与外界有效交换空气,因此对于全部应用活塞风来冷却隧道的系统来说,应计算活塞风井的间距及风井断面的尺寸,使有效换气量达到设计要求。试验表明:当风井间距小于300m、风道的长度在25m以内、风道面积大于$10m^2$时,有效换气较大。在隧道顶上设风口效果更好。由于设置许多活塞风井对大多数城市来说都是很难实现的,因此全"活塞通风系统"只有早期地铁应用,现今建设的地铁多设置活塞通风与机械通风的联合系统,其通风方式如表5.2-1所示。

通风方式概况表　　　　　　　　　　　　　　　　　表5.2-1

	方　式	略　图	要　点
自然通风	利用列车活塞通风		路面每隔70~100m设一个通风口,丧失排烟功能
机械通风	车站:机械送风 区间:自然通风		车站环境得以改善
	车站:自然通风 区间:机械排风		隧道中间设置通风井,安设小型风机
	车站:机械给风(排风) 区间:机械排风(给风)		协调车间和隧道的通风,是地铁标准的通风方式
	车间、区间互相独立的给、排风方式		在单线区间或双线带圈隔墙的较为有效
	车站、区间均为独立的给、排风系统,车站风流为横向形态		在地铁客运量急剧增加的情况下,为控制站内温升而采用的通风方式

(2) 机械通风

当活塞式通风不能满足地铁排除余热与余温的要求时,要设置机械通风系统。

根据地铁系统的实际情况,可在车站与区间隧道分别设置独立的通风系统。车站通风一般为横向的送排风系统;区间隧道一般为纵向的送排风系统。这些系统应同时具备排烟功能。区间隧道较长时,宜在区间隧道中部设中间风进口。对于当地气温不高、运量不大的地铁系统,可设车站与区间连成一起的纵向通风系统,一般在区间隧道中部设中间风井,但应通过计算确定。

2) 闭式系统

闭式系统使地铁内部基本上与外界大气隔断,仅供给满足乘客所需的新鲜空气量。车站一般采用空调系统,而区间隧道的冷却是借助于列车运行的"活塞效应"携带一部分车站空调冷风来实现。

这种系统多用于当地最热月的月平均温度高于25℃、运量较大、高峰时间内每小时的列车运行对数和每列车车辆数的乘积大于180m^2的地铁系统。

3) 屏蔽门系统

地铁屏蔽门分为封闭式、开式和半高式,其中开式和半高式通常被称为"安全门",只起到安全和美观的作用。封闭式的通常才被称为"屏蔽门",也是目前最常用的一种。

除了保障列车、乘客进出站时的绝对安全之外,地铁站台安装屏蔽门还可以大幅度地减少驾驶员瞭望次数,减轻了驾驶员的思想负担,而且能有效地减少空气对流造成的站台冷热气的流失,降低列车运行产生的噪声对车站的影响。

屏蔽门式系统设置于站台边缘,将列车与车站的站台隔开,在列车到达和发出时可自动开启和关闭。在车站安装空调系统,如图5.2-1所示。隧道用通风系统(机械通风或活塞通风,或两者兼用),若通风系统不能将区间隧道的温度控制在允许值以内时,应采用空调或其他有效的降温方法。

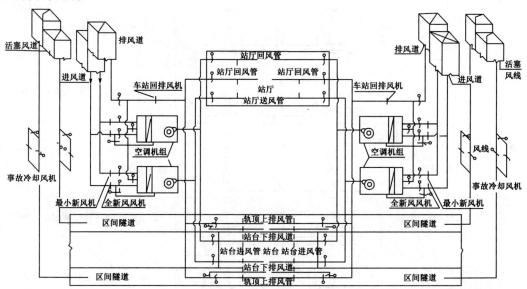

图 5.2-1 车站通风空调系统图

安装屏蔽门后,车站成为单一的建筑物,它不受区间隧道行车时活塞风的影响。车站的空调冷负荷只需计算车站本身设备、乘客、广告、照明等发热体的散热,及区间隧道与车站间通过屏蔽门的传热和屏蔽门开启时的对流换热。此时屏蔽门系统的车站空调冷负荷仅为闭式系统的22%~28%。总而言之,由于车站与行车隧道隔开,减少了运行噪声对车站的干扰,不仅使车站环境较安静、舒适,也使旅客更为安全。

采用屏蔽门式系统时应核算区间隧道温度是否能达到允许的设计温度。

5.2.3 通风空调设备

地铁通风空调设备大部分与地面建筑工程所用设备相同。现就地铁的专用通风设备简介如下。

1）隧道通风机

地铁隧道通风机需要风量较大,风压较低。一般风速为 $40\sim90m^3/s$、风压为 $800\sim1\,200$ Pa。同时有正风与反风的要求,因此多为轴流式风机。

地铁所用的风机,主要有以下特点:

(1)风量在 $40\sim90m^3/s$、风压为 $800\sim1\,200$Pa。
(2)可逆转,逆转风量不低于正转风量的90%,正、反转置换时间不大于60s。
(3)电动机内置式,轴联传动。
(4)适用的环境条件,温度为 $-15\sim45$℃,相对湿度30%~95%。
(5)输送的介质:空气、150℃烟气,因此风机需耐温150℃、持续工作1h。
(6)低噪声。
(7)设有运行状态的反馈信号。
(8)设有各种安全保护装置。

2）组合风阀

由于地铁通风系统的风量较大、运行模式较复杂,需设置大型组合风阀来满足系统的要求。从我国目前所用的组合风阀来看,面积为 $20m^2$ 左右。其特点有:

(1)由若干单元阀组合。
(2)承受静压1 400Pa时开启自如。
(3)组合阀只设一个执行机构来执行命令。
(4)全程时间不大于60s。
(5)耐温150℃,连续工作1h。
(6)全开启的流通面积不小于外轮廓尺寸面积的85%。
(7)符合立式安装及卧式安装的要求。
(8)可手动、远动调节,带运行状况的反馈信号。

3）消声器

地铁隧道通风系统的风机为大风量、中低风压的轴流式风机,其噪声以中、低频为主,频谱范围宽,峰值出现多为低频,因此隧道通风所用的消声器多为厚片组成的片式消声器。

消声器应具有防火、防潮、耐腐蚀、无异味、经久耐用、便于安装、清洗、维护、不老化等特点,片间的风速在12m/s时对低频有良好的消声效果。

一般消声器要根据风机的声学频谱特性、总声功率级及环境噪声要求专门设计。由于地铁风道形状复杂,消声器的外形要根据断面的形状特定加工。

5.2.4 通风建筑物

通风建筑物主要包括:地面风亭、风道、风机室、消音室等,如图 5.2-2 所示。

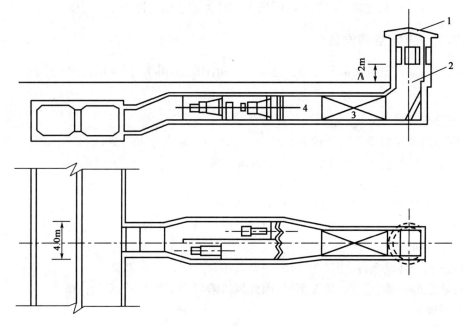

图 5.2-2 通风建筑物
1-地面风亭;2-金属闸门;3-消音室;4-风机

1) 风亭

风亭是地铁和轻轨与外界交换空气的主要渠道,进风质量的好坏又直接影响地铁环境,因此风亭的设计就显得十分重要。

地铁的进风亭应设于空气洁净的地方,任何建筑物距通风亭口部的直线距离应大于 5m。当进风亭与排风亭合建时,排风口要高出进风口 5m。有时由于受规划所限,风亭不能建得太高,进、排风口之间的距离应大于 5m。

为了避免地面纸屑、砂土进入风亭,进风亭格栅底部距地面的高度应大于 2m,各风口应尽量错开方向。进风亭建于绿化地带内时,其高度可降低,但不宜低于 1m。

排风口单独设置时,其格栅可设于地面绿化带内,但应高出地面 30cm,并配有排水设施。风亭的外形宜作为建筑小品进行处理,应和周围环境及建筑物相协调。

2) 风道

风道为连接隧道及地面风亭的一段渠道,它在隧道边墙上形成的风洞,其上边应尽量靠近隧道顶板,其下边应尽可能接近轨顶平面,风道断面一般为 4m 宽,即使在最狭窄的地方也不应小于 2×3m。

风道断面为长方形或正方形,其覆盖厚度应不小于 1m,选择埋深时,应考虑风道线路遇到城市地下建筑物及管网,此时如不妨碍风道运用的话,可让其穿越风道,不必拆迁。

风道具体线路应会同城建有关规定共同决定。风道应有经常的电力照明。风道靠近线路隧道的地方,应设金属栅栏,栅栏上设有 1.8m×1.0m 的门。风道纵向坡度不得小于3‰,中央应设 150mm×150mm 的敞口排水沟,沟边至风道侧壁的横向坡度不得小于2‰。

3) 风机室

风机室的尺寸应根据安装在其中的风机限界、风机安装及拆卸的方便条件以及通风设备运用的便利条件来决定。

风机室一般设置在靠近区间隧道或车站隧道的风道内,本身就是风道的扩大部分。

浅埋地铁中,风机室离开隧道的距离,要能使风道在离地表1m的地方,因为这样可减少土方量,比较合理。

若在风机室内安装两台风机,则最方便的方法是前后交错排列。若并排安设,则在两侧都必须设置过道。

风机室内,除风机外,还设有金属闸门,借用这些闸门可使1台或2台风机停止工作。在风机及电动机的轴线位置风机室顶板安设一根装配梁,梁长为自风机叶片开始至电动机外1.5m处。

为了将通风网的吸风部分和压风部分隔开,在风机上方设有一道120mm厚的钢筋混凝土墙。为避免通风机开支时扩散器发生过大振动,在离风机端不远处设置第二道同样的隔墙,这两道墙均在风机安装之后修建。

风机室的地板应用瓷砖铺砌,在不得已的情况下也可用水泥地面,并应有从风机室两侧向中央倾斜的横向坡($i=2\%$),在风机室中央应设宽220mm、深150mm的排水沟。

4) 消音室

消音室的尺寸,应按消音的需要经计算确定。当浅埋车站时,风机室两端都要设消音室,以便在地面风亭一边和车站一边都能消除风机开动时发出的噪声。

5.3 地下铁道的照明

照明是组成一个完整车站建筑设计的一部分,也为乘客安全地通过车站各部分提供充分的照度,良好的照明标准,可使地下铁道成为一个具有吸引力的交通工具。

5.3.1 地铁车站建筑艺术照明处理方法

车站建筑艺术照明处理方法一般可分为以下三种类型:

(1) 以灯具艺术装饰为主,对灯具进行艺术处理,使之具有各种形式,满足美观的要求。其中最为常见的是吊灯,吊灯是在灯架上集中较多的灯,并具有艺术性。灯具高度较大,一般用在净空稍高的深埋地下铁道车站站厅和地面站厅中。浅埋车站一般净空较低,吊灯不适用,常采用其他灯具,如暗灯、壁灯、吸顶灯等。

(2) 用多个造型简单、风格统一的灯具排列成为有规律的图案,并通过灯具和建筑的有机结合取得良好的装饰效果。如常见的均匀布置的方形白色吸顶灯,灯具本身并没有装饰,但由于采用不同的图案布置方式,得到了整体的装饰效果,这种照明方式安装方便,光线直接射出,损失很小,其技术合理性和经济性明显,特别是在一些面积大、高度小的车站空间里,效果很好。浅埋地下铁道车站中间站厅的照明可取此种处理方法。

(3)"建筑化"大面积照明艺术处理,是将光源隐蔽在建筑物构件之中,并与建筑构件(如吊顶、墙沿、过梁和立柱等)合成一体的一种照明形式,可分为透光的(如发光顶棚、光梁、光带等)与反光的(如光檐、反光假梁等)两种。

5.3.2 "建筑化"照明的共同特点

(1)发光体不再是分散的点光源,而扩大成为发光带,成发光面。因此可在发光表面亮度较低的情况下,获得较高的照度。

(2)光线的扩散性极好,整个空间照度十分均匀,光线柔和,阴影淡薄,甚至完全没有阴影。

(3)消除了直接眩光,减弱了反射眩光。

5.3.3 "建筑化"照明的方式

1)发光顶棚

为了保持稳定的照明条件,模仿天然采光的效果,在玻璃吊顶和天窗之间的夹层里装上灯,便构成发光顶棚。

2)光梁和光带

它是将发光顶棚的宽度缩小成线状发光表面,光带的发光表面与顶棚表面平齐。光梁则凸出于顶棚表面。光带和顶棚亮度相差较大,为减少两者之间的亮度对比,把发光表面往下放,使之突出于顶棚,形成光梁。

3)格片式发光顶棚

发光顶棚、光带和光梁都存在表面亮度较大的问题,为解决当照度提高时不免要形成眩光这一矛盾,最常用的是格片式发光顶棚,格片是用金属薄板或塑料板组成的网状结构。

格片式顶棚除亮度较低,并可根据选用不同格片材料和剖面形式来控制表面亮度外,还存以下几个优点:

(1)可以很容易通过调节格片与水平面形成的倾角,得到预定指向性的照度分布。

(2)减少设备层内由于光源散热而造成的热负荷。

(3)直立式格片比平放的透光顶棚积尘机会少。

(4)外观上比透光材料做成的发光顶棚生动。

由于格片式发光顶棚具有上述优点,其在地下铁道车站建筑艺术照明中常被采用。

4)反光顶棚

反光顶棚是将光源隐蔽在灯槽内,利用顶棚作为反光表面的一种照明形式。它具有间接型灯具的特点,又是大面积光源,所以光的扩散性极好,可完全消除阴影和眩光。由于光源的面积大,只要布置方法正确,发光效率可比单个的间接型灯具高。

上述四种方式,往往可以综合采用,以达到整体的艺术效果和提高光照效率。

5.3.4 灯具

灯具是光源和灯罩的总称,光源指的是灯。地下铁道中常使用的光源主要是接近天然光的日光灯管,它与白炽灯相比,在同样光照度情况下,使用的功率小。

灯罩的作用,首先是提高光源所发出的光通量的利用率,把它重新分配到需要的范围内,其次是保护视觉,避免和减轻光源高亮度的刺激,同时对光源也有一定保护作用。从建筑艺术上看,灯罩本身还有一定的装饰效果。

灯具的形式与吊顶的形式有着密切的关系,吊顶的形式应有助于提高灯具的发光效率,它使照度均匀,以达到预定的艺术效果,而不产生眩光。浅埋地下铁道车站中采用的灯具大致有下列四种类型:

1）明落式灯具

明落式灯具的设置如图 5.3-1 所示,它是直接型灯具,其发光效率高,但有眩光。

2）格片式灯具

格片式灯具的设置如图 5.3-2 所示。格片可有铝皮格片、白铁皮烤漆格片、有机玻璃格片、聚乙烯格片等。以有机玻璃格片效果最好,光线比较柔和；聚乙烯格片透光差,不宜选用。

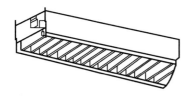

图 5.3-1　明落式灯具

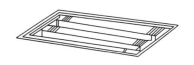

图 5.3-2　格片式灯具

3）乳白色有机玻璃灯罩

这种灯具的设置如图 5.3-3 所示,其透光效率及艺术效果较好,但造价较高。

4）嵌入式灯具

嵌入式灯具是间接型灯具,主要靠反射光,光线比较柔和,发光效率差,如图 5.3-4 所示。

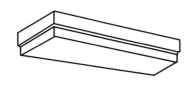

图 5.3-3　乳白色有机玻璃灯罩

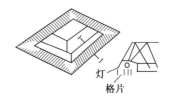

图 5.3-4　嵌入式灯具

5.3.5　照度标准

照明常用的度量单位,主要有光通量、照度、光强和亮度等。

1）光通量

光通量表示光源在单位时间内,向四周空间发出的使人产生光感觉的能量。光通量用符号 ϕ 表示,单位为流明,即 lm。

2）照度

照度是指单位被照面积上所接收的光通量,即被照物体表面的光能密度,其符号为 E,单

位为勒克斯,即 lx。如果光通量为 ϕ,均匀地投射到面积为 S 的表面上,则该表面的照度为:

$$E = \frac{\phi}{S} \tag{5.3-1}$$

3) 光强

光强是发光强度的简称,表示光源向空间某一方向辐射的光通密度,符号为 I,单位为坎德拉,即 cd。光强俗称烛光。

对于向各个方向均匀辐射光通量的光源,各个方向的光强均相等,其值为:

$$I = \frac{\phi}{\Omega} \tag{5.3-2}$$

式中:ϕ——光源在立体角 Ω 内所辐射的总光通量(lm);

Ω——光源辐射光通量 ϕ 的空间立体角,单位为球面度(sr),按下式计算:

$$\Omega = \frac{S}{r^2} \tag{5.3-3}$$

式中:S——立体角相对应的球表面积(m^2);

r——球的半径(m)。

4) 亮度

人眼视网膜上的照度是由被视物体在沿视线方向上发光强度所造成的。被视物体在视线方向单位投影面积上的发光强度称为该物体表面的亮度,用符号 L 表示,其单位为 cd/m^2。

为保证地下铁道乘客顺利通过车站不同地区和乘车过程中的安全,在整个车站中,保持一个相对稳定的照度水平是十分重要的。在车站公共场所要求具有良好而不是很高的、普遍的照明,在运营管理工作上需要的地方以局部照明为辅。

照度标准是由国家专门部门根据工作性质、工作环境及视觉的舒适度和经济条件等因素,将视觉工作分成若干级,然后规定出每个等级的照度要求来决定的。

我国地铁车站的照度标准一般可参照表 5.3-1 的指标进行设计。

地下铁道内的照度　　　　　表 5.3-1

名　称	平均照度(lx)		平均照度的平面位置
	白炽灯	荧光灯	
车站站厅、自动扶梯	—	150~250	地板
车站站台厅	—	150~200	地板
出入口通道、楼梯	—	150~200	地板
出入口地面建筑	—	100~250	地板
区间隧道	≥10	—	轨顶面
车站事故照明	0.5~1	—	地板
区间隧道事故照明	≥0.5	—	轨顶面
渡线、岔线、折返线	20~25	—	轨顶面
车站控制室、控制中心、站长室	—	150~250	工作面
配电室	—	≥100	工作面
车辆段车场线	15~20	—	轨顶面

5.3.6 照明的其他问题

1) 事故照明的设置

当照明中断,可能造成设备损坏和人身伤亡时,应设事故照明。事故照明的总照度不应低于工作总照度的10%;仅供人员疏散用的事故照明,在危险地段(如通道及出入口处等)应设置不低于0.3lx的照度。

2) 照明和信号用电

由两个不同的电源提供地下重要部位的照明和出入口标志;除上述两个电源外,还应配备蓄电池供电,并能在电源发生故障时自动投入使用。

3) 卫生要求

地下铁道车站房间室内的照明,应具有足够的长波紫外线照射,这有利于工作人员的身心健康;但应避免紫外线直接射入人眼,并加强通风以排除臭氧。

5.4 地下铁道的通信与信号

5.4.1 地铁通信的特点

地铁通信具有以下特点:

(1)地铁通信设置的目的是为行车调度、运营管理、确保安全提供快速可靠的指挥手段和实施科学管理方法。

(2)修建地铁是为运送旅客,保证线路安全畅通,具有最大通过能力。行车指挥必须高度集中统一。为此,地铁的通信必须有很强的专用性。

(3)地铁通信是综合性通信网,包含有线通信、无线通信,传递的信息中有话音信息、数据信息和图像信息,并采用光缆传输。

(4)地铁隧道内地域空间狭窄,众多设备的协调配合,工作性能的充分发挥,控制命令的传送大都由通信系统提供传输通道。通信网与各相关设备间的相互衔接和接口关系在地铁通信中尤为重要。

(5)中心是组织地铁运输的神经中枢,自动化设备是为运营管理人员指挥调度行车提供的人机界面。通信系统各终端设备应稳定可靠,操作简便,软件内容丰富,兼容性强,易于功能扩展。

5.4.2 地铁通信网组成

地铁通信系统可分为通信传输、专用通信及公务通信三个子系统。

1) 通信传输系统

通信传输系统,主要用来传输地铁的各类话音、数据和视频图像信息等。由于城市的地铁线路长度一般为10多千米,其车站间距也较短,为1km左右,地铁通信传输一般由环路传输网构成,沿地铁线路铺设两条光缆(构成环路)和一条电缆,其光缆分别置于地铁隧道两侧上、下行电缆托架上。光缆传输设备可选用SDH光电传输设备或开放式传输网络设备。采用

SDH 技术时,可构成 SDH 自愈环。开放式传输网络设备与 SDH 光电传输设备相比,其接口丰富,通过特定的接口在一个网络上可实现各种协议的统一,并具有强大的网管功能,能满足地铁所需声音、数据、视频等传输要求。

2)专用通信系统

地铁的专用通信系统主要包括调度电话、站间行车电话、站内(车辆段)电话、轨旁电话、闭路电视监视、时钟、广播以及无线电通信等。

(1)调度电话系统

地铁的调度电话系统一般由列车调度电话、电力调度电话、防灾环控调度电话组成,是为列车运营、电力供应、防灾救护等提供调度指挥手段的专用通信系统,系统的构成方式主要有共线二线单工通话、共线四线全双工通话、辐射式点对点直通通话三种方式。

由于地铁线路短,通信传输信道较为富余,目前地铁调度电话系统一般应采用辐射式点对点直通通话方式或利用数字程控交换机的热线及多方会议功能来完成。

辐射式点对点直通通话方式与共线二线通话方式相比,不存在因为共线方式而引起的振鸣现象,功能齐全、技术先进,但造价相对较高、专用通信传输信道多。

(2)站内(车辆段)电话系统

站内(车辆段)电话系统是以车站(车辆段)值班员为中心,与站(段)有关部门之间构成点对点直通电话系统。相邻车站站内电话系统应互联,构成站间行车(闭塞)电话。区间(轨旁)电话也应接入相邻上下行车站的站内电话系统。

(3)闭路电视监视系统

闭路电视监视系统作为地铁的监视手段,用以监视客流,保证旅客运输安全,便于调度指挥、处理各种紧急情况。一般采用控制中心和车站两级监视控制方式,如图 5.4-1、图 5.4-2 所示。

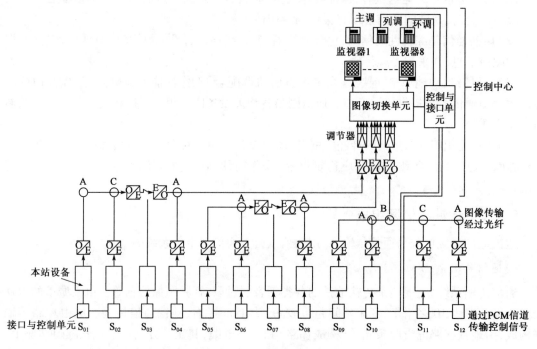

图 5.4-1 控制中心电视监视设备

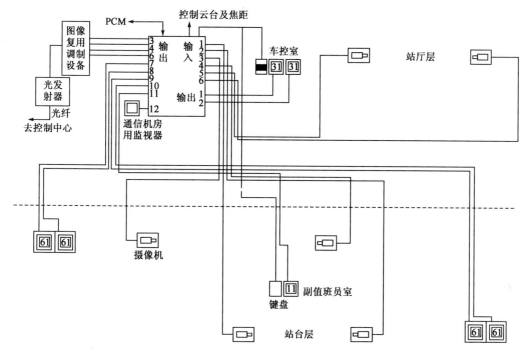

图 5.4-2　车站电视监视系统

地铁沿线各站至控制中心视频图像信号传输分为集中传输和分散传输两种方式。集中传输方式是车站传送到控制中心的视频图像信号仅为其中的一路或几路,然后控制中心调度员发送控制信号遥控车站视频开关选择所需监视图像;分散传输方式是车站所有图像都传送到控制中心,调度员可以直接在中心进行图像选择。各站视频图像信号在传送到控制中心前需采用视频压缩或复用,其复用方式可分为频分复用(FDM)、波分复用(WDM)、时分复用(TDM)三种。

(4)时钟系统

地铁的时钟系统是为地铁运营提供统一的标准时间以及地铁各系统提供定时同步信息信号。系统一般采用子母钟方案,将时间标准接收器、中心母钟设在控制中心,二级母钟设在沿线各站(段),子钟设在车站站厅、站台以及与行车有关的房间。

(5)广播系统

地铁广播系统,主要为旅客预报有关列车信息,对上、下旅客进行安全提示以及在紧急情况下发出警报、指挥救援和疏导旅客。广播系统一般采用控制中心和车站两种控制(图5.4-3、图5.4-4),平时以车站控制为主,在发生灾难等紧急情况时,以控制中心控制为主,中心具有优先广播权。控制中心可对全线进行全线、选站、选区广播,同时应收到相应的各站工作状态的回示信息。车站广播设备也可通过列车自动监控系统(ATS)的接口,接收到列车预报信息后,自动开启广播,在列车到达该站前15~30s向站台区预报来车。

(6)无线通信系统

目前地铁的无线通信系统主要有专用频道和共用频道(集群)两种方式。集群移动通信方式可根据需要指定其中几个信道为专用信道,其方式较专用频道方式而言,由于采用了专门的控制频道,实现紧急呼叫、检测等功能十分方便。集群技术的特点是频率资源共享、通信容量大、工作频道多,但其设备复杂,成本大。如上海地铁1号线采用西门子400MHz专用频道无线通信设备;广州地铁1号线采用了西门子400MHz集群移动通信设备,采用6个信道(其中1个为专用信道)为列调、维修、公安、防灾及车辆段无线子系统服务。在地铁无线通信设计时,还应考虑与地上实行无障碍公共移动通信,最近北京在地铁环线已开通了18个车站"全球通"数字移动通信系统。

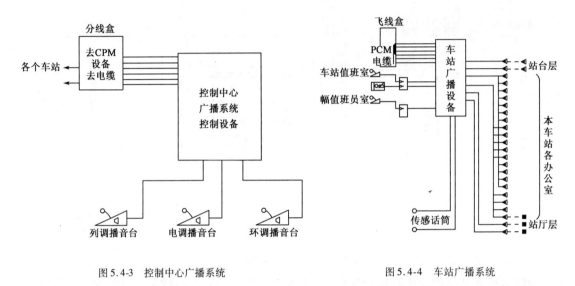

图 5.4-3　控制中心广播系统　　　　　图 5.4-4　车站广播系统

3) 公务通信

地铁公务通信可以利用具有较多程控新业务的数字程控用户交换机,构成独立的用户电话交换网,其组网结构可按单所和多所构成,一般可选用单所制,由中心电话所知远端用户模块组成。地铁公务通信网与市话公用网的中继方式可采用全自动呼出、呼入(即DOD、DID)方式。在设计时还可以利用数字程控交换设备的热线、缩位拨号、会议电话等功能来完成地铁专用通信网各个子系统的构成,如上海地铁1号线的专用电话网就是利用HICOM和OMNI数字程控电话交换机的以上功能来实现的。

5.4.3　通信用房技术要求

(1)地铁通信设备用房,应根据设备类型、使用要求在控制中心、车站、车辆段等地设置通信机房及相关辅助用房。

控制中心设:程控交换机室、通信机械室、电缆引入室、总配线架室、控制室、电源室、蓄电池室、休息室等。累计面积 $300 \sim 350 m^2$。

一般车站设:通信机械室、电缆引入室。用房面积 $60 m^2$。

车辆段设:程控交换机室、通信机械室、电缆引入室、总配线架室、控制室、电源室、蓄电池室、录音室、无线设备检修室、电视设备检修室、传输设备检修室、广播设备检修室、仪表室、工具室、仓库、值班室、休息室等。累计用房面积 $600 \sim 650 m^2$。

(2)通信机房的设备布局,应力求合理,讲求实效,出入方便,配线最短,运转安全,设备荷重与楼层相协调。各种用房使用的面积均应按远期容量来确定。通信机房应远离变电所或强电磁场区,以免电磁干扰造成通信设备误动。机房与辅助用房应相互协调配套,有益工作,方便维修。机房内设备排列尺寸,机房工艺要求应符合《地铁设计规范》(GB 50157—2013)要求。

5.4.4 信号设备的作用

地铁信号设备是地铁系统中最重要的设备之一,其作用主要有:

1)保证行车安全

地铁信号设备通常由闭塞、联锁、行车指挥和列车支行等设备组成。闭塞、联锁及列车运行控制系统中的自动停车、列车超速防护等设备,直接维系着行车安全。

信号系统保证行车安全的作用主要体现于:禁止同时为来自不同方向的列车建立同一条进路;确保同一径路上的不同列车之间具有足够的安全间隔距离;保证列车以不超过线路、道岔、车辆结构等规定的允许速度行驶;凡涉及行车安全的信号设备必须满足故障导向安全的原则。

2)提高通过能力和运输效率

信号设备可以提高列车的行车密度、列车运行的速度,加速车辆周转,减少列车在站停车时间,保证列车按计划行车。因而可以说,面对城市的飞速发展,信号系统将是高速、高密度、安全可靠大运量运输的重要保证。

5.4.5 信号系统构成

伴随着地铁的发展和科学技术的进步,地铁信号技术形成了以列车自动控制(ATC)系统为主体的综合自动化系统。

1)列车自动控制(ATC)系统

ATC系统由列车自动防护(ATP)、列车自动驾驶(ATO)及列车自动监控(ATS)三个子系统组成,其设备分别装设在中央控制室、车站和列车上,如图5.4-5所示。

(1)ATP子系统

ATP子系统由轨旁设备、车载设备、站内联锁设备、轨道电路和信息传输设备组成。其主要功能:自动检测列车的位置和实现列车间隔控制,以满足规定的通过能力;连续监视列车的速度,实现超速防护;当列车实际速度大于允许速度时,施加常用制动;当列车速度大于最大安全速度时,施加紧急制动,保证列车不冒进前方列车占用的区段;按照ATS子系统指令,列车可自动通过车站;当系统或设备发生故障时,施加紧急制动。

(2)ATO子系统

ATO子系统由轨旁设备、车载设备和信息传输设备组成。其主要功能:系统要保证车门关闭后,列车才能自动启动;系统要能控制列车在允许速度下运行,并自动调整列车的速度;列车在区间或站外停车后,一旦信号开放,即可自动启动;系统要控制列车到达站台的最佳制动,使列车停于预定目标点;列车运行状态自诊断;当列车到达终点站时,将自动准备折返;自动开/关车门;与ATS子系统交换信息。

(3)ATS子系统

ATS子系统由控制中心计算机系统、车站终端(工作站)和通信网络组成。其主要功能:自动显示列车车次、运行位置和信号设备工作状态;自动或人工办理进路;列车运行图的编制和整理；自动调整运行计划；自动描绘或复制列车运行实迹；车辆维修周期管理；向旅客向导系统提供信息；列车运行模拟仿真；系统故障可降级使用；对运行数据自动统计和制表。

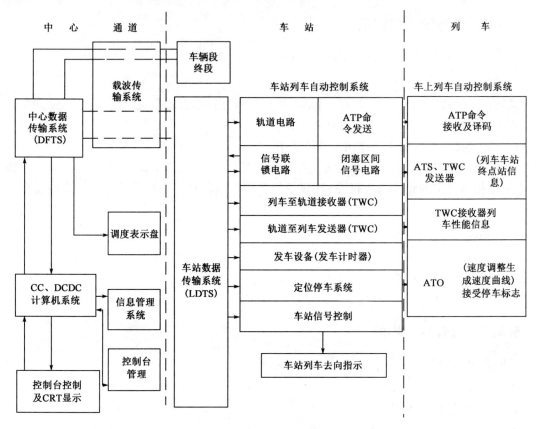

图 5.4-5　ATC 系统框图

CRT-线路表示盘；TWC-列车与地面数据通信系统；CDTS-中心数据传输设备；LDTS-车站数据传输系统；CC-控制台管理计算机；DCDC-调度控制及数据汇集设备

2）综合自动化系统

地铁客运业务是由运营调度、车辆、供电等各个业务部门构成的，并相互衔接。各业务部门协同工作是确保地铁行车安全、高效运行的重要前提。随着地铁客运量的增加，营业线路的延伸和管理范围的扩大以及设备的增多，要求各业务部门之间，必须加强信息交流，从而最大限度地调动地铁系统内部各专业、各种设施、各营业线的内在潜力，实现地铁综合业务的现代化管理。甚至可以在地铁与其他公共交通系统间建立广泛而深入的业务联系和信息交换，这就要求实现系统综合业务的自动化。地铁业务综合自动化系统，通常由以下主要部分组成：

（1）列车自动控制系统

列车自动控制系统包括列车自动监控、列车自动防护和列车自动驾驶等子系统。列车自动控制系统是综合自动化系统的核心环节。

（2）供电管理自动化系统

该系统由供电管理和监控两部分组成，对系统所辖变电站、电力设备进行监视、控制，实现供电调度、业务统计、故障分析等功能。

(3)车站业务自动化系统

该系统包括旅客向导,车站闭路电视监视,自动售、检票,财务统计,车站设备管理,客流统计等业务。上述信息收集和处理可通过独立信息采集系统与中心联网,也可通过其他系统(如列车自动监控系统)与中心联网。

(4)环境监控和防灾报警自动化系统

该系统实现对环境条件、机电设备、人防设施进行监视、控制,确保地铁生态环境及对灾害的及时报警和处理,保证运营安全。

(5)车辆检测自动化系统

车辆是维系地铁快速运行、安全输送乘客的关键设施,车辆检测环节的优劣,是影响车辆整备状态的重要条件。车辆检测自动化系统应纳入车辆业务管理系统之中。检测自动化系统功能包括列车安全运行检测、列车运行履历、车辆履历、修程管理等功能。车辆检测自动化应包括对电务部门车载设备的检测和处理。

(6)信息管理自动化系统

该系统是综合自动化系统的顶层环节,用于集中处理各子系统提供的信息,生成各种报表。将处理过的信息送至地铁公司总经理和各个有关部门。他们所得到的信息不再是像过去那样只反映个别系统的状况,而是经过综合分析后反映各个系统的全面情况和带有预见性的决策参考信息。因此,其意义和作用较大。

5.5 地下铁道的给水与排水

5.5.1 给水

1)用水量及水质

用水量:工作人员生活用水量为每班每人 30~50L,小时变化系数为 2.5~3;冲洗用水量为每次 $2 \sim 4L/m^2$;生产及冷却冷冻循环给水系统的补充水量应按工艺要求确定。

水质:生活饮用水的水质,必须符合国家现行《生活饮用水卫生标准》(GB 5749—2006)的要求;生产及冷却冷冻循环给水系统的水质按工艺要求确定。

2)水源

地铁给水水源,应优先选择城市自来水,除人防要求及特殊情况外,不宜选择地下水或地表水。当选择城市自来水时,其设计应符合当地自来水公司等有关部门的规定。地铁水源的供水量必须满足地铁各项用水量的需要。

为满足地铁消防用水的要求,每个车站宜由城市自来水干管引入地铁两根给水管,如有困难也必须引入一根给水管。

3)给水系统

地铁宜采用生产、生活和消防共用的给水系统。根据经济技术比较,也可采用生产、生活与消防分开的给水系统。

4)主要给水设施

(1)阀门及冲洗给水栓

地铁两条给水干管的车站两端及区间连通管外应设阀门。每个用水点的给水支管应设阀门。消火栓给水系统每个独立的供水区段宜设手动电动阀门分隔。当车站由城市自来水引入两根消防给水管时,宜在区间连通管的前后设四个手动电动阀门;当车站由城市自来水引入一根消防给水管时,则在车站两端连通管处分别设四个手动电动阀门。如图5.5-1所示。

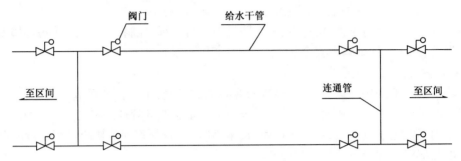

图5.5-1 连通管阀门布置图

车站应设置DN25的冲洗给水栓,一般50m设一个。在生产、生活及消防共用的给水系统中,冲洗给水栓宜设在消火栓箱内。在分开的给水系统中,宜单独设置。区间隧道考虑调用冲洗车冲洗,一般不设冲洗给水栓。

(2)消火栓设置

地铁消火栓的布置,应保证两支水枪的充实水柱能同时到达地铁内任何部位。如采用双口双阀消火栓,车站消火栓间距为40~50m,区间为50~100m。目前我国地铁区间消火栓的间距除北京地铁为100m外,其他城市地铁均为50m。当采用单口消火栓时,车站消火栓间距不宜超过30m。

(3)水泵接合器

地铁消防给水系统,应设水泵接合器,水泵接合器的数量应根据消防用水量确定,并应设在地面出入口或通风亭附近便于消防车通行的地下或墙壁上,距接合器40m范围内必须设置室外消火栓或消防水池(也可利用城市的室外消火栓)。

如设区间通风道,水泵接合器也可设在区间通风亭附近。接合器引入管通过风道和区间消防管网相接。

(4)水表及水表井设置

车站或区间的给水引入管,必须根据当地自来水公司的要求,设置水表及水表井。

当生产及生活给水管网与消防给水管网分开设置时,则在生产及生活管网上设置水表,在消防给水管网上不设水表。但由城市自来水引入的给水总管必须保证消防用水的需要。

当生产及生活用水和消防用水给水管网共用时,则只设生产及生活用水的水表。另外在给水引入总管设水表的前边接出能满足消防流量的旁通管,平时由手动电动阀门关闭,消防时能由消防控制室控制开启。

5.5.2 排水

1)排水系统分类及排水量

地铁排水系统可分为:结构渗漏水排水系统,消防及冲洗废水排水系统,粪便及生活污水排水系统,隧道洞口及露天出入口雨水排水系统等。

计算各系统排水量时,可参考下列标准:结构渗漏水按隧道结构每昼夜不大于 $0.5L/m^2$ 计算;消防废水按消防用水量计算,冲洗废水按 $2\sim 4L/m^2$ 计算;粪便污水按我国现行《建筑给水排水设计规定》(GB 50015—2003)的规定计算;隧道洞口及露天出入口的雨水量按当地 30 年一遇的暴雨强度计算;车站每次冲洗时间宜按 1h 计算,区间隧道冲洗时间按冲洗车喷头的喷水量、隧道断面及长度计算。

2)各类排水系统的排水方式

(1)结构渗漏水

结构渗漏水主要通过设在车间及区间隧道的线路排水沟,自流集中到线路某区段坡度最低点处的排水泵站集水池,然后提升排至地面城市雨水或雨污合流排水系统。消防及冲洗废水也通过线路排水沟集中到邻近的区间或车间排水泵站排除。线路排水沟的流水坡度一般不小于 3‰。

(2)粪便及生活污水

粪便及生活污水主要是车站及折返线厕所的粪便及卫生器具的生活污水。将这些污水,通过下水管道,集中到厕所附近的污水泵房的污水池,利用排水泵提升排至地面的化粪池,然后再自流到城市污水排水系统。

(3)隧道洞口及露天出入口的雨水

在口部就近设置排雨水泵站,将雨水汇流至泵站集水池,然后提升排至地面城市雨水排水系统。该泵站所处位置如能利用地形高差使雨水按重力流排放,则不必设排雨水泵站。

3)排水泵站(房)

(1)排水泵站(房)的分类及主要技术规定

①主排水泵站。

主排水泵站主要排除结构渗漏水及消防冲洗废水。应设在某区段线路坡度最低点,每个泵站担负的隧道长度单线不宜超过 3km,双线不宜超过 1.5km。在我国地铁中,主排水泵站有的设在车站端部,有的设在两站之间的区间隧道变坡点的凹处。设在区间时,有的和区间风道合建,有的和防灾联络通道合建,也有单建的。泵站的集水池容积宜按结构渗水量和消防废水量之和 30min 的水量确定,但不得小于 $30m^3$。泵站室内地坪宜高出轨面 $0.25\sim 0.30m$。太高则造成人员出入及设备安装不便。

②辅助排水泵站。

当主排水泵站所担负的区间隧道长度超过规定,结构渗水和消防废水量较大,或者车站结构需要设倒滤层排水时,宜设辅助排水泵站。泵站设置地点根据具体情况确定。

③污水泵房。

污水泵房设在厕所附近,主要排除粪便及生活污水,泵房污水池容积按不大于 6h 污水量确定,并应满足污水泵排水能力的需要。污水池底面应设不小于 10‰ 的坡度,坡向吸水坑。为便于清理、维修污水池,顶板上进人孔的位置应设在水泵吸水坑的上方。

④局部排水泵房。

局部排水泵房宜设在出入口自动扶梯机坑、折返线车辆检修坑端部、车站盾构端头井、碎石道床区段等不能自流排水的低尘地点,集水池的容积宜按 $10\sim 30min$ 的结构渗水量与平时冲洗废水量之和确定。如消防废水大于冲洗废水量时,则应按消防废水量计算。

⑤临时排水泵房。

临时排水泵房设在分期修建的隧道先建段的最低点,泵房集水池的有效容积按 10～30min 的结构渗水量与消防废水量之和确定。

⑥隧道洞口排雨水泵房。

如果列车出入线隧道洞口的地形不能按重力流方式排水时,则必须在洞口适当地点设排雨水泵站。泵站水泵的排水能力,应按汇水面积及当地 30 年一遇的暴雨强度计算。泵站的设计必须保证行车的安全。除执行《地下铁道设计规范》(GB 50157—2013)的规定外,还应执行我国现行《室外排水设计规范》(GB 50014—2006)的规定。

⑦露天出入口排雨水泵房。

当露天出入口的雨水不能按重力流方式排除时,宜在出入口适当地点设排雨水泵房,排水泵房的集水池容积和排水泵能力,根据汇水面积按当地设计降雨重现期 30 年计算。

(2)排水泵站(房)的排水泵台数及排水泵能力

各种排水泵站(房),均按两台泵设置,平时 1 台工作,1 台备用。其排水泵能力,宜按最大小时排水量确定。当排除消防废水和结构渗水时,应考虑两台泵同时工作,这时排水泵总的排水能力按消防废水量和结构渗水量的最大小时排水量确定。位于河湖等水域下的主排水泵站,应增设一台同等能力的排水泵。

厕所粪便污水泵的排水能力,因污水量很小,故排水能力宜按所选排水泵的排水能力考虑。

隧道洞口的排雨水泵站,宜按三台泵设置,平时一台或两台泵工作,雨水达到设计雨水量时,三台泵同时工作。

为了行车的安全,保证排水的可靠性,主排水泵站、辅助排水泵站及排雨水泵站宜按一级负荷供电。

各种排水泵站(房)的排水泵,应设计为自灌式,宜选用立式或潜污排水泵。

5.6 地铁防灾设计

5.6.1 地下工程的灾害类型及特点

地铁作为一种高效便捷的公共交通方式显示出了其独特的优越性。发展地铁交通作为解决大城市交通拥堵的重要途径被越来越多的城市提上日程。自 1969 年北京第一条地铁建成通车,我国的地铁建造在之后近几十年里也有着举世瞩目的成就,目前中国大陆地区有 33 个城市已经规划轨道交通建设,其中有 28 个城市的地铁项目已经获批。地铁可能遭受的灾害种类几乎囊括全部的城市灾害种类,既包括传统灾害威胁,如火灾、地震、洪涝、战争、事故,也包括恐怖袭击、爆炸、紧急疫情等。最近几十年来全世界范围内地铁灾害和安全事故的频发不断地在为我们敲响警钟。相比地上空间,地铁空间有其自身的独特性,地下空间结构和空间的特殊性、使用人群密度大、疏散方向向上等特点使得传统灾害和非传统安全问题对地铁空间和人员有着更大的威胁。传统灾害如火灾、地震对地铁的危害有:损失大、人员疏散困难、救灾困难、造成的社会恐慌大等。1969年11月,北京地铁发生火灾,死亡6人,中毒200余人。1987年英国伦敦地铁发生大火,31人死亡。1995年10月28日埃塞拜疆的巴库地铁发生重大伤亡事故,列车的机车电路出现故障引发火灾,共造成558人死亡,269人受伤。2011年3月日本东部大地震,造成东京地铁全面瘫痪。图5.6-1为日本地铁沙林毒气的受害者们,图5.6-2为韩国警方救援大邱地铁站火灾的伤员。

图5.6-1 日本地铁沙林毒气的受害者们

图5.6-2 韩国警方救援大邱地铁站火灾的伤员

地下空间在保持城市功能和交通运输所需空间方面的作用日益突显,我国城市地下空间在边探索边开发利用的过程中不断有难题浮出水面,其中尤为突出的就是地下空间内部的防灾问题,防灾成为安全有效开发利用地下空间的重要课题。

1) 地铁灾害的种类及事例

地铁在施工和运营时间内能够发生的灾害一方面来自于自然,另一方面则为人为产生。自然灾害有火灾、水灾、地震、风灾、雷击、停电、设备损坏、行车事故等。从世界地铁100多年的教训来看,发生次数最多、影响最大、造成人员伤亡和经济损失最严重的是火灾事故,所以地下通道的防灾设计,应把防火措施放在首要地位。下面我们重点探讨对地铁火灾的预防措施及监控系统。历史上曾经发生数次火灾事故,如:德国柏林于1991年发生地铁火灾,重伤18人;英国伦敦2003年1月发生地铁大火事故,据不完全统计至少32人受伤;最近的韩国大邱地铁纵火事故等。

2) 地下工程的防灾特点

城市地下工程内部防灾的基本原则与地面建筑物防灾是一致的,但是由于地下空间的封闭性,使其防灾具有以下特殊性:

(1) 地下工程抵御外部灾害的能力一般强于地面建筑,但是抵御内部灾害的能力很弱,防灾重点在于内部灾害。

(2) 城市地下工程内部救灾的回旋空间较小,由于使用功能、施工技术以及工程造价的限制,地下工程设计的空间相对较小,以满足使用功能为空间体积设计的主要标准,此外,才考虑相应的安全措施。因此,地下空间的防灾设计受到一定的空间限制。

(3)地下空间的高程低于地面,人员疏散方向为从低高程点疏散到高高程点,增加了避灾救灾难度。其一,这种自下而上的疏散方式比地上建筑物内向下疏散的方式要更加耗时耗力;其二,发生火灾或空间内部有害气体泄露时,疏散方向与热气流、烟和有害气体的自然流动方向相同,客观上缩短了内部人员疏散和逃生时间。另外,防灾设计须将地表水的涌入、渗漏现象都考虑在内,避免造成水害。

3)地铁火灾的特点

对地铁这种特殊地下建筑与交通工具进行详尽分析发现,人员密度大、流量多是其最为显著的特征。地铁内一旦发生火灾等灾害,与在地面建筑发生同样事故相比,其状况要更加难以控制,后果也会更加严重。

地铁是通过挖掘的方法获得的建筑空间,隧道外围是土壤和岩石,只有内部空间而没有外部空间,且仅有与地面连接的通道作为出入口,不像地面建筑有门、窗,可与大气连通。由于地铁隧道存在上述构造上的特殊性,与地面建筑相比,发生火灾时的特点主要表现在以下几个方面:

(1)氧含量急剧下降。

(2)发烟量大。

(3)排烟排热差。

(4)火情探测和扑救困难。

(5)人员疏散困难。

4)城市地下工程综合防灾设计

一套完善的地下工程防灾系统包含了防灾规划、减灾设计、灾害预报预警、灾后重建等多方面的内容。地下工程综合防灾设计原则概括地说主要有:及早发现,及早控制;有效管理,有效指挥;快速疏散,快速灭灾。及早发现,及早控制,就要求建立有效的防灾减灾预警系统;有效管理,即对地下工程的防灾设施的建立、维护管理,以及人员训练;有效指挥,即灾害发生后对救灾减灾中人员调度和各单位工作安排;快速疏散,快速灭灾,就是在初始阶段一旦灾害失去控制,开始蔓延扩大之后,救灾系统的最主要任务有两个,一是安全疏散人员,二是实行有效的灭灾。

5.6.2 地下工程防灾减灾预报预警系统

通过前述对地铁特点和发生火灾的分析,我们应充分从设计的角度采取措施防范火灾危害,进一步降低火灾风险和各种损失。

1)优先采用岛式站台车站

在进行地铁车站规划设计时,应着眼于优先选用岛式站台,线路之间应采取可靠的结构分隔,这样有利于车站的功能使用和人员疏散,更重要的是可有效控制火灾影响范围和事故蔓延。韩国大邱地铁车站采用侧式站台,这是造成两列列车被烧、伤亡惨重的原因之一。地铁车站采用侧式站台,两列列车停靠在一起,其间距只有 1.0m 左右,容易造成火势蔓延扩大。如果采用岛式站台,两列车之间被宽度为 8m 以上的站台隔开,一旦一列车发生火灾,火势小会在短时间内蔓延扩大到另一列车。

2）采取有效防火分隔

对车站的各层平面进行防火分区和防烟分区的划分,能有效地控制火势和烟雾的蔓延,有利于车站的消防疏散。根据《地铁设计规范》(GB 50157—2013)、《建筑设计防火规范》(GB 50016—2014)、《人民防空工程设计防火规范》(GB 50098—2009)、《地铁设计防火规范》(征求意见稿)以及各大城市地铁设计经验,站厅站台防火分区面积不宜超过 5 000m²,其他设备管理用房区防火分区面积不大于 1 500m²。

标准地下两层车站通常划分为五个防火分区,站厅、站台公共区划分一个防火分区;站厅层左右两端各为一个防火分区;站台层左右两端设备区各为一个防火分区。地下多层车站,建议每增加一层增加两个防火分区(每区不超过 1 500m²)。

地铁车站防火分区的划分如图 5.6-3、图 5.6-4 所示。

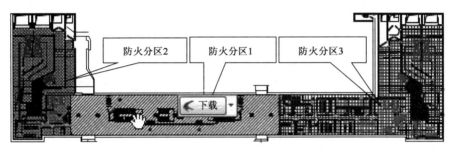

图 5.6-3　站厅层防火分区

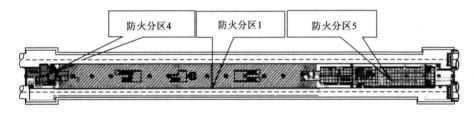

图 5.6-4　站台层防火分区

3）禁止使用可燃材料

韩国地铁列车座椅基材为耐燃材料,然而为了乘客的舒适,在座椅上采用可燃物装饰,以致车厢起火后,火势迅速蔓延。这是重要教训之一。因此,地铁车站建筑装修材料和列车车厢内装饰材料的不燃难燃化,是预防火灾发生和阻止火势蔓延扩大的有效措施,应予以高度重视。地下车站的站台、站厅以及安全通道的吊顶、墙面和地面均应采用不燃材料装修;列车车厢的内壁和座椅宜采用不燃材料,至少应采用发烟量少且毒性小的难燃材料,禁止采用可燃和易燃材料装修装饰。设备房间尽量不设置吊顶,香港地铁和上海地铁 9 号线已采用这种方案,不但有利于防火,还可减少工程投资。

4）完善安全疏散系统

疏散楼梯、安全通道、安全出口、紧急安全门是火灾时乘客疏散和消防人员灭火救援的必要途径,必须以人为本,确保安全疏散体系的科学合理可靠。

根据《地铁设计防火规范》(征求意见稿)规定:站台公共区的任一点,距离疏散楼梯口或者通道口不得大于 50m;附设于设备及管理用房的门至最近安全出口的距离不得超过 40m;位于尽端封闭的通道两侧或尽端的房间,其最大距离不得超过20m。

每个防火分区(有人区)安全出口不少于两个,其中至少有一个安全口直通地面,通向其他防火分区的口可以作为第二个安全口;无人值守(不大于3人)的设备管理用房区,其每个防火分区均应至少设置一个与相邻防火分区相通的防火门,作为安全出口;根据《人民防空工程设计防火规范》(GB 50098—2009),建筑面积大于$50m^2$房间疏散口不少于两个,两个疏散门之间距离应不小于5m,房间内最远点至该房间门的距离不应大于15m。

在具体车站房间布置时不宜出现袋行走道,不可避免时应满足安全疏散距离要求。设备管理用房应集中布置在车站一段,另外一端仅布置少量必需设备房间(按照无人区设计)。车站设备区疏散距离示意图如图5.6-5所示。

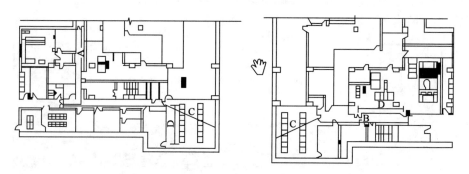

图5.6-5 站厅层大、小端设备区安全疏散距离示意图

A-位于两个安全出口之间房间门至最近安全口的距离;B-位于袋行走道两侧或尽端房间门至最近安全口的距离;C-房间最远一点至门口的距离;D-同一个房间两个疏散门的距离

5)处理好连接站厅与站台的楼梯、自动扶梯问题

地铁车站主要设施之一的楼(扶)梯是最常用的一种竖向交通方式,尤其连接站厅与站台的楼(扶)梯,担负着正常情况下旅客的进、出站及灾害发生时的旅客疏散任务。如何合理地设置楼(扶)梯,使旅客在较短时间内快速、方便地进出车站尤为重要。

《地铁设计规范》(GB 50157—2013)规定:地下铁道车站的通过能力,应按远期超高峰客流量确定,超高峰客流量为该站高峰小时客流量乘以1.2~1.4系数。车站的站厅、站台、出入口楼梯和通道、自动扶梯自动人行道、售票日(机)等部位的通过能力应相互适应。

出口楼梯和疏散通道的宽度,应保证在远期高峰小时客流量时发生火灾的情况下,6min内将一列乘客和站台上候车的乘客及工作人员疏散完毕。站厅与站台面的高差在6m以内时,可设上行自动扶梯;高差超过6m时除设上行自动扶梯外,还需设下行自动扶梯。另外规范对楼梯与自动扶梯的通过能力也做了相应规定。

6)设置消防专用通道

在地下车站的管理用房处应设置自通地面的安全出口,或与车站出口组合设置消防专用通道,便于火灾时消防人员及时进入车站进行灭火救援行动。

7)考虑隧道安全疏散通道与车站有效衔接

在区间隧道应优化电缆、管线的布置,利用有限空间沿隧道壁设置宽度为0.6m的安全疏散通道,并根据隧道的长度合理设置连接两条隧道的联络道,在联络道处设置防火门和应急照明,作为紧急情况下乘客疏散和灭火救援用的通道。同时应完善列车紧急安全门的控制方式,列车车头车尾设置的紧急安全门,应在车头驾驶室内可以控制,并附设就地应急控制的安全装置。

8) 考虑一定的预留储备能力

地铁车站出口楼梯和疏散通道的宽度,按照《地铁设计规范》(GB 50157—2013)的要求,应保证在远期高峰小时客流时发生火灾的情况下,6min 内将一列车乘客和站台上候车的乘客及工作人员全部撤离站台,目前的设计均按此执行。但出于人为的原因,客流预测多有不准,且车站建成后周边的物业开发规模扩大,因而车站的客流很可能超出预测的结果,这将对车站站台的宽度和疏散带来不利的影响,因此,设计中应适度考虑一定的余量。

9) 完善其他的消防安全设施

韩国地铁车站内的事故应急照明、自动喷水灭火和通风排烟系统等消防设施不够完善,在火灾时没有发挥有效的作用,是影响人员疏散和消防人员灭火救援行动,以致造成恶性火灾事故的重要原因。必须吸取教训,完善和加强地铁的消防设施。

(1) 报警监控系统

除了在地铁车站设置火灾自动报警系统外,在列车的每节车厢内应设置与列车驾驶室通信系统相连的图像监控或火灾报警或应急呼叫报警系统,并宜通过无线平台与地铁控制中心直接联网,以提高列车驾驶员和控制中心对列车安全动态信息的监控能力。

(2) 自动灭火系统

传统的思维观念是,地铁车站没有可燃物,不必安装自动喷水灭火系统。韩国地铁火灾给我们敲响了警钟,迫使我们改变原有的思维方式。除设置室内消火栓系统外,在地下车站的站厅站台层均应设置自动喷水灭火系统,在重要的设备机房应设置气体灭火系统或水雾灭火系统,以增强车站火灾的防控能力。

(3) 应急照明系统

站台站厅和安全通道内的应急照明与日常的照明系统统一布置在顶部,达到了统一美观和相互匹配的目的,但在发生火灾时,浓烟向上升腾扩散,势必会影响顶部应急照明系统的效果,因此,在离地 1m 以下范围的墙面上应设置具有应急照明性能的灯光安全疏散诱导标志,其间距不宜大于 15m;在地面上应设置灯光或发光安全疏散诱导标志,以引导乘客在烟雾中沿着安全出口方向疏散。据资料介绍,"9·11"灾难事件中,当整个建筑完全坍塌后,其蓄光功能的引导系统仍能维持工作,因此选择适宜的材料也非常重要。在区间隧道应设置可控制指示方向的灼光疏散指示标志系统。

(4) 车站设计中不应设置商铺

若业主要求必须设置,必须征得消防部门的认可,并提出完善的运营管理注意事项,以及各种工况的防灾措施。

【思考题】

1. 地铁设备管理的特点及内容有哪些?

2. 地铁供电系统由哪几部分组成？各自有什么特点？
3. 地铁环境控制管理系统由哪几部分组成？各自有什么特点？
4. 地铁照明系统由哪几部分组成？各自有什么特点？
5. 地铁的通信与信号系统由哪几部分组成？各自有什么特点？
6. 地铁给排水系统由哪几部分组成？各自有什么特点？
7. 地铁通风有何需求及如何设计？
8. 地铁消防如何设计？
9. 地铁防灾如何设计？

第 6 章
地铁结构的计算与设计

【本章重难点】
1. 了解地铁结构的受力特点。
2. 掌握地下铁道的设计流程。
3. 掌握地铁结构荷载种类。
4. 掌握深埋和浅埋隧道地层土压力计算方法。
5. 掌握路面荷载的计算方法。
6. 掌握地震荷载的计算方法。
7. 掌握区间隧道结构计算(包括矿山法隧道衬砌结构计算、盾构法隧道衬砌结构计算)。
8. 了解车站围护结构类型及各自特点和适用范围。
9. 掌握车站围护结构计算。
10. 掌握车站结构的静力计算。

地下铁道结构的计算与设计是整个地铁工程设计的重要组成部分。它必须和工程地质勘测、建筑工艺、设备、施工组织设计紧密配合进行。

地铁结构设计应以"结构为功能服务"为原则,满足城市规划、行车运营、环境保护、抗震、防水、防火、防护要求,做到结构安全、耐久、技术先进、经济合理。根据工程建筑物的特点及其所在地段的具体情况,通过技术、经济、工期、环境影响等多方面综合评价,选择合理的施工方法和结构形式,估算主要工程材料数量及投资概算。同时设计应满足施工要求,为保证施工质量、加快施工进度提供便利条件,还要重点解决结构本身的强度、刚度、稳定性和抗裂问题。此外,还应减少施工中和建成后对环境造成的不利影响,并考虑城市规划引起周围环境的改变对结构的作用。

本章重点介绍普通框架结构和圆形结构的一般设计计算方法及内容。

6.1 地铁结构的计算方法

地铁结构设计应以地质勘查资料为依据,根据现行国家标准按不同设计阶段的任务和目的确定工程勘查的内容和范围,考虑不同施工方法对地质勘探的特殊要求,通过施工中对地层的观察和监测反馈进行验证。

6.1.1 地铁结构设计的特征和顺序

城市轨道交通的建设是一项复杂的系统工程,其建设必须经过科学、公正、严肃的可行性论证与研究,同时在具体建设的过程中还必须坚持国家在工程建设领域中的基本建设程序,即纳入国家或地方财政预算资金的建设项目都必须坚持预可行性研究、初步勘察与设计、详细勘察、施工设计、工程投标、施工建设、工程监理、竣工验收和交付运营与维修管理等基本程序。修建地铁工程的结构,也必须遵循这样的基本建设程序,进行线路勘察与测量、设计与计算、施工与监理、运营维修。特别是地铁工程,其线路埋设在地下的结构大部分属于隐蔽工程,建设质量的好坏不仅直接影响到工程结构物的安全与耐久,同时也影响到车站乘客和管理工作人员的人身安全。在进行地下结构的设计工程中,首要的问题就是确定结构承受荷载的能力和安全性。因此,必须对结构的强度、刚度和稳定性进行设计与计算。

对于地下铁道,线路设置在地下、地面或采用高架方式时,主体结构所承受的作用和压力是不同的,因此计算的方法也不尽相同。地面或者高架结构荷载明确,主要采用结构力学方法进行计算。地下结构的荷载与开挖方法、围岩条件、埋深等有关,计算方法主要采取荷载—结构模型或者连续介质模型。但是不管是地面、高架结构还是地下结构,从修建结构的材料来说,主要采用混凝土和钢筋混凝土。为使结构正常使用满足特定的服务功能,就要求混凝土结构必须承受一定的荷载并防止发生过大的变形,符合耐久性要求,满足抗裂、抗渗、抗冻和抗侵蚀的需要,从而需要对结构进行不同工作状况下的强度计算与稳定性分析。

线路设置于地下的地下铁道结构物的主体是钢筋混凝土车站和隧道建筑结构,这些结构物根据其在地下线路中的不同功能,形状也有所不同。尽管结构形式和功能不同,但是它们几乎都为钢筋混凝土结构。因此,地下结构的设计与地下钢筋混凝土结构的设计在原理上是一致的。如浅埋地下铁道结构多数采用钢筋混凝土矩形框架结构,在进行结构设计时,框架节点视为刚性节点,在外力作用下结构是高次超静定结构。力矩分配法是地下铁道结构较适用的内力计算方法。图 6.1-1 所示为浅埋地下铁道区间隧道框架结构,该结构承受竖向的地层压力、侧向压力及地面车辆等荷载,如图 6.1-2 所示。根据弹性力学的基本原理,可视其为平面应变问题。计算时可沿隧道纵轴方向取 1m 作为计算单元。除双线区间隧道结构以外,地铁车站采用明挖法施工时大多采用多层多跨的复杂矩形框架结构,其计算可按自由变形框架计算,地基反力假定为直线分布。

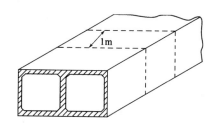

图 6.1-1　浅埋地下铁道区间隧道框架结构图

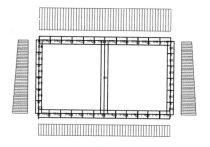

图 6.1-2　浅埋地下铁道区间隧道框架结构计算图

在设计地下铁道结构物时,与其他地面结构的设计相比较,具有以下特征:

(1)在城市繁华区域,地铁线路主要设置于地下,因地质条件和水文地质条件的不同,设计所采用的施工方法也会不同,因此所采用的施工方法决定了结构的设计方法。

(2)地下结构物大多采用框架或拱形超静定结构。

(3)由于隧道和车站在线路纵向的长度远大于横断面的尺寸,因此还要考虑地下水的作用,同时要求结构必须具有防水性。此外地下结构物一旦建设完成后,在运营期间进行改建是很困难的,因此在规划与设计时必须详细考虑结构的形式和功能,按使用年限100年进行耐久性设计。

在进行地下铁道设计时,首先应完成线路的平面和纵断面技术标准的设计,在此之后即可进行具体的结构设计与计算,所应遵循的设计流程为:

(1)选定设计断面。首先根据结构用途、建筑限界、线路平面、纵断面、道床尺寸等决定结构内部空间尺寸,根据结构高度和宽度的关系、荷载状况,参照类似的已有结构假定断面厚度,选定供计算的结构形状和尺寸,并确定合理的计算模型。

(2)荷载计算。当设计地下结构时,计算可考虑的荷载较多,其中主要是路面活荷载、垂直和水平土压力、地下水压力、结构自重、结构内部荷载以及考虑人防和地震的特殊荷载等。计算时应结合构造形式、地质条件和施工方法等因素综合考虑。

(3)框架内力计算。当框架及荷载均为对称时,可取结构的一半进行计算。内力计算采用力矩分配法或有限单元法,先求出各个节点的弯矩 M、轴力 N 和剪力 Q,然后绘制出弯矩 M 图、轴力 N 图和剪力 Q 图。

(4)结构配筋计算。根据弯矩图轴力图和剪力图,按钢筋混凝土结构设计基本原理和现行钢筋混凝土设计规范,进行结构及构件的配筋计算。

(5)设计图绘制。根据配筋计算的结构,绘制结构的配筋图,并计算出工程材料数量。

(6)根据车站和区间隧道所处的环境,以及计算的结构变形、内力状况,绘制指导性的施工方法图。

6.1.2　地铁结构的力学特性

地下工程所处的环境和受力条件与地面工程有很大的不同,沿用地面工程的设计理论和方法来解决地下工程问题,显然不能正确地说明地下工程中出现的各种力学现象,当然也不能由此做出合理的支护设计。地下结构埋设于地层之中,其周围受到地层的约束,所以，地层不仅对结构施加荷载，即所谓地层压力或围岩压力，同时又帮助结构承受荷载，减少结构的内力。这种结构与地层共同作用机理与地面结构完全不同。理论研究和工程实践都证明，这种共同作用的效果主要取决于地层条件以及结构与地层的相对刚度。在稳固地层中，结构的刚度比地层的刚度小，则地层对结构变形的约束作用大，产生的地层压力则小。反之，在松软不稳定地层中，结构刚度比地层刚度大，地层的约束作用小，甚至可以忽略不计，地层压力则很大。

在进行地下铁道结构的静、动力计算时，必须很好地考虑结构与地层的共同作用，才能得到比较符合实际的结果。然而，影响结构与地层共同作用的因素很多，而且变化很大，有些因素很难甚至无法完全研究清楚。加之地下结构的受力特性在很大程度上还与地下工程的施工方法及施工步骤直接相关，这些问题的存在使得一些地下结构的计算结果，无论在精度上还是可靠度上都达不到设计的要求，很难作为确切的设计依据。所以，目前在进行地下结构的设计时，广泛采用结构计算、经验判断和实测相结合的所谓信息化设计方法。

用于地下结构静、动力计算的设计模型随结构形式和施工方法而异，用于理论计算的力学模型可归纳为以下两种：

(1) 作用与反作用模型（Action-reaction Model）。如弹性地基框架、全部支承或部分支承弹性地基圆环等，这种模型亦可称为荷载—结构模型，或简称结构力学方法。

(2) 连续介质模型（Continuum Model），包括解析法和数值法。解析法又可分为封闭解和近似解，目前它已逐渐被数值法取代。数值法中以有限元法为主。这种类型亦可称为地层与结构模型，或简称为连续介质力学方法。

还有两种主要是用于设计的模型：

(1) 以工程类比为依据的经验设计法（Empirical Method）。

(2) 以现场量测和室内试验为主的实用设计法，如以隧道洞周围岩变形量测为依据的约束—收敛法（Convergence-confinement Method）。

根据我国地铁建设发展趋势，仍以建设浅埋地铁为主。在这种情况下的地铁结构大多埋设在第三、四系的软弱地层中，结构与地层共同作用较弱，荷载较为明确，根据我国多年的地铁设计经验，应以荷载—结构模型为主。对于深埋或浅埋于岩层中的地铁结构物，除采用传统矿山法施工的结构仍可采用荷载—结构模型外，其余可采用连续介质模型，但在设计中，主要是采用以工程类比为基础的经验设计法，辅以结构计算。

6.2 结构荷载计算

6.2.1 荷载种类

采用荷载—结构模型进行地下铁道结构静、动力计算时，首先确定作用在结构上的荷载大小及分布规律。现行《地铁设计规范》（GB 50157—2013）中按荷载作用情况将其分为永久荷载、可变荷载和偶然荷载三大类，如表 6.2-1 所示，但对于各项荷载标准值的取法没有明确规定，原则上要求根据相关规定或实际情况决定荷载大小，并考虑施工和使用过程中发生的变化。

我国规定的作用于地下结构的荷载分类　　　　　表 6.2-1

荷载分类		荷载名称
永久荷载		结构自重
		底层压力
		结构上部和破坏棱体范围内的设施及建筑物压力
		水压力及浮力
		混凝土收缩及徐变影响
		预加应力
		设备重量
		地基下沉影响
可变荷载	基本可变荷载	地面车辆荷载及其动力作用
		地面车辆荷载引起的侧向土压力
		人群荷载
	其他可变荷载	温度变化荷载
		施工荷载
偶然荷载		地震影响
		沉船、抛锚或河道疏浚产生的撞击力等灾害性荷载
		人防荷载

注：1. 设计中要求考虑的其他荷载，可根据其性质分别列入上述三类荷载。
　　2. 表中所列荷载本节未加说明者，可按国家有关规范或根据实际情况确定。

　　永久荷载即长期作用的恒荷载，在其作用期内虽有变化但也是微小的，如地层压力、结构自重、隧道上部或岩土破坏棱柱体内的设施及建设物基底附加应力、静水压力（含浮力）、混凝土收缩和徐变影响力、预加应力以及设备重量、地基下沉影响力、侧向土层抗力和地基反力等。

　　可变荷载又可分为基本可变荷载和其他可变荷载两类。基本可变荷载，即长期且经常作用的变化荷载，如地面车辆荷载（包括冲击力）和它所引起的侧向土压力、地下铁道车辆荷载（包括冲击力、摇摆力、离心力）以及人群荷载等。其他可变荷载，即非经常作用的变化荷载，如温度变化、施工荷载（施工机具、盾构千斤顶推力、注浆压力）等。

　　偶然荷载即偶然的、非经常作用的荷载，如地震力、爆炸力等。

　　结构的计算荷载应根据上述三类荷载同时存在的可能性进行最不利组合，一般来说，对于浅埋地下铁道结构物，以基本组合（仅考虑永久荷载和可变荷载）最有工程实际意义。只有在特殊情况下，如 7 度以上地震区，或有战备要求等才有必要按照偶然组合（三类荷载都进行考虑）来验算。在设计当中，以对结构整体或构件可能出现的最不利荷载组合进行计算。

6.2.2　地层压力计算方法

　　地层压力是地下铁道结构物承受的主要荷载。由于影响地层压力分布、大小和性质的因素很多，要准确地确定它是很困难的。因根据结构所在的具体环境，结合已有的试验、测试和研究资料按有关公式或依据工程类比确定。由于底层压力对地下结构的安全和经济有很大影响，所以应慎重确定其数值及分布形式。

《地铁设计规范》(GB 50157—2013)规定土质隧道可用下述通用方法计算地层压力:明挖和盖挖施工的结构一般应按计算截面以上全部土柱重力计算;盾构法施工和土质地层矿山法施工的隧道宜根据所处地质和水文地质条件及覆土厚度,并考虑土体卸载拱作用的影响计算;暗挖车站的竖向压力按全土柱重力考虑。竖向荷载计算时应考虑地面及临近的任何其他荷载对竖向力的影响。

《地铁设计规范》(GB 50157—2013)指出地层的水平压力按下列规定考虑:施工期间作用在支护结构主动区的土压力宜根据变形控制要求在主动土压力和静止土压力之间选择;明挖结构长期使用阶段或逆作法结构承受的土压力宜按静止土压力计算;明挖法或矿山法支护结构的初期支护应考虑100%的外侧土压力,内衬结构应考虑与支护结构或初期支护的共同作用而分担的土压力,分别按最大、最小侧压力两种情况,与其他荷载进行不利组合;盾构法施工的隧道应考虑外侧的土压力,并宜按静止土压力计算;荷载计算应考虑地面荷载和破坏棱体范围的建筑物,以及施工机械等引起的附加水平侧压力。

穿越土层的隧道可以采用以下标准划分其深浅埋程度:当隧道拱顶到地表的土层覆盖厚度 H_{cr} 满足 $H_{cr} > (2.0 \sim 2.5)h_0$($h_0$ 为土体塌落拱的高度)时,为深埋土质隧道;反之,为浅埋土质隧道。深埋土体中的隧道围岩压力计算方法可参见相关土力学参考书。

1) 深埋隧道

深埋隧道采用荷载—结构模型时,以承受岩体松动、崩塌而产生的竖向和侧向主动压力为主要特征,围岩的松动压力仅是隧道周围某一破坏范围(称为天然拱或承载拱)内岩体的重量,而与隧道埋深无直接联系。围岩的松动压力可按《铁路隧道设计规范》(TB 10003—2005)中建议的公式进行计算。在进行结构计算时,一般以竖向和侧向均布荷载为主,特殊地段还要用可能出现的非均布荷载图式进行比较。深埋隧道荷载计算简图,见图6.2-1。

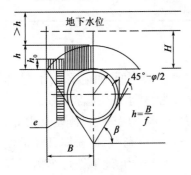

图6.2-1 深埋荷载计算图示

具体计算方法如下:

(1)隧道拱顶所承受的垂直均布压力 q 为:
$$q = 0.45 \times 2^{S-1}\gamma\omega \qquad (6.2-1)$$

式中:S——隧道穿越地段的围岩级别;

ω——所开挖坑道宽度的影响系数,且 $\omega = 1 + i(B - 5)$;

B——坑道开挖宽度(m);

i——B 每增减1m时围岩压力增减率,当 $B < 5m$ 时,取 $i = 0.2$;当 $B > 5m$ 时,取 $i = 0.1$;

γ——围岩的重度(kN/m^3)。

(2)隧道侧向水平压力 e 为:
$$e = \gamma q \qquad (6.2-2)$$

式中:γ——侧压力影响系数。

对于Ⅲ级围岩,取 $\gamma \leq 0.15$;Ⅳ级围岩,$\gamma = 0.15 \sim 0.30$;Ⅴ级围岩,$\gamma = 0.30 \sim 0.50$;Ⅵ级围岩,$\gamma = 0.50 \sim 1.00$。

潜质石质隧道的衬砌作用与拱顶上覆的岩土高度有关,具体可参阅《铁路隧道设计规范》(TB 10003—2005)中的计算方法。

2)浅埋隧道(荷载计算图示见图6.2-2)

(1)竖向压力。填土隧道和浅埋暗挖隧道,因其上方无法形成自然承载拱,一般应按计算截面以上全部土柱的重量计算,即竖向土压力$q=\gamma h$,h为隧道拱顶至地表的垂直厚度。

(2)侧向压力。根据结构受力过程中墙体位移与地层间的相互关系,分别按主动、被动和静止土压力计算。在地下铁道结构计算中,主动或被动土压力习惯常采用朗肯土压力理论。对于黏性土还需考虑黏聚力的影响,即$c\neq0$。朗肯土压力理论的计算公式为:

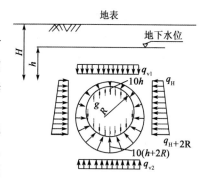

图6.2-2 浅埋荷载计算图示

$$\left.\begin{aligned}e_{a}&=q_{i}\tan^{2}\left(45°-\frac{\varphi}{2}\right)-2c\tan\left(45°-\frac{\varphi}{2}\right)\\ e_{p}&=q_{i}\tan^{2}\left(45°+\frac{\varphi}{2}\right)+2c\tan\left(45°+\frac{\varphi}{2}\right)\end{aligned}\right\} \quad (6.2-3)$$

式中:e_a、e_p——主动土压力和被动土压力(kPa);

q_i——作用在距离地面h_i深度处单位面积上的总垂直压力 kPa,计算式为$q_i = p+\gamma h_i$;

p——地面上的均布荷载,即超载(kPa);

γ——黏性土的重度(kN/m³);

φ——黏性土的内摩擦角(°);

c——黏性土的黏聚力(kPa),若为砂性土,则$c=0$。

3)静水压力

《地铁设计规范》(GB 50157—2013)规定,作用在地下结构上的水压力可根据施工阶段和长期使用过程中地下水位的变化而变化;在计算土压力时,由于静水压力计算方法的不同,其结果存在差异,一般有两种方法,见图6.2-3。一种是水压力与土压力分开计算;另一种则将水压力视为土压力的一部分与土压力合并计算。

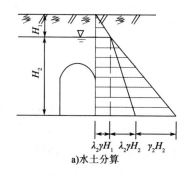
a)水土分算

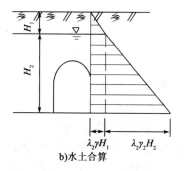
b)水土合算

图6.2-3 两种计算静水压力的方法

(1)水压力的计算方法选择原则

①作用在地下结构上的水压力,原则上应采用孔隙水压力,但孔隙水压力的确定比较困难,从实用和偏于安全考虑,设计水压力一般都按静水压力计算。还应根据可能发生的最不利

水位,计算水压力和浮力对结构的作用。

②在评价地下水位对地下结构的作用时,最重要的三个条件是水头、地层特性和时间因素。具体计算方法如下:

a. 使用阶段:无论砂性土或黏性土,都应根据正常的地下水位按安全水头和水土分算的原则确定。

b. 施工阶段:可根据围岩情况区别对待:

a)置于渗透系数较小的黏性土地层中的隧道,在进行抗浮稳定性分析时,可结合当地工程经验,对浮力作适当折减或把地下结构底板以下的黏性土层作为压重考虑,并可按水土合算的原则确定作用在地下结构上的水平水压力。

b)置于砂性土地层中的隧道,应按全水头确定作用在地下结构上的浮力,按水土分算的原则确定作用在地下结构上的水平水压力。

(2)水压力的计算

在水压力与土压力分开计算的方法中,土压力的计算对于地下水位以上的土采用天然重度 γ,而地下水位以下的土采用有效重度 γ',另外再计算静水压力 $q_水$ 的作用。水土合算的方法中,地下水位以上土压力与前者相同,地下水位以下的土采用饱和重度 γ_{sat} 计算土压力,不再另外计算静水压力。

土的有效重度 γ' 为:

$$\gamma' = \gamma_{sat} - \gamma_w \tag{6.2-4}$$

静水压力可用下式计算:

$$q_水 = \gamma_w h_w \tag{6.2-5}$$

式中: h_w ——地下水面至顶板表面的距离;

γ_w ——水的重度,一般取 $\gamma_w = 10 \text{kN/m}^3$。

(3)确定地下设计水位应注意的问题

①静水压力对不同类型的地下结构将产生不同的荷载效应。对于圆形或接近于圆形的地下结构而言,地下水静水压力的作用使结构的轴力增大。对抗弯性能差的混凝土结构而言,相当于改善了它的受力状态。因此,验算结构的强度时,可按照最低水位考虑。反之,计算作用在矩形结构上的静水压力或验算结构的抗浮能力时,则须按可能出现的最高水位考虑。

②由于季节和人为的工程活动(如邻近场地工程降水影响)等都可能使地下水位发生变动,所以在确定设计地下水位时,不能仅凭地质勘察取得的当前结果,必须估计到将来可能发生的变化。尤其近年来对水资源保护的力度加大,还需要考虑结构在长期使用过程中城市地下水回灌的可能性。

③地形影响:在盆地和山麓等处,有时会出现不透水层下面的水压力变高的情况,使地下水压力从上到下按线性增大的常规形态发生变化。

④符合结构受力的最不利荷载组合原则:由于超静定结构某些构件中的某些截面是按侧压力或底板水反力最小的情况控制设计的,所以在确定设计地下水位时,应分别考虑最高水位和最低水位两种情况。

6.2.3 路面活荷载计算方法

一般浅埋地下铁道和轻轨结构设于城市主干道下方,所以应考虑路面活荷载的影响。关于路面活荷载的采用标准,可参照《公路桥涵设计通用规范》(JTG D60—2015)中有关路面活荷载的规定加以计算。

路面活荷载通过路面下的土层传递于结构之上。在土中的压力传递分布状态,随土质及其密度、荷载分布面的形状等各不相同。

关于地面活荷载在土层中的压力分布状态,计算方法大致可分为以下三种。

1) 弹性力学解法

如图 6.2-4 所示,土层中的压力分布,可按各向同性均匀的直线变形理论计算,也就是在各种不同的地面荷载作用下,其应力分布利用弹性力学公式(如 Boussinesq 公式等)借积分方法求得。

2) 根据马斯顿(Marston)及波士规范(Boston Code)分析的方法

活荷载向下传递时,假定荷载板的边缘对垂直面呈 α 角扩散,且认为压力均匀分布在该面积上,如图 6.2-5 所示。

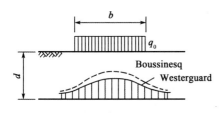

图 6.2-4 土层中的压力分布模式 1

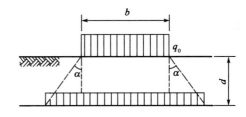

图 6.2-5 土层中的压力分布模式 2

若荷载板为正方形或圆形时有:

$$\frac{q}{q_0} = \left(\frac{\frac{b}{d}}{\frac{b}{d} + 2\tan\alpha}\right)^2 \quad (6.2\text{-}6)$$

若为长条形基础时有:

$$\frac{q}{q_0} = \left(\frac{\frac{b}{d}}{\frac{b}{d} + 2\tan\alpha}\right) \quad (6.2\text{-}7)$$

式中:q——土中深度 d 处荷载集度(kPa);

q_0——地面均布荷载(kPa);

b——地面荷载分布宽度(m);

d——土层厚度(m);

α——扩散角,一般采用 30°。

3) 克格勒方法

如图 6.2-6 所示,假定荷载板下的压力强度是均布的,而其在外扩散角 β 的范围内,直线地逐渐减至零。

对于正方形或圆形荷载板有:

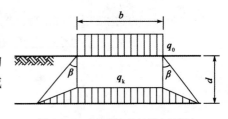

图 6.2-6 克格勒方法计算土层压力

$$\frac{q_h}{q_0} = \frac{\left(\frac{b}{a}\right)^2}{\left(\frac{b}{a}\right)^2 + 2\left(\frac{b}{a}\right)\tan\beta + \frac{4}{3}\tan^2\beta} \quad (6.2\text{-}8)$$

对长条形基础有:

$$\frac{q_h}{q_0} = \frac{\left(\frac{b}{a}\right)}{\left(\frac{b}{a}\right) + \tan\beta} \quad (6.2\text{-}9)$$

式中:q_h——在中央部分的压力,一般采用的角度 $\beta = 55°$。

实际的压力分布形状,以图 6.2-6 最为近似,但计算烦琐。在设计计算时,以采用后两种方法较方便。我国《铁路桥梁钢结构设计规范》(TB 10002.2—2005)中就是按第二种方法考虑的。

6.2.4 地面车辆荷载及其冲击力计算方法

一般浅埋地铁设于城市主干道下方,所以应考虑地面车辆荷载的影响。关于地面车辆荷载的采用标准,可参照《公路桥涵设计通用规范》(JTG D60—2015);在铁路下方隧道的荷载,可按现行《铁路桥梁钢结构设计规范》(TB 10002.2—2005)中有关地面车辆荷载的规定。

1) 竖向压力

一般情况下,地面车辆荷载可按下述方法简化为均布荷载:

单个轮压传递的竖向压力如图 6.2-7 所示,车辆荷载多轮压力计算图示如图 6.2-8 所示。

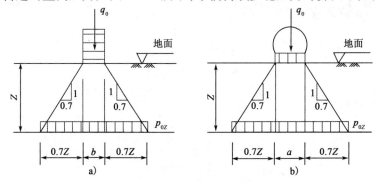

图 6.2-7 车辆荷载单轮压力计算图示

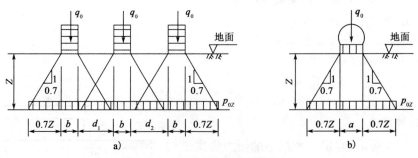

图 6.2-8 车辆荷载多轮压力计算图示

$$p_{0Z} = \frac{\mu_0 p_0}{(a + 1.42Z)(b + 1.4Z)} \quad (6.2\text{-}10)$$

两个以上轮压传递的竖向压力：

$$p_{0z} = \frac{n\mu_0 p_0}{(a+1.42Z)(nb+1.4Z+\sum_{i=1}^{n-1}d_i)} \quad (6.2\text{-}11)$$

式中：p_{0z}——地面车辆轮压传递到计算深度 Z 处的竖向压力；

p_0——车辆单个轮压，按通行的汽车等级采用；

a、b——地面单个轮压的分布长度和宽度；

d_i——地面相邻两个轮压的净距；

n——轮压的数量；

μ_0——车辆荷载的动力系数，可参照表 6.2-2 选用。

地面车辆荷载的动力系数　　　　表 6.2-2

覆盖层厚度(m)	≤0.25	0.30	0.40	0.50	0.60	≥0.70
动力系数 μ_0	1.30	1.25	1.20	1.15	1.05	1.00

注：本表取自《给水排水工程构筑物结构设计规范》(GB 50069—2002)。

当覆盖层厚度较小时，即两个轮压的扩散线不相交时，可按局部均布压力计算。

在道路下方的浅埋暗挖隧道，地面车辆荷载可按 10kPa 的均布荷载取值，并不计冲击力的影响。当无覆盖层时，地面车辆荷载则应按集中荷载考虑，并用影响线加载的方法求出最不利荷载位置。

2）侧向压力

地面车辆荷载传递到地下结构上的侧压力，可按下式计算：

$$p_{0x} = \lambda_a p_{0z}$$

式中：λ_a——侧向压力系数，分石质底层和土质底层；石质底层查规范表，土质底层按库仑主动土压力计算。

6.2.5 地震荷载计算方法

地震对地下结构的影响概括地讲包括两个方面——剪切错位和振动。剪切错位通常都是基岩的剪切位移所引起的，一般都发生在地质构造带附近。另外，错位还包括其他原因，例如液化、滑坡或地震诱发的土体失稳引起的较大土体位移。用结构来约束较大的土体位移几乎是不可能的，有效的办法是尽量避开这些敏感部位，如果做不到这一点，则应把震害限制在一定范围，并在震后容易修复。

靠地下铁道结构来抵抗由于地震引起的剪切错位几乎是不可能的，因此，地下结构的地震作用分析是在假定土体不会丧失完整性的前提下考虑其振动效应。根据大量调查研究发现，地震的破坏作用，自地表深入地下而迅速衰减，所以，地震一般对于深埋隧道影响较小，而对浅埋隧道，尤其是对松软底层中的浅埋隧道影响较为严重。详细的研究地震对地下结构的振动作用，可采用两种方法：地震动力响应分析和动力模型试验。通过这些分析和试验可以弄清楚隧道横、纵断面应力的响应、动土压力和各种接头的抗震性能。但此时必须要详细地掌握隧址处底层的动力特性参数，如底层的杨氏弹性模量、阻尼系数、动强度(c、φ)等以及地震时地层运动信息，如地震加速度等。同时还要求有容量足够的计算机和较长的计算时间。故只有那些埋设于松软底层中的重要的地下铁道结构物才有必要和可能来进行地震响应分析和动力模型试验；而对于一般地下铁道结构都是采用实用的方法，即静力法或拟静力法计算，即在衬砌结构横截面的抗震设计和抗震稳定性检算中采用地震系数法（惯性力法）；检算衬砌结构沿纵轴方向的应力和变形则采用地层位移法，此法是以地基变形为输入，不考虑衰减系数的静力解，故又称为拟静力法。

静力法或拟静力法就是将随时间变化的地震力或地层位移用等代的静地震荷载或静底层位移代替，然后再用静力计算模型分析地震荷载或强迫地层位移作用下的结构内力，其量值略大于动力响应分析值。

等代的静地震荷载包括：结构本身和洞顶上土柱的惯性力以及主动侧向土压力增量。

由于地震垂直加速度峰值一般为水平加速度的 1/2～2/3（但在震级较大的震中附近，这一比值则在 0.5～2.4 之间），而且缺乏足够的地震记录，目前尚不清楚一些重要因素如震级、震源距和场地条件对垂直地震动频谱的影响，因此，对震级较小和对垂直振动不敏感的结构，可不考虑垂直地震荷载的作用。《铁路工程抗震设计规范》（GB 50111—2006）中只给出隧道抗震设计时水平惯性力和主动侧向土压力增量的算法。只有在验算结构的抗浮能力时才要计算垂直惯性力。

水平地震荷载可分为垂直和沿着隧道纵轴两个方向进行计算：

1）隧道截面上的地震荷载（垂直隧道纵轴）

（1）结构的水平惯性力。作用在构件或结构重心处的地震惯性力一般可表示为：

$$F = \frac{\tau}{g}Q = K_c Q \tag{6.2-12}$$

式中：τ——作用于结构的地震加速度；

　　　g——重力加速度；

　　　Q——构件或结构的重量；

　　　K_c——与地震加速度有关的地震系数。

对于隧道结构，我们可以将其具体化并简化如下：

①马蹄形衬砌的地震荷载图示见图 6.2-9，其均布的水平惯性力为：

$$F_1^1 = \eta_c K_h \frac{m_1 g}{H} \tag{6.2-13}$$

$$F_1^2 = \eta_c K_h \frac{m_2 g}{f} \tag{6.2-14}$$

式中：η_c——综合影响系数，与工程重要性、隧道埋深、地层特性等有关，规范中建议，对于岩石地基，$\eta_c = 0.2$，非岩石地基，$\eta_c = 0.25$；

　　　K_h——水平地震系数，7 度地区，$K_h = 0.1$；8 度地区，$K_h = 0.2$；9 度地区，$K_h = 0.4$；

　　　m_1——上部衬砌的质量；

　　　m_2——仰拱质量；

　　　H——隧道的高度；

　　　f——仰拱的矢高。

②圆形衬砌的地震荷载图示见图 6.2-10，其均布的水平惯性力为：

$$F_1 = \eta_c K_h \frac{mg}{H} \tag{6.2-15}$$

式中:m——衬砌质量。

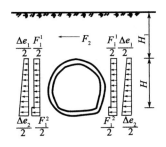
图 6.2-9　马蹄形衬砌的地震荷载图示

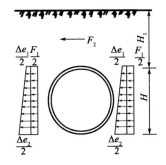
图 6.2-10　圆形衬砌的地震荷载图示

③矩形衬砌的地震荷载图示见图 6.2-11,其水平惯性力可分为以下三个部分：

$$F_1^1 = \eta_c K_h m_t g \quad (6.2\text{-}16)$$

$$F_1^2 = \eta_c K_h \frac{m_\omega g}{h} \quad (6.2\text{-}17)$$

$$F_1^3 = \eta_c K_h m_b g \quad (6.2\text{-}18)$$

式中:F_1^2、F_1^3——顶、底的水平惯性力,作集中力考虑,作用在顶、底板的轴线处；

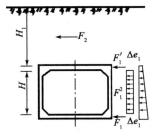
图 6.2-11　矩形衬砌的地震荷载图示

F_1^1——边和中墙的水平惯性力,按作用在边墙上的均布力考虑；

m_t、m_b——顶和底板质量；

m_ω——边和中墙质量；

h——边墙净高度。

（2）洞顶上方土柱的水平惯性力。其计算公式为：

$$F_2 = \eta_c K_h m_\text{上} g \quad (6.2\text{-}19)$$

式中:$m_\text{上}$——上方土柱的质量。

（3）主动侧向土压力的增量。地震时地层的内摩擦角要发生变化,由原来的 φ 变为 $\varphi - \beta$。其中 β 为地震角,在 7 度地震区 $\beta = 1°30'$；8 度处 $\beta = 3°$；9 度处 $\beta = 6°$,因此,结构一侧的主动侧向土压力增量为:

$$\Delta e_i = (\lambda_a - \lambda'_a) q_i \quad (6.2\text{-}20)$$

式中:$\lambda_a = \tan^2(45° - \frac{\varphi}{2})$，$\lambda'_a = \tan^2(45° - \frac{\varphi - \beta}{2})$。

而结构另一侧的主动侧向土压力增量可按上述值反对称布置。

（4）结构隧道上方土柱的垂直惯性力。其一般公式为：

$$F'_1 = \eta_c K_V Q \quad (6.2\text{-}21)$$

$$F'_2 = \eta_c K_V P \quad (6.2\text{-}22)$$

式中:K_V——垂直地震系数,一般取 $K_V = \frac{K_h}{2} \sim \frac{2K_h}{3}$；

Q、P——衬砌和隧道上方土柱的重量。

由于垂直惯性力仅在验算结构抗浮能力时需要考虑,因此,可按集中力考虑。

2)沿隧道纵轴方向的地震荷载

地震的横波与隧道纵轴斜交或正交,或地震的纵波与隧道纵轴平行或斜交,都会沿隧道纵向产生水平惯性力,使结构发生纵向拉压变形,其中以横波产生的纵向水平惯性力为主。地震波在冲积层中的横波波长约为160m。因此,孙钧院士在《地下结构》一书中建议:计算纵向水平惯性力时,对区间隧道可按半个波长的结构重量考虑,即

$$T = \eta_c K_V (80W) \tag{6.2-23}$$

式中:W——结构每延长米的重量。

对于车站结构,可按两条变形缝之间的结构重量计算。

底层作用于结构上的强迫位移可分为横向和纵向两类,其计算方法见本章第6节。

6.2.6 车辆荷载、人群荷载及设备荷载

现场实测表明,当轨道直接铺设在隧道底板上时,车辆荷载对衬砌应力的影响较小,一般仅产生小于0.5MPa的拉应力,故可忽略不计。但当轨道铺设在中层楼板时,则必须计算车辆荷载及其冲击力。地铁车辆竖向荷载应按其实际轴重和排列计算,并考虑动力作用的影响,同时应按线路通过的重型设备运输车辆的荷载进行验算。

车站站台、楼板和楼梯等部位的人群均布荷载的标准应采用4.0kPa,另需计算消防荷载的作用。

设备用房楼板的计算荷载应根据设备安装、检修和正常使用的实际情况(包括动力效应)确定,可按标准值8.0kPa进行设计,重型设备和需要吊装的设备要根据实际情况考虑其荷载。

6.2.7 隧道上方和破坏棱体内的设施和建筑物压力

在计算这部分荷载时,应考虑建筑物的现状和以后的变化,凡规划明确的,应以其设计的基底应力和基底距隧道结构的距离计算;凡不明确的,应在设计要求中作出规定,如上海市规定为$20kN/m^2$。

6.2.8 作用在结构底面的荷载

所有作用在结构上的垂直荷载(包括自重)是通过侧墙和柱或者直接通过底板,传给结构底面的地基。故地基反力成为作用于底板的荷载,这个荷载的分布受构造形式、基础地层的土质等影响较大,要准确确定较困难。

地下铁道结构由于跨度变动范围不大,一般假定地基反力为均匀分布。但是,基础地层坚硬、跨度大时,荷载分布形状应考虑具体情况。轨道、列车运行荷载等直接通过底板传给地基,一般均不考虑。底板自重,通常也不作底板荷载考虑。这些荷载仅在验算地基承载能力时才将其计算进去。作用于底板的荷载为:

$$W_2 = W_1 + \frac{2Q_1 + Q_2 + Q_3 + Q_4}{2L} \tag{6.2-24}$$

式中: W_1——顶板荷载(包括顶板自重);

Q_1、Q_2、Q_3、Q_4——侧墙、立柱、纵梁、梗肋的自重;

$2L$——结构总宽度。

6.2.9 地铁结构设计一般规定

《地铁设计规范》(GB 50157—2013)对结构设计做出一般规定,其要点如下。

1)结构设计

(1)地下结构应就其施工和正常使用阶段进行结构强度的计算,必要时也应进行刚度和稳定性计算。对于混凝土结构,尚应进行抗裂验算或裂缝宽度验算。当计入地震荷载或其他偶然荷载作用时,不需验算结构的裂缝宽度。

(2)普通钢筋混凝土结构的最大计算裂缝宽度允许值应根据结构类型、使用要求、所处环境和防水措施等因素确定。规范中列出了最大计算裂缝宽度允许值,见表6.2-3。

最大计算裂缝宽度允许值 表6.2-3

结构类型		允许值(mm)	附 注
钢筋混凝土管片		0.2	
其他结构	水中环境、土中缺氧环境	0.3	
	洞内干燥环境或洞内潮湿环境	0.3	环境相对湿度为45%~80%
	迎土面地表附近干湿交替环境	0.2	

注:当设计采用的最大裂缝宽度的计算式中保护层的实际厚度超过30mm时,可将保护层厚度的计算值取为30mm。

(3)计算简图应符合结构的实际工作条件,反映围岩对结构的约束作用。当施工及使用过程中受力体系、荷载形式等有较大变化时,宜根据构件的施作顺序及受力条件,按结构的实际受载过程进行分析,考虑结构体系变形的连续性。

(4)侧向地层抗力和地基反力的数值及分布规律,应根据结构形式在其荷载作用下的变形、施工方法、回填与压浆情况、地层的变形特性等因素确定。

(5)直接承受列车荷载的楼板等构件,其计算及构造应满足现行《铁路桥涵钢筋混凝土和预应力混凝土结构设计规范》(TB 10002.3—2005)的相关要求。

(6)地下结构应进行横断面方向的受力计算,遇到下列情况时,尚应对其纵向强度和变形进行分析:

①覆土荷载沿其纵向有较大变化时。

②结构直接承受建、构筑物等较大局部荷载时。

③地基或基础有显著差异时。

④地基沿纵向产生不均匀沉降时。

⑤沉管隧道。

⑥地震作用时。

当温度变形缝的间距较大时,应考虑温度变化和混凝土收缩对结构纵向的影响;空间受力作用明显的区段,宜按空间结构进行分析。

(7)装配式构件的尺寸应考虑制作、吊装、运输以及施工的安全和方便。接头设计应满足受力、防水和耐久性要求。

(8)矿山法施工的结构设计,应以喷射混凝土、钢拱架或锚杆为主要支护手段,根据围岩和环境条件、结构埋深和断面尺度等,通过选择适宜的开挖方法、辅助措施、支护形式及与之相关的物理力学参数,达到保持围岩和支护的稳定、合理利用围岩自承能力的目的。施工中,应通过对围岩和支护的动态监测,优化设计和施工参数。

(9)设计地震区的结构时,应根据设防要求、场地条件、结构类型和埋深等因素选用能较好反映其地层工作性状的分析方法,并采取必要的构造措施,提高结构和接头处的整体抗震能力。当围岩中包含有可液化土层时,必须采取可靠对策,提高地层的抗液化能力,保证地震作用下结构的安全性。

(10)暗挖法施工的结构,应及时向其衬砌背后压注结硬性浆液,保证围岩与结构共同作用。

(11)地下结构设计应严格控制基坑开挖和隧道施工引起的地面沉降量,对由于土体位移可能引起的周围建、构筑物和地下管线产生的危害加以预测,不同建筑物应按有关规范、规程及要求,通过计算确定其允许产生的沉降量和次应力,并提出安全可靠、经济合理的技术措施。地面变形允许数值应根据现状评估结果,参照类似工程的实践经验确定。

(12)结构设计应按最不利情况进行抗浮稳定性验算。抗浮安全系数,当不考虑底层侧摩阻力时应不小于1.05;当考虑底层侧摩阻力并采用标准值(极限值)时,应不小于1.10~1.15。

2)工程材料

地铁与轻轨建筑结构一般采用钢筋混凝土或预应力混凝土材料进行浇筑,也可以采用钢结构或钢与混凝土组合的结构,其各部位结构采用混凝土时材料的最低强度等级见表6.2-4。

钢筋混凝土和锚喷支护中的非预应力钢筋可采用Ⅰ级或Ⅱ级钢筋,预应力钢筋宜采用预应力钢绞线、钢丝,也可采用热处理钢筋。

一般环境条件下地下结构混凝土的最低设计强度等级　　　　表6.2-4

明挖法	整体式钢筋混凝土结构	C35
	装配式钢筋混凝土结构	C35
	作为永久结构的地下连续墙和灌注桩	C35
盾构法	装配式钢筋混凝土管片	C50
	整体式钢筋混凝土衬砌	C35
矿山法	喷射混凝土衬砌	C20
	现浇混凝土或钢筋混凝土衬砌	C35
顶进法	钢筋混凝土结构	C35
沉管法	钢筋混凝土结构	C35
	预应力混凝土结构	C40

注:一般环境条件是指现行国家标准《混凝土结构设计规范》(GB 50010—2010)环境类别中的一类和二a类。

3)构造要求

(1)伸缩缝、施工缝和沉降缝

地铁的区间隧道和车站一般属于超长结构。目前业界已经认识到控制此结构由于温度应力及差异沉降引起的纵向应力和有害裂缝的必要性。上海、广州、南京、天津等城市的地铁车站大多采用地下连续墙与内衬墙叠合的构造,顶板、中板、底板等水平构件的钢筋锚入地下连续墙内,形成刚节点。由于先期浇筑地下连续墙对后浇内衬和水平构件混凝土受冷收缩变形的约束较大,在与地下连续墙交接处的顶板易产生斜裂缝,在与地下连续墙交接处的底板易产生垂直于纵向的垂直裂缝,裂缝间距一般为8~10m,长度可达1.5~2.0m,其宽度达0.2~

1.0mm。这些温度收缩应力裂缝可能贯穿整个截面,引起地下水渗漏。许多工程实践表明,即使沿纵向每隔30~40m设置一条贯通整个结构横断面的伸缩缝,内衬墙与顶底板相交节点附近增设纵向构造钢筋,稍有不慎,内衬墙仍然会出现收缩裂缝。为了控制地下结构的温度收缩应力裂缝,工程界通常采用下列技术措施:

①设计伸缩缝、诱导缝和施工缝。
②设置后浇带或控制分段浇筑的长度。
③合理选择水泥品种的强度等级。
④控制混凝土入模温度,加强养护和洞口的遮挡。
⑤及时回填,保证地下结构内外温度不出现急剧变化。

(2)钢筋的混凝土保护层厚度

地下结构钢筋的保护层厚度应根据结构的类别、实际的环境条件,综合考虑混凝土的强度、施工精度和耐久性要求等,借鉴国内外同类工程的实践经验提出,适用于普通钢筋混凝土结构。其中矿山法施工的地下结构是采用《铁路隧道设计规范》(TB 10003—2005)规定的数值。

受力钢筋的混凝土保护层的厚度不得小于钢筋公称直径,且在一般环境条件下应符合表6.2-5的规定。箍筋、分布筋和构造筋的混凝土保护层厚度不得小于20mm。

受力钢筋的混凝土保护层最小厚度(单位:mm)　　　　　表6.2-5

结构类别	地下连续墙		灌注桩	明挖结构						钢筋混凝土管片		矿山法施工的结构			
				顶板		楼板		底板				初期支护或喷锚衬砌		二次衬砌
	外侧	内侧		外侧	内侧	外侧	内侧	外侧	内侧	外侧	内侧	外侧	内侧	
保护层厚度	70	50	70	50	40	30		50	40	40	30	40	40	35

注:1. 车站内的楼梯及站台板等内部构件,主筋的保护层厚度可采用25mm。
　　2. 顶进法和沉管法施工的隧道主筋的保护层厚度可采用明挖结构的数值。
　　3. 矿山法施工的结构,当二次初砌的厚度大于50cm时,主筋的保护层厚度应采用40mm。

(3)配筋率

明挖法施工的地下结构周边构件和中楼板每侧暴露面上分布钢筋的配筋率,当分布钢筋用Ⅰ级钢筋时不宜低于0.3%;当为Ⅱ级钢筋时不宜低于0.2%,同时分布钢筋的间距也不宜大于150mm。当受拉主筋的混凝土保护层厚度大于或等于40mm时,分布钢筋宜配置在受力筋的外侧。车站内后砌的内部承重墙和隔墙等应与主体结构可靠拉结,轻质隔墙应与主体结构连接。

【例6.2-1】 已知某地铁采用明挖法进行施工,其框架结构尺寸及埋深如图6.2-12所示,计算作用在该结构上的主要荷载。已知路面荷载为22kN/m²,超载系数为1.2;隧道底盖板上覆盖土壤为砂性土,其天然重度为$\gamma=17.5\text{kN/m}^3$,土的饱和重度为$\gamma_{sat}=19.5\text{kN/m}^3$;钢筋混凝土重度为$\gamma=25\text{kN/m}^3$;顶板考虑的人防荷载为147kN/m²,侧墙的人防荷载为78.4kN/m³,超载系数为1.2;土壤内摩擦角为$\varphi=30°$,黏聚力$c=20\text{kPa}$,水的重度$\gamma_w=9.8\text{kN/m}^3$,中间圆立柱柱间距为3.0m,圆立柱半径为0.3m。

解:取隧道纵向长度为1m的结构进行计算,具体计算过程如下:

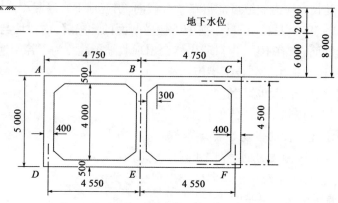

图6.2-12 明挖隧道框架结构(尺寸单位:mm)

(1)求隧道顶板所承受的所有荷载

隧道顶板的荷载作用在顶板的结构轴线所在的平面上,主要有:

路面荷载

$$\frac{22\text{kN/m}^2 \times 1.2 \times 9.5\text{m} \times 1.0\text{m}}{9.5\text{m} \times 1.0\text{m}} = 26.40\text{kN/m}^2$$

顶板上部土体的荷载(按照地下水位以上和地下水位以下土壤分别计算)

$$\frac{(17.5\text{kN/m}^3 \times 2.0\text{m} + 19.5\text{kN/m}^3 \times 6.25\text{m}) \times 9.5\text{m} \times 1.0\text{m}}{9.5\text{m} \times 1.0\text{m}} = 156.88\text{kN/m}^2$$

顶板人防荷载

$$\frac{147\text{kN/m}^2 \times 1.2 \times 9.5\text{m} \times 1.0\text{m}}{9.5\text{m} \times 1.0\text{m}} = 176.40\text{kN/m}^2$$

顶板的自重

$$\frac{25\text{kN/m}^3 \times 0.5\text{m} \times 9.5\text{m} \times 1.0\text{m}}{9.5\text{m} \times 1.0\text{m}} = 12.50\text{kN/m}^2$$

将以上各荷载相加便可得出顶板所承受的竖向荷载为372.18kN/m²。

(2)求侧墙所承受的荷载

在计算侧墙所受的侧向土压力时,按照地下水位以上和地下水位以下不同地层的重度来加以考虑。

侧墙顶部的土压力

$$e_1 = q_1 \tan^2\left(45° - \frac{\varphi}{2}\right) - 2c\tan\left(45° - \frac{\varphi}{2}\right)$$

$$= (26.4 + 17.5 \times 2 + 9.7 \times 6.25)\tan^2\left(45° - \frac{30°}{2}\right) - 2 \times 20\tan\left(45° - \frac{30°}{2}\right)$$

$$= 17.58(\text{kN/m}^2)$$

侧墙顶部所受的侧向水压力

$$9.8\text{kN/m}^3 \times 6.25\text{m} = 61.25\text{kN/m}^2$$

侧墙顶部顶板的人防荷载

$$78.4\text{kN/m}^2 \times 1.2 = 98.04\text{kN/m}^2$$

由以上可得侧墙顶部所受的侧向压力合计为172.91kN/m²。

侧墙底部所受的侧向土压力

$$e_2 = q_2\tan^2\left(45° - \frac{\varphi}{2}\right) - 2c\tan\left(45° - \frac{\varphi}{2}\right)$$
$$= (26.4 + 17.5 \times 2 + 9.7 \times 10.75)\tan^2\left(45° - \frac{30°}{2}\right) - 2 \times 20\tan\left(45° - \frac{30°}{2}\right)$$
$$= 32.13(\text{kN}/\text{m}^2)$$

侧墙底部所受的侧向水压力

$$9.8\text{kN}/\text{m}^3 \times 10.75\text{m} = 105.35\text{kN}/\text{m}^2$$

侧墙底部的人防荷载

$$78.4\text{kN}/\text{m}^2 \times 1.2 = 98.04\text{kN}/\text{m}^2$$

侧墙底部所受荷载的侧向压力合计为 231.56 kN/m^2。

(3) 底板所承受的荷载

由底板自重产生的荷载

$$\frac{25\text{kN}/\text{m}^3 \times 0.5\text{m} \times 9.5\text{m} \times 1.0\text{m}}{9.5\text{m} \times 1.0\text{m}} = 12.50\text{kN}/\text{m}^2$$

由顶板传递的荷载

$$\frac{372.18\text{kN}/\text{m}^2 \times 9.5\text{m} \times 1.0\text{m}}{9.5\text{m} \times 1.0\text{m}} = 372.18\text{kN}/\text{m}^2$$

由侧墙传递的荷载

$$\frac{25\text{kN}/\text{m}^3 \times 4.5\text{m} \times 1.0\text{m} \times 0.4\text{m} \times 2}{4.75\text{m} \times 1.0\text{m} \times 2} = 9.47\text{kN}/\text{m}^2$$

由立柱传递的荷载

$$\frac{25\text{kN}/\text{m}^3 \times 3.7\text{m} \times 0.3\text{m} \times 0.3\text{m} \times 3.14}{4.75\text{m} \times 1.0\text{m} \times 2} = 2.75\text{kN}/\text{m}^2$$

由顶板纵梁传递的荷载

$$\frac{25\text{kN}/\text{m}^3 \times 1.0\text{m} \times 0.55\text{m} \times 0.6\text{m}}{4.75\text{m} \times 1.0\text{m} \times 2} = 0.868\text{kN}/\text{m}^2$$

则底板所受到竖向向下的荷载为 397.77kN/m^2。

另外,结构底板还承受地下水压力作用,其值为

$$9.8\text{kN}/\text{m}^3 \times 10.75\text{m} = 105.35\text{kN}/\text{m}^2$$

为保持底板的平衡,底板还受到地基的反作用力,其数值为 292.42kN/m^2。由此可以得出底板所承受的荷载为 397.77kN/m^2。根据以上所有计算结果,可以绘出结构的受力图,如图 6.2-13 所示。

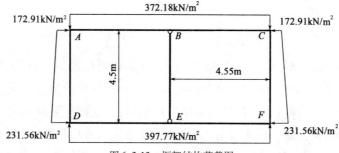

图 6.2-13 框架结构荷载图

6.3 区间隧道结构静力计算

6.3.1 结构与底层共同作用的处理方法

在采用荷载—结构模型计算衬砌内力时，除了要知道作用在衬砌结构上的主动荷载外，还需要解决结构与地层的共同作用问题，目前较实用的处理方法有以下三种。

(1) 主动荷载模型，见图 6.3-1。它不考虑结构与地层的共同作用，因此，除了在结构底部受地层约束外，其他部分在主动荷载作用下可以自由变形。这种模型适用于结构与底层"刚度比"较大的情况，较弱的地层没有"能力"去限制衬砌结构的变形。

(2) 主动荷载加地层弹性约束的模型，见图 6.3-2。它认为地层不仅对衬砌结构施加主动荷载(地层压力)，而且由于结构与地层的共同作用，还对衬砌结构施加被动弹性抗力。因为在非均匀分布的径向荷载作用下，衬砌结构的一部分将发生向着围岩方向的变形，只要地层具有一定的刚度，就必然会对衬砌结构产生反作用力来抵制它的变形，这种反作用力就称为弹性抗力，属于被动性质。而衬砌结构的另一部分则背离地层向着隧道内变形，当然，这部分不会引起弹性抗力，形成所谓的"脱离区"。衬砌结构就是在上述的主动荷载和地层的被动弹性抗力共同作用下进行工作的。这种模型适用于各类地层，只是各类地层所能产生的弹性抗力大小和范围不同而已。

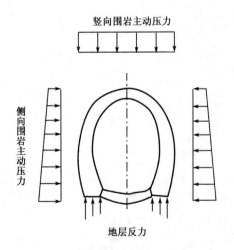

图 6.3-1 主动荷载模型

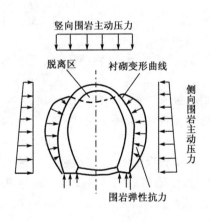

图 6.3-2 主动荷载加地层弹性约束模型

(3) 地层实测荷载模型，见图 6.3-3。它是主动荷载模型的另一种形式，其计算模式与图 6.3-1 相同，只是荷载不同。实测荷载是结构与地层共同作用的综合反应，它既包含地层的主动压力，也含有被动弹性抗力。在衬砌与地层密贴时，不仅能量测到地层的径向荷载，而且还能量测到地层的切向荷载。但应指出，实测的荷载值除与地层特性、埋深等因素有关外，还取决于衬砌的刚度。因此，某一种实测荷载，只能适用于和量测条件相同的情况下。

至此，还有最后一个问题要解决，就是第(1)和(3)类模型中的基底反力以及第(2)类模型中的弹性抗力如何计算。正如上所述，无论是基底反力或是弹性抗力，都是由于衬砌结构发生向地层方向变形而引起的被动反作用力。它可以用以"文克尔(Winkler)"假定为基础的局部变形理论来确定。该假定相当于把地层简化为一系列彼此独立的弹性链杆，且这种链杆应只能承受压力和剪切力，如图6.3-4所示。

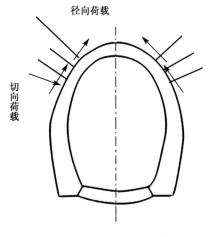

图 6.3-3　地层实测荷载模型　　　　　图 6.3-4　文氏假定基本原理图

用公式表示为：

$$\sigma_i = K\delta_i \tag{6.3-1}$$

式中：δ_i——地层表面某点所产生的压缩变形；
　　　K——地层的弹性抗力系数；
　　　σ_i——地层在同一点所产生的弹性抗力。

温氏假定虽然与实际情况有一定的出入，而且 K 也不是地层固有的特性，但该方法简单明了，K 值与结构内弯矩的关系是 1/4 次方的关系，因此，K 值的精度即使差些，影响也不大，能满足一般工程设计所需的精度，故目前应用十分广泛。

基底反力或弹性抗力的大小和分布形态取决于衬砌结构的变形，而结构变形又和反力或弹性抗力有关。因此，考虑结构与地层共同作用的衬砌结构计算是个非线性力学问题，必须采用迭代解法或某些线性化的假设。例如，假设反力或弹性抗力的分布形态为已知，或采用弹性地基梁理论，或用一系列独立的弹性支承链杆代替连续分布的反力或弹性抗力等。于是，衬砌结构计算就成了通常的超静定结构的求解了。

在利用弹性支承链杆模拟地层的弹性抗力时，上式中的围岩弹性抗力系数 K 与弹性链杆刚度系数 K' 之间可以按照 $K' = Kbs$ 进行换算，这里，b 为衬砌结构的计算宽度，一般取 1m，而 s 为链杆支承处两相邻杆件长度和的一半。

6.3.2　明挖法隧道衬砌结构计算

明挖箱形结构一般分顺作法和逆作法施工两种。采用顺作法施工时，即在基坑内由下而上地做好结构，然后，回填土和恢复路面交通并开始承载。由于回填土的密实度远不如地层原始状态的,故在侧向不能提供必要的弹性抗力,为了安全可以采用主动荷载模型进行结构计算。其承受的主动荷载如图 6.3-5 所示。

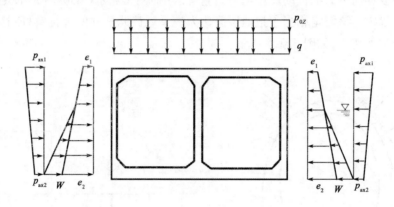

图 6.3-5　箱形框架主动荷载图

关于箱形结构基底反力,通常可以采用两种计算方法:①假设结构是刚性体,则基底反力的大小和分布即可根据静力平衡条件求得;②假设结构为文克尔地基上的箱形结构,根据地基变形应用公式(温克勒假定)计算基底每一点的反力。若采用矩阵位移法分析箱形结构内力,这两种计算基底反力的方法可以用统一的程序解决。

弹性地基上的箱形结构一般按平面应变问题考虑。但在长度比接近 1 时,应按空间结构考虑。对于平面应变问题,通常都是沿纵向取单位宽度进行计算。采用矩阵位移法分析弹性地基上平面框架内力的基本步骤如下:

(1)将框架的上部刚架划分为普通等截面直梁单元,将框架的底板划分为弹性地基上的等截面直梁单元,如图 6.3-6 所示。

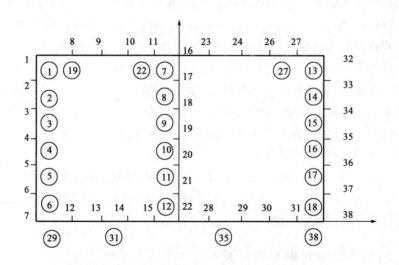

图 6.3-6　箱形框架计算简图(单元剖分)

(2)计算整体坐标系下的普通等值梁单元的刚度矩阵为:

$$[K]^e = \frac{EI}{L(1+\beta)} \begin{bmatrix} \frac{12}{L^2}(m^2+\alpha l^2) & -\frac{12}{L^2}(1-\alpha)lm & \frac{6m}{L} & -\frac{12}{L^2}(m^2+\alpha l^2) & \frac{12}{L^2}(1-\alpha)lm & \frac{6m}{L} \\ & \frac{12}{L^2}(l^2+\alpha m^2) & -\frac{6l}{L} & \frac{12}{L^2}(1-\alpha)lm & -\frac{12}{L^2}(l^2+\alpha m^2) & -\frac{6l}{L} \\ & & 4+\beta & -\frac{6m}{L} & \frac{6l}{L} & 2-\beta \\ & 对称 & & \frac{12}{L^2}(m^2+\alpha l^2) & -\frac{12}{L^2}(1-\alpha)lm & -\frac{6m}{L} \\ & & & & \frac{12}{L^2}(m^2+\alpha m^2) & \frac{6l}{L} \\ & & & & & 4+\beta \end{bmatrix}$$

(6.3-2)

式中:$\beta = \frac{12EI}{GA_sL^2}, \alpha = \frac{AL^2(1+\beta)}{12I}, l = \cos\varphi; m = \sin\varphi;$

L——单元长;

A——单元的截面积;

A_s——单元的有效剪切面积,对于矩形截面,$A_s = A/1.2$;

E——单元的杨氏弹性模量;

G——单元的剪切模量;

I——单元的惯性矩;

φ——单元与整体坐标系的 x 轴正方向的夹角。

(3)计算整体坐标系下弹性地基上等值梁单元的刚度矩阵,若仅考虑法向弹性抗力时,其计算公式如下:

$$[K]^e = \frac{EI}{L} \begin{bmatrix} \frac{T_{11}m^2+\alpha l^2}{L^2} & -\frac{(T_{11}-\alpha)lm}{L^2} & \frac{Q_{11}m}{L} & -\frac{(T_{12}m^2+\alpha l^2)}{L^2} & \frac{(T_{12}-\alpha)lm}{L^2} & \frac{Q_{21}m}{L} \\ & \frac{T_{11}m^2+\alpha m^2}{L^2} & -\frac{Q_{11}l}{L} & \frac{(T_{12}-\alpha)lm}{L^2} & -\frac{(T_{12}m^2+\alpha m^2)}{L^2} & -\frac{Q_{21}l}{L} \\ & & S_{11} & -\frac{Q_{12}m}{L} & -\frac{Q_{12}l}{L} & S_{12} \\ & 对称 & & \frac{T_{22}m^2+\alpha l^2}{L^2} & -\frac{(T_{22}-\alpha)lm}{L^2} & -\frac{Q_{22}m}{L} \\ & & & & \frac{T_{22}l^2+\alpha m^2}{L^2} & \frac{Q_{22}l}{L} \\ & & & & & S_{22} \end{bmatrix}$$

(6.3-3)

式中:$T_{11} = 2(\lambda L)^2(SC+S'C')D_1, T_{22} = T_{11};$

$T_{12} = 2(\lambda L)^2(CS'+SC')D_1, S_{11} = (SC-S'C')D_1;$

$S_{22} = S_{11}, S_{12} = (CS'-SC')D_1;$

$Q_{11} = (\lambda L)(C^2 - C'^2)D_1, Q_{22} = Q_{11};$

$Q_{12} = (\lambda L)(2SS')D_1, Q_{21} = Q_{12};$

$D_1 = \dfrac{2\lambda}{S^2 - S'^2}, \lambda = \sqrt[4]{\dfrac{K}{4EI}};$

$C' = \cos\lambda L, S' = \sin\lambda L;$

$C = \cos\lambda Lh, S = \sin\lambda Lh;$

K——地基的法向弹性抗力系数。

若在弹性地基梁中,则需要考虑切向弹性抗力;如作为挡土结构的桩、地下连续墙,或抗震分析时需计算单侧水平荷载时,假设切向弹性抗力亦符合文氏假定,即

$$R_i = K'\mu_i \tag{6.3-4}$$

式中:K'——弹性地基的切向弹性抗力系数。

因切向弹性抗力仅与轴力和轴向位移有关,故只要对上式中有关轴力和轴向位移进行如下修正即可:

$$\begin{bmatrix} F_{s1} \\ F_{s2} \end{bmatrix} = EA\lambda' \begin{bmatrix} \dfrac{\cosh\lambda'Lh}{\sinh\lambda'Lh} & \dfrac{-1}{\sinh\lambda'Lh} \\ \dfrac{-1}{\sinh\lambda'Lh} & \dfrac{\cosh\lambda'Lh}{\sinh\lambda'Lh} \end{bmatrix} \begin{bmatrix} \mu_{s1} \\ \mu_{s2} \end{bmatrix} \tag{6.3-5}$$

式中:$\lambda' = \sqrt{\dfrac{K'}{EA}}$。

(4)将分布荷载按静力等效的原则离散为等效节点力。

(5)按直接刚度法原理组装结构体系的总刚度矩阵和荷载列阵,形成结构体系的刚度方程:

$$[K]\{\delta\} = \{P\} \tag{6.3-6}$$

(6)对刚度方程引入必要的位移约束条件。对于弹性地基上的平面框架,可假设其底板中点的水平位移为零。

(7)求解刚度方程得到结构体系的节点位移:

$$\{\delta\} = [K]^{-1}\{P\} \tag{6.3-7}$$

(8)根据各单元的节点位移和底板各节点的竖向位移计算各单元的内力和基底竖向反力:

$$\{S\}^e = [K]^e[T]\{\delta\}^e = [B]\{\delta\}^e \tag{6.3-8}$$

$$\sigma_i = KV_i \tag{6.3-9}$$

必要时亦可根据底板节点水平位移计算基底水平反力。

若采用第一种方法计算基底反力,上述计算步骤仅需略作改动即可适用。

(1)将框架全部划分为普通等值梁单元。

(2)根据静力平衡条件求出基底反力的大小和分布,并将其视为外荷载按静力等效的原则离散为等效节点力。

(3)除了假设底板中点水平位移为零外,尚需增加边墙中点的竖向约束。

对于框架结构的隅角部分和梁柱交叉节点处,为了考虑柱宽的影响,一般采用图6.3-7所示的方法来计算配筋。

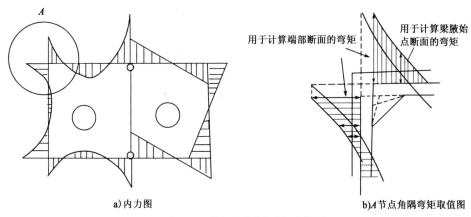

图 6.3-7　框架结构隅角弯矩取值图

6.3.3　矿山法隧道衬砌结构计算

采用矿山法施工的浅埋或深埋隧道衬砌,通常为马蹄形复合式结构。《地铁设计规范》(GB 50157—2013)对此作出如下原则规定:

岩质地层的隧道设计应以工程类比为主,当缺少类比案例时,应进行数值分析后确定支护参数。土质隧道设计应以结构计算为基础,采用工程类比的方法确定支护参数。车站结构应通过理论计算进行检算。按新奥法(NATM)原理进行设计时,在复合式衬砌中,初期支护(含围岩的支护作用)是主要承载结构,为此,岩石隧道应充分注意利用围岩的自承载能力;土质隧道应以强初期支护为主,并注意及时施作二次衬砌。复合式衬砌中的二次衬砌则为安全储备,应根据其施工期间、施工后荷载的变化情况、工程地质和水文地质条件、埋深和耐久性要求等因素,按下列原则设计:

(1)第四纪土层中的浅埋结构及通过流变性或膨胀性围岩中的结构,初期支护应具有较大的刚度和强度,且宜提前施作二次衬砌,由两者共同承受外部荷载。

(2)应考虑在长期使用过程中,外部荷载因初期支护材料性能的退化和刚度下降向二次衬砌的转移。

(3)作用在不排水型结构上的水压力由二次衬砌承担。

(4)浅埋和Ⅴ~Ⅵ级围岩中的结构宜采用钢筋混凝土衬砌。

车站、风道和其他大跨度土质隧道,采用矿山法施工时应合理安排开挖分块和开挖步序,尽可能减少分步开挖的导洞之间的相互影响。

土质隧道的初期支护应采用包括超前支护、格栅钢架或钢拱架、钢筋网片和喷射混凝土等组合的支护方式,其设计应满足以下要求:

(1)初期支护厚度应不小于200mm,并不宜超过350mm。

(2)初期支护中的钢拱架宜优先选用钢筋格栅,根据需要钢拱架间距可采用500~1000mm,钢筋格栅的主筋直径不宜小于18mm。

(3)初期支护厚度不大于300mm时,宜在内侧设置单层钢筋网片;初期支护厚度大于300mm时,可考虑在其内外侧设置双层钢筋网片。

(4)初期支护各分节间应采用可靠的连接。

根据上述规定,对浅埋、大跨度、围岩或环境条件复杂、形式特殊的结构应通过理论计算进行检算。对于复合式衬砌，涉及众多未定因素还未充分认识，因此目前还没有统一的设计计算方法。

由于深埋隧道复合式衬砌涉及众多的未知因素，目前，尚不易做出可靠的定量分析，所以，本节仅讨论浅埋暗挖隧道复合式衬砌初期支护的结构计算问题。浅埋暗挖的马蹄形复合式衬砌初期支护所承受的荷载如图 6.3-8 所示。按"荷载—结构"模型分析初期支护所承受的荷载，由于施工对周围地层的扰动和破坏较小，可认为除脱离区外，支护的其他部位均受到地层的弹性抗力作用。对于这种结构理应采用本节中的主动荷载加地层弹性约束（主动 + 被动）模型进行内力分析，为此，可以采用如下两种计算图示：

（1）弹性地基梁模型，见图 6.3-8。首先将曲线形拱结构简化为由一些等截面直杆组成的折线形结构。若采用矩阵位移法，可假定在脱离区范围（约在拱顶 90°～120°）内的等直杆为普通梁单元，其余均为弹性地基等直梁单元，同时假定仰拱中点的水平位移为零。其余计算步骤均同本节第一部分。

（2）弹性支承链杆图式，见图 6.3-9。它与图 6.3-8 的不同之处在于：

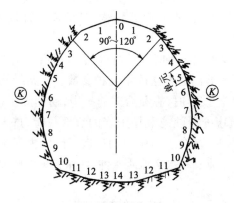

图 6.3-8 弹性地基梁计算模型和单元分布图　　图 6.3-9 弹性支承链杆法计算模型和单元分布图

① 将折线拱的全部杆件均视为普通等直梁单元。

② 将脱离区以外分布的弹性抗力用一些离散的弹性支承链杆来代替，并作用在折线的节点处，其方向为沿结构轴线的法向，如需考虑切向弹性抗力，尚需在节点处设置切向弹性支承链杆。采用矩阵位移法时，弹性支承链杆在整体坐标系下的单元刚度矩阵为：

$$[K]^e = [T]^T [k] [T] \quad (6.3\text{-}10)$$

式中：$[T] = \begin{bmatrix} \cos\theta & \sin\theta & 0 \\ -\sin\theta & \cos\theta & 0 \\ 0 & 0 & 1 \end{bmatrix}$，$[k] = \begin{bmatrix} \dfrac{1}{K_n d_i} & & 0 \\ & \dfrac{1}{K_t d_i} & \\ 0 & & 0 \end{bmatrix}$；

θ——法向弹性支承链杆与整体坐标系 x 轴的夹角，反时针方向为正；

K_n——地层法向弹性抗力系数；

K_t——地层切向弹性抗力系数；

d_i——弹性支承链杆所代表的分布弹性抗力的长度。

其他关于分布荷载的离散、总刚度矩阵的组集和求解、结构内力和地层弹性抗力的计算等均与前文中结构与地层共同作用的处理方法所述相同,此处不再赘述。

若浅埋暗挖隧道的二次衬砌在初期支护变形稳定前施作,则二次衬砌将参与受力作用,初期支护独立作用时所承受的荷载值也必然小于100%的计算荷载。为了对处于这种工作状况的复合式衬砌进行内力分析,建议按如下步骤计算:

第一步,根据二次衬砌的施作时间,利用初期支护的位移—时间曲线估算出初期支护独立作用时所承受的荷载比例,例如70%。然后,根据70%的计算荷载值,按前述方法对初期支护进行内力分析,求出初期支护中的内力值$\{S_1^1\}$。

第二步,根据剩余的计算荷载值,采用矩阵位移法对复合式衬砌进行内力分析,求出初期支护中的内力值$\{S_1^2\}$和内层衬砌中的内力值$\{S_2\}$。则初期支护中的最终内力值为:

$$\{S_1\} = \{S_1^1\} + \{S_1^2\} \tag{6.3-11}$$

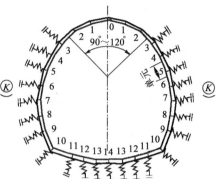

图6.3-10 复合式衬砌计算模型和单元分布图

进行复合式衬砌内力分析时可采用如图6.3-10所示的计算图式,外圈单元为初期支护,内圈单元为内层衬砌,内外圈之间的二力杆单元模拟防水隔离层(因其不能抗剪),其整体坐标下单元刚度矩阵为:

$$[K]^e = \frac{E_p d_i}{t} \begin{bmatrix} l^2 & lm & -l^2 & -lm \\ & m^2 & -lm & -m^2 \\ & & l^2 & lm \\ & & & m^2 \end{bmatrix} \tag{6.3-12}$$

式中:$l = \cos\alpha, m = \sin\alpha$;

α——二力杆与整体坐标系 x 轴的夹角;

E_p、t——防水隔离层的弹性模量、厚度;

d_i——二力杆的间距,亦即它所代表的防水隔离层宽度。

由于防水隔离层厚度 t 较小,有可能使:

$$\frac{E_p d_i}{t} > \frac{E_c d_i}{h} \tag{6.3-13}$$

式中:E_c——混凝土弹性模量;

h——初期支护轴线与内层衬砌轴线之间的距离。

这显然是不合理的,此时,可令 $\frac{E_p d_i}{t} = \frac{E_c d_i}{h}$。

6.3.4 盾构法隧道衬砌结构计算

盾构隧道设计计算时,将垂直土压力作为作用于衬砌顶部的均布荷载来考虑,其大小宜根据隧道的覆土厚度、外径和围岩条件来决定。根据土压力理论及实践经验,随着隧道的埋置深度不同,土层压力的分布规律和数值大小也就不同。考虑长期作用于隧道上的土压力时,如果覆土厚度比较小时,应不能获得土的成拱效果,故采用总覆土压力。但当覆土厚度比较大时,地基中产生拱效应的可能性比较大,可以考虑在设计计算时采用松弛土压力。松弛土压力的计算,一般采用 Terzaghi 公式。关于盾构隧道浅埋和深埋的界限,目前还没有一个统一的划分办法。

设计规范规定盾构隧道的装配式衬砌宜采用接头具有一定刚度的柔性结构,应限制荷载作用下变形和接头的张量,满足其受力和防水要求。隧道结构的计算简图应根据地层情况、衬砌构造特点及施工工艺等确定,宜考虑衬砌与围岩共同作用及装配式衬砌接头的影响。根据隧道和地层结构的特点可分别采用自由圆环法、惯用计算法、修正惯用计算法、多铰圆环计算法和梁弹簧模型计算法等方法进行计算。在软土地层中,采用通缝拼装的衬砌结构可按匀质圆环进行分析计算;采用错缝拼装的衬砌结构宜考虑环间剪力传递的影响。空间受力明显的联络通道区段,宜按空间结构进行分析。

采用盾构法修建的圆形隧道衬砌视其所处的地层条件和结构构造特点,目前较通用的计算方法有三种:自由变形弹性匀质圆环法,考虑侧向水平弹性抗力性,弹性地基梁法和弹性支承链杆法。

1) 自由变形弹性匀质圆环法

处于软弱地层和饱和软黏土中的整体式圆形衬砌,或接头刚度接近结构本身刚度的装配式圆形衬砌,均可采用本方法进行结构内力分析。在此方法中假定:

(1) 地层不提供侧向弹性抗力。
(2) 基底竖向反力按均匀分布考虑,并根据静力平衡条件计算其量值。
(3) 结构为弹性匀质体。

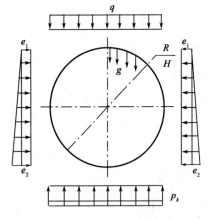

图 6.3-11 自由变形弹性匀质圆环计算简图

对于浅埋隧道为了简化计算,可将拱顶上的非均布的竖向地层压力近似地换算成均布荷载:

$$q_2 = \frac{G}{2R_H} \quad (6.3\text{-}14)$$

式中:G——拱背上地层压力总值,有 $G = 2(1 - \pi/4)R_H^2 \gamma$;
R_H——衬砌计算半径;
γ——地层重度。

于是,竖向均布地层压力为:

$$q = \gamma h + q_2 \quad (6.3\text{-}15)$$

按自由变形弹性匀质圆环分析衬砌内力时,结构所承受的主动荷载和基底反力如图 6.3-11 所示。衬砌中各界面的弯矩 M(内缘受拉为正)和轴力 N(受压为正)如表 6.3-1 所示。

断面内力系数表　　　　表 6.3-1

荷载	截面位置	内力		p
		$M(\mathrm{kN \cdot m})$	$N(\mathrm{kN})$	
自重	$0 - \pi$	$gR_H^2(1 - 0.5\cos\alpha - \alpha\sin\alpha)$	$gR_H(\alpha\sin\alpha - 0.5\cos\alpha)$	g
土荷载	$0 - \dfrac{\pi}{2}$	$qR_H^2(0.193 + 0.106\cos\alpha - 0.5\sin^2\alpha)$	$qR_H(\sin^2\alpha - 0.106\cos\alpha)$	q
	$\dfrac{\pi}{2} - \pi$	$qR_H^2(0.693 + 0.106\cos\alpha - \sin\alpha)$	$qR_H(\sin\alpha - 0.106\cos\alpha)$	

续上表

荷载	截面位置	内 力		p
		$M(\text{kN} \cdot \text{m})$	$N(\text{kN})$	
底部反力	$0 - \dfrac{\pi}{2}$	$P_R R_H^2(0.057 - 0.106\cos\alpha)$	$0.106 P_R R_H \cos\alpha$	P_R
	$\dfrac{\pi}{2} - \pi$	$P_R R_H^2(-0.443 + \sin\alpha - 0.106\cos\alpha - 0.5\sin^2\alpha)$	$P_R R_H(\sin^2\alpha - \sin\alpha + 0.106\cos\alpha)$	
水压	$0 - \pi$	$-R_H^2(0.5 - 0.25\cos\alpha - 0.5\alpha\sin\alpha)$	$R_H^2(1 - 0.25\cos\alpha - 0.5\alpha\sin\alpha) + HR$	W
均布侧压	$0 - \pi$	$e_1 R_H^2(0.25 - 0.5\cos^2\alpha)$	$e_1 R_H \cos^2\alpha$	e_1
Δ侧压	$0 - \pi$	$e_2 R_H^2(0.25\sin^2\alpha + 0.083\cos^3\alpha - 0.063\cos\alpha - 0.125)$	$e_2 R_H \cos(0.063 + 0.5\cos\alpha - 0.25\cos^2\alpha)$	$e_2 - e_1$

2) 考虑侧向水平弹性抗力法

处于能提供侧向弹性抗力的地层,如硬黏土、砂性土中的整体式或装配式圆形衬砌均可采用本方法进行结构内力分析。在此方法中假定:

(1) 地层侧向弹性抗力为水平方向作用,并呈三角形分布,上下零点在水平直径上下45°处,最大值 σ_k 在水平直径处,见图6.3-12。其余任一点的侧向水平弹性抗力 σ_i 均为 σ_k 的函数,即

$$\sigma_i = \sigma_k \left(1 - \frac{|\sin\alpha|}{\sin 45°}\right) = K\delta_k \left(1 - \frac{|\sin\alpha|}{\sqrt{2}}\right) \tag{6.3-16}$$

式中: K ——底层弹性抗力系数;

δ_k ——水平直径处衬砌的最终水平变位,且 $\delta_k = \dfrac{(2q + \pi g - 2e)R_H^4}{24(EI + 0.045 K R_H^4)}$;

E、I ——衬砌材料的杨氏弹性模量和惯性矩。

$$e = \frac{e_1 + e_2}{2} \tag{6.3-17}$$

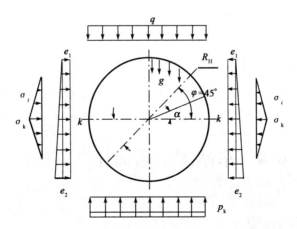

图 6.3-12 考虑侧向地层弹性抗力的圆环计算简图

(2) 基底竖向反力按均布考虑,并根据静力平衡条件计算其量值。

(3) 在装配式衬砌中,若接头刚度较小,则衬砌的整体刚度也将有所减弱,有助于充分发挥地层的承载力,改善结构受力状态。为了使设计经济、合理,在进行内力分析时应考虑接头

对刚度的影响。目前,较适用的方法为:

①按缪尔伍特(Muir Wood)经验公式决定装配式衬砌的有效惯性矩 I_e:

$$I_e = I_j + \left(\frac{4}{n}\right)^2 I_0 \tag{6.3-18}$$

式中:I_j——接头的惯性矩,常视作零值;
I_0——管片的惯性矩;
n——环中接头的数量。

②按日本土木协会的《盾构用标准管片》(1982年)中规定,如为错缝拼装的平板型管片,其计算刚度取:

$$(EI)_{计} = \eta(EI)_0 \tag{6.3-19}$$

式中:η——弯曲刚度有效率,上述文献建议 $\eta = 0.8$;
$(EI)_0$——管片的原有刚度。

《盾构用标准管片》还规定,按$(EI)_{计}$求得衬砌中的内力$(M_{计}、N_{计}、Q_{计})$后,需按$(1+\zeta)M_{计}$与$N_{计}$进行管片设计;按$(1-\zeta)M_{计}$与$N_{计}$进行管片接头连接件的设计,其中的ζ(弯矩增大系数)取为0.3,其原因是接头不能传递全部弯矩,其一部分要通过错缝拼装的相邻管片传递。

3) 弹性地基梁法或弹性支承链杆法

本方法适用范围和上述的相同,本方法所采用假定与有关公式均和本章第3节所述的暗挖马蹄形衬砌的相同,其计算图示如图6.3-13所示,荷载图示如图6.3-14所示。

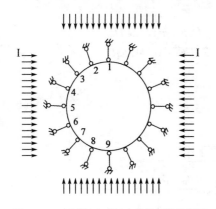

图6.3-13　圆形衬砌弹性支撑链杆计算简图

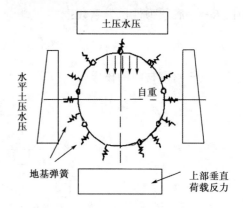

图6.3-14　圆形衬砌荷载计算图示

6.4　车站围护结构计算与设计

6.4.1　围护结构选型

1)基坑围护结构的类型

(1)土钉墙支护

土钉墙支护的特点及适应性:变形较大,适用于2、3级非软土地基,深度不大于12m,软土浅基坑(深度不超过5m);地下水高于基坑底,需降水或截水。如图6.4-1所示。

(2)深层水泥土搅拌桩

适用条件:2、3级基坑;施工范围内地基承载力不宜大于150kPa;基坑深度不大于6m。如图6.4-2所示。

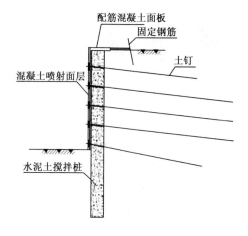

图6.4-1 复合土钉墙　　　　　　　图6.4-2 深层水泥土搅拌桩

(3)桩(墙)式围护体系

桩(墙)式围护体系由围护墙、支撑、防水帷幕组成,墙体厚度较小,通过墙体插入地下一定深度和在开挖面上设置支撑或锚杆系统平衡墙后的水土压力和维持边坡稳定。

挡土墙:

①钢筋混凝土地下连续墙。

②柱列式钻孔灌注桩。

③钢板桩。

④钢筋混凝土板桩。

支撑:内支撑、土层锚杆。

①槽钢钢板桩。

槽钢钢板桩由槽钢并排或正反扣搭接组成。槽钢长6~8m,多用于深度不超过4m的基坑。顶部宜设一道支撑或拉锚。如图6.4-3所示。

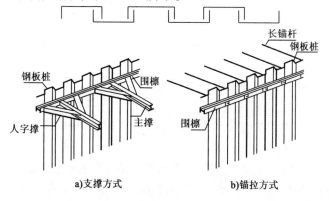

图6.4-3 钢板桩基坑支护形式

②钻孔灌注桩挡土墙。

钻孔灌注桩挡土墙常用 $\phi 600 \sim \phi 1\,000\mathrm{mm}$，是支护结构中应用最多的一种；宜形成排桩挡墙，顶部浇筑钢筋混凝土圈梁；但施工难以做到相切，挡水效果差。如图6.4-4所示。

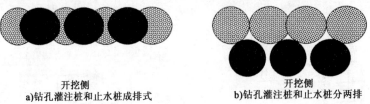

图 6.4-4　排桩式挡土墙支护形式

(4) 地下连续墙

地下连续墙，是在地面上用一种特殊的挖槽设备，沿着深开挖工程的周边（例如地下结构的边墙），依靠泥浆（又称稳定液）护壁的支撑，开挖一定槽段长度的沟槽；再将钢筋笼放入沟槽内，采用导管在充满稳定液的沟槽中进行混凝土浇筑，将稳定液置换出来；相互邻接的槽段，由特别接头（施工接头）进行连接后所形成的一种具有防渗水、承重以及挡土等功能的连续而封闭的地下墙体结构。如图6.4-5所示。

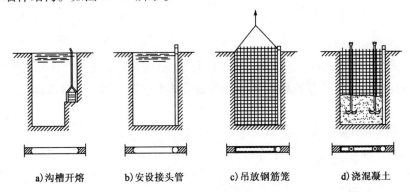

图 6.4-5　地下连续墙施工工序

地下连续墙是一种相比钻孔灌注桩和深层搅拌桩而言造价昂贵的结构形式，对它的选用，必须经过技术、经济等综合比较后，确实认为是经济合理、因地制宜时，才可采用。

地下连续墙适用条件：

①基坑深度大于10m。

②软土地基或砂土地基。

③在密集的建筑群中施工基坑，对周围地面沉降、建筑物的沉降要求需严格限制时，宜用地下连续墙。

④围护结构与主体结构相结合，用作主体结构的一部分，且对抗渗有较严格要求时，宜用地下连续墙。

⑤采用逆作法施工，内衬与护壁形成复合结构的工程。

(5) 支撑（拉锚）的选型

当基坑深度较大，悬臂挡土墙的强度和变形不能满足要求时，需增设支撑（拉锚）系统。

支撑系统主要有两大类：内支撑，外拉锚（顶部拉锚、土层锚杆等）。常用支撑系统见表6.4-1，基坑支撑工程实例如图6.4-6所示。

常用支撑系统 表6.4-1

支撑类型	特 点
钢筋混凝土支撑	系统布置形式多种多样,可用于平面形状较复杂的基坑。混凝土支撑刚度相对较大,对于减小周边土体变形有利。在混凝土支撑上架设施工栈桥也相对较简单。缺点是需要在强度达到一定值后方可形成支撑,工期长;爆破拆除对周边有一定影响
钢支撑	通常情况下采用相互正交、均匀布置的对撑或对撑桁架体系。钢支撑系统构件可以回收重复利用,减少资源浪费。施工架设速度快,拆撑方便。施加预应力可以在一定程度上根据监测情况调控基坑变形。基坑长度超过100m时施工难度大

a) 钢筋混凝土支撑　　　　b) 钢支撑

图6.4-6　基坑支撑工程实例照片

2）基坑围护结构的选型

围护墙体和支撑结构体系的材料形式和布置方式选择依据：

(1) 规范规程。

(2) 岩土工程勘察资料。

(3) 工程环境条件：临近建筑、道路、地下管线、障碍物。

(4) 主体工程设计资料：规模、特点、设计图纸。

(5) 场地施工条件。

(6) 地区工程经验等。

经综合比较,确保安全可靠前提下,选择切实可行、经济合理的方案。

遵循原则：

(1) 基坑围护结构构件不应超出用地范围。

(2) 基坑围护结构的构件不能影响主体工程结构构件的正常施工。

(3) 基坑平面形状尽可能采用受力性能好的圆形、正多边形和矩形。

常用基坑支护结构选型方案见表6.4-2。

常用基坑支护结构选型表　　表6.4-2

结构形式	支护方式或结构	支挡构件或护坡方式	适 用 条 件
放坡	自稳边坡	根据土质按一定坡度放坡(单一坡或分阶坡),土工膜覆盖坡面,抹水泥砂浆或喷混凝土(砂浆)保护坡面,袋装砂、土包反压坡脚、坡面。当土质较软,坡脚采用搅拌桩加固	1. 基坑侧壁安全等级宜为三级; 2. 基坑周边开阔,相邻建(构)筑物距离较远,无地下管线或地下管线不重要,可以迁移改道; 3. 坑底土质软弱时,为防止坑底隆起破坏可通过分阶放坡卸载; 4. 当地下水位高于坡脚时,应采取降水措施
	坡体加筋	当不能满足稳定性要求时,在坡体插筋,且视情况在坡脚加固	当坡体土质较软时,计算不能满足要求时,其他条件同上

续上表

结构形式	支护方式或结构	支挡构件或护坡方式	适 用 条 件
墙体加固	水泥土重力式挡墙	注浆、旋喷、深层搅拌水泥土挡墙(壁式、格栅式、拱式、扶壁式)；墙底有软土时坑底加暗墩，抗拉强度不够时，墙体插毛竹或钢管	1. 基坑侧壁安全等级宜为二、三级； 2. 水泥土桩施工范围内地基土承载力不宜大于150kPa，基坑深度不宜大于6m； 3. 适用于包括软土层在内的多种土质，可兼作防渗帷幕； 4. 墙底没有软土，基坑周边需有一定的施工场地
	土钉墙	钢筋网喷射混凝土面层，土钉	1. 基坑侧壁安全等级宜为二、三级的非软土场地； 2. 基坑深度不宜大于12m； 3. 当地下水位高于基坑地面时，应采取降水或截水措施； 4. 不适用于深厚淤泥、淤泥质土层、流塑状软黏土和地下水位以下土层
	复合土钉墙	钢筋网喷射混凝土面层，土钉，另加水泥土桩或其他支护桩，解决坑底抗隆起稳定问题和深部整体滑动稳定问题	坑底有一定厚度的软土层，单纯土钉不能满足要求时可考虑采用复合土钉墙，可兼作防渗帷幕；支护深度不宜超过12m
排桩	悬臂式	钻孔灌注桩、人工挖孔桩、预制桩板桩(钢板桩组合，异形钢组合，预制钢筋混凝土板组合)，冠梁	1. 悬臂式结构在软土场地中不宜超过6m，对深度大于6m的基坑可结合冠梁顶以上放坡卸载使用，坑底以下软土层厚度很大时不宜采用； 2. 嵌入岩层、密实卵砾石、碎石层中的刚度较大的悬臂桩的悬臂高度可以超过6m
	双排桩	两排钻孔灌注桩，顶部钢筋混凝土横梁连接，必要时对桩间土进行加固处理，前后排桩的最小间距为3.0~6.0m	1. 使用双排桩可在一定程度上弥补单排悬臂桩变形大、支护深度有限的缺点，适宜的开挖深度应视变形控制要求经计算确定； 2. 当设置锚杆和内支撑有困难时可考虑双排桩； 3. 坑底以下有厚层软土，不具备嵌固条件时不宜采用
	锚固式 (单层或多层)	上列桩型加预应力或非预应力灌浆锚杆、螺旋锚或灌浆螺旋锚、锚定板(或桩)、冠梁、围檩	1. 可用于不同深度的基坑，支护体系不占用基坑范围内空间，但锚杆需伸入邻地，有障碍时不能设置，也不宜锚入毗邻建筑物地基内； 2. 锚杆的锚固段不应设在灵敏度高的淤泥层内，在软土中也要慎用； 3. 在含承压水的粉土、粉细砂层中应采用跟管钻进施工锚杆或一次性锚杆
	内支撑式 (单层或多层)	上列桩型加型钢或钢筋混凝土支撑，包括各种水平撑(对顶撑、角撑、桁架式支撑)，竖向斜撑；能承受支撑点集中力的冠梁或围檩；能限制水平撑变位的立柱	1. 可用于不同深度的基坑和不同土质条件，变形控制要求严格时宜选用； 2. 支护体系需占用基坑范围内空间，其布置应考虑后续施工的方便

续上表

结构形式	支护方式或结构	支挡构件或护坡方式	适用条件
地下连续墙	悬臂式或撑锚式	钢筋混凝土地下连续墙、SMW工法、连锁灌注桩；需要时设内支撑或锚杆	可用于多层地下室的超深基坑，宜配合逆作法施工使用，利用地下室梁板柱作为内支撑
复合型	平面复合型	在实际工程中很少有单一形式的支护结构，在平面上往往为两种或以上形式的组合；搅拌桩+悬臂式钻孔桩、搅拌桩+放坡、搅拌桩+土钉墙、土钉墙+排桩支撑、搅拌桩墙插混凝土芯小方柱等	根据地质条件、周边环境和基坑开挖深度和基坑形状，在满足安全经济的前提下，采取满足条件的支护组合形式
	剖面复合型	在剖面上往往有放坡+搅拌桩、放坡+排桩、放坡+土钉墙、搅拌桩+排桩、土钉墙+排桩等各种形式	同"平面复合型"

6.4.2 围护结构的计算

1）荷载计算

（1）土压力与围护墙变位的关系

基坑开挖过程中，土压力与围护墙变位的变化如图6.4-7所示。

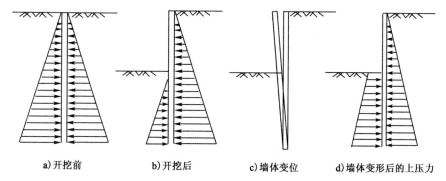

a) 开挖前　　b) 开挖后　　c) 墙体变位　　d) 墙体变形后的土压力

图6.4-7　土压力与围护墙变位随基坑开挖过程的变化

一般情况下，墙背侧土压力向主动土压力发展，基坑侧土压力向被动土压力发展。

（2）黏性土地层产生的侧压力

在围护计算时宜采取水、土压力合算，一般多用朗肯土压力公式。

主动土压力：

$$P_a = \sum \left[\gamma_i h_i \tan^2\left(45° - \frac{\varphi_i}{2}\right) - 2c_i \tan\left(45° - \frac{\varphi_i}{2}\right) \right] \tag{6.4-1}$$

被动土压力：

$$P_p = \sum \left[\gamma_i h_i \tan^2\left(45° + \frac{\varphi_i}{2}\right) + 2c_i \tan\left(45° + \frac{\varphi_i}{2}\right) \right] \tag{6.4-2}$$

式中：γ_i——各层土的天然重度；
　　　h_i——各层土的厚度；
　　　c_i、φ_i——各层土的黏聚力和内摩擦角。

（3）砂性土地层产生的侧压力

在围护计算时宜将水、土压力分开计算，土压力采用朗肯土压力，水压力则采用全水压力。

①土压力计算：

$$P_a = \sum \left[\gamma_i h_i \tan^2\left(45° - \frac{\varphi_i}{2}\right) - 2c_i \tan\left(45° - \frac{\varphi_i}{2}\right) \right] \quad (6.4\text{-}3)$$

式中：γ_i——地下水位以上的土层用天然重度，地下水位以下的土层用浮重度。

②水压力计算：

基坑施工时，基坑内降水形成围护结构内外水头差，地下水会从坑外流向坑内，若为稳态渗流，那么水压力的计算可近似采用直线比例法，即假定渗流中水头损失是沿围护结构渗流轮廓线均匀分配的，其计算公式为：

$$H_i = \frac{S_i}{L} h_0 \quad (6.4\text{-}4)$$

式中：H_i——围护结构流线上某点 i 的渗流总水头；
　　　L——经折算后的围护结构的渗流总长度；
　　　S_i——自 i 点沿围护结构轮廓线至下游端点的折算长度；
　　　h_0——上下游总水头差。

③渗透情况下的水压力计算（图6.4-8）：

$$L = H + d - j + d - i = H + 2d - i - j \quad (6.4\text{-}5)$$

$$S_i = 2(d - i) \quad (6.4\text{-}6)$$

$$h_0 = H + d - j \quad (6.4\text{-}7)$$

$$u_f = \frac{2(H + d - j)(d - i)}{2d + H - i - j} \gamma_w \quad (6.4\text{-}8)$$

式中：γ_w——水的重度。

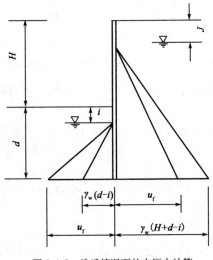

图 6.4-8　渗透情况下的水压力计算

(4)地面超载引起的侧压力(图 6.4-9)

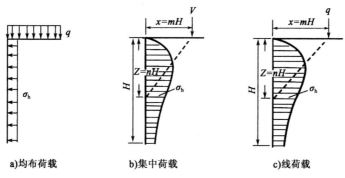

a)均布荷载　　　b)集中荷载　　　c)线荷载

图 6.4-9　地面超载引起的侧土压力计算

① 均布的地面超载产生的侧压力:

$$\sigma_\mathrm{h} = q\tan^2\left(45° - \frac{\varphi}{2}\right) \tag{6.4-9}$$

② 集中荷载产生的侧压力:

$m > 0.4$ 时

$$\sigma_\mathrm{h} = \frac{1.77V}{H^2} \cdot \frac{m^2 n^2}{(m^2 + n^2)^3} \tag{6.4-10}$$

$m \leqslant 0.4$ 时

$$\sigma_\mathrm{h} = \frac{0.28V}{H^2} \cdot \frac{n^2}{(0.16 + n^2)^3} \tag{6.4-11}$$

式中:V——地面集中荷载。

③ 线荷载作用下产生的侧压力:

$m > 0.4$ 时

$$\sigma_\mathrm{h} = \frac{4}{\pi} \cdot \frac{q}{H}\left[\frac{m^2 n}{(m^2 + n^2)^3}\right] \tag{6.4-12}$$

$m \leqslant 0.4$ 时

$$\sigma_\mathrm{h} = \frac{q}{H} \cdot \frac{0.203n}{(0.16 + n^2)^2} \tag{6.4-13}$$

式中:q——线荷载。

(5)地面不规则时的侧压力

围护墙上的主动土压力:

$$P_\mathrm{a} = \gamma z\cos\beta \frac{\cos\beta - \sqrt{\cos^2\beta - \cos^2\varphi}}{\cos\beta + \sqrt{\cos^2\beta - \cos^2\varphi}} \tag{6.4-14}$$

式中:β——地表斜坡面与水平面的夹角。

2)地层反力系数的确定

单道及多道支撑的围护结构,其内力计算一般采用竖向弹性地基梁方法。基坑开挖面以下土层的水平抗力(基坑侧)σ_x 等于该点的地层反力系数 K_x 与该点的水平位移 x 的乘积,即:

$$\sigma_x = K_x x \tag{6.4-15}$$

(1) 常数法:假定地层反力系数沿深度方向均匀分布。
(2) "m"法:假定土的地层反力随深度成正比的增加。
(3) "K"法:假定围护结构在土中弹性曲线的第一个横向位移零点以下的地层反力系数为一常数,而地面至第一横向位移零点之间的地层反力系数随深度按直线增大,如图6.4-10所示。

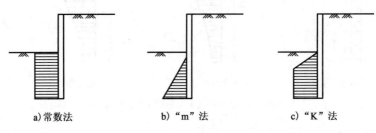

图 6.4-10　地层反力系数

3) 围护结构的计算

围护结构的计算方法归纳起来有以下四个大类:

①古典方法:如等值梁法,1/2分割法,太沙基法等;其特点是土压力已知,不考虑墙体变位和支撑变形。

②支撑轴力、墙体弯矩、变位不随开挖过程而变化的方法:如山肩邦男法等;其特点是土压力已知,考虑墙体变位,不考虑支撑变形。

③支撑轴力、墙体弯矩、变位随开挖过程而变化的方法:如弹性法、弹塑性法、塑性法、叠加法等;其特点是土压力已知,考虑墙体变位,考虑支撑变形。

④共同变形理论:如森重龙马法等;其特点是土压力随墙体变位而变化,考虑墙体变位,考虑支撑变形。

⑤有限单元法。有限单元法是目前最常用的数值分析法,已成为研究土与结构相互共同作用问题的一个强大分析工具,并已在国内外被多次成功地用于分析地下连续墙结构。其突出的特点是:可以反映地下连续墙在各种边界条件、初始状态、结构变形以及不同施工阶段、不同的介质条件下的墙体内力与变形;有的有限单元法还可考虑结构的空间作用、土层介质的各向异性与非线性等比较复杂的情况。按结构和单元形状、划分不同,目前应用得较普遍的有限单元法主要有弹性地基杆系有限单元法、弹性地基薄板有限单元法、弹性地基薄壳有限单元法、二维有限单元法等。

(1) 等值梁法(又称假想梁法)

计算假定:挡土墙在基底以下有一假想铰,假想铰把挡土墙划分为两段假想梁,上部为简支梁(例如单支撑结构),下部为一次超静定结构,而后就可以求得挡土墙的内力。如图6.4-11所示。

(2) 1/2分割法

计算假定:每道支撑承受跨中那部分的水、土压力。则每道支撑的轴力就等于所分担的水、土压力图面积。支撑轴力已知后,不难求得墙体的弯矩。

其简化计算如图6.4-12所示。

(3) 太沙基法

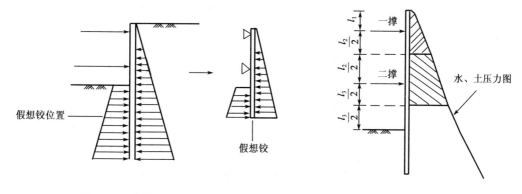

图 6.4-11 等值梁法计算简图　　　　图 6.4-12 1/2 分割法计算简图

太沙基假定:挡土墙受力后,在每道横撑(第一道横撑除外)支点以及基底处形成塑性铰。由此,挡土墙被认为是静定的连续梁。太沙基法的简化计算如图 6.4-13 所示。

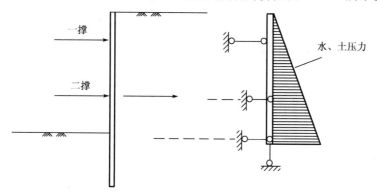

图 6.4-13 太沙基法计算简图

(4) 山肩邦男法

地下连续墙用于深基坑开挖的挡土结构,基坑内土体的开挖和支撑的设置是分层进行的,作用于连续墙上的水、土压力也是逐步增加的。实际上各工况的受力简图是不一样的。荷载结构法的各种计算方法是采用取定一种支承情况,荷载一次作用的计算图式,不能反映施工过程中挡土结构受力的变化情况。山肩邦男等提出的修正荷载结构法考虑了逐层开挖和逐层设置支撑的施工过程。

山肩邦男等提出的修正荷载结构法假定土压力是已知的,另外根据实测资料,又引入了一些简化计算的假定:

①在黏土地层中,挡土结构为无限长弹性体。

②挡土结构背侧土压力在开挖面以上取为三角形,在开挖面以下取为矩形(已抵消开挖面一侧的三角形土压力)。

③开挖面以下土的横向抵抗反力可分为两个区域:即高度为 l、达到被动土压力的塑性区和反力与挡土结构变形形成直线关系的弹性区。

④横撑设置后即作为不动支点。

⑤下道支撑设置后,认为上道支撑的轴力保持不变且下道横撑点以上的挡土结构仍保持原来的位置。

为了简化计算,山肩邦男后来又提出了如下的近似解法(图 6.4-14)。

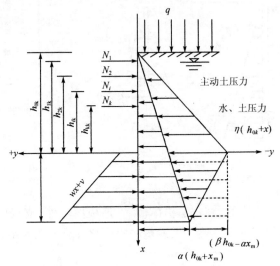

图 6.4-14 山肩邦男法近似解法计算简图

①在黏土地层中,挡土结构作为底端自由的有限长弹性体。

②同精确解。

③开挖面以下土的横向抵抗反力取为被动土压力,其中 $\xi x + \zeta$ 为被动土压力减去静止土压力 ηx 后的数值。

④同精确解。

⑤同精确解。

⑥开挖面以下挡土结构 $M=0$ 的那点假想为一个铰,而且忽略此铰以下的挡土结构对此铰以上挡土结构的剪力传递。

近似解法只需应用两个静力平衡方程式:

由 $\sum Y = 0$,得

$$N_k = \frac{1}{2}\eta h_{0k}^2 + \eta h_{0k} x_m - \sum_{i=1}^{k-1} N_i - \zeta x_m - \frac{1}{2}\xi x_m^2 \tag{6.4-16}$$

由 $\sum M_A = 0$,得

$$\frac{1}{3}\xi x_m^3 - \frac{1}{2}(\eta h_{0k} - \zeta - \xi h_{kk}) x_m^2 - (\eta h_{0k} - \zeta) h_{kk} x_m - \left[\sum_{i=1}^{k-1} N_i h_{ik} - h_{kk}\sum_{i=1}^{k-1} N_i + \frac{1}{2}\eta h_{0k}^2 \left(h_{kk} - \frac{1}{3}h_{0k}\right)\right] = 0 \tag{6.4-17}$$

(5)弹性法

①弹性法的基本假定:

a. 考虑支撑的弹性变形。

b. 主动侧土压力已知(开挖面以上为三角形分布,开挖面以下为矩形分布)。

c. 基底下被动土抗力,符合 $\sigma = ky$(扣除主动侧三角形土压力后)。

d. 挡土结构作为有限长弹性体,墙底可以是自由、铰接、固定。

②弹性地基梁法:

将围护结构简化为一单位宽度的竖放的弹性地基梁,梁受墙后土压力的作用,土的作用则用一系列的土弹簧来代替,计算土弹簧刚度方法则可有"e"法、"m"法、"c"法等,支撑或锚杆也可用一系列的弹簧来代替。该方法考虑了土、结构和支撑或锚杆的共同作用,结合增量法可以考虑复杂的施工过程,关键是土体弹簧刚度的确定。

特点:方法简便,是目前工程应用的主流方法,可以满足工程设计的需要。

(6)弹塑性法

弹塑性法的基本假定:

①同弹性法。

②主动侧土压力有两种图式。

③基底以下为两个区:塑性区(达到被动土压力);弹性区(符合文克尔假定)。

④同弹性法。

(7)塑性法

塑性法的基本假定:

①同弹性法。

②同弹性法。

③主动侧土压力在基坑开挖面以下为矩形。

④基底下仅考虑塑性区,假定塑性区最深点为铰接点,弯矩为零,弃去以下的墙体。

(8)叠加法

叠加法的特点是:随着开挖面的进程,不断施加释放应力,墙体的总应力、总变位为各阶段值之和。

(9)有限单元法

①计算方法。

a. 弹性杆系有限元法。

a)计算要点:

· 将围护结构作为一空间二维结构体来计算。

· 土的作用则像弹性地基梁法一样,用土压力和土弹簧来代替。

· 支撑或锚杆也用弹簧来代替。

b)特点:可以考虑空间结构的作用。

b. 连续介质有限元法。

a)计算要点:把土体和围护结构作为连续、统一的整体考虑,一起划分单元来计算。

b)特点:考虑土体复杂的本构关系、时空效应等,较复杂。

②弹性杆系有限单元法。

a. 竖向剖面分析:

a)计算原理:矩阵位移法与弹性地基梁法的组合。

b)计算假定:取纵向单位宽度,将其视为竖放的弹性地基梁,将结构剖分为梁单元,支撑为二力杆桁架单元。开挖面下墙前地层对结构约束作用视为一系列弹簧单元。竖向剖面分析的弹性杆系有限单元法计算简图 6.4-15 所示。

c)计算方法及过程:

· 结构划分:挡土结构沿竖向每隔 1~2m 划分一个单元,单元节点尽可能设置在结构的截面、荷载突变处、地基基床系数变化段、支撑或锚杆的作用点处。

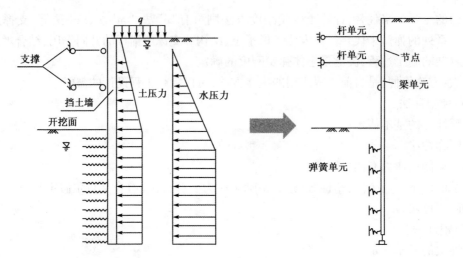

图 6.4-15　竖向剖面分析的弹性杆系有限单元法计算简图

・外荷载计算：墙背侧土压力为主动土压力，采用朗肯理论计算。被动侧由墙体位移产生的抗力，由弹簧地基提供。

・静力平衡条件：结构节点的外荷载与单元内荷载相平衡。

・变形协调条件：单元节点位移为基本变量，单元与相连接的节点位移相协调。

・物理方程：

$$\{F\}^e = [K]^e \{\delta\}^e \qquad (6.4\text{-}18)$$

式中：$\{F\}^e$——单元节点力；

$[K]^e$——单元刚度矩阵；

$\{\delta\}^e$——单元节点位移。

・计算方法：全量法、增量法。弹性杆系有限单元法主要计算过程如图 6.4-16 所示。

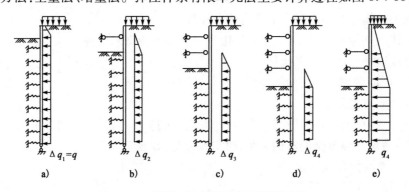

图 6.4-16　弹性杆系有限单元法主要计算过程

b. 水平支撑体系计算：

a) 支撑体系的水平位移影响因素：支撑体系变形、框架刚体的平移和转动。

b) 计算模型：简化为平面框架。某工程围护结构水平支撑体系的简化计算见图 6.4-17。

c) 分析方法：利用结构有限元计算软件。

d) 主要计算步骤：

・输入支撑体系结构几何参数，计算支撑水平变形刚度。

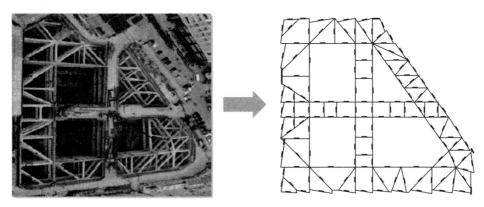

图 6.4-17　某工程围护结构水平支撑体系的简化计算

$$K_c = \frac{1}{\delta}$$

·输入地层参数,计算挡土墙水土压力。
·输入挡土墙结构几何参数,计算挡土墙内力、最大水平位移。
·判断最大水平位移是否小于允许值,如满足要求,计算出支撑的内力,进行配筋计算或钢支撑强度和稳定性验算。

如不满足要求,重新调整支撑的几何参数,以提高其水平刚度,重新计算。调整几何参数的方法主要有:改变支撑体系高程,增大支撑杆件截面尺寸,加大挡土墙厚度或嵌固深度等。

4)围护结构的稳定性分析

地铁车站基坑围护结构的稳定性计算内容主要有:基坑抗隆起验算、基坑整体稳定性验算、坑底抗渗流稳定验算、承压水稳定验算等。

(1)基坑抗隆起验算

①圆弧滑动抗隆起验算。

对于悬壁支护结构,计算时假定土体沿墙体底面滑动,认为墙体底面以下为一圆弧,如图 6.4-18 所示。产生滑动力的是 γH 和 q,抵抗滑动的则为土体抗剪强度。滑动力与抗滑力对 O 点力矩平衡;对于多道支撑结构,取最下道支撑与围护墙的交点为 O 点。

对于非理想黏性土,土的抗剪强度为:

$$\tau_Z = \sigma' \tan\varphi + c \tag{6.4-19}$$

计算水平侧压力 $\sigma' = \gamma Z \tan^2\left(45° - \dfrac{\varphi}{2}\right)$。

AB 面上 σ' 应为水平侧压力,取:

$$\tau_Z' = \sigma' \tan\varphi + c = (\gamma Z + q) K_a \tan\varphi + c \tag{6.4-20}$$

BC 面上:

$$\tau_Z'' = \sigma'' \tan\varphi + c \tag{6.4-21}$$
$$= (q_f + \gamma D \sin\alpha) \sin^2\alpha \tan\varphi + (q_f + \gamma D \sin\alpha) \sin\alpha \cos\alpha K_a \tan\varphi + c$$

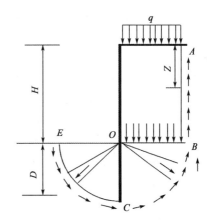

图 6.4-18　圆弧滑动抗隆起验算简图

CE 面上:

$$\tau'''_z = \sigma''' \tan\varphi + c \qquad (6.4\text{-}22)$$
$$= \gamma D\sin^3\alpha\tan\varphi + \gamma D\sin^2\alpha\cos\alpha K_a\tan\varphi + c$$

将滑动力矩与抗滑力矩分别对圆心 O 取矩,得

滑动力矩:

$$M_S = \frac{1}{2}(\gamma H + q)D^2 \qquad (6.4\text{-}23)$$

抗滑动力矩:

$$M_r = \int_0^H \tau'_z dZ \cdot D + \int_0^{\frac{\pi}{4}} \tau''_z d\alpha \cdot D + \int_0^{\frac{\pi}{4}} \tau'''_z d\alpha \cdot D + M_h \qquad (6.4\text{-}24)$$

将上式积分并整理后得

$$M_r = K_a \cdot \tan\varphi \left[\left(\frac{\gamma H^2}{2} + qH \right) D + \frac{1}{2} q_f D^2 + \frac{2}{3} \gamma D^3 \right] + \tan\varphi \left(\frac{\pi}{4} q_f D^2 + \frac{4}{3} \gamma D^3 \right) + c(HD + \pi D^2) + M_h$$

$$(6.4\text{-}25)$$

抗隆起安全系数:

$$K_S = \frac{M_r}{M_S} \qquad (6.4\text{-}26)$$

为达稳定,避免基坑隆起,必须满足 $K_S \geq 1.2 \sim 1.3$。

如果严格控制地面沉降,则需增加挡墙入土深度,或进行坑底土体加固,提高土体抗剪强度,使该系数达到 $1.5 \sim 2.0$。

②地基承载力假定法验算(图 6.4-19)。

$$\frac{N_c c + \gamma_b D N_d}{\gamma_a (H + D) + q} \geq 1.15 \sim 1.25 \qquad (6.4\text{-}27)$$

式中: N_c、N_d ——承载力系数,参见相关地基规范;

c ——土的不排水抗剪强度(kPa);

γ_a、γ_b ——土的重度(kPa);

D ——支护结构入土深度(m);

H ——基坑开挖深度(m);

q ——地面荷载(kPa)。

(2) 整体稳定性验算

验算方法:瑞典圆弧滑动面条分法、毕肖普法。基坑整体稳定性验算简图见图 6.4-20。

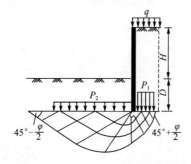

图 6.4-19 地基承载力假定法验算简图

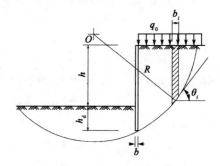

图 6.4-20 基坑整体稳定性验算简图

$$K_{SF} = \frac{\sum c_i b_i + \sum (q_0 b_i + W_i)\cos\theta_i \tan\varphi_i}{\sum (q_0 b_i + W_i)\sin\theta_i} \tag{6.4-28}$$

$[\min(K_{1SF}, K_{2SF}, \cdots), (K_{SF})_{\min}] \geq 1.3$

(3)坑底抗渗流稳定验算

①Terzaghi-Peck 法。

坑底抗渗流稳定验算简图见图 6.4-21。

$$K \geq \frac{P}{U} = \frac{\gamma' D}{\gamma_w h_a} \tag{6.4-29}$$

略算法

$$h_a = h - i(h_1 + D) \tag{6.4-30}$$

$$i = \frac{h}{h_1 + 2D} \tag{6.4-31}$$

式中：γ'——土的浮重度；

K——系数，大于 1.2。

②规程规定法。

规程规定法验算简图见图 6.4-22。

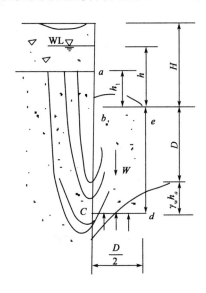

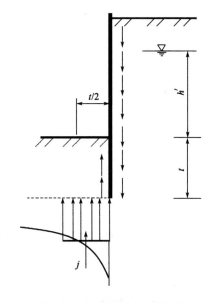

图 6.4-21　坑底抗渗流稳定验算简图　　　　图 6.4-22　规程规定法验算简图

当基坑地下水的向上渗流力 $j(G_D) \geq \gamma'$ 时土颗粒处于悬浮状态，于是坑底产生管涌现象。不发生管涌的条件应为：

$$\gamma' \geq K \frac{h'}{h' + 2t} \gamma_w \tag{6.4-32}$$

式中：γ'——土的浮重度；

K——系数，取 1.2~1.5。

(4)承压水影响验算

承压水影响验算简图见图 6.4-23。

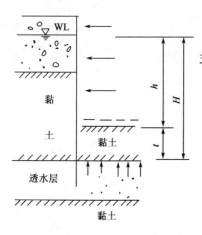

图 6.4-23 承压水影响验算简图

$$t \geqslant \frac{h\gamma_w}{\gamma_{sat}-\gamma_w} \quad (6.4\text{-}33)$$

式中：t——坑底黏土层厚度。

考虑安全度

$$t\gamma \geqslant 0.7(h+t)\gamma_w \quad (6.4\text{-}34)$$

$$t \geqslant \frac{h\gamma_w}{\gamma_{sat}/K-\gamma_w} \quad (K=1.43) \quad (6.4\text{-}35)$$

6.4.3 围护结构构造设计

1）桩（墙）围护结构

（1）验算内容

①围护结构和地基的整体抗滑稳定。

②抗隆起稳定性验算。

③抗渗流管涌稳定性。

④围护结构内力和变形计算。

（2）构造要求

①挡土结构。

悬臂式排桩结构桩径不宜小于600mm，桩间距应根据排桩受力及桩间土稳定条件确定。

排桩顶部应设钢筋混凝土冠梁连接，冠梁宽度（水平方向）不宜小于桩径，冠梁高度（竖直方向）不宜小于400mm。排桩与桩顶冠梁的混凝土强度等级宜大于C20；当冠梁作为连系梁时可按构造配筋。

基坑开挖后，排桩的桩间土防护可采用钢丝网混凝土护面、砖砌等处理方法，当桩间渗水时，应在护面设泄水孔。当基坑面在实际地下水位以上且土质较好、暴露时间较短时，可不对桩间土进行防护处理。

②钢筋混凝土支撑。

a. 钢筋混凝土支撑构件的混凝土强度等级不应低于C20。

b. 钢筋混凝土支撑体系在同一平面内应整体浇筑，基坑平面转角处的腰梁连接点应按刚节点设计。

③钢结构支撑。

a. 钢结构支撑构件的连接可采用焊接或高强螺栓连接。

b. 腰梁连接节点宜设置在支撑点的附近，且不应超过支撑间距的1/3。

c. 钢腰梁与排桩、地下连续墙之间宜采用不低于C20细石混凝土填充；钢腰梁与钢支撑的连接节点应设加劲板。

2）重力式水泥土围护墙

（1）验算内容

①滑动稳定性验算。

②倾覆稳定性验算。

③土体整体滑动验算。

④底隆起验算。

⑤管涌验算。

(2)构造要求

①水泥土墙采用格栅布置时,水泥土的置换率对于淤泥不宜小于0.8,淤泥质土不宜小于0.7,一般黏性土及砂土不宜小于0.6;格栅长宽比不宜大于2。

②水泥土桩与桩之间的搭接宽度应根据挡土及截水要求确定,考虑截水作用时,桩的有效搭接宽度不宜小于150mm;当不考虑截水作用时,搭接宽度不宜小于100mm。

③变形不能满足要求时,应采取提高支护能力的措施。

例如,提高水泥土桩挡土墙支护能力的措施有:

①卸载:挖去顶部一部分土以减少主动土压力。

②加筋:可在墙中压入钢管或钢筋等,有助于提高墙体稳定性。

③起拱:将水泥土挡墙作成拱形,在拱脚处设钻孔灌注桩,可提高其支护能力。

④加大挡土墙嵌固深度。

6.5 车站结构静力计算

地铁车站结构分拱形和矩形两种,拱形车站结构多采用暗挖法施工,而矩形框架车站结构则采用明挖法施工。由于这两种结构的施工方法和受力特点不同,其结构计算方法也存在明显差异。此外,车站结构体系庞大,往往要分层分跨进行施工,不同的施工顺序将给结构的力学状态带来重大的影响。因此,车站的结构计算要比区间隧道的结构计算复杂得多,而且目前还没有一个一成不变的固定方法。下述主要为一些需要考虑的原则和可能采用的对策。

6.5.1 多跨多层矩形框架结构整体计算方法

采用明挖顺作法修建的多跨多层矩形框架结构要用两种方法进行验算。一是按车站的结构形式、刚度、支承条件、荷载情况和施工方法,模拟分步开挖、回筑和使用阶段不同的受力状况,考虑结构体系受力的连续性,用叠加法或总和法计算。二是将其视为一次整体受力的弹性地基上的框架进行内力分析。本节以盖挖逆作(地下铁道盖挖法施工技术详见第7章第2节)地铁车站为例,来介绍多跨矩形框架结构考虑施工步骤计算方法。

(1)盖挖逆作地铁车站结构的受力特点。

盖挖逆作地铁车站的修建是一个分步施工的过程。结构的主要受力构件,常常兼有临时结构和永久结构的双重功能。其结构形式、刚度、支承条件和荷载情况会随着开挖过程的推进而不断发生变化。结构受力特征不仅与施工方法、开挖步骤和施工措施密切相关,而且荷载效应也具有继承性,即后一施工过程在结构中产生的内力和变形,是前面各施工过程受力的继续,使用阶段的受力是施工阶段受力的继续。

(2)盖挖逆作地铁车站通常埋置较浅,地面车辆荷载对结构受力有较大影响,隧道结构的受力不仅具有一般公路桥梁的特点,而且车辆荷载在任何一个施工阶段都可能存在,也可能消失。车辆荷载作用的结构在不断变化。

(3)盖挖逆作法多以钻孔灌注桩或地下连续墙作为基坑的支护,成桩(墙)过程中对地层极少扰动,又以顶、楼板代替横撑,基坑开挖引起的墙体变形较小,与一般放坡开挖或用顺作法施工的地下结构相比,当地层较稳定时,施工期间作用在坑底以上场面的土压力更接近于静止土压力。

(4)边墙作为挡土结构主要承受横向荷载,同时也承受水平构件传递的竖向荷载,中柱主要承受竖向荷载。施工阶段竖向荷载在中柱和边墙之间分配;结构封底后,竖向荷载在中柱、边墙和底板间分配。

(5)在基坑开挖和形成结构过程中,由于垂直荷载的增加和土体卸载的影响,将会引起边墙和中柱的沉降,由此而产生的对结构体系的影响比顺作法严重得多。后者边墙和中柱承受最大竖向荷载时,底板已完成,整个结构的沉降可通过底板调整地较小和较为均匀。前者最大竖向荷载先全由边墙和中柱下的地基承受。竖向支撑系统过大的沉降,不仅会在顶、楼板等水平构件中产生较大的附加应力,而且会给节点连接带来困难。

上述特点表明,适用于放坡开挖顺作的整体结构分析方法,即不考虑施工过程、结构完成后一次加载的计算模式,或虽然考虑施工阶段和荷载变化的影响,却忽略了结构受力继承性的分析方法都与结构实际的受力状态相距甚远。必须根据盖挖逆作法的施工工艺及结构受力特点,建立新的能够反映结构实际受力状态的分析方法。

6.5.2 结构分析考虑的主要问题及计算方法的确定

(1)采用工程上通常用的平面杆系矩阵位移法。

(2)应能反映地层与结构的相互作用及土体的非线性特性。采用弹性支承链杆模型,用竖向弹性支承链杆模拟地层对底板、侧墙底部及中间桩底部垂直位移的约束作用;用水平弹性支承链杆模拟地层对侧墙及中间桩水平位移的约束作用;用切向弹性支承链杆模拟地层摩阻力对侧墙及中间桩垂直位移的约束作用。为了反映土体的非线性特性,支承链杆的等效刚度可采用最简单的理想弹塑性模式,如图 6.5-1 所示。

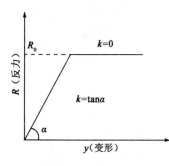

图 6.5-1 支承链杆的弹性模量

① 当反力 $R \leqslant R_0$ 时,支承链杆刚度为常数 K;当 $R > R_0$ 时,$K = 0$。其中 R_0 为地基的极限承载力。

② 为了能确切模拟分步开挖过程及使用阶段不同的受力状况,将结构受力的变化过程划分为若干个相对独立的阶段进行计算。分段原则是:机构组成、支承情况有较大变化或结构受力情况有很大变化。

(3)应能反映结构受力的继承性对于形式、刚度、支承条件和荷载不断变化的盖挖逆作机构体系,应采用叠加法进行受力分析,即对每一个施工步骤或受力阶段,都按结构的实际支承条件及构件组成建立计算简图,只计算由于荷载增量(或荷载变化)引起的内力增量,这一施工步骤完成后,结构的实际内力应是前面各步荷载增量引起的内力的总和。这里的关键问题是,如何根据盖挖逆作的施工工艺确定引起体系内力改变的每一个荷载增量。一般可归纳为以下两种情况。

①支撑的拆除。相当于在原体系的拆除支撑处反向施加这一支撑力。

②坑底土体的拆除,如图 6.5-2 所示。当在边墙全高范围内作用着不平衡的侧向土压力,

并分别用水平支承链杆和切向支撑链杆模拟坑底以下土体对墙体变形的约束作用时,假定作用在边墙迎土面一侧的土压力为定值(主动土压力或静止土压力),则基坑从 h_1 开挖至 h_2 深度引起的荷载增量由两部分组成:第一部分为基坑侧面开挖引起的静止土压力的减少,相当于在挖除土体的部位对体系反向施加这一压力的减少值;第二部分为被挖除的土体中弹性抗力的释放(包括水平向弹性抗力和切向弹性抗力),相当于在开挖部位对体系方向施加这些弹性抗力。

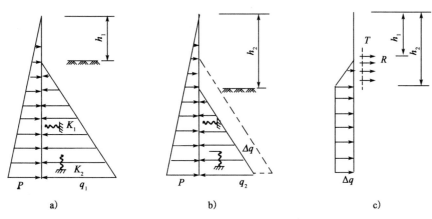

图 6.5-2 坑底土开挖中所受荷载

图 6.5-2 中各参数意义如下:

图 a):基坑开挖到 h_1 深度时作用在侧墙上的荷载及侧墙的支承条件。
图 b):基坑开挖到 h_2 深度时作用在侧墙上的荷载及侧墙的支承条件。
图 c)基坑从 h_1 挖到 h_2 深度时作用在侧墙上的荷载增量 Δq、R、T。
P:作用在迎土面上的主动土压力或静止土压力。
q_1:作用在开挖面上的静止土压力(基坑深 h_1)。
q_2:作用在开挖面上的静止土压力(基坑深 h_2)。
Δq:开挖面静止土压力增量,$\Delta q = q_2 - q_1$。
K_1:土体等效水平弹簧刚度。
K_2:土体等效剪切弹簧刚度。
R:水平弹簧的卸载。
T:剪切弹簧的卸载。

③活载效应:活载是一种可变荷载,它们只有在当前的计算阶段起作用。所以对每一个计算阶段,都必须计算无可变荷载和只有可变荷载作用时的两种荷载工况,将它们与前面各步中无可变荷载的计算结果叠加,即可求得当前阶段包括活载影响在内的体系的实际受力状态。在计算活载效应时,应按使结构构件可能出现的最不利内力进行加载,因此,对每个计算阶段中的可变荷载工况,都可能有若干种的活载加载模式。此外,当结构顶板以上覆土厚度小于 1m 时,应利用影响线原理,找出地面车辆活载横向的最不利加载位置。

④结构自重:仅当构件在计算简图中第 1 次出现时才考虑。

在施工过程中,架设支撑、构件刚度的增加和结构构件的施作等,假定都是在各受力阶段结构变形已趋于稳定的情况下进行的,如果忽略混凝土在硬化过程中的收缩对体系的影响,则可认为这些作业都不改变原体系的受力状态。

6.5.3 计算参数的确定

在地下结构计算中，侧向土压力及地基弹性抗力系数是两个重要参数，可参考已有的研究成果并结合工程设计经验合理选用。

1）侧向土压力

侧向土压力的大小与墙体的变形情况有关，在主动土压力和被动土压力之间变化，可按以下两种方式之一处理。

(1) 边墙全高范围作用不平衡侧向土压力，开挖面以上视为无约束的构件，开挖面以下视为弹性地基梁。迎土侧的已知外荷载视墙体变形大小可考虑为主动土压力或静止土压力。通常，在饱和软土地层中，施工阶段取主动土压力，使用阶段取静止土压力；当地层较稳定时，施工阶段亦可取静止土压力。当基坑侧开挖面以下取静止土压力时，它与墙体水平弹性抗力叠加以后不应大于其被动土压力。

(2) 边墙全高范围按弹性地基梁计算，并作用不平衡土压力，以静止土压力为初始计算荷载，墙体的有效土压力为计算荷载与土体水平弹性抗力的代数和，且墙体的有效土压力应处于主动土压力与被动土压力之间。

2）地基弹性抗力系数

抗力系数是地层反力和位移之间的一种概念性关系，它不仅与地层的条件有关，而且与构件的受荷面积、形状和变形方向等因素有关。现有的一些有关弹性抗力系数的经验公式，大多与土壤的变形模量有关。因此，可根据试验、经验公式或查表选用。

6.5.4 计算简图

地铁车站一般为长通道结构，其横向尺寸远小于纵向尺寸，故可简化为平面应变问题求解。以三跨双层地铁车站框架结构为例，当边墙顶位于顶板附近时，结构计算一般可分为三个主要的施工过程和一个使用阶段，相应的计算简图及有关说明，见图 6.5-3 和表 6.5-1。

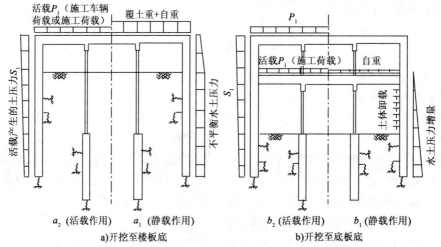

图 6.5-3

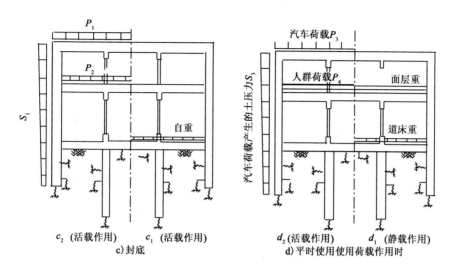

c) 封底   d) 平时使用使用荷载作用时

图 6.5-3 盖挖逆作车站考虑施工步骤的内力分析图

当开挖过程中需要在层间设置临时支撑时,施工阶段的受力状态也相应增加,荷载则需按最不利位置施加。

地铁车站计算简图的说明   表 6.5-1

受力阶段		支承条件	荷载增量		内力变形增量		体系实际内力及变形
			工况一(静载)	工况二(活载)	工况一	工况二	
施工阶段	施工过程一	1. 坑底以下土体对墙和中间桩的等效水平弹簧及切向弹簧; 2. 土体对墙底和桩底的等效竖向弹簧	1. 结构自重,覆土重; 2. 不平衡侧土压力	地面施工荷载或施工车辆荷载 P_1 及其引起的侧土压力 s_1	a_1	a_2	$A_1 = a_1$ $A_2 = a_1 + a_2$
	施工过程二	1. 坑底以下土体对墙和中间桩的等效水平弹簧及切向弹簧; 2. 土体对墙底和桩底的等效竖向弹簧	1. 楼板自重; 2. 开挖引起的不平衡侧土压力增量及弹性抗力的卸载	P_1、s_1 及楼板施工荷载 P_2	b_1	b_2	$B_1 = A_1 + b_1$ $B_2 = A_1 + b_1 + b_2$
	施工过程三	1. 坑底以下土体对墙和中间桩的等效水平弹簧及切向弹簧; 2. 土体对墙底和桩底的等效竖向弹簧、底板土体等效竖向弹簧及切向弹簧	底板自重	P_1、s_1 及 P_2	c_1	c_2	$C_1 = B_1 + c_1$ $C_1 = B_1 + c_2$

续上表

受力阶段	支承条件	荷载增量		内力变形增量		体系实际内力及变形
		工况一（静载）	工况二（活载）	工况一	工况二	
使用阶段	1. 坑底以下土体对墙和中间桩的等效水平弹簧及切向弹簧； 2. 土体对墙底和桩底的等效竖向弹簧，但底板竖向弹簧反力小于水浮力的部分应取消竖向弹簧及切向弹簧	1. 侧墙：使用阶段侧土压力与施工完成时侧土压力的差值； 2. 楼板：重量； 3. 底板：倒床重；取消弹簧的部分以水浮力作为外荷载	1. 地面车辆荷载 P_3 及其引起的侧土压力 s_3； 2. 楼板：人群荷载 P_4	d_1	d_2	$D_1 = C_1 + d_1$ $D_2 = C_1 + d_1 + d_2$

6.5.5 暗挖车站结构计算

暗挖车站结构受力状态与结构的形式和施工步骤关系十分密切，目前，只能根据施工过程中结构受力和位移的特点，提出一些计算原则，因此，读者可根据具体情况灵活运用。

1）暗挖车站复合式结构的受力特点

(1) 暗挖车站结构的修建是一个分步实施的过程，在每一个施工步骤中所施作的初期支护都和上一步骤中施作的初期支护以及围岩形成一个完整的结构体系，承受着这一开挖过程中所引起的围岩松动压力或形变压力。初期支护的荷载效应具有继承性。

(2) 一般情况下，二次衬砌是在全断面开挖和初期支护全部做好后再施作，但是，也可能在部分断面开挖和初期支护做好后就施作。若施作二次衬砌时，破除了部分初期支护，使其不能成为完整的结构体系，则初期支护中的内力将会释放，并与随后施作的二次衬砌一起形成一个新的叠合式结构，共同承受被释放的荷载。如果施作二次衬砌时不破坏初期支护的结构体系，则二次衬砌仅承受静水压力，以及水位恢复后围岩性质恶化所引起的后续荷载和偶然荷载。

(3) 如果车站结构是在全断面开挖后一次施作，则车站结构将和围岩组成一个结构体系，共同承受围岩的形变压力（连续介质模型）或围岩的松动压力（荷载—结构模型）。

2）暗挖车站复合式结构的计算原则

(1) 车站结构计算一般可视为平面应变问题，采用连续介质模型或荷载—结构模型，运用有限元方法求解，必要时亦可按空间问题考虑。按连续介质模型分析，围岩、初期支护、二次衬砌都可采用连续体单元模拟。如初期支护厚度较小，亦可用轴力杆单元。二次衬砌也可用梁单元，厚度较大时，可用 Timoshenko 梁单元。防水隔离层用轴力杆或夹层单元模拟。按荷载—结构模拟分析的方法同前。

(2) 围岩的形变压力可用围岩中的已存应力（若为第一次开挖时，围岩的已存应力即为围岩的原始地应力）释放而形成的释放荷载模拟。

(3) 采用连续介质模型时，围岩可视为弹塑性体，为了简化亦可视为等效的弹性体。

(4) 若初期支护中设有锚杆，一般用轴力杆单元来模拟，也可将锚杆的效应视为提高围岩力学特性的手段。

6.6 地下铁道的抗震设计

20世纪70年代以来,人们把结构的抗震设计分为两大部分:抗震计算设计与抗震概念设计。抗震计算设计是对地震作用效应进行定量的设计;抗震概念设计则包括正确的场地选择,合理的结构造型和布置,正确的构造措施等。这种思想方法同样适合于地下结构设计。

《地铁设计规范》(GB 50157—2013)指出,设计地震区的隧道结构时,应根据设防要求、场地条件、结构类型和埋深等因素选用能较好反映其地震工作性状的计算分析方法,并采取必要的构造措施,提高结构和接头处的整体抗震能力(地铁抗震设计方法、原则、要求、构造措施等详见第9章第5节)。

在地下铁道结构抗震分析中,目前多采用地震系数法(惯性力法)和地层位移法(反应位移法),在求出地震荷载和地层位移后,即可用静力计算模型进行结构的抗震分析。研究表明:当结构物的相对质量密度大于围岩的质量密度时,地震引起的结构惯性力对隧道结构的影响起主要作用,此时,隧道抗震分析宜采用地震系数法。反之,当隧道的相对质量密度小于或基本等于围岩的质量密度时,地震引起的围岩变形对隧道结构的影响是主要的,宜采用地层位移法,并结合地震系数法分析隧道整体结构的稳定性。在隧道洞口附近和浅埋地铁结构中,既要考虑地层变形的作用,又要考虑自重惯性力的影响。

6.6.1 结构横向抗震分析——地震系数法

1) 浅埋框架结构

由前面章节可知,浅埋框架结构的静力计算模型为一弹性地基上的框架,当其单侧受到水平地震荷载作用后,结构另一侧的地层必将对其产生水平抵抗力,其数值分布状况可分为两种情况加以考虑。

(1) 需要地层提供的水平抵抗力大于地层能提供的被动土压力,则还应考虑结构底板与地基之间的摩擦力,如图6.6-1所示,此时可以认为墙顶和墙底处底层水平抗力的值即为底层的被动土压力:

$$p_1 = \gamma H_1 \tan^2\left(45° + \frac{\varphi - \beta}{2}\right) \quad (6.6\text{-}1)$$

$$p_2 = \gamma (H_1 + h) \tan^2\left(45° + \frac{\varphi - \beta}{2}\right) \quad (6.6\text{-}2)$$

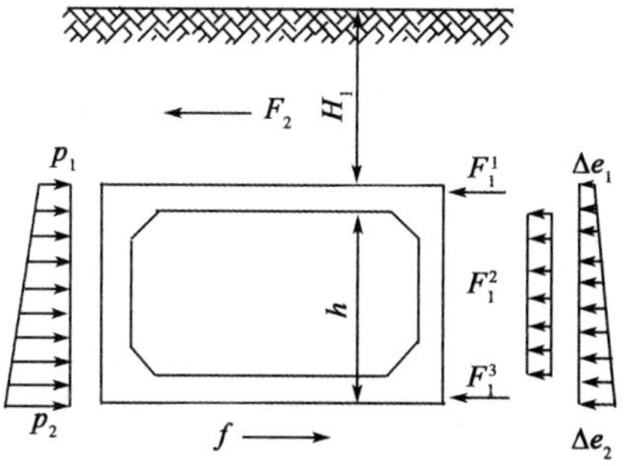

地板与地基间应提供的摩擦力为:

$$f = F - \frac{1}{2} h(p_1 + p_2) \quad (6.6\text{-}3)$$

图6.6-1 框架结构抗震计算图

式中:F——水平地震荷载的合力(kN),包括结构本身的水平惯性力(kN)、主动侧向土压力增量和结构上方土柱的水平惯性力(kN),后者一般可迁移至顶板中心,但需附加一个力矩。

显然,上述的 f 值必须小于底板与地基之间的极限摩擦力值 $Q\tan\varphi'$(此处,Q 为结构重量,φ' 为底板与地基之间的摩擦角),否则结构将失去横向抗滑稳定性。

(2)需要地层提供的水平抵抗力小于地层能提供的被动土压力,此时,墙顶和墙底地层的水平抵抗力可按静力平衡条件并假定其呈梯形分布来决定,即

$$p_1 = \frac{2H_1}{(2H_1+h)h}F \quad (6.6\text{-}4)$$

$$p_2 = \frac{2(h+H_1)}{(2H_1+h)h}F \quad (6.6\text{-}5)$$

$$f = 0 \quad (6.6\text{-}6)$$

当地层的水平抵抗力求出后,即可按静力计算模型求解。

2)浅埋暗挖隧道衬砌结构

浅埋暗挖隧道衬砌结构横向抗震分析的原则与上述浅埋框架结构的相同,只是在暗挖隧道衬砌结构的静力计算模型中已经考虑了地层的侧向弹性抗力,可用弹性支承链杆表示,或视为弹性地基上的构件,因此,在求出水平地震荷载后,即可直接用静力计算模型求解。

3)结构抗浮验算

地震时,垂直向上的惯性力将降低结构的抗浮能力,此时,结构所受浮力增加为:

$$G = (P+Q)\eta_c K_v + \gamma_w V \quad (6.6\text{-}7)$$

式中:Q、V——结构的重力(kN)、体积(m^3);

P——结构上方土体所受重力(kN);

η_c——综合影响系数;

K_v——垂直地震系数,且 $K_v = (1/2 \sim 1/3)K_h$,K_h 为水平地震系数。

若要验算地基承载力,则需考虑垂直向下的惯性力。

6.6.2 结构纵向抗震分析——地层位移法

根据研究发现,刚度较大而密度小于地层的地下结构,其纵向变形取决于隧道周围地层的位移,包括沿隧道纵轴水平面和垂直面的位移,而隧道衬砌结构则通过弹性支承链杆与地层相连或将其视为弹性地基梁,并随地层位移产生沿其纵轴水平和垂直面呈正弦波的横向变形(即横波传递方向与隧道纵轴平行时,见图6.6-2)以及沿隧道纵轴的拉压变形(即横波传递方向与隧道纵轴垂直时),而任一方向传递的横波都可分解为这两个方向的波。此外还可发现,对于浅埋隧道,沿隧道横截面高度各点的地层位移是不同的,见图6.6-3,隧道结构横截面也将产生剪切变形(例如,可使一个矩形横截面变为菱形等)。因此,采用地层位移法进行隧道衬砌结构抗震分析时,既可进行纵向分析又可进行横向分析,但横截面内的抗震分析仍需用惯性力法予以校核。

1)隧道衬砌结构产生纵向挠曲变形时的受力分析

此时,可将隧道衬砌结构视为四周均受地层约束的空心截面长梁,其长度可取为两变形缝之间的距离,并沿隧道纵轴静态地施加包括水平的或垂直的呈正弦波形的强迫位移(包括水平的或竖直的),然后用静力弹性地基梁理论确定衬砌结构纵向的弯曲变形。水平方向强迫

位移的振幅,可按《日本沉管隧道抗震设计规范》(JSCE—1975)中的建议公式计算,即:

$$u_c = u_h \cos\left(\frac{\pi x}{2H}\right) \quad (6.6\text{-}8)$$

式中:u_c——隧道纵向轴线处的地层位移;

u_h——地表面的地层水平位移幅度,可利用基岩或地面反应谱速度和地层自振周期求得,具体做法参考上述抗震设计规范;

x——隧道轴线至地表的距离;

H——基岩的埋深。

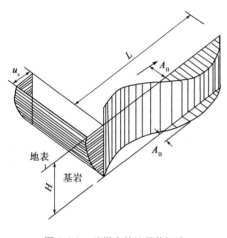

图 6.6-2　地层中的地震剪切波

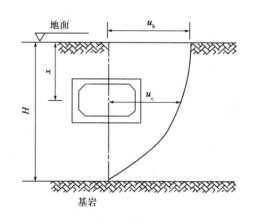

图 6.6-3　设计地层位移

强迫位移的波长可按两种方法确定:①波长是地表层厚度的 4 倍,即 $L = 4H$;②波长是地震运动传播速度 c 与其周期 T 的乘积,即 $L = cT$;垂直面的位移幅值为水平方向的 $1/2 \sim 2/3$。

2) 隧道衬砌结构产生沿纵轴方向拉压变形时的受力分析

同样可用弹性地基梁理论,求出以波长为 L 的正弦波沿隧道纵轴传播时,隧道轴向的相应变形为:

$$Y_i = \alpha_1 u_c \quad (6.6\text{-}9)$$

$$\alpha_1 = \frac{1}{1 + [2\pi/(\lambda_1 L')]^2}, \lambda_1 = \sqrt{\frac{K_1}{EA}} \quad (6.6\text{-}10)$$

式中:α_1——地层轴(纵)向变形传递系数;

L'——波长,且 $L' = \sqrt{2} L$;

K_1——地层的轴向弹性抗力系数;

EA——隧道衬砌的轴向刚度。

如果将上述隧道纵向弯曲变形和轴(纵)向拉压变形转换为呈隧道衬砌的纵向弯曲应力 σ_B 和轴(纵)向拉应力 σ_L,则可表示为:

$$\sigma_B = \alpha_2 \frac{2\pi D u_c}{L^2} E \quad (6.6\text{-}11)$$

$$\sigma_L = \alpha_1 \frac{u_c}{L^2} E \tag{6.6-12}$$

其合成应力为：

$$\sigma_x = \sqrt{\gamma \sigma_L^2 + \sigma_B^2} \tag{6.6-13}$$

式中：D——隧道横向平均宽度或直径（m）；

α_2——地层弯曲变形传递系数，可按下式求得：

$$\alpha_2 = \frac{1}{1 + [2\pi/(\lambda_2 L')]^4}, \quad \lambda_2 = \sqrt[4]{\frac{K_2}{4EI_2}} \tag{6.6-14}$$

式中：K_2——地层的横向弹性抗力系数；

EI_2——尾随到衬砌的纵向弯曲刚度；

γ——考虑不同波动成分的组合系数，在 1.00~3.12 之间取值。

上述计算都是针对地层水平位移而言的，按同样办法也可得到地层竖向位移时隧道衬砌应力有关公式。能使隧道衬砌结构产生最大纵向挠曲应变的横波，应与隧道轴线成 32°的入射角，它既产生横向挠曲变形，又产生纵向拉压变形。

如隧道位于较硬地层中，则隧道衬砌结构可考虑为自由变形结构（隧道衬砌结构对围岩变形的约束作用可以忽略），其合成后的最大应变为：

$$\varepsilon = 5.2 \frac{A}{L} \tag{6.6-15}$$

式中：A——振幅，可根据波长 L 计算，即 $L = 6B$ 时或 $L = 6h$ 时，A 按下式计算：

$$A = CL^n \tag{6.6-16}$$

对于软土，$n = 1.86$，$C = 2.7 \times 10^{-7}$；对于硬土，$n = 1.95$，$C = 3.66 \times 10^{-7}$。

当 $\varepsilon > 1.0 \times 10^{-5}$ 时，就需要有特殊抗震措施，如采用柔性接缝，它应能吸收掉数值上等于 ε 乘以接缝间距的变形量。

3）隧道衬砌结构沿横截面高度产生相对水平位移时的受力分析

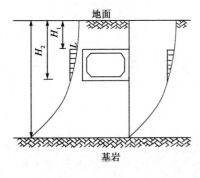

图 6.6-4 地震位移法横截面抗震计算图示

地震时，浅埋隧道横截面沿高度各点处的地层位移是不同的，若以结构底板的位移为零，则各点处所受的强迫位移可假定呈余弦曲线变化，见图 6.6-4。

而墙（拱）顶处的最大相对水平强迫位移为：

$$\Delta u = u_h \left[\cos\left(\frac{\pi H_1}{2H}\right) - \cos\left(\frac{\pi H_2}{2H}\right) \right] \tag{6.6-17}$$

将上述的水平强迫位移静态地作用于隧道衬砌结构上，可以考虑周围地基的弹性约束，即可用静力法确定结构横截面中由地震所产生的内力。

框架结构出现塑性变形时，结构顶板、楼板、底板与边墙、端墙间的连接必须能适应预计的结构横向振动变形，拐角处的变形缝最好设置在边墙内。在所有预计会出现塑性变形和发生特殊变形的接缝处，应采取特殊的防水措施，如设置一个局部的膨润土存储器等。

【思考题】

1. 地下铁道的设计流程有哪些？
2. 地铁结构荷载种类有哪些？分别如何计算？
3. 矿山法隧道衬砌结构计算步骤有哪些？
4. 盾构法隧道衬砌结构计算步骤有哪些？
5. 车站结构结构抗震设计内容有哪些？

第7章
地下铁道施工技术

【本章重难点】
1. 了解地下铁道工程特点。
2. 掌握地下车站施工方法及其适用范围。
3. 掌握浅埋暗挖的十八字方针。
4. 掌握盾构类型及盾构选型的依据。
5. 掌握冻结法、沉管法和顶推法的特点。

地下铁道埋深浅、地质条件和周边环境复杂的特点，相比山岭隧道而言，施工难度大，为了确保地铁施工安全，并减少对周边环境的干扰，必须采用合理的施工技术。

7.1 明(盖)挖法施工

7.1.1 概述

明挖法是地下铁道施工的常用方法，是一种地面开挖的施工方法。它具有施工简单、快捷、安全的特点，在地铁施工中占据着不可替代的重要地位。但是明挖法是沿着线路进行开挖，对交通和地面环境影响较大，只有在各方面条件都许可的情况下方可采用。按照它的结构,施作顺序可分为:明挖顺作法、盖挖顺作法、盖挖逆作法、盖挖半逆作法等。

1)明挖顺作法

明挖顺作法基本施工步骤是从地面向下开挖至基坑设计高程,然后再从下往上施作地铁结构,结构施作完毕后回填土并恢复路面,见图 7.1-1。明挖顺作法的基坑可分为敞口放坡基坑和具有围护结构基坑两种。

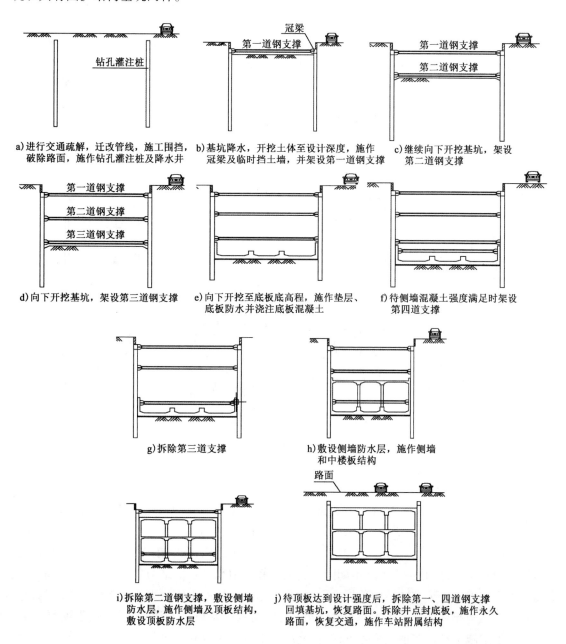

图 7.1-1 明挖顺作法施工步骤示意图

基坑类型在选择时,要根据隧道所处位置、埋深、地质条件和地下水文条件,因地制宜地确定。当地面空旷、周围无建筑物或者建筑物间距较远,不影响周围环境时,可以选择敞口放坡基坑施工。当基坑很深,地质和水文条件差,特别是在周边建筑物很多、交通繁忙、没有足够空地满足施工需要时,则采用具有围护结构的基坑。

2) 盖挖顺作法

盖挖顺作法施工适用于路面交通不能长期中断的道路下修建地下车站或区间隧道。其施工顺序是在现有场地上,按所需宽度由地表完成围护结构后,以定型的预制标准构件覆盖于围护结构上,形成"盖",以维持路面的正常使用;然后往下逐层进行土方开挖及架设横撑,直至开挖到设计的底高程,即所谓的"挖"。再依序自下而上施作建筑结构主体及防水措施,即主体结构的"顺作"。待主体结构完成后,拆除临时路面系统的"盖"后回填土并恢复路面交通的使用。盖挖顺作法主要依赖坚固的挡土结构,根据现场条件、地下水位高低、开挖深度以及周围建筑物的临近程度,可以选择钢筋混凝土桩(墙)或地下连续墙。如开挖宽度很大,为缩短横撑长度,防止横撑失稳以及车辆荷载和覆盖结构下管线重量,经常在修建挡土墙结构的同时建造中间桩柱以支撑横撑。中间桩一般为临时性结构,在主体结构完成时将其拆除,主要施工步骤如图7.1-2所示。

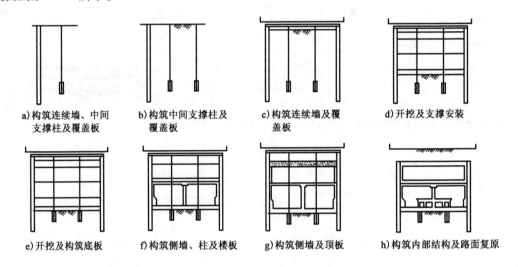

a) 构筑连续墙、中间支撑柱及覆盖板　　b) 构筑中间支撑柱及覆盖板　　c) 构筑连续墙及覆盖板　　d) 开挖及支撑安装

e) 开挖及构筑底板　　f) 构筑侧墙、柱及楼板　　g) 构筑侧墙及顶板　　h) 构筑内部结构及路面复原

图 7.1-2　盖挖顺作法施工步骤示意图

3) 盖挖逆作法

当开挖面大、覆土浅、基坑距周围建筑物很近,为尽量防止因开挖基坑而引起邻近建筑物沉陷,或需及早恢复路面交通,可采用盖挖逆作法施工。

盖挖逆作法施工工艺,是指先沿基坑周围施作围护结构,同时在基坑内部的有关位置浇筑或打下中间支承桩和柱,作为施工期间于底板封底之前承受上部结构自重和施工荷载的支撑。随后可开挖表层土至主体结构顶板底面高程,利用未开挖的土体作为土模浇注顶板结构,它可以对围护结构起到强有力的支撑作用,防止围护结构向基坑内变形,然后回填土恢复地面交通。接下来施工都是在顶板覆盖下进行,逐层向下开挖土方和浇筑各层地下结构,直至底板封底,主体结构的现浇梁板也是以土模浇注的。

在特别软弱的地层中,且地面周围有建筑物时,除顶板作为围护结构的横撑外,另需设置一定数量的临时横撑,并且施加不小于横撑设计轴力70%～80%的预应力(图7.1-3)。

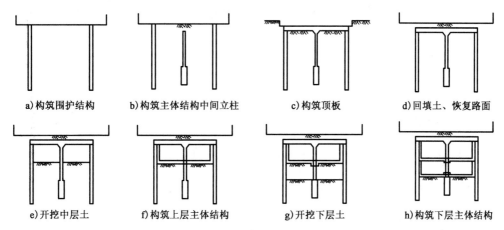

图 7.1-3 盖挖逆作法施工步骤示意图

在工程地质条件允许暗挖施工时,为了减少围护结构及中间桩柱的入土深度,可以在做围护结构和中间桩柱之前,用暗挖法预先做好它们下面的底纵梁,用来扩大承载面积。在开挖最下一层土和浇注底板前,由于围护结构和中间桩柱都无入土深度,必须要采取措施,如设置横撑来增加它们的稳定性。

盖挖逆作法施工时,应采用双层墙,即围护结构与主体结构墙体完全分离,无任何连接钢筋,在两结构之间敷设完整的防水层。如果采用单层墙和复合墙,结构的防水层较难做好。需要特别注意,中层楼板在施工过程中因悬空而引起的稳定和强度的问题,一般可在顶板和楼板之间设置吊杆解决。在施工过程中,顶板一般搭接在围护结构上,可以增加顶板与围护结构的抗剪能力,而且便于防水层的铺设。

4) 盖挖半逆作法

类似逆作法,其区别仅在于顶板完成及恢复路面后向下挖土至设计高程后,先建筑底板再依次序向上逐层建筑侧墙、楼板,施工步骤见图 7.1-4。在半逆作法施工中一般都必须设置横撑施加预应力。盖挖半逆作法吸收了盖挖顺作法和盖挖逆作法两者的优点,可以避免地面进行二次开挖,减少了对交通的影响。除地下一层边墙和顶板为逆向施工外,其余各层均为顺向施工,减少了结构的应力转换,对结构的整体性和使用寿命有利,结构的防水施工也变得简单可靠。盖挖半逆作法用于结构宽度较大,并有中间桩、柱存在的结构时,应注意多道横撑和各层楼板的相互位置关系、施工交错处理、横撑的稳定性保证等问题。此外在施工阶段中桩和顶板中部已有力学连接。顶板边缘与围护结构连为一体,但各层却是自下而上依次建成,各层结构重量的一部分将通过楼板传递到中柱上。中柱的受力变化比较复杂,结构的总体沉降也比较复杂。设计阶段全面考虑、施工阶段现场观测,防止结构在中柱周围出现受力裂缝是十分必要的。

盖挖逆作法和半逆作法与明挖顺作法相比,除施工顺序不同外,还具有以下特点:

(1) 对围护结构和中间桩柱的沉降量控制严格,以免对上部结构受力造成不良影响。

(2) 中间柱如果作为永久结构,则安装就位困难,施工精度要求高。

(3) 为了保证不同时期的构件相互间的连接能达到预期设计状态,必须将各种施工误差控制在较小的范围内,并有可靠的连接构造措施。

(4) 除在非常软弱的地层中,一般不需再设置临时横撑,不仅可节省大量钢材,也为施工提供了方便。

(5)由于是自上而下分层建筑主体结构,故可利用土模技术,可以节省大量模板和支架。

(6)和盖挖顺作法一样,其挖土和出土往往成为工程进度的关键工序。但同时又因为施工是在顶板和边墙保护下进行的,安全可靠,并不受外界条件的影响。

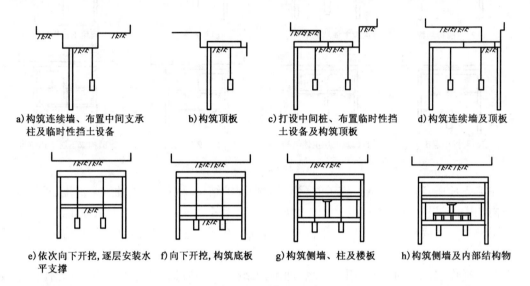

a)构筑连续墙、布置中间支承柱及临时性挡土设备　　b)构筑顶板　　c)打设中间桩、布置临时性挡土设备及构筑顶板　　d)构筑连续墙及顶板

e)依次向下开挖,逐层安装水平支撑　　f)向下开挖,构筑底板　　g)构筑侧墙、柱及楼板　　h)构筑侧墙及内部结构物

图 7.1-4　盖挖半逆作法施工步骤示意图

7.1.2　敞口放坡基坑开挖

敞口放坡基坑开挖的总体原则:掌握好"分层、分步、对称、平衡、限时"五个要求,遵循"竖向分层、纵向分段、快速封底"的原则并做好基坑排水。即"沿纵向按限定长度的开挖段逐段开挖,在每个开挖段中分层分小段开挖,做好基坑排水,减少基坑暴露时间"。

基坑边坡稳定是整个施工过程的关键,通过选择并确定安全合理的基坑边坡坡度,使基坑开挖后的土体依靠自身的强度在新的平衡状态下取得稳定的边坡并维护整个基坑的稳定状况,同时还可以不使用横向支撑以减少工程造价。基坑开挖的坡度可以通过计算、图解、查表等方法确定,在地下铁道的建设中,一般当地质条件良好、土质均匀、地下水位低或通过降水将地下水位维持在基底面以下时,常采用查表法确定基坑边坡的坡度。根据《地基基础设计规范》(DGJ 08-11—2010)并结合北京地铁一、二期工程的施工经验,给出表 7.1-1、表 7.1-2 作为参考。

石质基坑边坡坡度　　表 7.1-1

岩石类别	风化程度	坡度(高宽比)	
		8m 以内	8～15m
硬质岩石	微风化	1:(0.1～0.2)	1:(0.2～0.35)
	中等风化	1:(0.2～0.35)	1:(0.35～0.5)
	强风化	1:(0.35～0.5)	1:(0.5～0.75)
软质岩石	微风化	1:(0.35～0.5)	1:(0.5～0.75)
	中等风化	1:(0.5～0.75)	1:(0.75～1.00)
	强风化	1:(0.75～1.00)	1:(1.00～1.25)

土质基坑边坡坡度　　　　　　　　表 7.1-2

土的类别	密实度或状态	坡度(高宽比)		
		5m 以内	5~10m	10~15m
碎石土	密实	1:(0.35~0.5)	1:(0.5~0.75)	1:(0.75~1.00)
	中密	1:(0.5~0.75)	1:(0.75~1.00)	1:(1.00~1.25)
	稍密	1:(0.75~1.00)	1:(1.00~1.25)	1:(1.25~1.50)
粉土	$S_r \leq 0.5$	1:(1.00~1.25)	1:(1.25~1.50)	1:(1.5~1.75)
黏性土	坚硬	1:(0.75~1.00)	1:(1.00~1.25)	1:(1.25~1.50)
	硬塑	1:(1.00~1.25)	1:(1.25~1.50)	1:(1.50~1.75)

除了要选择合适的坡度,为保持基坑边坡的稳定,还需要采取以下措施:

(1)根据土层的物理力学性质确定基坑边坡坡度后,在不同土层处做成折线形或留置台阶。

(2)必须做好基坑降排水和防洪工作,保持基底和边坡的干燥。

(3)基坑放坡坡度受到一定限制而采用围护结构又不太经济时,可采用坡面土钉、挂金属网喷射混凝土或抹水泥砂浆护面。

(4)严格控制基坑边坡坡顶 1~2m 范围堆放材料、土方和其他重物,以及较大的机械等荷载。

(5)基坑开挖过程中,随挖随刷边坡,不得挖反坡。

(6)暴露时间在 1 年以上的基坑,一般可采用护坡措施。

如果边坡出现裂缝、变形以致滑动的失稳险情,它的本质都是土体潜在破坏面上的抗剪强度未能适应剪应力造成的。因此抢险应急的防护措施也基本上从这两方面考虑。一是设法降低边坡土体中的剪应力;二是提高土体或边坡抗剪强度。常用的应急防护方法有削坡、坡顶减载、坡脚压载、增设防滑桩体及降低地下水位或加强表面排水等。

在基坑开挖过程中需要对基坑进行施工监测,主要包括变形、地下水和应力应变监测。变形监测的对象主要为地面、坡面、坑底土体、建筑物和地下管线;监测项目为裂缝、水平位移、沉降和倾斜;通常采用目测巡视和仪器观测。地下水监测的对象主要为有深层降水和浸润线的边坡工程;监测项目为地下水位变化情况、孔隙水压力、排水量和含砂量;通常通过地下水位观测孔和埋设孔隙水压力计进行观测。应力应变监测需根据具体工程确定。以上监测要求详见第 10 章。

7.1.3　具有围护结构的基坑

地下铁道明挖基坑所采用的围护结构种类很多,其施工方法、工艺和作用的施工机械也各异,因此应根据基坑深度、工程地质和水文地质条件、地面环境条件,特别要考虑到城市施工特点,综合考虑后确定。由于工字钢桩和钢板桩需要地面用冲击式打桩机打入,因此噪声和振动很大,影响环境,故城市施工中已逐渐不采用。由于在具有围护结构基坑施工中不少工序都需要进行安装钢筋笼和灌注混凝土,所以对制作安装钢筋笼和灌注混凝土进行专门的论述。

1)人工挖孔灌注桩围护结构

(1)人工挖孔灌注桩的特点

人工挖孔灌注桩具有如下特点：

①人工挖孔灌注桩成孔可靠性高,在人工挖孔灌注桩施工过程中可以利用肉眼对基础的地质和土质情况进行时刻掌握。对于地质和土质复杂的区域,这一优势是其他桩基所不具备的,特别是人工挖孔灌注桩可以实现底部扩装,这有利于桩身的改造和加强,适于对桩体支撑强度的提高。

②人工挖孔灌注桩的施工简便,没有复杂的工序,无须大型的装备,也没有过高的成本,是一种简便且低廉的桩基施工方法。

③人工挖孔灌注桩适用范围广,无论在我国南北和东西,人工挖孔灌注桩都可以广泛采用,尤其对粉质黏土、含水率不高、地下水位不高、含沙量的土质有着良好的适应能力。

④人工挖孔灌注桩的单桩负荷承受能力高于其他桩体类型,特别是灌注混凝土时,人工挖孔灌注桩具有分层推进的工艺性优势,这有利于调整人工挖孔灌注桩的受力大小和面积,提高人工挖孔灌注桩的可靠性和抗震能力,达到稳定基础、提高地基强度的作用,特别是在地形条件受限的山区,有些高墩桥梁钻孔设备无法运进现场,人工挖孔灌注桩成为首选工艺。

(2)人工挖孔灌注桩施工

挖孔前要做好如下准备工作：

①人工挖孔灌注桩施工场地的准备。要对人工挖孔灌注桩施工场地进行清理,做到地表平实,杂物清除,对于影响挖空的软土要做到及时清理。

②人工挖孔灌注桩施工的机械和备品准备。人工挖孔灌注桩需要的铁锹、吊车、发电机、通风管、安全帽、钢丝绳、吊桶等备品和设备要做到数量上的保障,并应该根据具体的要求对设备和机械进行安全和性能的检验。

③人工挖孔灌注桩的技术准备,要对人工挖孔灌注桩施工人员进行技术培训、安全知识讲座、防护技能教育和技术交底,并制定出人工挖孔灌注桩安全和施工的管理规范,避免问题的出现。

④对人工挖孔灌注桩施工主要环节展开检查,以技术、组织的手段提升人工挖孔灌注桩施工的可靠性和安全性。

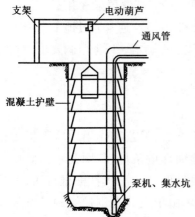

图7.1-5 挖孔桩施工图

人工挖孔灌注桩施工流程为:工程测量→确定桩位→桩开孔→桩孔护壁→土方挖掘→桩身护壁→支护→扩底→吊装钢筋笼→混凝土灌注→桩头处理。为了防止挖孔坍塌,保证施工安全,每节桩身开挖长度控制在0.9~1.0m,在地质条件不好时,每一节的开挖长度还应减少。混凝土护臂厚度在10~15cm,必要时可配置一定数量的$\phi6~\phi10$的钢筋,混凝土的强度等级为C20,对特大直径的挖孔桩,混凝土护壁尺寸和构造应专门设计。混凝土护壁均应留在挖孔内成为转身的一部分,见图7.1-5。

人工挖孔灌注桩施工时应采取相应的安全措施。

①防止塌孔。塌孔对于人工挖孔灌注桩施工影响较大,

是人身事故产生的主要原因,在施工中要准确地判断人工挖孔灌注桩是否能发生塌孔,并根据塌孔的趋势和地质情况展开防护。应该对人工挖孔灌筑桩施工人员进行安全上的专门培训,对于当天开挖完的该段扩圈必须将混凝土浇筑完,不应放在第二天;对于极差的土层来不及支模浇注护圈混凝土时,可采用钢制护圈代替混凝土护圈以达到及时支护。

②防止淹孔。对于地表水,特别是暴雨季节,孔周无挡水措施且排水不及时的情况,应在孔周用砖砌成临时的挡水结构或采用堆土的方式将孔口高程抬高;对于渗流水,首先应掌握地质资料,是否与江河贯通,必要时应配置足够的排水设备。如果渗水量大,可采用打设隔水钢板桩或进行注浆处理。

③防止坠落。施工人员必须佩戴安全帽,进行垂直运输时应有孔内外人员相互呼应地面的操作人员,应为孔内的人员考虑,尽可能地创造安全的施工条件。作业临时停止时,在孔口处必须有盖子以防止人员掉入孔底。

④防止窒息。当人工挖孔灌注桩工作人员作业时,要有足够的清新空气送入,必要时可以用电动鼓风机进行空气的输送。为防止万一,在孔内应设急救软梯,配备简单的、有效的吸氧设备。

⑤防止触电。应经常检查孔内的电器、电缆,防止老化或断裂。操作人员在孔内作业时应穿橡胶靴,杜绝一切触电事故。

2)钻孔灌注桩围护结构

钻孔灌注桩一般采用机械成孔,地下铁道明挖基坑中所用的成孔机械,多为螺旋钻机(无循环)、冲击式钻机和正反循环回转钻机。其中正反循环钻机由于采用泥浆护壁成孔,因此成孔时噪声低,适于城区施工,但注意泥浆污染问题。不同钻机成孔工艺适用范围见表7.1-3。

成孔工艺适用范围　　　　表7.1-3

成孔工艺类型	适 用 地 层	成孔直径(mm)
螺旋钻孔(无循环)	地下水位以上的填土、黏性土、粉土,中等密度以上的砂土	300~2 000
冲击成孔	各类土层及风化岩、软质岩	500~2 000
正反循环回转钻孔	黏性土、粉土、砂土、碎石类土、强风化岩、软岩	500~2 200

(1)无循环螺旋钻机成孔

在螺旋钻机成孔时,螺旋钻头根据翼片数量可分为双翼、三翼或四翼钻头,以双翼片居多。钻杆分为螺旋钻杆和圆钻杆,其中螺旋钻杆用于长螺旋钻进,而圆钻杆用于短螺旋钻进。在进行钻孔时,应根据地层情况,选择合理的转数和钻压,按电流表控制进尺速度,电流值增大说明回转阻力加大,则应降低钻进速度。在钻进或穿过软硬土层交界时,应缓慢进尺,保证钻具垂直,在钻进含水量不大的软塑黏土层时,应尽量控制钻杆晃动,防止扩径。采用长螺旋钻杆时,钻杆与出土装置、导向滑轮的间隙不得大于钻杆外径的4%,出土装置的出土口离地面高度应大于1.2m。采用短螺旋钻孔时,每次钻进深度应视地层情况合理掌握,一般应控制在钻头长度的2/3左右,砂层、粉土层可控制在0.8~1.2m;黏土、粉质黏土一般在0.6m以下,甚至在0.35~0.40m。当钻至设计深度时,使钻具空转几圈清除虚土,提钻后盖好孔口盖,防止掉进异物。

(2)冲击钻机成孔

冲击成孔设备及机械有 YKC 型冲击钻机及 CZ 型冲击钻机两大系列。它利用悬吊着的钻头的冲击力,将钻孔内的土或岩层冲碎,并采用泥浆护壁,通过捞渣将孔内大部分泥土清出孔外。操作要点是:钻孔前,先在孔口处理埋设护筒,然后使钻机就位,并使钻头中心对准护筒中心,钻进过程中当深度在护筒底以下 3~4m 时,应低锤冲击,锤高控制在 0.4~0.6m,并及时加泥浆护壁,保持孔壁稳定。钻进中,每冲击 3~4m 掏一次渣,并及时加水保持孔内水位高度,防止坍孔。掏完渣后向孔内加护壁泥浆并保持正常浓度,这样反复冲孔、掏渣、注浆,直至设计高度。

(3) 正循环回转钻机成孔

正循环回转钻孔是用高压泥浆通过钻机的空心钻杆,从钻头底部射出,同时钻头钻进,将土层搅松成为钻渣,被泥浆包裹浮悬,随着泥浆上升而溢出流到井外的泥浆溜槽,经过沉淀池净化,泥浆再循环使用。泥浆不仅有固壁和润滑作用,还可携带钻渣上升外排,故对泥浆的质量要求较高。循环钻孔采用减压钻进,即钻机的主吊钩始终承受部分钻具的重力。孔底承受的钻压不超过钻杆、钻锥、压块重力之和(扣除浮力)的 80%,以避免和减少斜孔、弯孔、扩缩现象。当钻孔达到设计终孔高程后,对孔深、孔径、孔位和孔形进行检查,然后填写终孔检查证。清孔要求:桩径 1.5m 以内的摩擦桩沉渣厚度不大于 10cm;桩径大于 1.5m 的沉渣厚度不大于 15cm,端承桩无沉渣。清孔采用换浆法,即钻孔完成后,提起钻头至距孔底约 20cm,继续旋转,逐步把孔内浮悬的钻渣换出,在清孔排渣时,保持孔内水头,防止坍孔。清孔后调整泥浆,使其相对密度为 1.03~1.10;黏度为 17~20Pa·s;含砂率为 2%;胶体率为 98%。

(4) 反循环回转钻机成孔

泥浆由泥浆池用专门的管线以及双壁钻杆的外环间隙流入孔底,同钻渣混合。在真空泵抽吸力作用下,混合物进入钻头的进渣口,经过钻杆内腔,泥石泵和出浆控制阀排泄到沉淀池中净化,再供使用。其主要设备与正循环钻进成孔的设备基本相同,但需配置吸泥泵与真空泵或空气吸泥机和水力吸泥机。

3) 钢筋笼制作及吊装

(1) 钢筋笼制作

钢筋笼制作应满足以下要求:

① 钢筋的加工。

纵向钢筋接头采用气压焊接、双面焊搭接及单面焊搭接。纵向钢筋底端距槽底的距离应为 100~200mm。当采用接头管的接头形式时,水平钢筋的端部至混凝土表面应留有 50~150mm 的间隙。加工钢筋时,要考虑斜拉补强筋的保护层厚度、纵向钢筋及水平钢筋的直径。根据设计图纸要求的数量和尺寸,进行斜拉补强钢筋、剪力连接钢筋、连接钢筋(把墙体内外侧的纵向钢筋连接起来使其固定)以及起吊用附加钢筋等的切断和加工。

② 钢筋笼的加工。

配筋加工后,应按设计图纸要求制作钢筋笼。要确保钢筋的正确位置、根数及间距,并牢固固定,其中要注意主筋净距必须大于混凝土粗集料粒径 3 倍以上,不允许在起吊或吊入时产生变形。在纵向钢筋的连接时,按设计要求可采用焊接或用直径 0.8mm 的退火铁丝绑扎。为了防止水平钢筋妨碍浇灌导管的下入,因此最好将纵向钢筋布置在水平钢筋的内侧。在起吊或吊入钢筋笼时,因为设计的水平钢筋太细、强度不够,必须使用大直径钢筋代替。在钢筋笼大而重的情况下,可根据需要用钢板或型钢,并慎重予以安装。钢筋笼端部与接头管或混凝土接头面应留有 15~20cm 的空隙;主筋净保护层厚应为 5~8cm,保护层垫块厚为 5cm,在垫块和墙壁之间留有 2~3cm 间隙。垫块一般用薄钢板制作,焊于钢筋笼上,亦可用预制水泥中空圆柱体,间隔套在主筋上。钢筋笼应在平台上成型。为便于纵向钢筋定位,宜在平台上设置带凹槽的定位工装。钢筋笼除四周两道钢筋的交点需全部焊接外,其余采用 50% 交错焊。成型用的临时扎结铁丝,焊后应全部拆除。

(2)钢筋笼的吊装

钢筋笼的起吊、运输和吊装应根据钢筋笼的长度、焊接和绑扎质量等因素周密地制订吊装方案。插入钢筋笼起吊前,要仔细检查起吊架的钢索长度,使之能够水平地吊起再转成垂直状态。在起吊时为防止笼身弯曲,要扶正,保持垂直状态,对准中心徐徐下放,避免碰撞孔壁,就位后立即固定,严防下落和灌注混凝土时上浮。为防止钢筋笼在搬运及吊运时变形以及保持挺直牢固,可在笼内设支撑。

4)混凝土灌注

混凝土灌注分水下导管法灌注成桩和非水下灌注成桩两类。

(1)非水下灌注成桩

非水下灌注成桩,又称直接灌注法。一般应用于干法成孔,将混凝土坍落度为 8~10cm 的混凝土,直接或成特制的串桶倾斜倒入孔内。浇筑扩底桩混凝土时,第一次应灌注混凝土到扩底部位,再到顶面,随即振捣密实;浇筑桩顶以下 5m 范围内混凝土时,应随浇随振动,每次浇筑高度不大于 1.5m。

(2)水下导管法灌注成桩

①导管构造与使用要求见表 7.1-4。

导管构造与使用要求 表7.1-4

项 目	导管构造与使用要求
导管结构	壁厚不宜小于3mm,直径为200~250mm;直径偏差不应超过2mm;低管长度不宜小于4m
导管连接	分节长度视工艺要求而定,低管长度不宜小于4m,接头宜采用法兰或螺旋纹方扣快速接头,使用前应试拼装,试水压力为0.6~10MPa
导管埋深	宜为2~6m,严禁提出混凝土面
开始浇筑时导管的底部位置	导管底部至孔底距离宜为300~500mm,桩径小于600mm时适当增大

②导管通孔内径应一致、光滑,弯曲偏差不超过长度的 1%。导管的单根长度以 2~6m 为宜。

③采用隔水桩时,应保证使其顺利排出。

④应有足够的混凝土储备量,使导管一次埋入混凝土面以下 0.8m 以上。

⑤水下混凝土浇筑必须连续进行,每根桩的浇筑时间按初盘混凝土的初凝时间控制。

⑥控制最后一次灌注量,桩顶不得偏低,应用铁筋或测锤测定混凝土面高度。

5) 水泥土搅拌桩围护结构

(1) 水泥土搅拌桩成桩机理

水泥土搅拌桩复合地基主要基于固化剂、水泥与土体在充分搅拌的过程中发生的一系列的物理化学反应。首先水泥加固软土时水泥颗粒表面的矿物很快与软土中的水发生水解和水化反应,这种反应反复进行直至周围的水溶液逐渐饱和形成胶体。其次当水泥的各种水化物生成后,有的自身继续硬化形成水泥石骨架;有的则与其周围具有活性的土体颗粒反应形成水泥土的团粒结构,使水泥土的强度提高。再次水泥水化物与水中和空气中的二氧化碳发生反应,生成不溶于水的碳酸钙使水泥土的强度提高。由于这种水泥土搅拌桩复合地基的优越性在地基处理中越来越被广泛采用。

(2) 水泥土搅拌桩施工工艺流程

桩位放样→钻机就位→检验、调整钻机→正循环钻进至设计深度,打开高压注浆泵→反循环提钻,并喷水泥浆至工作基准面以下→重复搅拌→下钻,并喷水泥浆至设计深度→反循环提钻至地表→成桩结束→施工下一根桩。

(3) 水泥土搅拌桩施工质量控制

水泥土搅拌桩施工质量控制的关键是保证设计要求的桩身强度(喷浆量)、水灰比和桩长。施工各阶段必须采取以下的质量控制措施:

① 施工前应进行放线,准确定出各桩位中心,重点控制轴线和桩位,桩位偏差不超过2cm。

② 施工前应检查整个设备系统,保证机械完好。

③ 严格检查水泥质量并按规定及时送检,经检验评定不合格的水泥不得投入使用,并控制好水泥浆施工配合比,水泥的掺入量30%,水灰比0.4~0.6。

④ 严格执行操作规程,按规定的施工要点和施工工艺进行施工,保证钻机设备的平整度和井架的垂直度偏差不超过1.5%,桩位偏差不大于20mm。

⑤ 以防止桩的相互挤压和偏移,桩位施工顺序采用按行和列跳打法。

⑥ 对施工下沉时间及深度、提升速度、喷浆时间、喷浆压力进行严格控制,发现意外情况应及时予以纠正,对不满足要求的桩应进行重打。

⑦ 为保证桩头质量,喷浆搅拌应高于设计桩基顶面50cm,且当喷浆提升至设计桩顶时应稍有停滞;在开挖基坑时,应将上部质量较差桩段挖除。

⑧ 打好的桩要及时在图上标记,防止遗漏桩。

⑨ 成桩28d后,由桩基检测部门进行水泥土搅拌桩复合地基载荷试验,桩体强度检测必须符合设计要求。

6) 劲性水泥土搅拌桩围护结构

劲性水泥土搅拌桩又称SMW围护结构,SMW工法作为排桩和板墙式围护结构的一种,以其适用性强、围护成本相对较低、施工周期短而倍受关注。SMW工法是利用专门的多轴搅拌钻机就地钻进切削土体,同时从其钻头前端将水泥浆注入土体,经充分搅拌混合后再将型钢或其他芯材插入搅拌体内,形成一种劲性水泥土搅拌桩复合结构。

(1) SMW工法特点

SMW工法桩是把水泥土的止水性和芯材的高强度特性有效地组合而成的一种抗渗性好、

刚度高、经济的基坑支护结构,同其他支护形式相比有以下特点:

①占地面积小,对周围地层影响小。

SMW 工法桩是直接把水泥类悬浮液就地与切碎的土砂混合,不需要开槽或钻孔,所以也就不存在孔(槽)壁坍塌现象,故不会造成邻近地面下沉、房屋倾斜、道路裂损或地下设施破坏等危害。H 型钢插入水泥土桩中,两者结合为一体,占地面积小,从而解决了施工场地狭窄的难题。

②施工噪声小、无振动、工期短。

SMW 工法技术采用一喷一搅的施工工艺,H 型钢插入为自由落体,成桩速度快墙体构造简单,施工效率高,与传统支护形式相比,省去了挖槽、安放钢筋笼等工序,工期可缩短近一半。

③大壁厚、大深度。

搅拌桩成墙厚度在 550～3 000mm 之间,最大深度可达几十米,视地质条件尚可施工更深,而且成孔垂直、精度高、安全性大。

④适用土质范围广。

SMW 工法采用多轴螺旋钻机施工,适用于从软弱地层到砂、砂砾地层及直径 100mm 以上的卵石甚至风化岩层等各类土层。

(2)SMW 搅拌桩内型钢的布置方式

SMW 搅拌桩的桩体布置有单排、双排两种基本形式,均可以对 H 型钢进行隔孔设置(间隔布置)、全孔布置(连续布置)和隔孔与连续设置(间断布置),如图 7.1-6 所示。

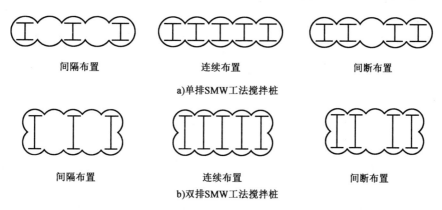

图 7.1-6　SMW 搅拌桩内型钢的布置方式

(3)SMW 工法施工流程

导沟开挖→置放导轨→设定施工标志→SMW 搅拌桩施工→置放应力补强材料(H 型钢)→固定应力补强材料→施工完成 SMW。

(4)SMW 工法施工技术要点及控制措施

SMW 工法桩的施工关键在于搅拌桩制作,以及 H 型钢的制作和插入起拔。

①搅拌桩制作。

SMW 工法应特别注重桩体垂直度,垂直度应小于 1%,桩体垂直度没法保证会影响到型钢插入起拔和墙体的防渗性能。在开孔之前,用水平尺对机械架进行校对,以确保桩体的垂直度达到要求。施工过程中随机对机座四周高程进行复测,确保机械处于水平状态施工,同时用经纬仪经常对搅拌轴进行垂直度复测。压浆阶段时,不允许发生断浆和输浆管道堵塞现象。若发生断桩,则在向下钻进50cm后再喷浆提升。在搅拌下沉及提升过程中,控制下沉速度不大于2m/min,提升速度为0.5m/min。控制重复搅拌提升速度在0.8~1.0m/min以内,以保证加固范围内每一深度均得到充分搅拌。相邻桩的施工间隔时间不能超过24h,否则喷浆时要适当多喷一些水泥浆,以保证桩间搭接强度。

②H型钢的制作与插入起拔。

H型钢插入前表面应进行除锈,并在干燥条件下涂抹减摩剂,减摩剂应完全加热融化并搅拌均匀后,均匀涂敷在型钢表面,减摩剂涂刷不小于$1kg/m^2$。H型钢插入过程应始终采用经纬仪或线锤控制H型钢垂直度,保证倾斜度小于1%。浇注压顶圈梁时,埋设在圈梁中的H型钢部分可以用塑泡将其与混凝土隔开,否则将影响H型钢的起拔回收。H型钢回拔时采用两台液压千斤顶组成的起拔器夹持在H型钢两侧,配合使用夹装箱反复顶升并以吊车提升至H型钢全部拔出。

7)地下连续墙围护结构

(1)概述

地下连续墙是通过专门工艺或其他施工方法在地下构筑成能连续截水或能连续保障土体稳定的墙体。它不仅能在施工阶段起到挡土、挡水和抗渗作用,而且在使用阶段可充分发挥其承载能力,减小基础底面地基附加应力,其本身强度和周围地层的支承能力都能得到充分利用,有效地减小建筑物、构筑物的沉降。它的问世是围护结构的一个重要发展,并使得大深度的基坑开挖成为可能。

(2)地下连续墙的适用条件

地下连续墙虽然适应性很强,但由于造价比较高,应针对适用条件合理地使用。

①适用于修建深度较大的围护结构。

②由于地下连续墙的刚度大,变形小,有利于控制地面沉陷,故适用于对地表沉陷要求严格的区段。

③地下连续墙的承载能力强,能承受很大的侧压力,故适用于软弱地层。

④地下连续墙的止水性能好,适用于地下水丰富地段。

⑤当基坑周围的地面建筑物需要采取严格的防止下沉措施时,地下连续墙的支护稳定性可靠。

⑥当城市环境要求限制噪声公害、不能采用打桩支护时,可以采用地下连续墙。

总之,地下连续墙的适应性非常广泛,在地铁施工中已成为重要的基坑围护手段。

(3)地下连续墙的类型与施作方法

根据施工工艺的不同,可把地下连续墙分为现浇地下连续墙、预制地下连续墙和柱列式地下连续墙三种基本形式。其中柱列式地下连续墙的施工工艺流程和具体方法与钻(挖)孔灌注桩基本相同,这里不再赘述。

①现浇地下连续墙。

在地下挖一段狭长的深槽,在挖槽的同时,往槽内注入泥浆,以形成泥浆静压力,防止槽壁坍塌,这就是所谓的泥浆护壁。深槽挖至设计高程后,放入钢筋笼,为了达到保护层厚度要求,可在钢筋笼的两侧绑上小的预制混凝土块或焊上小铁块,然后灌注混凝土。由于混凝土的重度比泥浆大,会将泥浆挤出。一般为了防止泥浆漫流溢出,应配置泥浆泵抽排泥浆,以便统一收集处理。最后形成钢筋混凝土墙体,这些墙体逐段连接在一起就形成了一道连续的地下墙壁,这就是现浇地下连续墙。它的施工工艺流程见图7.1-7。

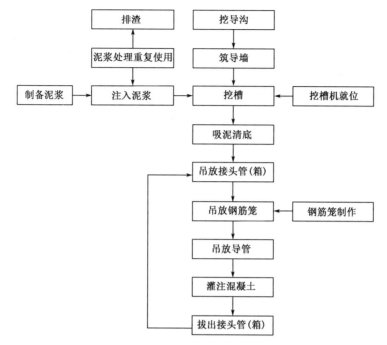

图 7.1-7　现浇地下连续墙施工工艺流程图

a. 泥浆护壁。

泥浆的作用主要以护壁为主,还具有携渣、冷却和润滑的作用。泥浆的比重一般不大于1.15,含砂量小于10%。地下连续墙挖槽护壁用的泥浆除通常使用的膨润土泥浆外,还有聚合物泥浆、CMC 泥浆及盐水泥浆,其主要成分和外加剂如表7.1-5所示。

护壁泥浆的种类及其主要成分　　　　　表 7.1-5

泥浆种类	主要成分	常用的外加剂
膨润土泥浆	膨润土、水	分散剂、增黏剂、加重剂、防漏剂
聚合物泥浆	聚合物、水	
CMC 泥浆	CMC、水	膨润土

目前,我国工程中使用最多的是膨润土泥浆。膨润土泥浆的成分为膨润土、水和一些外加剂。膨润土是一种颗粒极其细小、遇水显著膨胀(在水中膨胀后的重量可增到原来干重量的600%~700%)、黏性和可塑性都很大的特殊黏土。地下连续墙施工所使用的泥浆,多使用搅拌方法制备,而高速回转式搅拌机是常用的搅拌机械,它是通过高速回转(200~1 000r/min)叶片,使泥浆产生激烈涡旋,从而把泥浆搅拌均匀。

在施工过程中,要保证泥浆的物理、化学的稳定性和合适的流动特性。既要使泥浆在长时间静置情况下,不至于产生离析沉淀,又要使泥浆有很好的触变性。因此要对泥浆的泥浆密度、泥浆黏度和切力、泥浆失水量和泥饼厚度、泥浆含砂量等各项控制指标进行监控。被污染泥浆,应根据具体情况进行处理,而处理的方法主要有机械处理(振动筛、旋流器)和重力沉淀

(沉淀池)处理两种,两种方法联合使用效果更好。经处理后合乎标准要求的泥浆可重复使用,其土渣应该废弃。

b. 构筑导墙。

地下连续墙的施工中,在挖槽前,应先在槽口地面预先做好导墙,即修建两道与地下连续墙平行的连续墙体。它能支挡地表土、防止槽口坍塌;能给挖槽机械起导向作用,有利于提高槽壁的垂直精度;有利于观察并维持泥浆液面高度;阻止地表水流入,还能用以支承施工设备及固定钢筋笼和接头管。

a) 导墙的形式。

导墙的形式和所选用的材料有关,最常用的是钢筋混凝土导墙。导墙基本断面形式有:板墙形、Γ形、L形、匚字形几种。在特殊情况下,则需要在基本形式基础上设计出特殊形式的导墙,如图 7.1-8 所示。

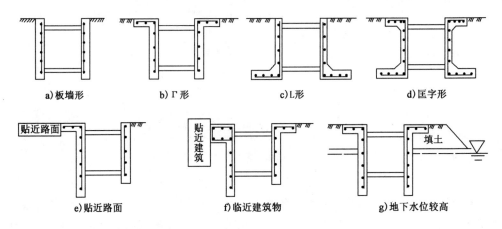

图 7.1-8 地下连续墙各种形式的导墙示意图

图 7.1-8 中,图 a)为最简单的断面形状,适用于表层地基土良好(如致密的黏性土等),作用在导墙上的荷重不大的情况。图 b)适用于作用在导墙上的荷载较大的情况,可根据荷载的程度增减其伸出部分的大小。图 c)适用于表层地基土强度不够,特别是易坍塌的砂土或回填土地基。图 d)适用于地基土强度不足,且施工期临槽设备负荷大。图 e)适用于作业面在路面以下的情况,导墙外侧的伸出部分作为先施工的临时挡土结构。此时,导墙内侧的横撑可用千斤顶代替。图 f)适用于需要保护相邻结构物的情况,要考虑地下室的深度等。图 g)适用于地下水位高、导墙内泥浆液面需高出地面一定距离的情况。

b) 导墙的施工。

导墙厚度一般为 0.15~0.20m,深度为 1.5m 左右。导墙一般采用 C20 混凝土浇筑,配筋多为 φ12@200,水平钢筋必须连接起来,使导墙成为整体。导墙施工接头位置与地下连续墙施工接头位置错开。

导墙面应高于地面约 10cm,以防止地面水流入槽内污染泥浆。导墙的内墙面应平行于地下连续墙轴线,对轴线距离的最大允许偏差为 ±10mm;内外导墙面的净距,应为地下连续墙墙厚加 5cm 左右,墙面应垂直;导墙顶面应水平,全长范围内的高差应小于 10mm,局部高差应小于 5mm。导墙的基底应和土面密贴,以防槽内泥浆渗入导墙后面。若场地土质较好,外侧土壁可作为现浇导墙的侧模;若土质较差,应在开挖的导墙基坑两面立模板,才能现浇混凝土,待达到一定强度后,才能拆去模板,然后用黏土或其他力学性能较好的材料回填,并分层夯实,以防泥浆渗入墙后土体中,引起滑动坍塌。现浇钢筋混凝土导墙拆模以后,应沿纵向每隔1m左右设上、下两道木支撑,将两片导墙支撑起来,在导墙的混凝土达到设计强度之前,禁止任何重型机械和运输设备在旁边行驶,以防导墙受压变形。

为保证地下连续墙转角处的质量和成槽设备的移动定位方向,导墙在纵横交接处应做成"T"字形,如图7.1-9所示。

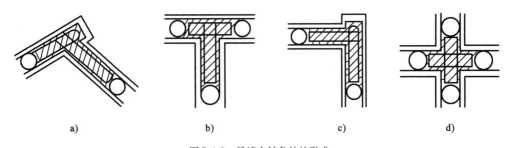

图 7.1-9 导墙在转角处的形式

对于使用最为普遍的现浇钢筋混凝土导墙,其施工顺序是:平整场地→测量定位→挖槽及处理弃土→绑扎钢筋→支模板→浇筑混凝土→拆模并设置横撑→导墙外侧回填土方。

c. 挖槽。

a) 槽段长度的确定。

槽段长度的确定是由设计构造要求、墙的深度与厚度、地质水文条件、开挖槽面的稳定性、钢筋笼尺寸重量及吊放方法吊放能力、挖机的最小挖掘长度和单位时间内供应混凝土的能力等因素综合决定。它既是进行一次挖掘的长度,也是一次浇筑混凝土的长度。槽段长度一般设为4~6m,当地质条件好时可以长至7~8m,不好时可缩短至2~3m。

b) 槽段开挖。

应根据成槽地点的工程地质和水文地质条件、施工环境、设备能力、地下连续墙的结构尺寸要求选择挖槽机械。通常情况下,对于软质地基,宜选用抓斗挖槽机械;对于硬质地基,宜选用回转式或冲击式挖槽机械。

挖槽前,应制订出切实可行的挖槽方法和施工顺序,并严格执行。挖槽时,应加强观察,确保槽位、槽深、槽宽和垂直度符合要求。遇到槽壁坍塌事故发生时,应及时分析原因,妥善处理。

挖槽过程中,应保持槽内始终充满泥浆。泥浆的使用方式,应根据挖槽方式的不同而定。使用抓斗挖槽时,应采用泥浆静止方式。随着挖槽深度的增大,不断向槽内补充新鲜泥浆,使槽壁保持稳定;使用钻头或切削刀具挖槽时,应采用泥浆循环方式,把泵的泥浆通过管道压入槽底,土渣随泥浆上浮至槽顶面排出称为正循环;泥浆自然流入槽内,土渣被泵管抽吸到地面上称为反循环。反循环的排渣效率高,宜用于容积大的槽段开挖。

槽段的终槽深度确定,非承重墙的终槽深度必须保证设计深度,同一槽段内,槽底深度必须一致且保持平整。承重墙的槽段深度应根据设计深度要求,参照剖面图及槽底土(岩)样品等综合确定。

槽段开挖完毕后,应检查槽位、槽深、槽宽和槽壁垂直度,合格后应尽快清底及安装钢筋,灌注槽段混凝土。

d. 吊入接头构件。

接头构件可采用钢管、接头箱、型钢、预制钢筋混凝土构件等。钢管和接头箱可以拔出,重复利用。型钢和预制钢筋混凝土构件等难以拔出的构件,就留在墙体内。常用钢管作接头管,又称锁口管,吊入时表面涂油,尽量使其紧靠原土层,垂直缓慢插入。

e. 刷壁、清底。

在相邻槽段接头部位,容易产生凝聚物,如沉淀物、不合格泥浆、槽底已松动的泥块等,这些东西会影响混凝土的强度和流动性以及接头部位的防渗性,降低混凝土的灌注速度,促使钢筋笼上浮,加速泥浆变质。沉渣过多还会影响钢筋笼插到预定位置,影响结构设计。具体做法是:

a)用吊车或钻机将刷壁器下到槽底,紧贴已灌槽段混凝土的端部壁面,从下往上提拉刷壁,反复多次,直至将混凝土壁面清理干净为止。刷壁器要经常清理,保持干净,以提高刷壁效果。如果刷壁不彻底,接头夹泥过厚,将使接头造成严重渗漏,很难处理。

b)清底可用抓斗抓泥和置换泥浆两种方法。抓斗挖槽时,不要挖到设计高程,留出 0.5m 以上土体,待清除浮土沉渣后再挖至设计高程。置换泥浆排泥时可采用吸泥泵排泥、压缩空气升液排泥或潜水泥浆泵排泥。当底部抽吸时,顶部可随时补浆以维持液面高度。刷壁、清底后应使泥浆达到规定要求。

f. 拔出接头构件。

拔出接头构件是指可以拔出的接头构件,如钢管。相邻槽段连接处构件宜采用顶升架拔出。根据混凝土开始凝结的时间,依次适当拔动,最后全部拔出。若拔管过早会影响接头的强度和形状,拔管过迟则可能拔不出来,一般是浇筑后 2~3h 开始拔,每次提拔 10cm 左右,已拔 0.5~1m 后,每隔半个小时 0.5m。

接头构件拔不出的主要原因是:被钢筋卡死;提拔过晚以致被混凝土凝结;土层阻力较大。使用吊车提拔时不能强行提拔,以免翻车,拔不动时应改用顶升架顶拔,如仍拔不动,则继续浇筑槽段混凝土,待邻幅槽段开挖后再将其拔出。

②预制地下连续墙。

预制地下连续墙技术,即按常规的施工方法成槽后在泥浆中先插入预制墙段、预制桩、型钢或钢管等预制构件,然后以锚固泥浆置换成槽用的护壁泥浆,或直接以锚固泥浆护壁成槽,插入预制构件以锚固泥浆的凝固体、填塞墙后空隙和防止构件间接缝渗水形成地下连续墙。

预制地下连续墙包括梁板型和板型两种结构形式。梁板型中,板的作用是将土压力传递到梁上,板的底端只需与基坑底面齐平即可,而梁则必须深入底面一定深度,以保持墙的稳定。比较常见的为板型结构,根据接头形式不同,又可分为板槽体系和板榫体系,平面简图见图 7.1-10。板槽体系通过直接用槽头插入槽口来衔接。板榫槽体系预留槽口可通过插入预制构件来提高接缝抗剪强度。

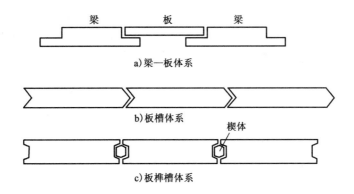

图 7.1-10 预制地下连续墙平面示意图

墙板间接缝处理,视接缝的具体情况有如下几种处理方式:a. 对于简单缝,可直接向两板间的缝隙灌入水泥浆;b. 需要提高接缝抗剪强度时,可在缝中放置钢筋混凝土楔;c. 为了防水,应在水泥浆中放止水带,见图 7.1-11。

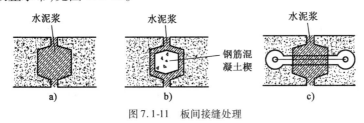

图 7.1-11 板间接缝处理

预制地下连续墙施工的主要工序有:a. 导墙施工;b. 制备护壁泥浆;c. 挖槽;d. 清底和刷壁;e. 用锚固水泥浆替换护壁泥浆;f. 吊装预制墙板;g. 接缝处理。a～b 道工序作法与现浇地下连续墙基本一样,导墙的内净宽度要求比地下连续墙宽 15cm 左右。

锚固水泥浆由水、砂子、黏结掺和剂、起缓凝作用的膨润土以及抗腐蚀作用的水泥调制而成。其比重约为 1.25,水灰比约为 0.3。清底和刷壁完成后,将锚固水泥浆注入基坑底部,吊放预制墙板,置换全部的护壁泥浆。为了使墙板顺利压入槽内,并将其嵌住,应采用流动性很大的水泥浆。水泥浆的强度等级随墙的高度而变化,在底部采用强度等级较高的水泥,以承受较大的竖向荷载。靠土侧采用防水水泥浆。

吊放预制墙板时,通过预埋在墙板里的导杆悬吊墙板入槽,墙板又通过型钢构件支承在导墙上,浸渍在锚固水泥浆中。墙板的位置可由导杆的螺栓调整。相邻墙板间采用锚杆或张拉设备相互扣住以保持整体稳定。待水泥浆凝结起锚固作用后,预制地下连接墙就形成了。

与现浇混凝土地下连续墙相比,预制地下连续墙的优点为:施工速度快;墙体表面平整,需要作为主体结构的墙体时,后续表面处理比较简单;墙体位置准确,工程精度高。

缺点:需要较大的预制和储存墙板构件的场地;单板墙板较重,安装需要较大吨位的起重机。

为了减轻板的重量,可以考虑采用空心板、轻集料混凝土、预应力墙板等技术。

8) 土钉墙围护结构

(1) 概述

土钉墙围护结构是在隧道新奥法原理的基础上发展起来的,它是将作为土钉的钢管打入加固的基坑侧壁土体中,通过管内注入水泥浆液,依靠土钉与土体接触面上的黏结力或摩擦力使其内固段深固于滑移面之外的土体内部,外固端同喷网面层联为一体形成的支护结构。由于其施工简便、快速及时、随挖随支、挖完支完等特点,在一些深基坑围护中应用土钉墙技术。因此又称为深基坑的"喷锚网支护结构"。

(2) 主要施工方法及技术措施

施工工艺流程:测量、放线定位→开挖工作面、修整边坡→土钉的施工→绑扎钢筋网、连系筋→喷射混凝土。

① 测量、放线定位。

先用测量仪器准确定出基坑外壁轴线位置,预留工作面,用石灰标出开挖线。

② 开挖工作面、修整边坡。

土方应按分层、分段、对称、均衡的原则进行开挖,开挖要到位,不得欠挖,严禁超挖;机械开挖后,应及时对壁面进行人工修整;对较软弱的土体,需采取必要的超前支护措施。

③ 钻孔。

a. 根据不同的土质采用不同的成孔作业法进行施工。对于一般土层,孔深小于等于15m,可选择洛阳铲或螺旋钻施工;孔深大于15m,宜采用土锚专用钻机或地质钻机施工。对于饱和土易塌孔的地层,宜采用跟管钻进工艺。掌握好钻机钻进速度,保证孔内干净、圆直,孔径符合设计要求。

b. 严格控制钻孔的偏差。保证钻孔的水平方向孔距误差、垂直方向孔距误差、钻孔底部的偏斜误差、钻孔深度误差均在规范和设计要求允许的范围内。

c. 钻孔时如发现水量较大,要预留导水孔。

④ 土钉安设。

a. 拉杆应由专人制作,要求顺直。钻完后应尽快地安设拉杆,以防止钻孔坍塌。拉杆使用前要除锈,钢筋如涂有油脂,在其锚固段要仔细加以清除,以免影响与锚固体的黏结。

b. 为将拉杆安置于钻孔的中心,防止非锚固段产生过大的挠度和插入孔时不搅动孔壁,并保证拉杆有足够厚度的水泥浆保护层,通常在拉杆表面设置定位器。定位器的间距,在锚固段为2m左右,在非锚固段多为4~5m。插入拉杆时应将灌浆管与拉杆绑在一起同时插入孔内,放至距孔底保持50cm。

c. 通常要求清孔后,立即插入拉杆,插入时将拉杆有定位支架的一面朝向下方,在插入钢筋拉杆后将套管拔出。如用凿岩机凿孔,则要在灌完浆后才插入钢筋拉杆。为保证非锚固段锚杆可以自由伸长,可采取在锚固段与非锚固段之间设置堵浆器;或在锚杆的非锚固段不灌注水泥浆,采用干砂、碎石或低强度等级混凝土;或在每根锚杆的自由端套一根空心塑料管;或在锚杆的全长上都灌注水泥浆,但在非锚固段的锚杆上涂上润滑油脂等,以保证在该段自由变形,并保证锚杆的承载力不降低。以上各种做法可根据施工具体条件采用。在灌浆前将钻管口封闭,接上压浆管,即可进行注浆,浇注锚固体。

⑤ 灌浆。

a. 灌浆是土层锚杆施工中的一道关键工序,必须认真进行,并做好记录。

b. 灌浆材料用纯水泥浆或者水泥砂浆,其强度都不低于20MPa,水灰比0.4~0.5,注浆压力保持在0.4~0.6MPa。

c. 应采用机械拌制浆体,要随拌随用。随着水泥浆的灌入,应逐步将灌浆管向外拔出直至孔口,在拔管过程中应保证管口始终埋在水泥浆内。压力不宜过大,以免吹散浆液。待浆液回流到孔口时,用水泥袋纸塞入孔内,再用湿黏土封堵孔口并严密捣实,再以 0.4~0.6MPa 的压力进行补灌,稳压数分钟即告完成。

⑥绑扎钢筋网。

钢筋网片一般双向布置,为加强面层与土钉协调受力,使钢筋网牢固在边壁上,可增加连系筋,焊成井字形,将土钉与井字架焊牢,接头部分要预留一定的搭接长度,锚杆端部和钢筋网之间应互相焊牢。

⑦喷射混凝土。

在做好土钉(锚杆)和绑扎好钢筋网后,为防止土体松弛和崩解,应立即进行面层喷射混凝土的施工。喷射混凝土的射距在 0.8~1.5m 范围内,从底部逐渐向上部喷射,射流方向一般应垂直喷射面。在施工搭接处应清除杂质,在喷射前用水润湿,确保喷射混凝土搭接良好,保证喷射混凝土质量,不发生渗水现象。

⑧土钉的张拉与锁定。

张拉前应对张拉设备进行标定;土钉注浆固结体强度与承压面混凝土强度均大于 15MPa 时方可张拉;锚杆张拉应按规范逐级加荷,并按规定的锁定荷载进行锁定。

7.1.4 基坑的内支撑体系

内支撑系统由水平支撑和竖向支承两部分组成,深基坑开挖中采用内支撑系统的围护方式已得到广泛的应用,特别对于软土地区基坑面积大、开挖深度大的情况,内支撑系统由于具有无须占用基坑外侧地下空间资源、可提高整个围护体系的整体强度和刚度以及可有效控制基坑变形的特点而得到了大量的应用。图 7.1-12 和图 7.1-13 为常用的钢筋混凝土内支撑和钢管内支撑现场实景。

图 7.1-12 钢筋混凝土内支撑实景

图 7.1-13 钢管内支撑实景

1) 内支撑体系的构成

围檩、水平支撑、钢立柱和立柱桩是内支撑体系的基本构件,典型的内支撑系统示意图见图 7.1-14。

围檩是协调支撑和围护墙结构间受力与变形的重要受力构件,其可加强围护墙的整体性,

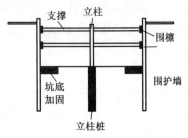

图 7.1-14　内支撑系统示意图

并将其所受的水平力传递给支撑构件，因此要求具有较好的自身刚度和较小的垂直位移。首道支撑的围檩应尽量兼作为围护墙的圈梁，必要时可将围护墙墙顶高程落低，如首道支撑体系的围檩不能兼作为圈梁时，应另外设置围护墙顶圈梁。圈梁作用可将离散的钻孔灌注围护桩、地下连续墙等围护墙连接起来，加强了围护墙的整体性，对减少围护墙顶部位移有利。

水平支撑是平衡围护墙外侧水平作用力的主要构件，要求传力直接、平面刚度好而且分布均匀。

钢立柱及立柱桩的作用是保证水平支撑的纵向稳定，加强支撑体系的空间刚度和承受水平支撑传来的竖向荷载，要求具有较好自身刚度和较小垂直位移。

2）支撑的结构形式

支撑体系常用形式有单层或多层平面支撑体系和竖向斜撑体系，在实际工程中，根据具体情况也可以采用类似的其他形式。图 7.1-15 和图 7.1-16 为多层平面支撑体系和竖向斜撑体系的现场实景。

图 7.1-15　多层平面支撑体系

图 7.1-16　竖向斜撑体系

(1) 常见的支撑结构平面布置与实例

水平支撑系统中内支撑与围檩必须形成稳定的结构体系，有可靠的连接，满足承载力、变形和稳定性要求。支撑系统的平面布置形式众多，从技术上，同样的基坑工程采用多种支撑平面布置形式均是可行的，但科学、合理的支撑布置形式应是兼顾了基坑工程特点、主体地下结构布置以及周边环境的保护要求和经济性等综合因素的和谐统一。常见的支撑平面布置比较如表 7.1-6 所示。

常见支撑平面比较　　　　　　　表 7.1-6

类　型	优　点	缺　点
	传力路径明确，各部分相互牵连较少，系统稳定性好	影响坑内作业空间

续上表

类 型	优 点	缺 点
	刚度大,有利于控制变形,系统稳定性好	对土方出坑形成障碍,需要设置运土栈桥
	对坑内作业空间影响较小,各部分相互牵连较少,便于出土	仅适应面积较小的接近正方形的基坑
	中间空间大,有利于坑内作业	不适应非均匀荷载,在土质不均或土方开挖不对称的情况下圆环易发生漂移

(2)平面支撑系统竖向布置

竖向设置应综合考虑支护桩(墙)受力、土方开挖和主体结构施工等因素。基坑竖向支撑的数量主要受岩土层的地质条件、环境保护要求等的影响。

①在竖向平面内,水平支撑的层数应根据基坑开挖深度、土方开挖、围护结构类型及工程经验,由围护结构的计算工况确定。

②支撑的高程设置应有利于控制支护桩(墙)的内力与变形。

③上下各层水平支撑的轴线应尽量布置在同一竖向平面内,相邻各道水平支撑之间的净距以及支撑与基底之间的净距不宜小于3m。

④支撑与其下在拆撑前需要施工的底板或楼板净距不宜小于500mm;考虑到防水施工、钢筋的连接等,与其下需要施工的地下室外墙的净距不小于1 200mm,且应满足墙、柱竖向结构构件的插筋与外墙止水钢板高度要求。

⑤首道水平支撑和围檩的布置宜尽量与围护墙结构的顶圈梁相结合。在环境条件允许时,可尽量降低首道水平支撑。当设置多层水平支撑时,最下一层支撑的高程在不影响基础底板施工的前提下,应尽可能降低。

(3)斜支撑竖向布置

如图 7.1-17 所示,当基坑横向宽度较大或形状不规则,不便使用水平支撑时,可采用斜支撑。斜支撑的施工常采用挖槽法开挖基坑内土体至斜支撑基础底高程,浇筑基础,及时安斜支撑,使支撑一端支承在围护结构上,另一端支承在已浇筑的基础上,并施加预应力,然后挖其余土体。设有两道或多道斜支撑时,应先安装外侧的长支撑,以便尽快形成对围护结构上部的支撑,然后再安装内侧的短支撑,并将所有斜支撑基础连为整体,形成主体结构底板,再依次浇筑下层侧墙→中层板→上层侧墙→顶板。在主体结构的施作过程中,应按设计强度要求拆除支撑,完成结构体系转换。

斜支撑的支撑作用不如水平支撑,因而围护结构的位移相对要大一些,特别是上部水平位移会比较大,易引起基坑外地面及附近建筑物下沉,在对地面沉陷要求严格的工程地段应慎重使用。有鉴如此,当采用斜支撑时,基坑的开

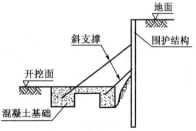

图 7.1-17 基坑斜支撑示意图

挖深度也就受到一定限制。此外，斜支撑的基础及结构顶板需分批施工，工序交错复杂，施工难度大，因而只有在难以施作水平支撑时，才使用斜支撑，斜支撑设置要求如下：

①斜撑与水平面的夹角一般不宜超过35°，软土地区不宜大于26°。

②斜撑基础应具备可靠的水平和垂直承载能力，斜撑与基础、斜撑与围檩之间的连接应满足斜撑杆件内力的传递要求。

③斜撑长度超过15m时，应在斜撑中部位置加设竖向立柱。

④斜撑基础与围护墙之间的水平距离，应考虑满足基坑内侧留土坡的稳定性及围护墙的侧向变形控制要求确定。在基坑中部的土方开挖后和斜撑未形成前，基坑变形取决于围护墙内侧预留的土堤对墙所提供的被动抗力，因此保持土堤的稳定至关重要，必要时应进行预加固或采取支挡措施。

⑤斜撑的设置应尽量不影响主体结构的施工。

3）支撑材料

支撑材料可以采用钢材或钢筋混凝土，也可以根据实际情况采用钢材和钢筋混凝土组合的支撑形式。

钢支撑的优点：自重轻、安装和拆除方便、施工速度快、可以重复利用（环保、绿色）；且安装后能立即发挥支撑作用，减少由于时间效应而增加的基坑位移是十分有效的。缺点是：节点构造和安装相对比较复杂，施工质量和水平要求较高。钢支撑适用于对撑、角撑等平面形状简单的基坑。

钢筋混凝土支撑的优点：刚度大，整体性好，布置灵活，适应于不同形状的基坑，而且不会因节点松动而引起基坑位移，施工质量容易得到保证。缺点是：现场制作和养护时间较长，拆除工程量大，支撑材料不能重复利用。

7.2 浅埋暗挖法施工

7.2.1 概述

浅埋暗挖法沿用了新奥法（NATM）的基本原理，是新奥法原理在城市地下工程松散地层中的应用。浅埋暗挖法是以多种辅助工法超前加固、处理软弱地层，保护围岩并改善围岩性能，充分利用围岩的自承能力；采用多种开挖方法，及时封闭成环（初期支护），使其与围岩共同组成联合支护体系；初期支护承担全部基本荷载，二次衬砌作为安全储备与初期支护构成复合衬砌。浅埋暗挖法是以施工监测为手段，指导设计与施工，保证施工安全，控制地表沉降。城市浅埋地下工程，浅埋暗挖法已成为城市地下工程主要施工方法之一。它对地面交通和商业活动的影响很小，能适用于各种地质条件和地下水条件，还可以适合各种断面形式，具有高度的灵活性。在地铁施工中有18字原则，即"管超前、严注浆、短开挖、强支护、快封闭、勤量测"，这个原则充分体现了浅埋暗挖法的工艺要求。

7.2.2 浅埋暗挖法区间隧道的施工

城市浅埋隧道往往工程地质条件较差，很少采用全断面开挖，常用的方法主要为台阶法和分部开挖法。

1) 台阶法

台阶法是新奥法中适用性最广的施工方法,其施工顺序见图7.2-1,它将断面分成上半断面和下半断面两部分分别进行开挖;如果掌子面稳定性差,也可采用三台阶法进行施工。随着台阶长度的调整,它几乎可以用于所有的地层,因而是在现场使用的主导方法。根据台阶的长度,它有长台阶法、短台阶法和超短台阶法三种方式。施工中究竟应采用何种台阶法,应根据两个条件来决定。

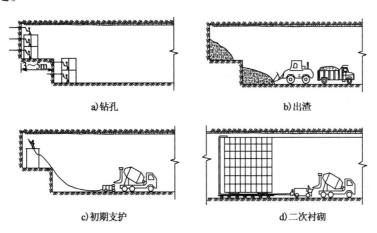

图7.2-1 台阶法施工顺序示意图

第一条件为初期支护形成闭合环的时间要求。围岩越差,闭合时间要求越短,则台阶必须缩短。

第二条件为施工机械的效率。效率高,则可以缩短支护闭合时间,故台阶可以适当加长。

这两个条件都反映了一个原则,即初期支护尽快闭合。在软弱围岩中应以前一条件为主,兼顾后者,确保施工安全。在围岩条件较好时,主要考虑的是如何更好地发挥机械效率,保证施工的经济性。故应充分考虑后一条件。

台阶越长则施工进度越快,因上下台阶的干扰会随着台阶长度的增加而减少,但支护闭合的时间会延长,而这又是不利于围岩稳定的。因此施工进度与围岩稳定是矛盾的两个方面,在确定采用何种台阶法时必须根据实际情况合理选择。

(1) 长台阶法

长台阶法如图7.2-2a)所示。上、下开挖断面相距较远,因台阶较长,可在上台阶采用中型机械施工(如一臂或二臂钻孔台车),但应注意,台阶长度应满足机械退避的安全距离,一般上台阶超前50m以上,或大于5倍洞宽。施工时上、下部可配备同类机械进行平行作业。当机械不足时也可用一套机械设备交替作业,即在上半断面开挖一个进尺,然后再在下断面开挖一个进尺。当隧道长度较短时,亦可先将上半断面全部挖通后,再进行下半断面施工,习惯上又称为"半断面法"。

相对于全断面法来说,长台阶法一次开挖的断面较小,有利于开挖面的稳定。它的适用范围较全断面法广泛,当全断面法缺乏大型机械,或者短隧道施工调用大型机械不划算时,都可考虑改用长台阶法,建议配备中型钻孔台车施工以充分发挥施工效率。

(2)短台阶法

短台阶法如图7.2-2b)所示。这种方法也是分成上下两个断面开挖,只是两个断面相距较近,一般上台阶长度小于5倍洞宽但大于1~1.5倍洞宽,上下断面基本上可以采用平行作业,其作业顺序和长台阶法相同。

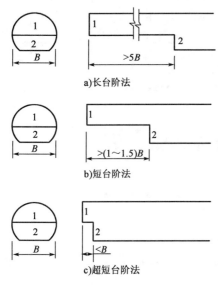

图7.2-2 台阶法类型示意图

短台阶法能缩短支护结构闭合的时间,改善初期支护的受力条件,有利于控制隧道变形收敛速度和变形值,所以可以用于稳定性较差的围岩,主要用于Ⅳ、Ⅴ级围岩。

短台阶法的缺点是因为上台阶的长度有限,故出渣时对下半断面施工的干扰较大,不能全部平行作业。为解决这种干扰,可采用长皮带机运输上台阶的石渣;在断面较大的隧道中,还可设置由上半断面过渡到下半断面的坡道,将上台阶的石渣直接装车运出。过渡坡道的位置可设在中间,亦可交替地设在两侧。

采用短台阶法时应注意:初期支护全断面闭合一般应在距开挖面30m以内完成,或在上半断面开挖后的30d内完成,拖延过久会影响围岩的稳定。当初期支护变形、下沉显著时,要提前闭合。台阶的长度应在满足围岩稳定性要求的前提下,能尽量保证施工机械开展正常的工作,如果两者有矛盾,则应以确保围岩稳定为重,而适当考虑降低机械化的程度。

(3)超短台阶法

超短台阶法如图7.2-2c)所示。这是一种适于在软弱地层中开挖的施工方法,一般在膨胀性围岩及土质地层中采用。为了尽快形成初期闭合支护以稳定围岩,上下台阶之间的距离进一步缩短,上台阶仅超前3~5m,由于上台阶的工作场地小,只能将石渣堆到下台阶再运出,对下台阶会形成严重的干扰,故不能平行作业,只能采用交替作业,因而施工进度会受到很大的影响。由于围岩条件差,初期支护的及时施作很重要,其作业顺序如下:

①用一台停在台阶下的长臂挖掘机或单臂掘进机开挖上半断面至一个进尺。

②安设拱部锚杆、钢筋网或钢支撑,喷拱部混凝土。

③用同一台机械开挖下半断面至一个进尺。

④安设边墙锚杆、钢筋网,接长钢支撑,喷边墙混凝土(必要时加喷拱部混凝土)。

⑤喷仰拱混凝土,必要时设置仰拱钢支撑。

⑥经量测,在初期支护基本稳定后,进行二次模注混凝土衬砌施工。

如无大型机械也可采用小型机具交替地在上下部进行开挖,由于上半断面施工作业场地狭小,常常需要配置移动式施工台架,以解决上半断面施工机具的布置问题。

在软弱围岩中采用超短台阶法施工时应特别注意开挖工作面的稳定性,必要时可对围岩采用预加固或预支护措施,如注浆加固围岩或施作超前水平小导管等。

在所有台阶法施工中,开挖下半断面时应注意事项为:下半断面的开挖(又称落底)和封闭应采用单侧落底或双侧交错落底,避免上部初期支护两侧拱脚同时悬空;应视围岩状况严格控制落底长度,一般采用1~3m,并不得大于6m。但如采取了必要的加强措施后,初期支护仍稳定不下来(这主要可能出现在稳定性很差的围岩中),可以考虑提前施作二次模注混凝土衬砌,但必须修改参数以加强其支护能力。下部边墙开挖后必须立即喷射混凝土,严格按规范要求施作初期支护。监控量测工作必须及时,以掌握拱顶、拱脚和边墙中部位移值,当发现速率增大,应立即进行仰拱封闭。

(4)三台阶法

近些年在软弱围岩隧道中采用的三台阶七步开挖法如图7.2-3所示,该方法分上、中、下三个台阶七个开挖面,各部位的开挖与支护结构沿隧道纵向错开,平行推进施工。

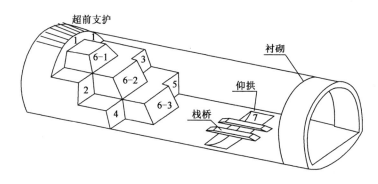

图7.2-3　三台阶法开挖示意图

三台阶七步开挖法一般要满足以下要求:

①三台阶七步开挖法应以机械开挖为主,必要时辅以弱爆破,各分步平行作业,平行施作初期支护,各分部初期支护应衔接紧密,及时封闭成环。

②仰拱应紧跟下台阶施作,及时闭合构成稳固的支护体系。

③应通过监控量测掌握围岩和支护的变形情况,及时调整支护参数和预留变形量,保证施工安全。

④应完善洞内临时防排水系统,防止地下水浸泡拱墙脚基础。

⑤拱部超前支护完成后,环向开挖上台阶环形导坑,预留核心土长度宜为3~5m,宽度宜为隧道开挖宽度的1/3~1/2。开挖循环进尺应根据初期支护钢架间距确定,最大不得超过两榀钢支撑间距,上台阶开挖矢跨比应大于0.3。

⑥中台阶及下台阶左、右侧开挖进尺应根据初期支护钢架间距确定,最大不得超过1.5m,开挖高度宜为3~3.5m,左、右侧台阶错开2~3m。

⑦上、中、下台阶预留核心土开挖进尺与各台阶循环进尺相一致。

⑧仰拱循环开挖长度宜为2~3m,开挖后及时施作仰拱初期支护,完成两个隧底开挖、支护循环后,及时施作仰拱,仰拱分段长度宜为4~6m。

2)分部开挖法

分部开挖法可分为三种变化方案:环形开挖留核心土法、单侧壁导坑法和双侧壁导坑法。

(1)环形开挖留核心土法

环形开挖留核心土法又称为"台阶分部开挖法"。将断面分成环形拱部(图7.2-4中的1、2、3)、上部核心土(4)、下部台阶(5)三部分开挖。根据断面的大小,环形拱部又可分成几块交替开挖。环形开挖进尺不宜过长,一般为0.5~1.0m。上部核心土和下台阶的距离,见图7.2-4。作业顺序如下:

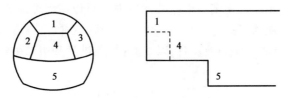

图 7.2-4　环形开挖留核心土法

①用人工或单臂掘进机开挖环形拱部(在能不爆破时尽量不爆破,以免扰动围岩)。
②施作拱部初期支护,如架立钢支撑、打锚杆、喷混凝土。
③在拱部初期支护的保护下,挖掘核心土。
④挖掘下台阶,随时接长钢支撑,施作边墙初期支护并封底。
⑤根据初期支护的变形情况适时施作二次模筑混凝土衬砌。

由于拱形环形开挖高度较小,工作空间有限,一般只能采用短锚杆。而当地层较松软,锚杆不易形成有效支护时,亦可不设锚杆。

这种方法适用于一般土质或易坍塌的软弱围岩。

环形开挖留核心土法的主要优点是,由于上部留有核心土支挡着开挖面,而且能迅速及时地施作拱部初期支护,所以开挖工作面稳定性好,核心土和下部开挖都是在拱部初期支护保护下进行的,施工安全性好。因为有核心土支护工作面,故台阶的长度可以加长(比超短台阶法的台阶要长,相当于短台阶法的台阶长度),因而减少了上下台阶的施工干扰,施工速度可加快。

施工应注意的问题有:虽然核心土增强了开挖面的稳定,但开挖中围岩要经受多次扰动,而且断面分块多,支护结构形成全断面封闭的时间长,这些都有可能使围岩变形增大。因此,它常需要结合辅助施工措施对开挖工作面及其前方岩体进行预支护或预加固。

(2)单侧壁导坑法

单侧壁导坑法如图 7.2-5 所示。开挖时,将断面分成侧壁导坑1、上台阶2及下台阶3。该法确定侧壁导坑的尺寸很重要,侧壁导坑尺寸如过小,则其分割洞室跨度增加开挖稳定性的作用不明显,且施工机具不方便开展工作;如过大,则导坑本身的稳定性降低而需要增强临时支护,而由于大部分临时支护都是要拆掉的,故导致工程成本增加。一般侧壁导坑的宽度不宜超过0.5倍洞宽,高度以到起拱线为宜,这样,导坑可分二次开挖和支护,不需要架设工作平台,人工架立钢支撑也较方便。导坑与台阶的距离没有硬性规定,但一般应以导坑施工和台阶施工不发生干扰为原则。在短隧道中往往先挖通导坑,再开挖台阶。上、下台阶的距离则视围岩情况参照短台阶法或超短台阶法拟定。

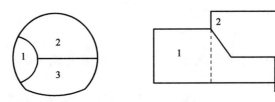

图 7.2-5　单侧壁导坑法

单侧壁导坑法的施工作业顺序为:
①开挖侧壁导坑,并施作闭合临时支护,可将喷射混凝土、钢筋网、钢支撑及锚杆根据具体

需要予以组合,并适当考虑导坑靠 2、3 部的锚杆对它们开挖的不利影响,可酌情不打,仅以钢支撑和喷混凝土或再加钢筋网支护。

②开挖上台阶,进行拱部初期支护,使其一侧支承在导坑的初期支护上,另一侧支承在下台阶上。

③开挖下台阶,进行另一侧边墙的初期支护,并尽快施作底部初期支护,使全断面形成闭合支护。

④拆除导坑临空部分的临时支护。

⑤施作二次模注混凝土衬砌。

单侧壁导坑法通过形成闭合支护的侧导坑将隧道断面的跨度一分为二,有效地避免了大跨度开挖造成的不利影响,明显地提高了围岩的稳定性,这是它的主要优点。但因为要施作侧壁导坑的内侧支护,随后又要拆除,因而会使工程造价增加。单侧壁导坑法适用于断面跨度大、地表沉陷难以控制的软弱松散围岩。

(3)双侧壁导坑法

双侧壁导坑法又称眼镜工法,如图 7.2-6 所示。在软弱围岩中且跨度较大,对地表沉陷需严格控制时,可考虑采用双侧壁导坑法。现场实测表明,双侧壁导坑法所引起的地表沉陷仅为短台阶法的 1/2。

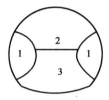 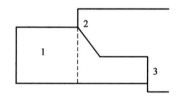

图 7.2-6 双侧壁导坑法

这种方法一般是将断面分成四块,即左、右侧壁导坑 1、上台阶 2、下台阶 3。导坑尺寸拟定的原则同前,左、右侧导坑应错开开挖,以避免在同一断面上同时开挖而不利于围岩稳定,错开的距离应根据开挖一侧导坑所引起的围岩应力重分布的影响不致波及另一侧已成导坑的原则确定,亦可工程类比之,一般取为 7~10m。

双侧壁导坑法施工作业顺序为:

①开挖一侧导坑,及时将其初期支护闭合。

②相隔适当距离后开挖另一侧导坑,将初期支护闭合。

③开挖上部核心土,施作拱部初期支护,拱脚支承在两侧壁导坑的初期支护上。

④开挖下台阶,施作底部的初期支护,使初期支护全断面闭合。

⑤拆除导坑临空部分的初期支护。

⑥待隧道周边变形基本稳定后,施作二次模注混凝土衬砌。

双侧壁导坑法施工应符合下列规定:

①侧壁导坑形状宜近于椭圆形断面,导坑断面宽度宜为整个断面宽度的 1/3。

②侧壁导坑、中槽部位宜采用短台阶法开挖,各部距离应根据隧道埋深、断面大小、结构类型等选取。各部开挖后应及时进行初期支护及临时支护,并尽早封闭成环。

③两侧壁导坑超前中槽部位 10~15m,可独立同步开挖和支护;中槽部位采用台阶法开挖,并保持平行作业。

④中槽开挖后,拱部钢架与两侧壁钢架的连接是难点,在两侧壁导坑施工中,钢架的位置应准确定位,确保各部架设钢架连接后在同一个垂直面内,避免钢架发生扭曲。

⑤根据监控量测信息,初期支护稳定后拆除临时支护,一次拆除长度不得大于15m,并加强监控量测。

⑥临时支护拆除完成后,应及时施作仰拱及二次衬砌。

双侧壁导坑法虽然开挖断面分块多一点,对围岩的扰动次数增加,且初期支护全断面闭合的时间延长,但每个分块都是在开挖后立即各自闭合的,所以在施工期间几乎不变形。该法施工安全,但进度慢,成本高。

(4) 中隔墙法(CD法)

中隔墙法(CD法,见图7.2-7)是将隧道分为左右两部分进行开挖,先在隧道一侧按两部或三部分层开挖,施作初期支护和中隔墙临时支护,再分台阶开挖隧道另一侧,并进行相应的初期支护的施工方法。

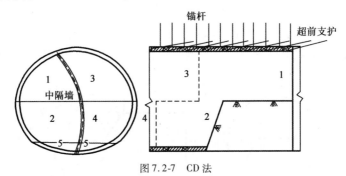

图7.2-7 CD法

中隔墙法施工作业顺序为:

①施作左侧上部的超前支护,开挖左侧上部。

②施作左侧上部初期支护,开挖左侧中部。

③施作左侧中部初期支护,开挖左侧下部。

④施作左侧下部初期支护,开挖右侧上部。

⑤施作右侧上部初期支护,开挖右侧中部。

⑥施作右侧中部初期支护,开挖右侧下部。

⑦施作右侧下部初期支护,拆除中隔墙。

⑧施作仰拱及填充混凝土。

⑨施作拱墙二次衬砌。

中隔墙法施工应符合下列规定:

①中隔墙法左右部的台阶高度应根据地质情况、隧道断面大小和施工设备确定。每侧按两部或三部分台阶开挖,开挖后应及时施作初期支护、中隔墙;两侧先后距离宜保持10~20m,上下断面的距离宜保持3~5m。

②各部开挖时,相邻部位的喷混凝土强度应达设计强度的70%以上。

③先行侧的中隔墙应设置为向外鼓的弧形。

④中隔墙在浇筑仰拱前逐段拆除。中隔墙一次拆除长度应根据量测结果确定,不宜大于15m。临时支护拆除后应及时施作仰拱和二次衬砌。

⑤特殊情况下可将中隔墙浇筑在仰拱中,待铺设防水板时再割断。

(5)交叉中隔墙法(CRD法)

交叉中隔墙法(CRD法)是分部开挖、支护,分部闭合成小环,最后全断面闭合成大环,每开挖一部均及时施作初期支护、中隔墙及临时仰拱的施工方法,见图7.2-8。

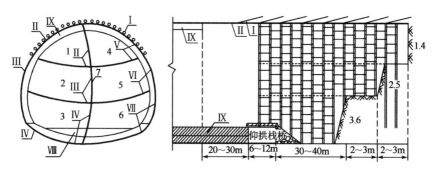

图7.2-8 交叉中隔墙法

交叉中隔墙法施工作业顺序为:
①施作左侧上部的超前支护,开挖左侧上部。
②施作左侧上部初期支护成环,开挖左侧中部。
③施作左侧中部初期支护成环,开挖左侧下部。
④施作左侧下部初期支护成环,开挖右侧上部。
⑤施作右侧上部初期支护成环,开挖右侧中部。
⑥施作右侧中部初期支护成环,开挖右侧下部。
⑦施作右侧下部初期支护成环,拆除中隔墙及临时仰拱。
⑧施作仰拱及填充混凝土。
⑨施作拱墙二次衬砌。

交叉中隔墙法施工应符合下列规定:
①根据地质条件,隧道断面的分部,应以初期支护受力均匀,便于发挥人力、机械效率为原则,一般水平方向分两部、上下分二至三层开挖。
②先行施工部位的临时支撑(中隔墙、临时仰拱),均应有向外(下)鼓的弧度。
③各部开挖及支护应自上而下,开挖后及时施作初期支护、中隔壁、临时仰拱,步步成环。
④同一层左右两部开挖工作面相距不宜大于15m,上下层开挖工作面相距宜保持3~4m,且待喷混凝土强度达到设计强度的70%后开挖相邻部位。
⑤宜缩短各部开挖工作面的间距,使初期支护尽早封闭成环。
⑥根据监控量测结果,中隔墙及临时仰拱在仰拱浇筑前逐段拆除,每段拆除长度宜不大于15m。

交叉中隔墙法是适用于软弱地层的施工方法,特别是对于控制地表沉陷有很好的效果,在城市地下铁道施工中运用较广。

7.2.3 浅埋暗挖法车站隧道的施工

车站的结构形式的不同,其施工工法也不同,表7.2-1为暗挖地铁车站常用结构形式及暗挖工法。

暗挖地铁车站常用结构形式及暗挖工法 表7.2-1

结 构 形 式	暗 挖 工 法
多拱双层式车站	洞桩法、桩柱法、中洞法
多拱(或单拱多跨)单层式车站	中洞法、柱洞法、侧洞法
单拱双层式车站	中洞法、双侧壁导坑法
单拱无柱单层式车站	CRD法
分离式车站的单拱双层式车站	洞桩法、CRD法
分离式车站的单拱单层式车站	CRD法

下面介绍的是国内目前几种最常见且行之有效的施工方法。

1) 中洞法

中洞法先挖掉隧道中间土体部分,施作中间部分的隧道衬砌结构,再开挖隧道两侧的土体完成隧道二次衬砌结构的施工,见图7.2-9。

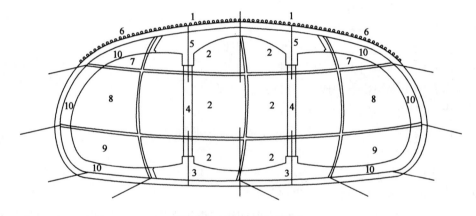

图7.2-9　中洞法施工步序图

中洞法施工作业顺序为:

(1)打设中洞管幕(通过管幕的施作,在隧道拱部形成一个环形拱架,这样做对隧道开挖能起到超前预支护作用)。

(2)按顺序开挖中洞各分块,架立钢拱架,挂钢筋网及喷射混凝土,同时施作临时仰拱和初期支护。

(3)破除部分中撑,浇注地梁并施作隧道仰拱。

(4)破除部分初期支护,架立钢管柱。

(5)浇注天梁,分段破除中撑实施扣拱。

(6)打设侧洞管幕。

(7)对称开挖侧洞上层土体,架立钢拱架,挂钢筋网并喷射混凝土,同时施作临时仰拱。

(8)对称开挖中洞中层土体,施作初期支护结构。

(9)对称开挖侧洞底层土体并施作初期支护结构。

(10)模注侧洞衬砌。

2)侧洞法

侧洞法施工顺序恰恰与中洞法相反,首先挖除侧洞土体部分,将钢管柱与天梁、地梁划入侧洞结构体系当中,与侧洞曲墙一起,组成封闭的侧洞支撑结构体系;等到侧洞衬砌结构施作完成后,再挖掉中间剩余土体部分,完成中洞扣拱和仰拱结构的施工,见图 7.2-10。

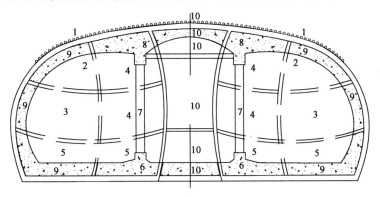

图 7.2-10　侧洞法施工步序图

侧洞法具体的施工作业顺序为:

(1)打设侧洞管幕(通过管幕的施作,在隧道拱部形成一个环形拱架,这样做对隧道开挖能起到超前预支护作用)。

(2)对称开挖侧洞边部上层分块,架立钢拱架,挂钢筋网,喷射混凝土,同时施作临时仰拱。

(3)对称开挖侧洞边部中层分块,同时施作初期支护。

(4)按从上往下的顺序,对称开挖侧洞上层偏于中部和中层偏中部的分块,同时施作初期支护。

(5)按从两边往中间的顺序,对称开挖侧洞边部底层和侧洞底层偏于中部分块,同时施作初期支护。

(6)在侧洞底层偏于中部分块处浇筑地梁。

(7)破除部分支撑,架立钢管柱。

(8)浇筑天梁。

(9)分段破除支撑,施作侧洞二次衬砌。

(10)挖除中间剩余土部分,并施作天梁和地梁。

3)柱洞法

柱洞法施工顺序基本上与中洞法相同,也是先中洞后侧洞;区别在于中洞施工时,首先开挖四个彼此互不连接的导洞,然后施作中洞永久支护结构。在中洞衬砌的支撑下,开挖侧洞并完成隧道衬砌,见图 7.2-11。

柱洞法具体的施工作业顺序为:

(1)打设中洞管幕。

(2)开挖中洞左下和右下导洞,架立钢拱架,挂钢筋网,喷射混凝土,同时施作临时仰拱。

(3)开挖中洞左上导洞和右上导洞,同时施作初期支护。

(4)在中洞下导洞中浇注地梁。

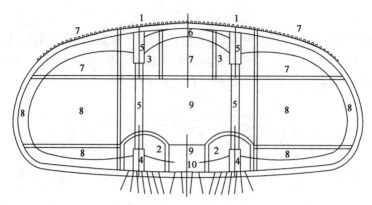

图 7.2-11 柱洞法施工步序图

（5）自上导洞向下在钢管柱设计位置实施人工挖孔,然后架立钢管柱,并在钢管柱上浇注天梁,然后开挖中洞上导洞之间土体,同时施作初期支护。

（6）分段拆除上导洞间初期支护,模筑隧道顶拱。

（7）设置侧洞管幕,然后对侧洞上层土体进行对称开挖,架立钢拱架,挂钢筋网及喷射混凝土,并施作临时仰拱。

（8）先对称开挖侧洞中层土体,再对侧洞底层土体开挖,同时施作初期支护,最后模注侧洞衬砌结构。

（9）先进行中洞中层土体的开挖,然后对中洞底层土体进行开挖并施作初期支护。

（10）分段拆除中洞下导洞初支,浇筑隧道仰拱结构。

此外还有双侧壁导坑法和CRD法,因为在区间隧道已作介绍,这里不再赘述。上述方法都能将地表沉降控制在允许的范围内。总的来说,综合考虑减小施工干扰、加快施工进度、地表沉陷控制等各方面因素,中洞法具有一定优势。

利用浅埋暗挖法进行施工时,为了确保工程顺利进行和施工安全,必须采取一定的工程措施对地层进行预支护或预加固,称之为辅助施工措施。预支护措施有:预留核心土、喷射混凝土封闭开挖工作面、超前锚杆(亦可用小钢管)、管棚、临时仰拱封底、钢背板插板法、预衬砌。预加固措施有:预注浆加固地层、地表锚喷预加固。而兼有预支护和预加固双重作用的有:超前小导管注浆。

这些辅助措施的选用,应视围岩条件、涌水状况、施工方法、环境要求等因素综合而定,可以单独使用一种措施,也可以几种一起使用。一般在设计阶段应对辅助施工措施有初步考虑,并在设计图中表示出来。在施工阶段往往还要根据开挖的具体情况予以修改,或是加强,或是减弱甚至取消。

7.3 盾构法施工

7.3.1 概述

1）盾构法的基本概念

目前,盾构法已成为地铁区间隧道的主流施工方法之一。它是利用盾构机进行地下铁道施工的一种方法,盾构施工时,首先要在隧道某段的一端建造工作井,盾构在工作井内完成拼装。然后利用工作井的后靠壁作为推进基底,由盾构千斤顶将盾构从井壁开孔顶出工作井,开始沿着隧道设计轴线推进。在推进过程中不断地从开挖面排土,推进中所受到的地层阻力通过千斤顶传至盾构尾部已拼装好的预制衬砌管片上。在施工过程中,及时地向衬砌背后的空隙注浆,防止地层移动和固定衬砌环位置。盾构法施工工序见图 7.3-1。

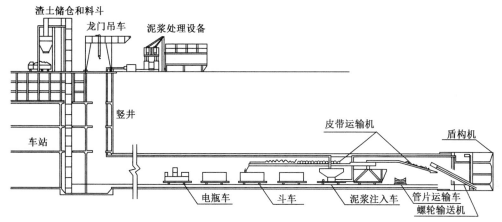

图 7.3-1 盾构法施工工序示意图

2) 盾构法施工的适用范围

盾构法施工能适用各种复杂的工程地质和水文地质条件,从流动性很大的第四纪淤泥层到中风化和微风化层。即可用来修建小断面的区间隧道,也可用来修建大断面的车站隧道。而且施工速度快(5~40m/d),对控制地面沉降有较大把握。但盾构法需要有较多时间和投资用于施工机械、附属设施和端头工作井上,而且较其他施工方法更依赖详尽的地质水文条件的勘测,直接造价比明挖法和新奥法都高。因此,在修建地面交通繁忙、地面建筑物和地下管线密布、对地面沉降有严格要求的城区,且地下水发育、围岩稳定性差或者隧道很长、工期要求紧迫时,采用盾构法才更加合理。

7.3.2 盾构的分类及选型

1) 盾构的基本构成

盾构是进行暗挖施工的装置,是一种既能支承地层的压力,又能在地层中推进的钢壳结构。从纵向上可将盾构分为:切口环、支承环和盾尾三部分,见图 7.3-2。切口环是盾构机的前导部分,在其内部和前方可以设置各种类型的开挖和支撑地层的装置;支承环是盾构的主要承载结构,沿其内周边均匀地装有推动盾构机前进的千斤顶,以及开挖机械的驱动装置和排土装置;盾尾主要是衬砌作业的场所,其内部设置衬砌拼装机,尾部有盾尾密封刷、同步压浆管和盾尾密封刷油膏注入管等。切口环和支承环都是钢板焊成的或铸钢的肋形结构,而盾尾则是用厚钢板焊成的光壁筒形结构。

2) 盾构的分类

盾构的类型比较多,按开挖方式分类有手掘式、半机械式和机械式三种基本类型。按开挖面挡土方式分类,有开胸式和闭胸式两种类型。所谓开胸式是能直接看到开挖面进行开挖,而闭胸式不能看到开挖面,靠各种装置间接地掌握开挖面情况来进行开挖。表 7.3-1 给出了盾构的分类。下面主要按开挖方式来介绍盾构类型。

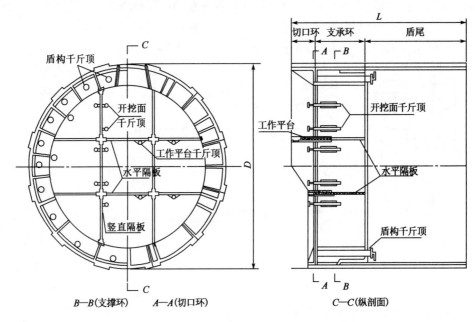

图 7.3-2　盾构主要结构构造图

盾 构 分 类　　　　　　　　　　表 7.3-1

按开挖方式分类	盾 构 类 型	按挡土方式分类	盾 构 类 型
手掘式	手掘式盾构	开胸式	手掘式盾构
	挤压式盾构		半机械盾构
	半机械式盾构		开胸式机械盾构
机械式	开胸式机械盾构	闭胸式	局部气压盾构
	局部气压盾构		挤压式盾构
	泥水加压盾构		泥水加压式盾构
	土压平衡盾构		土压平衡盾构

(1) 手掘式盾构

这是一种在工作面采用鹤嘴锄、风镐等工具,用人工开挖土体的盾构,现在仍然在使用,图 7.3-2 表示的就是这种盾构。这种盾构没有复杂的开挖和出土的机械设备,采用敞胸开挖。使用这种盾构的基本条件是:由于盾构前方是敞开的,所以开挖面至少在挖掘阶段应无坍塌现象。

手掘式盾构的优点是构造简单、配套设备较少、造价低;缺点是工人劳动强度大、进度慢。

(2) 挤压式盾构

在软弱黏性土层中,则不适用于人工开挖,可在盾构的前端用胸板封闭以挡住土体,使不致发生地层坍塌和水土涌入盾构内部的危险。盾构向前推进时,胸板挤压土层,土体从胸板上的局部开口处挤入盾构内,因此不需要开挖,使掘进效率提高,劳动条件改善,这就是挤压式盾构,它有半挤压和全挤压之分,图 7.3-3 表示的是半挤压式盾构。这种盾构要特别注意出土口的开口率,当出土量增加时,会引起周围地层的沉陷;反之,就会增大盾构的切入阻力,使地面隆起,因此控制出土量十分重要。

在一定的地质条件下,如淤泥质地层中,甚至可以不出土只推进,称为"全挤压盾构"。虽然这会引起地表隆起,但在特殊的工程条件下是可以的,如在河床下的软弱地层中推进时,河底表土的隆起不会造成什么危害。

(3) 网格式盾构

在挤压式盾构的基础上加以改进,可形成一种胸板呈网格状的网格式盾构,见图7.3-4。其构造是在盾构切口环的前端设置网格梁,与隔板组成许多小格子的胸板,借土的凝聚力,用网格胸板对开挖面土体起支撑作用。当盾构推进时,土体克服网格阻力从网格内挤入,把主体切成许多条状土块,在网格的后面设有提土转盘,将土块提升到盾构中心的刮板运输机上运出盾构,然后装箱外运。这种盾构虽然不需人工开挖,但也没有采用机械开挖,仅仅是推进就可以了,所以还是归于手掘式盾构范畴,是一种适合在饱和含水的软塑土层中施工的盾构,具有出土效率高、劳动强度低、安全性能好等优点。

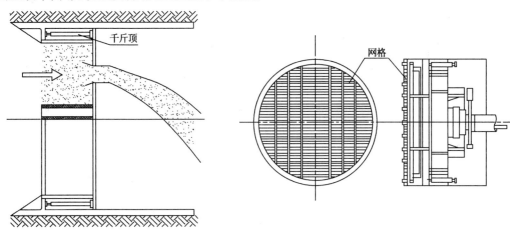

图 7.3-3 半挤压式盾构　　　　　图 7.3-4 网格式盾构

(4) 半机械式盾构

在手掘式盾构的前端,装上反铲挖土机械或螺旋切削机以代替人工开挖,如土质坚硬可装上软岩切削头来开挖土层,就形成了所谓的半机械式盾构。从工作形态上来说,它更接近于手掘式盾构。

(5) 机械式盾构

在盾构的前端,装上和盾构直径相当的切削刀盘,就成为全断面掘进的机械式盾构,见图7.3-5。如地层能够自立,或采取辅助措施后能够自立,可用开胸式机械盾构;如地层较差,又不采取辅助措施,则需采用闭胸式机械盾构。这类盾构在实际使用中主要有:

① 开胸式机械盾构。

采用大刀盘方式掘进是它的主要特点,无胸板(即在刀架间无封板),透过刀架间的空隙可以直接看到开挖面。切削下来的渣土由设在刀盘后边的螺旋输送机运走。土压由盾构大梁承受。这种盾构掘进速度快、工效高,但造价高,不适用于短隧道,且对地面变形的控制能力不强。

图 7.3-5　机械式盾构

②局部气压盾构。

在盾构的切口环和支承环之间设密封隔墙,使形成密封舱,在舱内通入压缩空气,用气压稳定开挖面土体。局部气压盾构的优点是工作人员不在高压舱内工作;缺点是其出土装置、盾尾密封装置和衬砌接缝间容易漏气,在同样压力差和空隙条件下,漏气量比漏水量大 80 倍之多,因而大大制约了它的推广使用。

③泥水加压盾构。

20 世纪 70 年代初,英国开发了一种新颖的盾构掘进机,它带有切削刀盘和密闭舱,可平衡开挖面水土压力,这就是泥水加压盾构,全称为泥水加压平衡盾构,也称泥浆盾构,它的出现使盾构掘进技术发生了一次重要的飞跃,见图 7.3-6。

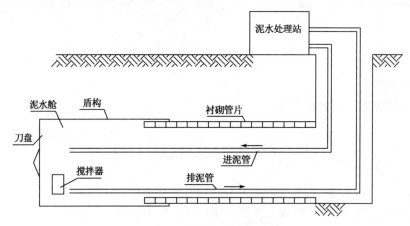

图 7.3-6　泥水加压平衡盾构示意图

泥水加压盾构是在局部气压盾构的基础上发展而成的一种盾构。它的基本思路是以加压泥水来取代压缩空气。这是研究人员为了解决局部气压盾构的漏气问题,经过反复探索后的结果,即在局部气压盾构的密封舱内注入泥水,利用泥水的压力来稳定开挖面土体,从而不再需要高压气体,这就从根本上解决了漏气问题。由于采用了泥水技术,盾构掘进时开挖下来的渣土与泥水混合在一起,可以由管道送往地面处理,从而解决了连续出土的难题。送到地面的泥水经处理后可以将一部分合格的泥水返回密封舱重新使用,其余的则作为弃土运走。可见,泥水盾构的优点是既能抵抗地下水压,又无压缩空气的泄漏问题,故对隧道埋深的适应性较大;弃土可采用管道输送,安全可靠,效率高;而且,一般说来,这是一种对地面干扰最小的盾构。其缺点是配套设备较多,施工费用和设备投资较高,就目前掌握的情况来看,在所有的盾构法中,它的费用最高。

由于泥水舱的存在,使得无论是在推进阶段还是在拼装阶段,开挖面都始终保持着一层泥膜,当刀盘刀头将旧的泥膜切削掉后,新的泥膜就会很快形成,周而复始,这层泥膜始终保持着开挖面的稳定。

泥水盾构的工艺流程为:施工准备(包括泥水系统、同步注浆、中央控制室等设备安装)→盾构就位、调试→系统总调试→盾构推离拼装竖井→盾构推进、同步注浆(施工参数的采集与调整)→管片拼装→隧道区段掘进完成,盾构进入竖井→拆除盾构、车架及其他设备→竣工。

④土压平衡式盾构。

土压平衡式盾构也称泥土加压式盾构,它的基本构成见图7.3-7。在盾构切口环和支承环间装有密封隔板,使盾构开挖面构成一密封舱,其前端是一个全断面切削刀盘,用以开挖地层。密封隔板的中间装有一台长筒形螺旋运输机,进土口设在密封舱内的中心或下部,出土口在密封舱外。土压平衡的作用是用刀盘切削下来的土充填整个密封舱,使其达到一定的密度,以保持足够的压力去平衡开挖面的土压力。密封舱内的土压主要是由螺旋运输机的出土量来控制,出土量多则平衡土压下降,反之则上升,同时还要密切配合刀盘的切削速度和千斤顶的顶进速度,使密封舱内始终充满泥土而不致挤得过密或过松,这样就可以达到稳定开挖面的效果。

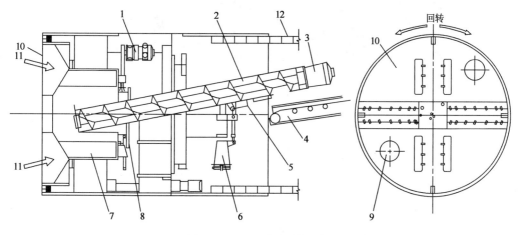

图7.3-7 土压平衡式盾构示意图

1-刀盘用油马达;2-螺旋运输机;3-螺旋运输机发动机;4-皮带运输机;5-闸门千斤顶;6-管片拼装器;7-刀盘支架;8-隔板;9-排障用出入口;10-刀盘;11-泥土进入盾构;12-管片

土压平衡式盾构既避免了局部气压盾构漏气的缺点,又省去了泥水加压盾构的泥水输送和地面处理设备,造价低于泥水加压盾构,已广泛应用于地下铁道的施工中;但在遇到较大直径的砾石时,处理有困难。

⑤特殊盾构。

特殊盾构又称异形盾构。常用的盾构隧道掘进机为圆形,主要是由于圆形结构受力合理,圆形掘进机施工摩阻力小,如果采用旋转刀盘时,这一点更突出。但是圆形隧道往往断面空间利用率低,尤其在地铁隧道工程中,矩形、椭圆形、马蹄形、双圆形或多圆形断面更为合理。

这类盾构的优点是隧道断面空间利用率比圆形盾构大,缺点是衬砌结构受力不如圆形结构,且施工机械化程度低。

a. 半圆形盾构和马蹄形盾构。

圆形盾构有一个缺点,它的空间利用率有限,即会留下一些无用的空间,这无形中增加了工程造价。为了尽量减少空间的浪费,可以将盾构的断面形状设计成半圆形或马蹄形,日本已经设计并使用了这类盾构。

b. 长方形盾构。

长方形盾构是最符合车辆限界的盾构形式,因此它的空间利用率最大。

c. 多圆形盾构。

多圆形盾构,即掘进刀盘不止一个,可以是两个或者三个,主要用于暗挖车站的施工,见图 7.3-8。

图 7.3-8　三头盾构

3) 盾构的选型

(1) 影响盾构选型的因素

盾构机的种类很多,施工时盾构机的选择是否合适直接影响到工程的经济性、安全性以及可靠性等。盾构机的合理选择要保证开挖面的稳定性、要具有良好的掘进性能、要结合衬砌的类型防止渗漏和坍塌,而且还要与配套系统具有紧凑的配合关系。因此盾构的选型应该是一个系统问题,需要综合考虑。图 7.3-9 表示了以盾构选型为核心的各因素的影响及其相互作用关系。

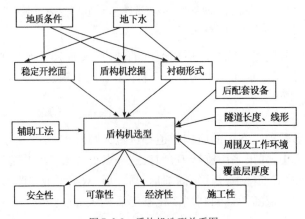

图 7.3-9　盾构机选型关系图

(2)盾构选型的一般原则

①以开挖面稳定为核心,盾构选型应在充分把握地层条件的基础上进行。

②应考虑土的塑性流动性、土的渗透系数等,这对开挖面的稳定非常重要。塑性流动性直接影响土的顺畅排出,若地层透水性太高,地下水则可能通过开挖腔室和螺旋输送机内的废渣流入隧道。一般认为,10^{-5} m/s 的渗透系数是土压平衡盾构作业的经验上限值。

③应考虑地下水的含量及水压,这往往要与土的塑性流动性及透水性结合考虑,高水压、高渗透性的情况是非常不利的。这涉及是选用泥水盾构还是土压盾构以及盾尾密封的选型。特别是饱和砂土层中泥水盾构的使用占绝大多数。

④应视地层中有无砂砾和大卵石,这直接影响到土的渗透性、切削刀盘的磨耗、切削刀开挖时对地层的扰动范围、刀盘的开口率、对卵石的破碎方式及其排出方式。

⑤应考虑土层的粒径分布,一般都采用土层颗粒曲线来界定不同盾构的适用土层。总的来说,粒径大时宜采用泥水盾构,粒径小时宜采用土压盾构。

⑥隧道的线形和转弯半径也是应考虑的因素,盾构机本体的长度与直径比及盾尾间隙直接影响盾构的转弯及纠偏能力。一般,长度与直径之比(L/D)应不小于 1.0,当转弯半径过小时可考虑采用铰接式盾构。

⑦盾构选型时,必须根据土质条件决定切削刀的形状、材质和配置。必要时同时配置切削刀和滚刀,形成盾构和 TBM 的混合刀盘。

⑧刀盘的装备扭矩也与盾构选型有关,盾构装备扭矩 $T = aD^3$(D 为盾构外径,a 为扭矩系数,对泥水盾构 $a = 9 \sim 15$;土压盾构 $a = 8 \sim 23$)。显然采用泥水盾构有利于减小刀盘切削阻力,从而减轻主轴承的负荷。

⑨盾构施工对周围环境的影响也是盾构选型时应考虑的因素。比如地层变形的许可程度、有无地下构筑物等,再比如泥水处理以及废渣的倾倒是否对环境有污染等。

⑩最后,盾构的选型还应考虑对工作环境的影响。比如,盾构的刀盘驱动是液压驱动还是电动驱动,液压驱动效率低,噪声大,洞内温度上升快;而电动驱动效率高,洞内环境好(噪声小、温度低)。

(3)选用泥水式盾构还是土压式盾构

泥水式盾构和土压式盾构是城市地下铁道盾构法施工中运用最广泛的两种形式,在这两种盾构形式中如何选择是常遇见的问题。在软土隧道和有水压的情况下,一般采用密封式盾构机,密封式又有泥水式和土压式两种。土压式盾构主要有两类:一类是将开挖地的土体充填在土舱内,用螺旋输送机调整土压,保持工作面的稳定。这种盾构机仅适用于可用切削刀开挖且含砂量小的塑性流动性软黏土;另一类是向开挖面注入水、泡沫、膨润土、CMC 等添加剂,通过强制搅拌使土砂具有良好的塑性流动性和止水性,较好地传递土压,保持开挖面的稳定和土砂的顺畅排出。这种盾构机适用范围较广,可用于冲积黏土、洪积黏土、砂质土、砂砾、卵石等土层以及这些土层的互层。对土压式盾构会出现砂性土排土困难、掘进机刀头、刀盘的磨损以及在含水砂层透水系数大、孔隙水压高时土舱顶部产生空隙的危险。泥水式盾构是将泥浆送入泥水室内,在开挖面上用泥浆形成不透水的泥膜来对抗作用于开挖面的土水压力。泥水式盾构机适用的地层范围很大,从软弱砂质土层到砂砾层。泥水式盾构由于采用管道输送工作面,全密封、安全性高,在软弱互层地段也适用。通过泥浆施加合适压力控制排土量可使地层变形小,对环境几乎不产生影响。泥水式盾构特别适用于冲积洪积的砂砾、砂、亚黏土、黏土层或多水互层的土层;有涌水工作面不稳定的土层;上部有河川、湖沼、海洋等水压高、水量大的地层。泥水式盾构的泥浆处理设备设在地面,需占用较大的面积,这成为在城市密集区应用的不利因素。

(4) 特殊情况下的盾构选型问题

① 长距离隧道盾构的施工。

由于城市建筑密集,确保竖井用地越来越困难,致使竖井费用增加。另外,河底、海底隧道等施工中途不可能设置竖井。由此出现了可以长距离施工的盾构机。长距离隧道盾构选型时需要考虑的主要问题有:盾构机的耐久性;扩大盾构机的适用范围,以保证在各种地层条件下开挖面的稳定;材料、设备以及排土的输送配套问题;测量技术及方向控制技术需要相应提高。长距离掘进是否可能在很大程度上取决于盾构机各部件的耐久性,包括刀头的寿命、土砂密封的耐久性以及盾尾密封的耐久性。盾构选型时必须考虑刀头的使用寿命、换刀的可能性以及机械检修和换刀的施工方法。

② 高水压下盾构的施工。

高水压下盾构施工的关键问题是刀盘驱动部位的土砂密封和盾尾密封。需要冷却装置以防止法兰密封段数增加而温度上升,保证土砂密封的止水性;盾尾密封应选择耐磨材料,增加段数、改进填充剂的注入管理和交换方法,以确保盾尾密封的止水性。另外,高水压下盾构选型时还需要考虑钢筋混凝土管片的抗渗性、管片接头以及密封材料的止水性。泥水式盾构由于形成封闭的回路,对付高水压比较容易。而对土压式盾构来说,在砂层中螺旋输送机的水封性要求不易满足,一般螺旋输送机形成止水壁的要求是黏性土含量不大于30%。高水压下盾构的基本形状为圆形,因为此时对盾构机及衬砌来说水压力的影响比土压力更大,弯矩影响很小,以轴力为主,圆形结构稳定。

③ 隧道穿越不同地层的条件。

当某一段隧道穿越不同地层结构时,用以上任何形式的盾构机都不足以单独将此隧道掘进贯通。此时,可以将以上不同形式的盾构进行组合,在结构空间允许的情况下,将不同形式盾构机的功能部件同时布置在一台盾构机上,掘进过程中可根据地质情况进行功能或工作方式的切换和调整。这样一台盾构机在不同地层转换后可以不同的工作原理和方式运行,即称为混合式盾构。

④ 刀盘旋转切削堵塞现象的考虑。

盾构刀盘在泥岩、坚硬黏土等地层条件下切削,会在刀盘、槽口黏附形成泥饼。对土压式盾构,由于含水率低的固结黏土吸水后附着力增加,会出现开挖渣土在土室内四周附着并压密固结与刀盘一起旋转,造成排土困难。对泥水式盾构,由于是面板型刀盘,也存在开挖土砂附着在刀盘切口和在泥水室内引起堵塞,造成掘进被迫停止的危险。在日本曾经有在道路下掘进隧道刀盘被泥饼堵塞而无法推进的教训,最后被迫在盾构前方从路面开挖竖井进行处理。而这在水底是无法实现的,必须在初期盾构选型时对刀盘的刀具配置及加水冲刷装置进行合理的选型。

⑤ 增加使用带泡沫的浆液。

泡沫被封存在类似清洁剂的流体之中,它使土中的颗粒保持分离,因而减少了土的内部摩擦和透水性。用带泡沫的浆液有一些独特优点:由于带泡沫的浆液的重量小,故不会立即流落到盾构的较低的范围内,因此保证了在开挖期间与土最佳的混合,这一点对直径较大的盾构尤为明显;泡沫是用百分比很小的化学添加剂形成的,因而使废渣的弃置更容易,也免除了对开挖下来的泥土作任何额外处理;可以降低摩擦,减小刀盘切削的阻力,降低刀盘的扭矩及刀具磨损;使用泡沫还比较经济。带泡沫浆液实际需要量取决于掘进速度、切削刀盘的扭矩和土压力。

⑥泥水盾构水压割裂地层现象的预防。

泥水盾构工作时,在开挖面上可能会出现水压割裂地层的现象,压力泥水将沿割裂面涌出地表,在水底施工时,高压水还会沿割裂面涌入隧道,这是极其危险的。这种现象一般发生在渗透性低的黏性土地层以及淤泥粉砂地层中,在高渗透性的砂性土地层不会发生。这需要根据土的强度,合理选用和控制开挖速度、泥水压力、膨润土的用量等关键因素。

7.3.3 盾构法隧道施工

1) 盾构施工准备工作

(1) 修建盾构工作井(始发井、接收井、调头井或检修井)

一般在隧道始端和终端建造工作井作为始发井和接收井,或调头井。特别长的隧道,还应设置中间检修井。盾构的始发井的设置目的:在井内拼装及调试盾构,然后通过拼装井的预留孔口,让盾构按设计要求进入土层。设置接收井的目的:接收在土层中已完成了某一阶段推进长度的盾构。盾构井入接收井后,或实施解体;或进行维修保养,为继续推进做准备;或做折返施工。不作折返施工的接收井平面尺寸除了使用要求外,只要满足解体施工或维修保养的操作空间即可。开辟工作井最常用的方法,就是在盾构掘进线路的上方,由地面向下开凿一座直达未来区间隧道底面以下的竖井,其底端即可用作盾构拼装、拆卸和检修室。盾构开始掘进后,此竖井即可作出渣、进料和人员进出的孔道;运营时则可用作通风井。

根据不同的地质条件,竖井可采用沉井法、地下连续墙、冻结法或普通矿山法修建。由于沉井的机构造价较低,工作井的平面尺寸较小,平面形状为可封闭形,当对于附近地表沉降控制要求不高、开挖深度较浅时,工作井应尽量采用沉井方案。盾构工作井的平面形状多数为矩形,平面净空尺寸要根据盾构直径、长度、需要同时拼装的盾构数目,以及运营时的功能而定,一般盾构外侧预留 0.75 ~ 0.80m 的空间,容许一个拼装工人工作即可。

如果地下铁道车站采用明挖法施工,则区间隧道的始发井和接收井设在车站两端,成为车站结构的一部分,并与车站结构一起施工,但这部分结构暂不封顶和覆土,留作盾构施工时的运输盾构机的通道。始发井或接收井见图 7.3-10。

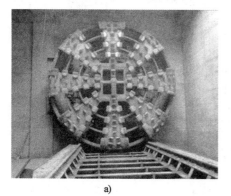
a)

b)

图 7.3-10 盾构施工的工作井

(2) 盾构拼装

在盾构拼装前,先在拼接室底部铺设 50cm 厚的混凝土垫层,其表面与盾构外表面相适应,在垫层内埋设钢轨,轨顶伸出垫层约 5cm,可作为盾构推进的导向轨,并能防止盾构旋转。如果拼装室将来要做他用,需要凿除垫层,这样费工费时,所以可改用型钢拼成的盾构支承平台,其上亦需有导向和防止旋转的装置。

由于起重设备和运输条件的限制,通常将盾构拆成切口环、支承环、盾尾三节运到工地,然后用起重机将其逐一放入井下的垫层或支承平台上。切口环与支承环用螺栓连成整体,并在螺栓连接外圈加薄层电焊,以保持其密封性。盾尾和支承环之间则采用对接焊连接。

在拼装好的盾构后面,尚需设置由型钢拼成的、刚度很大的反力支架和传力管片,根据推出盾构开动的千斤顶数目和总推力进行反力支架设计和传力管片的排列。

(3) 洞口地层加固

盾构机进出工作井前后 50m 是盾构法隧道施工最困难的地段之一。当盾构工作井地层为自稳能力差、透水性强的松散砂土或饱和含水强土时,如不对其进行加固处理,则在凿除封门后,必将有大量的土体和地下水向工作井内坍塌,导致洞周大面积地表下沉,危及地下管线和附近建筑物。目前,常用的加固方法有注浆、旋喷、深层搅拌、井点降水、冻结法等,可根据土体种类(砂性土、砂砾土、腐殖土等)、渗透系数和标贯值、加固深度和范围、加固的主要目的(防水或提高强度)、工程规模和工期、环境要求等条件进行选择,加固后的土体应有一定的自立性、防水性和强度,一般以单轴无侧压抗压强度在 0.3～1.0MPa 之间为宜,强度太高则刀盘切土困难,易引发机器故障。

2) 盾构掘进

(1) 盾构出洞

盾构出洞是盾构法的重要环节之一。在始发井内,盾构按设计高程及坡度推出预留孔洞,进入正常土层的过程称为盾构出洞。盾构出洞的方法有很多种,如图 7.3-11 所示为不同的盾构出洞形式。

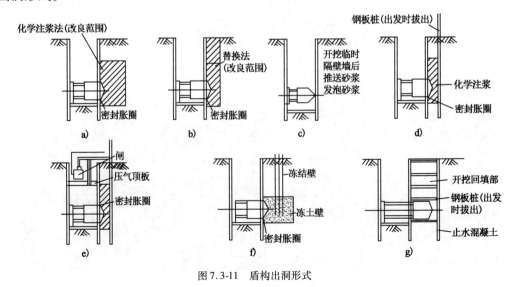

图 7.3-11 盾构出洞形式

当采用泥水加压平衡式盾构施工时,一般先将出洞井预留外侧一定范围的土体进行改良,使土体的抗剪、抗压强度提高,透水性减弱,预留孔洞外侧的土体具有保持相对稳定的能力。改良土体的方法有深层搅拌桩法、高压喷射法、冻结法等,对于渗透系数较大($K \geq 10^{-3}$cm/s)的土层,也可采用注浆法。

(2)盾构掘进施工管理

盾构施工管理目的是使盾构在推进中对地层和地面的影响最小,表现为地层的强度下降小,超孔隙水压力小,地面隆起小,以及衬砌脱开盾尾时的突然沉降小。盾构掘进的施工管理内容见表7.3-2。

盾构掘进施工管理　　　　　　　　　　　　　　　　表7.3-2

项　目	管理内容(相关因素)
挖掘管理	开挖面稳定;盾构机(总推力、推进速度、切削扭矩、千斤顶推力、搅拌扭矩)
线性管理	盾构机的位置和姿态(仰俯、旋转、偏移、超挖量、蛇形量)
注浆管理	注入状况(注入量、注入压力);注入材料(稠度、离析性、胶凝时间、强度、配比)
管片拼装管理	拼装(真圆度、拧螺栓的扭矩);防水(漏水、管片缺损、接缝张开);位置(蛇形量、垂直度)

盾构掘进施工管理应注意如下五个问题:

①正确选择推进千斤顶的个数与配置。

盾构机是在千斤顶的推力作用下前进的,合理地使用盾构千斤顶,对正确地沿着预定线路进行推进至关重要。推进时所需的推力会由围岩条件、盾构形式、超挖量、有无蛇行修正、隧道曲率半径、坡度等情况的不同而有所不同。以不影响管片产生不良影响为基础,注意始终要使用适当的推力。

②保证开挖面的稳定。

封闭式盾构机的开挖和推进,一方面要确保开挖面稳定,避免发生过量取土和压力舱内堵塞,使开挖和推进速度相协调;另一方面,开放式盾构机要根据围岩的情况,开挖后立即推进或开挖同时推进,以免开挖面发生破坏。管片组装完成后,要尽快地进行开挖、推进,而且要尽量减少开挖面的暴露时间。

③防止管片等后方结构物被损坏。

推进时,最好在考虑了管片强度的基础上,尽量减小每台千斤顶推力,通过使用更多个数的千斤顶来产生所需要的推力。当需要的推力可能会损伤管片后方的结构物时,必须要对管片进行加固。不得已时,封闭式盾构机可使用全面外扩式或部分外扩式超挖刀进行超挖;而开放式盾构机在确保开挖面稳定的基础上进行超前开挖。

④尽量防止横向、纵向和转动偏差的发生。

在盾构及推进时,要正确掌握盾构机的位置和方向,同时使推力作用在适当位置。当盾构机通过曲线部分、坡度变化部分或进行蛇形修正时,可使用部分千斤顶。为使盾构机中心线和管片面尽量正交,在推进时可采用锥形管片或锥形管片环。

盾构机的横向偏差、纵向偏差、转动偏差,往往是由于围岩阻力、千斤顶操作误差、盾构机构特性、土质变化、管片刚度、测量误差等综合因素引起。要根据测量所取得的数据,提前进行修正。

由于软弱地基或管片的结构等原因,使盾构机发生前端低头时,对封闭式盾构机来说,一般是对下侧的千斤顶加朝上的力矩同时一边向前推进;而对于开放式盾构机来说,一般采用在盾构机前端底部浇筑混凝土、进行化学加固等方法进行地基改良,或在盾构机前面底部加上抗力板等来推进。

另外,开放式盾构机在方向急剧变化时,对于可进行超前开挖的土质,有时可采用先进行超前开挖再进行推进的方法。对于长径比大的盾构机,因为难以弯曲,可借用反力板加以辅助。

蛇形修正,最好尽早进行,趁蛇形量小时进行修正。急剧的方向修正往往会增加相反一侧的蛇形量,造成在盾尾内管片组装的困难,最好考虑在较长的区间内逐渐地进行修正。在推进过程中,土质的突变经常是导致蛇形运动的原因,故对土质的变化要予以关注。

横向、纵向和转动偏差要用侧锤、测斜仪、回转罗盘、经纬仪等检测并适当选定千斤顶来进行修正。对于封闭式盾构机,转动偏差多通过改变刀盘的旋转方向、施加反向的旋转力进行修正,转动偏差的发生会引起施工效率的下降。

⑤及时对衬砌背后进行压浆处理。

为了防止地表沉降,必须对盾尾和衬砌之间的空隙及时压浆充填,压浆后还可改善衬砌的受力状态。同时,由于压入的浆液凝固后在衬砌周围形成一层外壳,能够抵抗侵蚀并有助于防水。

压浆的方法有二次压注和一次压注。二次压注是在盾构推进一环后,立即用风动压浆机通过衬砌上的预留孔,向衬砌背后的空隙内压入豆粒砂,以防止地层坍塌;在继续推进数环后,再用压浆泵将水泥浆液压入砂间空隙,使之凝固。因压注豆粒砂不易密实,压浆也难充满砂间空隙,故防止地表沉降的效果不太理想。目前多采用一次性压浆,随着盾构的推进,当盾尾和衬砌之间出现空隙时,立即通过管片上的预留孔压注水泥类砂浆,并保持一定的压力(一般为0.6~0.8MPa),使之充满空隙。当地质条件不适合压注水泥浆液时,可改用压注化学浆液。压注应沿衬砌环向对称进行,并尽量避免单点超压浆,以减少对衬砌不均匀施工荷载。一旦压浆出现故障,应立即暂停盾构的推进。

在流沙、淤泥等流塑性大的地层中,盾构周围的泥土能够迅速自行填满衬砌背后的空隙,故可以不必压浆。

7.3.4 盾构法施工中的地面隆起与沉降

盾构法隧道工程是在岩土体内部进行的,无论其埋深大小,开挖施工都不可避免地会对周围土层产生扰动从而引起地面沉降(或隆起),危机邻近建筑物或地下管道等设施的安全,因此施工能产生多大的沉降或隆起、会不会影响相邻建筑物的安全是地铁隧道盾构施工中最关键的问题。

1)盾构隧道地面沉降规律

地面沉降规律是反映盾构掘进时沿掘进轴线方向对地层的影响,同时它也能反映盾构掘进时不同因素、盾构机不同部位对地层的作用,包括正面土压力、摩擦力及盾尾间隙等。根据地面沉降发生的时序一般将盾构施工沿隧道纵向的地面沉降划分为五个阶段。

(1)盾构到达前的地层沉降,即先行沉降

盾构到达前地表已经产生变形,影响范围在 10~15m 以内。主要是由盾构推进土压力的波动所引起,还有地下水位下移使土层有效应力增加而引起的固结沉降。

(2)盾构到达时的地层沉降开挖面前的沉降或隆起

自开挖面距观测点 3~10m 时起直至开挖面位于观测点正下方之间所产生的隆起或沉降现象。实际施工过程中,设定的盾构土压舱压力很难与开挖面土体原有土压力达到完全的平衡，多因土体应力释放或盾构反向土仓压力引起的土层塑性变形。

(3)盾构机通过时的沉降

盾构切口达到测点起至后尾离开测点期间发生的地表沉降。这一期间所产生的地表沉降主要是由盾壳向前移动过程中盾构机外壳与周围土层之间形成剪切滑动面土体被扰动所致，盾构通过时的地表沉降占总沉降的35%~40%。

(4)盾尾间隙沉降

盾尾通过测点后产生的地表沉降，影响范围在后尾通过测点后0~20m之间。由于盾构外径大于管片外径，管片外壁与周围土体间存在空隙，往往因注浆不及时和注浆量不足，管片周围土体向空隙涌入造成土层应力释放而引起地表变形，这一期间的地表沉降占总沉降的40%~45%。

(5)后续沉降

后期沉降是由盾尾脱出一周后的地表沉降，是由前面地层扰动引起的固结沉降和蠕变残余沉降，反映了地层沉降的时间效应。这一期间的地表沉降一般不超过总沉降的10%。

总体而言，盾构法施工过程中(2)和(4)阶段的地面沉降量和沉降速率较大，控制沉降也最为关键。(2)阶段的变形控制要素是土仓内压力，而(4)阶段的变形控制要素是盾尾间隙的注浆及时性和充盈率。

2)影响地表沉降量的因素

盾构在推进过程不同阶段对地表的沉降影响不同，主要的决定因素有土层条件、施工水平、周围施工环境等。

(1)地基模量的影响。土的物理力学性质对地面沉降的影响很大，随着土层模量的增加，地面沉降逐渐减小。若地层为软弱黏土，其后期的沉降可能会很大。隧道穿越不同土质时地面可能产生不均匀沉降，这对周围建筑环境有不良影响。

(2)隧道直径及间距的变化对地面沉降有一定的影响，但不十分明显。然而，隧道间距对两隧道间的塑性区范围有较大影响。因此，在设计及施工时可以不考虑隧道的直径及间距的变化对地面沉降的影响，但必须考虑其对隧道结构的影响。

(3)覆土厚度和盾构外径。不同盾构外径情况下地面沉降都随覆土厚度的增加而减小，且基本呈线性关系。不同覆土厚度情况下地面沉降都随盾构外径的增加而增加，也基本呈线性关系。

(4)盾尾注浆对地面沉降的影响很大。注浆压力一般均大于隧道上覆土压力，使隧道周围的土体向远离隧道的方向移动，从而抵消上部土体的部分沉降，当注浆压力较大时也可能会引起盾构上方土层的隆起。地面最大沉降随注浆填充率的增加而减小，甚至可能出现隆起，基本呈线性关系。

(5)开挖面压力变化量(土压仓压力与开挖面土体静止土压力之差)。最大地面沉降与开挖面压力变化量的关系近似呈线性关系，地面最大沉降随着开挖面压力变化量的增大而减小，但变化量很小。

(6)地下水降低的范围及幅度是引起地面沉降的主要因素。降水范围越大，降水幅度越大，则地面沉降就越大。地面沉降主要发生在降水范围内，因此施工过程中合理控制降水范围和幅度是非常必要的。

(7)周围的施工，例如近距离的双孔隧道施工、邻近施工的降水、开挖等，对地表沉降都会造成较大的影响。

3)盾构施工引起地表沉降的理论分析与计算

盾构隧道施工引起地面沉降的计算分为以下五个阶段:盾构到达前、盾构到达时、盾构通过时、管片脱出盾尾时及后期固结变形阶段。其预估经验公式如下。

(1)盾构机到达前

从半无限平面介质在均匀圆形荷载作用之下的三维模型简化分析,盾构前进中心线变形为:

$$U = \frac{4(1-\mu^2)\Delta p H_0 [E(k) - (1 - R_0^2/H_0^2) F(k)]}{\pi E} \tag{7.3-1}$$

式中:$E(k)$、$F(k)$——与介质特性有关的积分常数,其值为:

$$E(k) = \int_0^{n\pi} \sqrt{1 - k^2 \sin^2 \rho}\, d\rho \tag{7.3-2}$$

$$F(k) = \int_0^{n\pi} \sqrt{(1 - k^2 \sin^2 \rho)^{-1}}\, d\rho \tag{7.3-3}$$

Δp——盾构机克服静止水平土压力后的推力,其值为 $\Delta p = p_c - p_0$;

p_c——到刀盘压力;

p_0——中心线处静止水平压力;

μ——泊松比;

R_0——盾构机半径;

H_0——盾构机中心埋深;

E——弹性模量。

(2)盾构机到达时

当刀盘 p_c 满足下式时,土体处于弹性状态。

$$p_0 - c_u \cos\varphi \leqslant p_c \leqslant p_0 + c_u \cos\varphi \tag{7.3-4}$$

式中:c_u——土体无侧限抗压强度;

φ——土体内摩擦角,这时土体处于弹性状态,若超载系数控制在 ±1.0 的范围内则地层移动为:

$$U = \frac{-(p_c - p_0) R_0}{r} \tag{7.3-5}$$

r——计算点至盾构机圆心点的距离。

当 $r = H_0$ 时,所得到的就是地表的位移。

若 p_c 不满足式(7.3-4)时,则地层处于弹塑性或塑性状态,其地表位移为:

$$U = (1 - \mu) R_p^2 \left(\frac{c_u}{E H_0}\right) \tag{7.3-6}$$

式中:R_p——塑性圈半径。

当 $p_c > p_0 + c_u$ 时

$$R_p = R_0 \exp\left[\frac{(p_c + p_0 + c_u)}{2 c_u}\right] \tag{7.3-7}$$

当 $p_c < p_0 + c_u$ 时

$$R_{\mathrm{p}} = R_0 \exp\left[\frac{(p_{\mathrm{c}} - p_0 - c_{\mathrm{u}})}{2c_{\mathrm{u}}}\right] \tag{7.3-8}$$

(3)盾构机通过时

盾构机通过时,预估方式与式(7.3-6)相同,只是强度指标 c_{u} 和模量 E 做适当折减,折减方程由试验测定。例如对于上海地区的软土层,一般 E 折减26%~30%。

(4)管片脱出盾尾时

盾尾脱出时土体下落至管片形成应力重分布,在无注浆条件下新形成的塑性半径 R_{p} 为:

$$R_{\mathrm{p}} = \sqrt{\frac{ER_0 G_{\mathrm{r}}}{(1+\mu)c_{\mathrm{u}}}} \tag{7.3-9}$$

式中: G_{r} ——盾尾空隙,在注浆情况下, G_{r} 变为 G_{p} (G_{p} 为未被填充时的空隙,由实测回归求得)。例如根据上海地区实践经验,在200%的注浆条件下填充率近似为50%~60%, G_{p} 与注浆压力、方式、流量、浆液配比有关,是一经验系数。

(5)后期固结变形阶段

通过二维固结流量引出隧道四周土体排水规律,由此得出排水体积 Bessel 表达式,取排水体积有一半表现在地表变形上,故后期固结沉降近似表达式为:

$$U_x = H_{\mathrm{c}} \cos^2\left(\frac{\pi x}{2L}\right) \tag{7.3-10}$$

式中: $H_{\mathrm{c}} = \dfrac{(0.4 \sim 0.6) V_0}{L}$ ($V_0 = 1.1 \sim 1.3\mathrm{m}^3$);

$L = R_0 + H_{\mathrm{c}} \arctan(\pi/4 - \varphi/2)$ 。

4)控制盾构法施工中土体变形的措施

(1)对盾构机推进中的施工参数进行优化,确保开挖面的土体应力接近初始地应力场,控制出土速度不超挖和欠挖。盾构机尽可能地连续推进,不要中途停顿。

(2)管片脱出盾尾时,于衬砌背后适时注浆,控制好注浆压力、浆液材料性质、注浆量等,均是防止隧道上部土体坍塌、后期固结变形的有效方法。

(3)盾构机进出工作井前后50m也是施工中控制地表沉降的关键地段,可采取适当的洞周土体加固方法。

(4)对地下水的处理是控制沉降的关键之一。一般而言,排出地下水会导致地表下沉,但在盾构推进的范围内又最好进行充分排水,因为不完全排水,土可能随水进入隧道而导致过多排土,从而使得沉降加大,如何决断取决于盾构的类型。

(5)在盾构推进中要布置足够的仪器进行监测工作,密切监视土体的变形情况,以便及时采取工程措施。

7.4 沉管法施工

7.4.1 概述

为了跨越江河的阻隔,人们除了通过修建各种各样的桥梁来满足交通发展的需要,也修建了许多的跨海湾、海峡、大江河的水下隧道。修建水下隧道的方法主要有：盾构法、矿山法、围堰明挖法、气压沉箱法及沉管法。其中沉管法修建隧道因在技术上和经济上有较大优越性而被广泛采用。沉埋管节法（简称沉管法），也称预制管节沉放法，是在干船坞内或大型驳船上先预制钢筋混凝土管节或全钢管节，然后浮运到指定的水域，再下水沉埋到设计位置固定，建成需要的过江隧道或大型水下空间。沉管隧道一般由敞开段、暗埋段、岸边竖井及沉埋段等部分组成，见图7.4-1。

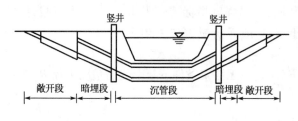

图 7.4-1 沉管隧道纵断面

沉管隧道具有以下优点：

(1)隧道线路及断面形状选择自由度大。可以根据需要制作大断面和各种形状，断面利用率高，可做到一管多用；沉管隧道埋深浅，受地下地质条件影响小，总长短。

(2)沉管隧道具有较好的经济性。这主要得益于沉管隧道的回填覆盖层薄，埋深浅，可以有效地缩短路线长度；另外，管节的集中制作可以达到高效，节约资金。

(3)隧道的施工质量容易保证。沉管结构和防水层的施工质量均比其他施工方法易于作好；隧道接缝极少，漏水机会大为减少，实际施工质量易达到完全防水；沉管比重小，对基底地质适应性强，不怕流沙；沉管隧道抗震性能也很优越。

(4)隧道现场的施工期短。浇制管节大量工作均不在现场进行，一节100～120m的管节一个月内可以完成出坞、沉埋连续作业。

(5)操作条件好。基本上没有地下作业，水下作业也极少，因此施工较为安全，且能保证施工精度。

沉管法的缺点是：

(1)制作管段时，对工艺要求很高，需要采用一系列严格的技术措施，以保证管段的浮运、沉放后的抗浮和防水。

(2)由于管段的浮运、沉放以及沟槽的疏浚、基础作业，大部分是依靠机械完成，需要在较为平静的波浪、在流速较缓的情况下施工。而且当隧道截面较大时，会产生系列问题诸如管段的稳定、对航道的影响等。

7.4.2 沉管隧道的结构

1) 沉管隧道的断面形式

采用沉管法施工的水底隧道，一般断面形式为圆形与矩形两类。圆形沉管隧道多用钢壳做防水层，施工时多数利用船厂的船台制作钢壳成形后，沿船台滑道滑行下水，然后系泊于码头边上，进行水上钢筋混凝土作业。圆形沉管的横断面如图7.4-2所示。圆形沉管在只需两个车道或较大水深处使用比较经济，衬砌承受弯矩较小，钢壳既是浇筑混凝土的外模，又是隧道的防水层，它不易在浮运过程中被碰损。当然，作为隧道，圆形断面的空间不好充分利用，钢壳防锈问题尚无可靠解决办法，耗钢量大，造价高。

目前世界上仅有个别国家采用圆形沉管隧道，大多采用矩形沉管，一般一个断面内同时容纳2～8个车道，见图7.4-3。矩形沉管段常于临时干坞中以钢筋混凝土制成。矩形沉管断面空间利用率高，车道最低点的高程较高，因此隧道全长可以较短，挖槽土方量也较少。但由于矩形沉管的干舷较小，要求在浇筑混凝土时，要采取一系列的严密控制措施。

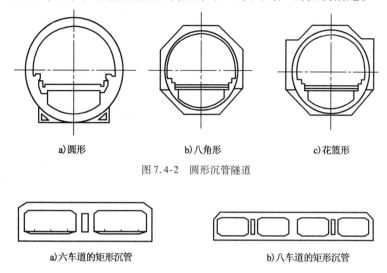

a) 圆形　　　　b) 八角形　　　　c) 花篮形

图 7.4-2　圆形沉管隧道

a) 六车道的矩形沉管　　　　b) 八车道的矩形沉管

图 7.4-3　矩形沉管隧道

2) 沉管结构设计

(1) 沉管结构的荷载计算

作用在沉管结构上的荷载有：结构自重、水压力、土压力、浮力、施工荷载、波浪及水流压力、沉降摩擦力、车辆荷载、地基反力、温度应力、混凝土收缩应力、不均匀沉降影响、土侧压力、边载影响；另外还需对以下偶然荷载进行验算：爆炸荷载、地震荷载、沉船荷载，若干年一遇的特大洪水位或特低水位以及台风影响等。在上述荷载中，作用在沉管上的水压力是主要荷载之一，在覆土比较小的区段中，水压力常是最大的荷载。

在结构计算中，对施工阶段（即管段预制、浮运、沉放等阶段）、正常运营阶段不同工况下可能产生的最不利荷载组合，用线弹性方法进行分析。

例如在上海外环吴淞口沉管设计中，温度影响是以内外温差 10℃ 考虑；爆炸荷载按 $100kN/m^2$ 作用于任一行孔内表面进行计算；沉船荷载按横向 $50kN/m^2$ 作用于结构顶板、纵向按 3 000kN 作用于航道中心线两侧共 20m 范围内的两种情况验算。该沉管混凝土强度等级采用 C35，抗渗等级大于 S10，裂缝宽度不大于 0.2mm。顶板采用水泥基渗透结晶型防水涂料做外防水层。

(2) 浮力设计

在沉管结构设计中，一般是通过浮力设计即对干舷的选定和抗浮安全系数等来确定结构的外廓尺寸（根据使用要求确定内部尺寸）。

①干舷：为保证管段浮运时稳定，必须使管顶露出水面，其露出高度称为干舷。具有一定干舷的管段，遇风浪发生倾斜后，会产生反倾力矩，使管段恢复平衡。矩形断面的管数，干舷一般为 10～50cm；而圆形、八角形或花篮形断面的管段，则常取干舷 40～5cm。干舷高度不宜过小，过小稳定性差；也不宜过大，过大则不经济。当沉管结构厚度太大无法自浮时，可设浮筒助浮，或在顶面上设围堰助浮。

②抗浮安全系数：在施工阶段，应采用 1.05～1.1 的抗浮安全系数。管段沉没完毕后，抛

土回填时,周围河水与砂、土相混,其比重大于原来河水比重,浮水亦即相应增加,所以此阶段的抗浮安全系数必须大于1.05。在覆土完成后的使用阶段,抗浮安全系数应采用1.2~1.5。

(3)沉管结构设计

①横向结构分析:沉管的横截面结构形式目前最常用的是多孔箱形框架。由于荷载组合的配筋种类较多,因此计算工作量一般都非常大。目前,通常是利用一般平面杆系结构分析的通用计算机程序,来解决此类问题。但由于即使在同一节管段中,因隧道纵坡和河底高程变化的关系,各处断面所受水、土压力不同,因此不能只按一个横断面的结构分析结果来进行整节管段,甚至整个沉管隧道的横向配筋。

②纵向结构分析:主要是进行施工阶段的沉管结构纵向受力分析,包括计算浮运、沉埋时施工荷载(定位塔、端封墙等)、波浪力所引起的结构内力。使用阶段的纵向受力分析,一般按弹性地基理论进行计算,也可利用计算机程序进行整体结构计算。

为了节省材料、减小结构裂缝,将混凝土桥梁的预应力法引进到沉管设计中,在有的沉管隧道中,仅在河中水深最大处的部分管段中采用预应力混凝土结构,其余的管段仍用普通钢筋混凝土结构。若采用钢筋混凝土机构,根据受力需要可设计三个方面的预应力:纵向预应力(因混凝土截面大,常算下来不经济,故少用);横向上顶板、下底板根据受力曲线采用曲线预应力索;竖向在肋中采用预应力蹬筋或临时拉索。

(4)弯形缝的设置

由于沉管内外侧的温度差值常在10~15℃之间,由此产生较大的纵向应力,常使得沉管的侧壁及顶、底板发生严重裂缝;另外还因分次浇筑混凝土的弹性模量、收缩徐变不同,也会产生裂缝。因此,常根据实践经验将管段分为15~20m的若干节段,在节段间设置变形缝。

7.4.3 管段沉放与水下连接

沉管的管段预制、沉设就位和管段水下连接等均需根据具体的河流条件、气候、航道和设备条件选择最合适的安全经济做法。

1)管段沉放

目前,沉管隧道管段沉放方法,归纳为两大类:一类是吊沉法,另一类是拉沉法。采用吊沉法的居多。吊沉法又可分为:起重船吊沉法、浮箱或浮筒吊沉法、水上自升式作业平台吊沉法、方驳扛吊法。

(1)起重船吊沉法

起重船吊沉法亦称浮吊法。采用浮吊法进行管段的沉放作业时,一般采用2~4艘起重能力为1 000~2 000kN的起重船提着管段顶板预埋吊环,吊环位置应能保证每个吊力的合力通过管段中心,同时逐渐给管段压载,使管段慢慢沉放到规定位置上,如图7.4-4所示。这种方法的缺点是:占用水面较宽,对航道交通互相干扰较大。我国广州市黄沙至芳村水下隧道是采用的这种方法(500t浮吊力的单起重船加上2 000t的方驳)。

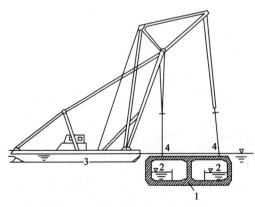

图7.4-4 起重船吊放法
1-沉管;2-压载水箱;3-起重器;4-吊点

(2)浮箱吊沉法

浮箱吊沉法主要特点就是设备简单,管段沉放时在管段吊点上方只需用四只 100~150t 的方形浮箱直接将管段吊起。浮箱可分为前后两组,每组用钢桁架联系起来,吊索起吊的力作用在各浮箱中心,并以四根锚索定位两组浮箱,以六根锚索定位管段本身,从而使水上作业大大简化。将所有的定位锚索的卷扬机全部设在岸上后,便实行了全岸上控制作业。这样大大减少了水上作业,从而减少对航运的影响。浮箱吊沉法的全过程如图 7.4-5 所示。

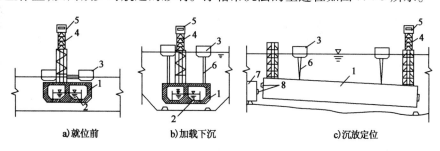

图 7.4-5 浮箱吊放法
1-就位前;2-加载下沉;3-沉放定位;4-定位塔;5-指挥塔;6-定位索;7-现设管段;8-鼻式托座

(3)自升式平台吊放法

自升式平台一般由4根柱脚与船体平台两部分组成。移位时靠船体浮移,就位后柱脚靠液压千斤顶压至河床以下,平台沿柱脚升出水面,利用平台上的起吊设备吊起沉放管段。管段沉放施工完后落下平台到水面,利用平台船体的浮力拔出柱脚,浮运转移使用。自升式平台吊沉法,适用于水深或流速较大的河流或海湾沉放管段,施工不受洪水、潮水、波浪影响,不需要喷锚,对航道干扰小。但这种方法的缺点是费用太高,因此工程实例并不多。

(4)方驳扛吊法

采用"扛棒"担在船体上组成的船组,完成管段吊放作业。所谓的"扛棒"即钢桁架梁或钢板梁。当采用四方驳扛沉法时,每组船体可由两只铁驳船组成,将两组钢梁(扛棒)两头担在两只船体上,构成一个船组,再将先后两个船组用钢桁架连接起来组成一个整体的船组。船组和管段用锚索定位,所有定位卷扬机均设在船体上,起吊卷扬机则安设在扛棒上,吊索的吊力通过扛棒传到船体上,在使用四只驳船时,见图 7.4-6,每只船的浮力只需用 1 000~2 000kN 就足够了。采用双驳抗吊法时,只需用两只吨位较大的铁驳代替4只小铁驳进行管段沉放,它比四只铁驳船的稳定性好,但是大型驳船的设备费用较高。

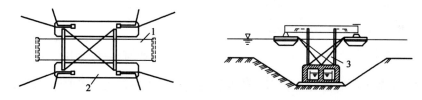

图 7.4-6 双驳扛吊法
1-管段;2-大型驳船;3-定位索

(5)拉沉法

拉沉法的特点是:既不用浮吊、方驳,也不用浮筒、浮箱;管段沉埋时不靠灌注压载水来取得下沉力,而是利用预先设置在沟槽底面上的水下桩墩作为地垄,依靠安设在管顶钢桁架上的卷扬机,通过扣在地垄上的钢索,将具有 2 000~3 000kN 浮力的管段慢慢地拉下水,沉放在桩墩上,管段沉入水底后,进行水下连接时,亦可用此法以斜拉方式使之靠向前节既设管段。由于此法必须设置水底桩墩,费用较高,因此未能推广。

以上的各种沉放方法中,最常用且最方便的方法是浮箱吊沉法和方驳吊沉法。一般在顶宽 20m 以上的大、中型管段多用浮箱吊沉法,而小型管段则以方驳扛吊法为最佳。

2) 水下连接

对于沉管段水下连接,早期圆形沉管隧道的管段间接头,都是采用灌注水下混凝土的施工方法进行连接。该方法工艺复杂,潜水工作量大。自从 20 世纪 50 年代末加拿大的台司隧道创造了水下压接法后,几乎所用的沉管隧道都改用了这种简单、可靠的水力压接法,并不断地改进完善。水力压接法是利用在管段(即所谓的自由端)端面上的巨大水压力,使安装在管段前端(即靠近已设管段或风井的一端)端面周边的一圈橡胶垫环(该胶垫是在制作管段时就已安设在管段端面上)发生压缩变形,并构成一个有良好水密性的可靠管段段间接头。用水力压接法进行水下连接的主要工序如图 7.4-7 所示。

(1)对位:管段沉放时,基本上分初次下沉、靠拢下沉和着地下沉三步进行作业。着地下沉是结合管段连接工作进行的,对位精度要求为:管段前段,水平方向 ±2cm,垂直方向 ±1cm;管段后端,水平方向 ±5cm,垂直方向 ±1cm。其中托座采用"鼻式"托座,如图 7.4-8 所示,完成管段精确对位是比较容易控制的,这在国内外很多工程实践中都有相同的体会。

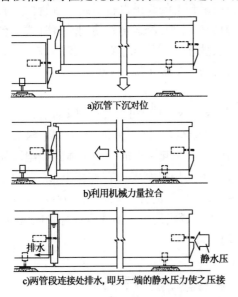

图 7.4-7 水力连接法

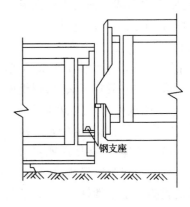

图 7.4-8 "鼻式"托座

(2)拉合:拉合工序的任务是利用安装在管段竖壁上带有锤形拉钩的拉合千斤顶,将对好位的管段拉向前节既设管段,使胶垫的尖肋部产生初步变形和初步止水作用。拉合时所需机械力并不大,一般每延米胶垫长度 10~30N。拉合常采用的机械是千斤顶或者卷扬机。采用千斤顶的工程实例是大多数。拉合作业完成后,应再次测量和调整。

(3)压接:拉合完成后,即可打开预设在管段后端封墙上下部的排水阀,排泄前后两节管端间被胶垫所包围封闭的河水。排水开始不久,即可开启安设在既设管段后端封墙顶部的进气阀,以防端封墙承受反向真空压力,当封端墙间水位降低到接近水箱水位时,应开启排水泵助排,否则水位不能继续下降。排水完毕后,新设管段后端封墙外侧全部水压力就作用在整环胶垫上了,此压力作用在胶垫上,使胶垫进一步收缩,从而达到完全密封。

(4)拆除端封墙:新设管段压接完毕后,即可拆除前后两节管段间的端封墙,使管段向岸边连接,然后就可进行隧道的内装工作,如浇筑压载混凝土,铺设路面及其他安装等。

7.4.4 沉管基础处理

1)荷载计算

作用在沟槽底面上的荷载不会因设置沉管而有所增加,相反,一般是有所减少。因此,地基不存在剪切破坏和压缩引起的沉降等。

(1)开槽前,作用在槽底面上的压力 P_1 为:

$$P_1 = \gamma_s (H + h) \tag{7.4-1}$$

式中:P_1——开槽前,作用于槽底上的压力;

γ_s——土在水中的浮重度(kN/m^3);

H——沉管隧道全高(m),一般为 7~8m;

h——覆土厚度(m),一般为 0.5~1.0m,也有无覆土外露的。

(2)管段沉设完并覆土结束后,作用在槽底面上的压力 P_2 为:

$$P_2 = (\gamma_t - 1)H \tag{7.4-2}$$

式中:P_2——设置沉管后,作用在槽底上的压力;

γ_t——竣工后沉管的折算重度(覆土重量也折算在内)(kN/m^3)。

(3)沉管前后作用在沉管底的压力差为 ΔP,即:

$$\Delta P = p_2 - p_1 = (\gamma_t - 1)H - \gamma_s (H + h) \tag{7.4-3}$$

由上述计算可见,沉管隧道一般不需要构筑人工基础来解决沉降问题。因此有些国家明确规定当地基容许承载力特征值 $f_{ak} \geq 20kN/m^2$,标准贯入度 $N \geq 1$ 时,不必构筑沉管基础。沉管基槽是在水下开挖的,也不存在产生流沙等问题。沉管隧道工程对多种地质条件的适应是很强的,因此无须大量的水上地质钻探工作。

2)基础处理方法

为了保证沉管工程的管段沉设后能均匀受力,应解决开挖槽底的平整、沉管后不会有固结沉降等问题。因此沉管基础仍需要进行处理,其处理办法有三大类。

(1)先铺法。先铺法分为刮砂法和刮石法,一般做法是:①在浚挖沟槽时,先超挖 60~80cm;②在槽底两侧打设两排短桩,以控制高程及坡度的导轨;③用刮铺机铺垫粗砂或粒径不超过 10cm 的碎石。采用刮石的,沉管后,通过预埋的压浆孔从管段内垫层内压入水泥浆、黏土混合砂浆。

(2)后填法。后填法分为灌砂法、喷砂法、灌囊法、压浆法和压砂法。一般作法:①在浚挖沟槽时,先超挖 100cm 左右;②在沟槽底面上安设临时支座;③管段沉设完毕并搁在临时支座上后,往管底空间填垫料。

(3)桩基法。桩基法用于沉管隧道下的地基特别软弱时,其容许承载力很小,仅作"垫平"处理是不够的,从而采取桩基础来支撑沉管。桩基法分为水下混凝土传力法和活动桩顶法。

一般作法：①在浚挖沟槽后，沿沟槽向下按一定排列顺序打设基桩群；②在利用水下混凝土传力法时，在桩群顶灌注水下混凝土，并在上面铺设一层砂石垫层，接着铺设管段，使管段的荷载经砂石垫层和水下混凝土层均匀地传递到桩基上；利用活动桩顶法是在所用的基桩上设一小段预制混凝土活动桩顶(可用钢桩制作)，活动桩顶与预制混凝土之间，留有一空腔，管段埋设后，向空腔中灌注水泥砂浆，将活动桩桩顶升至与管底密贴接触，然后再于管段底部与活动桩顶之间，灌注水泥浆填实。

3) 覆土回填

回填工作是沉管隧道施工的最终工序，回填工作包括沉管侧面回填和管顶压石回填。沉管外侧下半段，一般采用砂砾、碎石、矿渣等材料回填，上半段则可用普通土砂回填。覆土回填工作应注意以下几点：

(1) 全面回填工作必须在相邻的管段沉放完后方能进行，采用喷砂法进行基础处理或采用临时支座时，则要等到管段基础出来完，落到基床上再回填。

(2) 采用压浆法或压砂法进行基础处理时，先对管段两侧回填，但要防止过多的岩渣存落管段顶部。

(3) 管段上、下游两侧(管段左右侧)应对称回填。

(4) 在管段顶部和基槽的施工范围内应均匀地回填，不能在某些部位投入过量而造成航道障碍，也不得在某些地段投入不足而形成漏洞。

7.5 冻结法施工

7.5.1 概述

冻结法是利用人工制冷技术，使地层中的水冻结，把天然岩土变成冻土，增强其强度及稳定性，隔绝地下水与地下工程的关系，以便在冻结壁的保护下进行地下工程的开挖与衬砌施工的特殊施工技术，其实质就是利用人工制冷技术临时改变岩土的状态以固结地层。随着冻结技术工艺的不断改进，加上冻结工法的主材在市场价格结构的整体调整中的低成本化趋势，地层冻结工法在地下工程中的竞争力日趋明显，是解决城市水资源浪费、环境污染和交通干扰的一种新技术，它将对城市地下工程设计和施工带来进步。

冻结法的主要优点有：

(1) 冻结法适用于复杂的地质条件，不污染地层。

(2) 封水严密，冻土墙厚度和强度可以控制。

(3) 可以形成任意的连续冻土墙，具有灵活性。

(4) 冻土墙的连续性和均匀性得到保证。

(5) 可以和其他施工方法结合使用。

(6) 用液氮和干冰对工程事故的处理和抢险的速度比其他方法快。

冻结法有着独特的优点，可以说是一种很有前景的施工方法，但同时也存在以下需要克服的缺点：

(1) 由于冻结引起地层胀起，融化时引起地层沉陷，对地面及建筑物有一定影响，应采用有关技术解决这一问题。

(2)地下水含盐量过高及地下水流速过快,难以冻结。

(3)制冷设备需要较多的电力供给或者制冷材料耗费较大,导致造价较高。

(4)冻结过程中的低温导致混凝土低温冻害。

7.5.2 岩土冻结的方法

1)间接冻结法——低温盐水法

其原理是利用氟利昂、氨或其他制冷剂,经过制冷压缩机对制冷剂进行压缩、节流膨胀的反复循环做功,将盐水降至负温,由负温盐水作为传递冷量的媒介,将冷量传递给需要冻结的岩土层,达到冻结局部岩土的目的。这种冻结方法由三大循环系统组成:①氟利昂(或氨)循环系统;②盐水循环系统;③冷却水循环系统。采用这种制冷方法通常可以获得 $-35 \sim -20℃$ 的低温盐水,用以冻结岩土。

2)直接冻结法——液氮法

此法常用的冷源物质是液氮和干冰(干冰在工程中极少应用),在常压下液氮的温度是 $-196℃$,因此液氮可以迅速地使周围土体冻结。在要冻结的土体不大或者抢险堵水的紧急情况下,用液氮冻结有快速便利的优点。

上述两种常见方法既可独立应用,也可组合应用,达到快速经济的组合效果。两者之间的施工比较见表 7.5-1。

岩土冻结的两种方法的比较 表7.5-1

方 法	介质温度	设备器材	现场用电	冷冻速度	操作管理	所需费用
低温盐水冻结法	$-35 \sim -20℃$	全套冷冻设备	上百千瓦	常为2~3个月	较为复杂	以电费为主
			2~3个月			
液氮冻结法	$-196℃$	液氮储罐及运输车	几乎不用电	几天或稍长	较为简单	以液氮材料费用为主

7.5.3 人工冻结法的基本原理

1)原理

采用人工冻结技术,首先在需要冻结的地层中钻孔和铺设管道,安装冷冻器和盐水循环系统,见图 7.5-1;然后通过人工制冷手段(低温盐水、液氮或干冰)提供冷量,通过低温在冷结器中循环,带走岩土的热量,使岩土中的水结成冰,将天然岩土变成冻土,形成整体性好、强度高、不透水的临时固结体,达到加固及稳定地层、隔绝地下水与地下工程开挖面的联系,达到安全、无水的施工环境的目的。地层局部冷冻完成后,就可以进行竖井开挖或隧道开挖施工,待衬砌完成后,即可停止供冷,冻结地层开始解冻,最终恢复岩土原始状态。

2)人工冻土温度场的发展

冻土的形成过程实质上是土中水冻结并将固体颗粒胶结成整体的物理力学性质发生质变的过程,也是消耗冷量最多的过程。在温度场的形成过程中,其主要的物理影响因素有未冻水含量、冻结温度、箱变潜热等。冻结温度场是一个相变的、移动边界和有内热源的、边界复杂的不稳定导热问题。

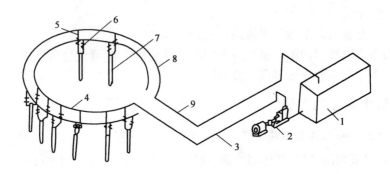

图 7.5-1　冻结器和盐水循环系统
1-盐水箱;2-盐水泵;3-去路干管;4-配液圈;5-供液管;6-回液管;7-冻结器;8-集液管;9-回路干管

研究冻结过程中温度场的目的:①求算冻土的强度,确定冻结壁的厚度;②了解与检查冻结壁形成的情况及厚度;③确定冷量的消耗。

冻结壁平均温度主要与盐水温度、冻结孔间距、冻结壁厚度、冻结管直径以及井帮温度等因素有关。冻结壁平均温度随孔距的增大而升高,孔距越小,冻结壁厚度平均温度越低。冻结壁平均温度随井帮冻土温度的降低而降低。在冻结的初期,可近似认为低温是一个平均温度,随着冻结管中冷媒的不断循环,冻结圆柱不断扩大,直至交圈,形成以冻结管走向方向为中心线的两边温度对称的冻土挡墙,中心处温度最低,两边温度最高。

7.5.4　冻结法施工方案的确定

冻结法加固地层进行地下工程的施工是地层钻孔、冻结、开挖和衬砌等多种施工工法的有机组合,为保证工程的顺利进行,施工前必须要进行多方面的细致调查,因地制宜,确定合理的冻结施工方案。在确定冻结方案时所需要进行的工作主要包括以下几个方面。

1) 水文地质条件的调查

主要是了解施工场地及附近地区的地层分布、地层的土质情况、含水率、地下水的流速和含盐量等水文地质条件。确认冻结法是该工程的适用工法。

2) 冻结壁的形式确定

根据地下构筑物的埋深、走向和形式,选择冻结壁的形式。常用冻结壁的形式有立式冻结壁、水平冻结壁和斜式冻结壁三种。三种冻结壁的适用范围和特点见表 7.5-2。

三种冻结壁比较　　　　　表 7.5-2

方　法	工 艺 特 点	适 用 范 围
立式冻结	冻结管自地表垂直向下穿入地层,通过对冷冻液循环深度的控制,实现由地表到地下某一深度的连续冻结或对地下某一深度的含水不稳定地层的局部冻结	1. 含水地层内的工作竖井施工; 2. 位于埋深较浅的含水地层中的水平隧道和倾斜度不大的隧道施工
斜式冻结	冻结管在地层中围绕倾斜隧道前进的方向排列,在含水地层中形成倾斜的冻结体	适用于含水软弱地层中倾斜隧道
水平冻结	冻结管在地层中围绕着隧道前进的方向水平排列,在含水的软弱地层中冻结形成水平的冻结体,覆盖或环绕待施工的隧道	适用于含水软弱地层中的水平隧道

3) 冻结壁参数设计

冻结壁是具有弹塑性的黏滞体,在外荷载的作用下呈现弹性和塑性变形,并产生松弛的现象。如塑性区塑性设计变形超过允许值,冻结壁和冻结管可能遭受破坏。因此,冻结壁厚度既要满足强度条件,又要满足变形条件的要求。设计参数有冻结壁厚度、平均温度、布孔参数、冻结时间。上述参数的计算与整个费用的优化、工期优化有关,通常根据以下几个方面确定这些参数:根据冻结壁结构和打钻孔水平选取开孔距离,钻孔控制偏斜率;根据施工计划和制冷水平及装备水平,初选盐水温度和积极冻结时间;根据布孔参数、盐水温度、冻结时间进行温度场计算,得出冻结壁厚度和平均温度;根据土压力和冻结壁厚度结构验算冻结壁厚度。

4) 制冷系统的选用

除了在特殊的小型抢险工程中采用液氮冻结法速冻外,一般情况下均采用盐水制冷设备进行冻结施工。制冷冻结系统由氟利昂(氨)循环系统、盐水循环系统和冷却水循环系统三大部分组成。

对于氟利昂(氨)循环系统,首先要根据地层冻结深度和冻结规模,考虑冷量损失系数(与季节、冷冻管线长度、管路保温条件有关,常取 1.10~1.25),计算出冻结站所需的制冷量。根据工程制冷量可以进一步选择制冷机组,进行冻结站的设计。

5) 衔接工序安排

综上所述,因冻结站的建立、地层钻孔、冻结管线敷设、开机运行都需要一定的时间,在城市地下工程中,积极冻结时间往往在 1 个月以上;维护冻结时间又需要开挖和衬砌的施工时间来确定,所以无论是积极冻结还是维护冻结,每天的电能消耗都是很客观的,因此衔接工序的合理安排尤为重要。

7.5.5 冻结法的施工

1) 冻结法三个阶段

(1) 积极冻结阶段:在施工地层中开展冷冻作业,并将地层中的冻结壁扩展到设计厚度的工作阶段。

(2) 维护冻结阶段:维护施工中所需要的冻结壁的厚度,进行地下工程正常施工操作的阶段。

(3) 解冻恢复阶段:地下工程施工完成,停止制冷,低温恢复原状的阶段。

2) 冻结法施工工序

(1) 冻结站安装:冻结站的位置以供冷、供电、供水、排水方便为原则,同时要兼顾施工竖井的井口布置和进出材料、器材方便。常把冻结站设在距井 30~50m 的位置。其中安装冻结管前,一般要进行内压试漏,使其达到设计要求。

(2) 钻孔施工:为缩短工期,钻孔和冻结站的安装可以同时进行。钻孔可分为冻结孔和观测孔两类。冻结孔大多分布在冻结壁的设计中心线上,用来安装冻结管,其孔径、间距和设计倾角依地层的土质、水文条件、工程要求而定;观测孔用于安装温度传感器、土压传感器、土层位移传感器等。孔隙水压力传感器,按设计要求在施工前或施工过程中钻孔布置。冻结孔一般采用钻机完成,过去,钻孔完成后需要撤出钻杆,换装冻结管。现在,采用特别的专利技术可以做到不必取出钻杆,钻杆直接用作冷结管。钻孔过程中,钻孔容易发生偏斜,特别是水平钻孔和斜井钻孔,掌握钻进角度比较困难,对冷结效果影响很大,对地下工程施工也有一定的影响。因此,严格控制钻孔的倾斜度十分重要,常采用陀螺测斜仪监控钻孔的倾斜度。

(3)地层冻结:从开始冻结到冻壁达到设计厚度为积极冻结期。在此期间应保证冻结站正常进行,尽快形成冻结壁,给后续的开挖和结构施工创造条件。积极冻结期最好选在冬季,以便充分利用自然低温环境降低耗能,提高冻结站的制冷效率。此外还要注意合理采用正反盐水循环,勤观测冻结温度,掌握开挖的最好时机。

7.5.6 应注意的问题

1)应用冻结法应注意的问题

(1)水质对冻结的影响。水中含有一定盐分时,水溶液的结冰温度会降低。当地层含盐或受到盐水侵害时,都会降低到结冰点,其程度与溶解物质的数量成正比例关系。采用冻结法时,首先要测量出地层中水溶液的低融冰盐共晶点。

(2)地层含水率与地下水流速的影响。一般情况下,只要地层含水率大于10%、地下水流速小于6m/d时,冻结壁就可形成。地下水流速大于6m/d时可采用较低的制冷温度,加密被保护区上流侧冻结管的布置,或采取措施降低地下水流速。降低地下水流速的最实用办法是注水泥浆或化学浆液来部分充填空洞,从而减小地下水的通过系数。

(3)冻结范围内的管线防冻问题。应查清地下管线的种类、数量和位置,对易冻结的水管和重要管线(如煤气管道),为防止冻结造成停水或管材破裂,应预先在管外包裹绝热材料。

2)施工中应注意的问题

(1)冻结后的冻胀和解冻后的下沉。在维护冻结壁阶段,采用周期性维持制冷(间歇冻结)的方法,可有效地稳定冻结壁的边界,减少冻胀量和下沉量。采用注浆法充填冻结——解冻周期形成的空洞,可将解冻引起的地表下沉量减至最小。

(2)冻土蠕变。每一种土的蠕变与温度和时间有关。多数情况下未支护的暴露期相当短,而且温度低于冰点很多,蠕变的松弛量不显著。

(3)混凝土的灌注。灌注混凝土与冻结壁的影响是相互的。一方面,冻结壁的低温降低了混凝土的物理化学反应速度,但延长了其凝结时间,通过加热集料、热水搅拌、添加速凝剂及减少混凝土灌注量等方法来解决;另一方面,混凝土凝结时释放的水化热导致冻结壁溶解,影响了冻结壁的整体性,可采用在裸露的冻结壁上铺一层隔热层等方法来解决。

(4)施工计划力求严谨。采用冻结法施工需要连续进行,除积极冻结期形成冻土壁以外。在开挖和基础施工过程中还需坚持冻结,若施工安排不当或中途变更施工方案,都将大大延长冻结时间,增加施工费用。

7.6 顶管法施工

7.6.1 技术简介

顶管施工就是非开挖施工方法,是一种不开挖或者少开挖的管道埋设施工技术。顶管法施工就是在工作坑内借助于顶进设备产生的顶力,克服管道与周围土壤的摩擦力,将管道按设计的坡度顶入土中,并将土方运走。一节管子完成顶入土层之后,再下第二节管子继续顶进。其原理是借助于主顶油缸及管道间、中继间等推力,把工具管或掘进机从工作坑内穿过土层一直推进到接收坑内吊起。管道紧随工具管或掘进机后,埋设在两坑之间。

非开挖工程技术彻底解决了管道埋设施工中对城市建筑物的破坏和道路交通的堵塞等难题,在稳定土层和环境保护方面凸显其优势。这对交通繁忙、人口密集、地面建筑物众多、地下管线复杂的城市是非常重要的,它将为城市创造一个洁净、舒适和美好的环境。

非开挖技术是近几年才开始频繁使用的一个术语,它涉及的是利用少开挖,即工作井与接收井要开挖,以及不开挖,即管道不开挖技术来进行地下管线的铺设或更换,顶管直径DN800~DN4 500。通过工作井把要埋设的管子顶入土内,一个工作井内的管子可在地下穿行1 500m以上,并且还能曲线穿行,以绕开一些地下管线或障碍物。

它的技术要点在于纠正管子在地下延伸的偏差。特别适用于大中型管径的非开挖铺设。具有经济、高效、保护环境的综合功能。这种技术的优点是:不开挖地面;不拆迁,不破坏地面建筑物;不影响交通;不破坏环境;施工不受气候和环境的影响;不影响管道的段差变形;省时、高效、安全,综合造价低。

该技术在我国沿海经济发达地区,广泛用于城市地下给排水管道、天然气石油管道、通信电缆等各种管道的非开挖铺设。它能穿越公路、铁路、桥梁、高山、河流、海峡和地面任何建筑物。采用该技术施工,能节约一大笔征地拆迁费用,减少对环境污染和道路的堵塞,具有显著的经济效益和社会效益。

7.6.2 技术原理

顶管施工是继盾构施工之后而发展起来的一种地下管道施工方法,它不需要开挖面层,并且能够穿越公路、铁道、河川、地面建筑物、地下构筑物以及各种地下管线等。顶管施工借助于主顶油缸及管道间、中继间等的推力,把工具管或掘进机从工作井内穿过土层一直推到接收井内吊起。与此同时,也就把紧随工具管或掘进机后的管道埋设在两井之间,以期实现非开挖敷设地下管道的施工方法。

7.6.3 现状分析

经过多年的发展,顶管技术在我国已得到大量的实际工程应用,且保持着高速的增长势头,无论在技术上、顶管设备还是施工工艺上均取得了很大的进步,在某些方面甚至达到了世界领先水平。

2001年上海隧道股份有限公司在江苏省常州完成了长2 050m、直径2m的钢筋水泥管顶管工程,是目前已完成的我国最长的顶管工程。2001年8~12月嘉兴市污水处理排海工程一次顶进2 050m超长距离钢筋混凝土顶管,由于选择了合理的顶管机具形式,成功地解决了减阻泥浆运用和轴线控制等技术难题,用约5个月完成全部顶进施工,创造了新的顶管施工记录。全长3 600m、管径为1.8m的钢管从23~25m深的地下于2002年9月成功横穿黄河,无论从顶进长度、埋深、地质条件,还是钢管直径方面在国内尚属首次。其中最长的一段位于黄河主河床上,长达1 259m,还要穿越较厚的砂砾层与黄河主河槽,既是我国西气东输项目的关键工程,也是目前世界上复杂地质条件下大直径钢管一次性顶进距离最长的顶管工程。

2001年的上虞市污水处理工程中,玻璃纤维夹砂管首次成功地应用于顶管。2008年在无锡长江引水工程中中铁十局十公司采用国产设备直径2 200mm钢管双管同步顶进2 500m。以上工程均标志着我国的顶管施工水平达到一个新的高度,与世界先进水平日益靠近。然而与国外发达国家,如日本、德国等先进的机械设备及施工技术水平相比,我国仍然有着很大的发展空间。

7.6.4 发展方向

随着我国经济持续稳定地增长,城市化进程的进一步加快,我国的地下管线的需求量也在逐年增加。加之人们对环境保护意识的增强,顶管技术将在我国地下管线的施工中起到越来越重要的地位和作用。非开挖技术的发展必将向规模化、规范化、国际化的方向发展。

在我国经济高速增长的支持下,顶管技术的发展将面临前所未有的机遇,在加快引进国外先进技术的基本上,努力消化创新,加强研发和人才培养,其前景是非常乐观的。纵观国内外顶管技术的发展,发展方向将是多元化和多样化。

在顶管直径方面,除了向大口径管的顶进发展以外,也要向小口径管的顶进发展。目前顶管技术最小顶进管的口径只有75mm,最大的已达到5m(德国),大口径顶管有取代小型盾构的趋势。在适应性方面,发展宽范围、全土质型顶管机是必然趋势,适应范围将大为延伸,从N值为极小的土到N值为五十多的砾石,直至轴压强度达200MPa的岩石。将微电子技术、工业传感技术、实时控制技术和现代化控制理论与机械、液压技术综合运用于顶管机械上是顶管技术的发展趋势。数字化、信息化、智能型顶管机的研制将得到更多的关注,纠偏精度、自动化程度也将得到大力提高。在不久的将来,一些全自动、高精度的掘进机会成为施工机械的主流。顶管的用途随着相关技术的发展也将继续扩大,从目前的主要用于管道铺设将发展为管道铺设、涵顶进、地下人行通道管棚式施工等多用途型。现在的顶管截面形状基本上都是圆形,今后的发展趋势是圆形、矩形、圆拱形、多边形等,以适应箱涵顶进等各种工程的需要,故截面形状多元化是必然趋势。目前的顶管施工形式主要为土压式、泥水加压式,以后的发展将在进一步吸收国外技术的基础上,应用管套式、气泡式等各种形式的顶管施工技术。随着高精度长距离测量技术进一步的发展应运,通风系统的完善,中继间技术、注浆减摩技术的进步,排渣系统的发展,刀盘切削系统、推进系统、出土输送系统、供电液压系统、监控系统、测量导向系统等一系列技术的突破,现有的一次性顶进距离将被不断刷新,各种复杂曲线顶管也将陆续出现。

目前我国已成立北京、上海、广州和武汉四个非开挖技术研究中心,我国国际非开挖技术技术研究中心单位会员已突破100个,数量居世界第4、亚洲第1。形成了行业协会、科研单位、研究中心和设备生产和施工企业组成的强大阵营,而且每年不断有很多人不断加入到从事顶管等非开挖工作的行列,我国的顶管技术必将迎来一个崭新的阶段。

7.6.5 顶管法施工工艺

顶管法敷管的施工工艺类型很多,按照开挖工作面的施工方法,可以分为敞开式和封闭式两种。顶管工艺如图7.6-1所示。

1)敞开式施工工艺

敞开式施工工艺一般适用于土质条件稳定,无地下水干扰,工人可以进入工作面直接挖掘而不会出现大塌方或涌水等现象的条件。因其工作面常处于开放状态,故也称为开放式施工工艺。根据工具管的不同可分为手掘式、挤压式、机械开挖式、挤压土层式顶管。

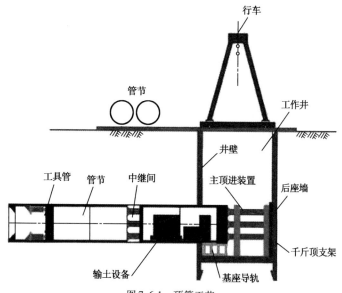

图 7.6-1 顶管工艺

(1) 手掘式顶管

工人可以直接进入工作面挖掘,施工人员可随时观察土层与工作面的稳定状态,造价低、便于掌握,但效率低,必须将水位降低至管基以下 0.5m 后,方可施工。当土质比较稳定的情况下,首节管可以不带前面的管帽,直接由首节管作为工具管进行顶管施工,也是常用的一种顶管施工方法,也称为人工掘进顶管。

(2) 挤压式顶管

挤压式掘进顶管一般适用于大中口径的管道,对潮湿、可压缩的黏性土、砂性土较为适宜。该方法设备简单、安全,又避免了挖装土的工序,比人工挖掘提高效率 1~2 倍。它是将工作面用胸板隔开后,在胸板上留有一喇叭口形的锥筒,当顶进时将土体挤入喇叭口内,土体被压缩成从锥筒口吐出的条形土柱。待条形土柱达到一定长度后,再用钢丝将其割断,由运土工具吊运至地面。其结构形式如图 7.6-2 所示。

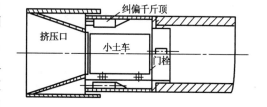

图 7.6-2 挤压式顶管

(3) 机械开挖式顶管

机械开挖式顶管是在工具管的前方装有由电动机驱动的刀盘钻进挖土,被挖下来的土体由皮带运输机运出,从而代替了人工操作。一般适用于无地下水干扰、土质稳定的黏性土或砂性土层。其结构形式如图 7.6-3 所示。

(4) 挤压土层式顶管

挤密土层式顶管前端的工具管可分为锥形和管帽形,仅适用于潮湿的黏土、砂土、粉质黏土,顶距较短的小口径钢管、铸铁管,且对地面变形要求不甚严格的地段。这种工具管安装在被顶管道的前方,顶进时,工具管借助千斤顶的顶力将管子直接挤入土层里,管子周围的土层被挤密实,常引起地面较大的变形。其结构形式如图 7.6-2 和图 7.6-4 所示。

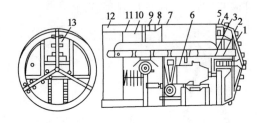
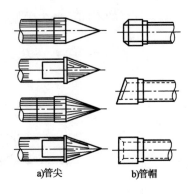

图 7.6-3　机械式水平钻机

1—主轴部件；2—合金刀；3—刀排部件；4—周边刀；5—减速箱体；6—前方筒；7—纠偏油缸；8—后方筒；9—电气操作柜；10—纠偏动力泵站；11—螺旋输送机；12—搅拌翼；13—中心注浆孔；14—定位刀

a) 管尖　　b) 管帽

图 7.6-4　管尖和管帽

2）封闭式施工工艺

封闭式施工工艺一般适用于土质不稳定、地下水位高，工人不能直接进行开挖的施工条件。为防止工作面塌方、涌水对人身造成危害，常将机头前端的挖掘面与工人操作室之间用密封舱隔开，并在密封舱内充入空气、泥浆、泥水混合物等，借助气压、土压、泥水混合物的压力支撑开挖面，以达到稳定土层、防止塌方、涌水以及控制地面沉降的目的。

（1）水力掘进顶管法

水力掘进顶管的挖土是利用高压水枪的射流将顶进前方的土冲成泥浆，再通过泥浆管道输送至地面储泥场。整个工作是由装在混凝土管前端的工具管来完成的，其结构形式如图 7.6-5 所示。工具管的前端为冲泥舱。掘进时先开动千斤顶，由刃脚将土切入冲泥舱，然后用人工操纵水枪操作把，将土冲成泥浆。泥浆经过格栅进入真空室由泥浆管吸入工作坑，再由泥浆泵排至储泥场。冲泥舱是完全密封的，其上设有观察孔和小密封门，用于操作和维修。管道的掘进方向由中间部位的校正管控制。工具管的后端是气闸室。

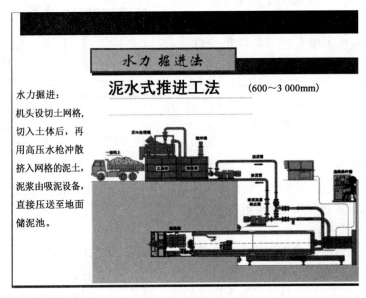

图 7.6-5　水力掘进机头

气闸室是作为维修人员进出高压区时的升压和降压之用。当前端工具管出现故障时,维修人员可通过小密封门进入冲泥舱。为防止小密封门打开后涌入大量泥水,可先封闭气闸室,经升压后再进行操作,保证气压和泥水压力的平衡。维修完毕后,再逐渐降压,恢复正常掘进。水力切削式机头生产效率高,其冲土、排泥连续进行,可改善劳动条件,减轻劳动强度,但需耗用大量的水,且需要有较大的存泥浆场地,故在某些缺水地区受到限制。

(2)土压平衡式顶管法

土压平衡式顶管就是在刀盘切削下来的土、砂中注入流动性和不透水性的"作泥材料",然后在刀盘强制转动、搅拌下,使切削下来的土变成流动性的、不透水的特殊土体,使之充满密封舱,并保持一定压力来平衡开挖面的土压力。此法的密封舱设置在工具管的前方,工作人员可在密封舱外,通过操作电控开关来控制刀盘切削和顶进速度。

螺旋输送器的出土量和顶进速度,应与刀盘的切削速度相配合,以保持密封舱内的土压力与开挖面的土压力始终处于平衡状态。土压平衡式顶管法常用于含水量较高的黏性土、砂性土以及地面隆陷值要求控制较严格的地区。其结构形式如图7.6-6所示。

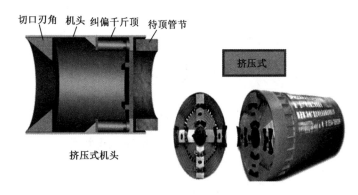

图7.6-6 土压平衡式盾构

(3)泥水平衡式顶管法

泥水平衡式顶管法常用于控制地面变形小于3cm,工作面位于地下水位以下,渗透系数大于10^{-1}cm/s的黏性土、砂性土、粉砂质土的作业条件。其特点是挖掘面稳定,地面沉降小,可以连续出土,但因泥水量大,弃土的运输和堆放都比较困难。

此法和土压平衡式顶管法一样,都是在前方设有密封舱、刀盘、螺旋输送器等设备。施工时,随着工具管的推进,刀盘不停地转动,进泥管不断地进泥水,而抛泥管则不断地将混有弃土的泥水抛出密封舱。在密封舱内,常采用护壁泥浆来平衡开挖面的土压力,即保持一定的泥水压力,以此来平衡土压力和地下水压力。管道顶进方法的选择,应根据管道所处土层的性质、管径、地下水位、附近地上与地下建筑物、构筑物和各种设施等因素确定。本章将重点介绍手掘式顶管法的施工工艺。

7.6.6 顶管工作坑的布置

顶管工作坑又称竖井,是顶管施工起始点、终结点、转向点的临时设施,工作坑内安装有导轨、后背及后背墙、千斤顶等设备。

1) 工作坑的种类及设置原则

根据工作坑顶进方向，可分为单向坑、双向坑、多向坑、转向坑和交汇坑等形式，如图 7.6-7 所示。

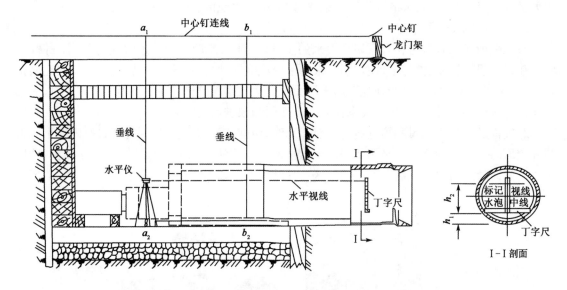

图 7.6-7 工作坑顶进方向

工作坑的位置根据地形、管线位置、管径大小、地面障碍物种类等因素来决定。排水管道顶进的工作坑通常设在检查井位置；单向顶进时，应选在管道下游端，以利排水；根据地形和土质情况，尽量利用原土后背；工作坑与穿越的建筑物应有一定的安全距离，并应考虑建筑物的状况和周边环境的影响。

2) 工作坑的尺寸

工作坑应具有足够的空间和工作面，方能保证顶管工作顺利进行。其尺寸和管径大小、管节长度、埋置深度、操作工具及后背形式有关。工作坑的尺寸可按图 7.6-8 所示由公式进行计算。

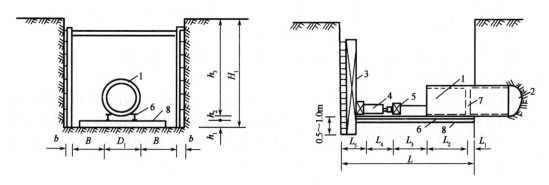

图 7.6-8 工作坑尺寸图
1-管子；2-掘进工作面；3-后背；4-千斤顶；5-顶铁；6-导轨；7-内涨圈；8-基础

(1) 工作坑的宽度

$$W = D_1 + 2B + 2b \tag{7.6-1}$$

式中：W——工作坑底部宽度(m)；

D_1——管道外径(m)；

$2B+2b$——管道两侧操作空间及支撑厚度(m)，一般可取 2.4~3.2m。

(2) 工作坑的长度

$$L = L_1 + L_2 + L_3 + L_4 + L_5 \tag{7.6-2}$$

式中：L——矩形工作坑的底部长度(m)；

L_1——工具管长度(m)，当采用管道第一节管作为工具管时，钢筋混凝土管不宜小于 0.3m，钢管不宜小于 0.6m；

L_2——管节长度(m)；

L_3——出土工作间长度(m)；

L_4——千斤顶长度(m)；

L_5——顶管后背的厚度(m)。

(3) 工作坑的深度

当工作坑为顶进坑时，其深度按式(7.6-3)计算。

$$H_1 = h_1 + h_2 + h_3 \tag{7.6-3}$$

当工作坑为接收坑时，其深度按式(7.6-4)计算。

$$H_2 = h_1 + h_3 \tag{7.6-4}$$

式中：H_1——顶进坑地面至坑底的深度(m)；

H_2——接收坑地面至坑底的深度(m)；

h_1——地面至管道底部外缘的深度(m)；

h_2——管道外缘底部至导轨底面的高度(m)；

h_3——基础及其垫层的厚度，但不应小于该处井室的基础及垫层厚度(m)。

3) 工作坑的施工

工作坑的施工方法有两种，一种方法是采用钢板桩或普通支撑，用机械或人工在选定的地点，按设计尺寸挖成，坑底用混凝土铺设垫层和基础。该方法适用于土质较好、地下水位埋深较大的情况，顶进后背支撑需要另外设置；另一种方法是利用沉井技术，将混凝土井壁下沉至设计高度，用混凝土封底。混凝土井壁既可以作为顶进后背支撑，又可以防止塌方。当采用永久性构筑物作工作坑时，也可采用钢筋混凝土结构等。

7.6.7 顶进系统

1) 基础

工作坑的基础形式取决于地基土的种类、管节的轻重以及地下水位的高低。一般的顶管工作坑，常用的基础形式有三种：

(1)土槽木枕基础

土槽木枕基础适用于地基土承载力大,又无地下水的情况。将工作坑底平整后,在坑底挖槽并埋枕木,枕木上安放导轨并用道钉将导轨固定在枕木上。施工操作简单,用料不多且可重复使用,造价较低。

(2)卵石木枕基础

卵石木枕基础适用于虽有地下水但渗透量不大,而地基土为细粒的粉砂土。为了防止安装导轨时扰动基土,可铺一层卵石或级配砂石,以增加其承载能力,并能保持排水通畅。在枕木间填粗砂找平。这种基础形式简单实用,较混凝土基础造价低,一般情况下可代替混凝土基础。

(3)混凝土木枕基础

混凝土木枕基础适用于地下水位高,地基承载力又差的地方。在工作坑浇筑混凝土,同时预埋方木作轨枕。这种基础能承受较大荷载,工作面干燥无泥泞,但造价较高。

2)导轨

导轨设置在基础之上,其作用是引导管子按照设计的中心线和坡度顶进,保证管子在即将顶进土层前位置正确。因此,导轨的安装是保证顶管工程质量的关键一环。

导轨有钢导轨和木导轨两种,施工中应首先选用钢导轨,钢导轨一般采用轻型钢轨,管径较大时,也可采用重型钢轨。

(1)轨距计算

如图7.6-9所示,两根钢轨的距离控制在管径的0.45~0.6倍。轨距可按式(7.6-5)计算。

$$\begin{cases} A = 2BK = 2\sqrt{OB^2 - OK^2} = 2\sqrt{\left(\dfrac{D+2t}{2}\right)^2 - \left(\dfrac{D+2t}{2}+c-h\right)^2} = 2\sqrt{(D+2t)(h-c)-(h-c)^2} \\ A_0 = a + A = a + \sqrt{(D+2t)(h-c)-(h-c)^2} \end{cases}$$

(7.6-5)

式中:D——管子内直径(mm);

t——管壁厚度(mm);

h——钢导轨高度(mm);

c——管外壁与基础面的间隙(mm),一般取30mm;

A_0——两导轨中距(m);

a——导轨顶面宽度(m)。

(2)导轨的安装方法及技术要求

由于导轨是一个定向轨道,其安装质量对管道顶进工作影响很大。一般的导轨都采取固定安装,但有一种滚轮式的导轨,如图7.6-10所示,具有两导轨间距调节,以减少导轨对管子摩擦。导轨适用于钢筋混凝土管顶管和外设防腐层的钢管顶管。安装后的导轨应当牢固,不得在使用中产生位移;并且要求两导轨应顺直、平行、等高,其纵坡应与管道设计坡度相一致,导轨的安装精度必须满足施工要求。

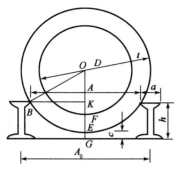

图 7.6-9 导轨间距计算图

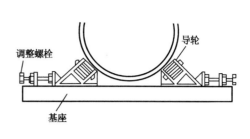

图 7.6-10 滚轮式导轨

3) 后背与后背墙

后背与后背墙是千斤顶的支撑结构,在管子顶进过程中所受到的全部阻力,可通过千斤顶传递给后背及后背墙。为了使顶力均匀地传递给后背墙,在千斤顶与后背墙之间设置木板、方木等传力构件,称为后背。后背墙应具有足够的强度、刚度和稳定性,当最大顶力发生时,不允许产生相对位移和弹性变形。常用的后背形式有原土后背墙、人工后背墙等。当土质条件差、顶距长、管径大时,也可采用地下连续墙式后背墙、沉井式后背墙和钢板桩式后背墙。

(1) 原土后背墙

后背墙最好采用原土后背墙,这种后背墙造价低、修建方便,适用于顶力较小,土质良好,无地下水或采用人工降低地下水效果良好的情况。一般的黏土、亚黏土、砂土等都可做原土后背墙。原土后背墙安装时,紧贴垂直的原土后背墙密排 15cm×15cm 或 20cm×20cm 的方木,其宽度和高度不小于所需的受力面积,排木外侧立 2~4 根立铁,放在千斤顶作用点位置,在立铁外侧放一根大刚度横铁,千斤顶作用在横铁上。根据施工经验,当顶力小于 400t 时,原土后背墙的长度一般不小于 7.0m,就不致发生大位移现象(墙后开槽宽度不大于 3.0m),其结构形式如图 7.6-11 所示。

(2) 人工后背墙

原土后背墙当无原土作后背墙时,应设计结构简单、稳定可靠、就地取材、拆除方便的人工后背墙。人工后背墙做法很多,其中一种是利用已顶进完毕的管道作后背墙时,修筑跨在管道上的块石挡土墙作为人工后背墙,其结构形式如图 7.6-12 所示。

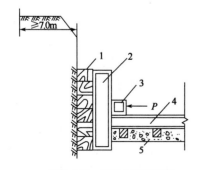

图 7.6-11 原状土后面状态
1-方木;2-横铁;3-千斤顶;4-木导轨;5-混凝土平层

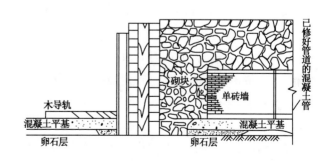

图 7.6-12 人工后背墙

4）顶进设备

顶进设备主要包括千斤顶、高压油泵、顶铁、下管及运土设备等。

(1) 千斤顶和油泵

千斤顶又称为"顶镐"，是掘进顶管的主要设备，目前多采用液压千斤顶。千斤顶在工作坑内常用的布置方式为单列、并列和环周等形式，如图7.6-13所示。当采用单列布置时，应使千斤顶中心与管中心的垂线对称；采用并列或环周布置时，顶力合力作用点与管壁反作用力合力作用点在同一轴线上，防止产生顶进力偶，造成顶进偏差。根据施工经验，采用人工挖土，管上半部管壁与土壁有间隙时，千斤顶的着力点作用在垂直直径的1/5～1/4为宜。

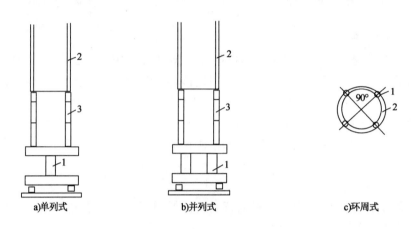

图7.6-13　千斤顶布置方式
1-千斤顶；2-管子；3-顺铁

油泵宜设在千斤顶附近，油路应顺直、转角少；油泵应与千斤顶相匹配，并应有备用油泵。油泵安装完毕，应进行试运转。

(2) 顶铁

顶铁是为了弥补千斤顶行程不足而设置的，是管道顶进时，在千斤顶与管道端部之间临时设置的传力构件。其作用是将千斤顶的合力通过顶铁比较均匀地分布在管端；同时也是调节千斤顶与管端之间的距离，起到伸长千斤顶活塞的作用。因此，顶铁两面要平整，厚度要均匀，要有足够的刚度和强度，以确保工作时不会失稳。

顶铁是由各种型钢拼接制成，有U形、弧形和环形几种，如图7.6-14所示。其中U形顶铁一般用于钢管顶管，使用时开口朝上，弧形内圆与顶管的内径相同；弧形顶铁使用方式与U形相似，一般用于钢筋混凝土管顶管；环形顶铁是直接与管段接触的顶铁，它的作用是将顶力尽量均匀地传递到管段上。

顶铁与管口之间的连接，无论是混凝土管还是金属管，都应垫以缓冲材料，使顶力比较均匀地分布在管端，避免应力集中对管端的损伤。当顶力较大时，与管端接触的顶铁应采用U形顶铁或环形顶铁，以使管端承受的压力低于管节材料的允许抗压强度。缓冲材料一般可采用油毡或胶合板。

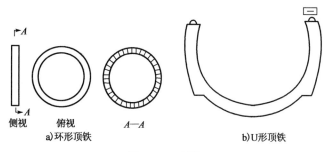

图 7.6-14 顶铁

(3) 下管和运土设备

工作坑的垂直运输设备是用来完成下管和出土工作的。运输方法应根据施工具体情况而定,通常采用三脚架配电葫芦、龙门吊、汽车吊和轮式起重机等。

7.6.8 顶管接口

1) 钢管接口

钢管接口一般采用焊接接口。顶进钢管采用钢丝网水泥砂浆和肋板保护层时,焊接后应补做焊口处的外防腐处理。钢管接口处理较为简单,且由于钢材的耐腐蚀性能较差,应用范围受限,因此本书不做过多阐述。

2) 钢筋混凝土管接口

钢筋混凝土管接口分为刚性接口与柔性接口。采用钢筋混凝土管时,在管节未进入土层前,接口外侧应垫以麻丝、油毡或木垫板,管口内侧应留有 10～20mm 的空隙。顶进后两管间的空隙宜为 10～15mm;管节入土后,管节相邻接口处安装内涨圈时,应使管节接口位于内涨圈的中部,并将内涨圈与管端之间的缝隙用木楔塞紧。钢筋混凝土管常用钢涨圈接口、企口接口、"T"形接口等方式进行连接。

(1) 钢涨圈连接

钢涨圈连接常用于平口钢筋混凝土管。管节稳好后,在管内侧两管节对口处用钢涨圈连接起来,形成刚性口,以避免顶进过程中产生错口。钢涨圈是用 8mm 左右的钢板卷焊成圆环,宽度为 300～400mm。环的外径小于管内径 30～40mm。连接时将钢涨圈放在两管节端部接触的中间,然后打入木楔,使钢涨圈下方的外径与管内壁直接接触,待管道顶进就位后,将钢涨圈拆除,内管口处用油麻、石棉水泥填打密实,如图 7.6-15 所示。

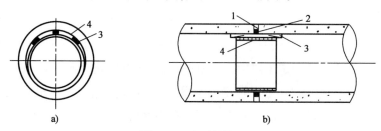

图 7.6-15 钢涨圈接口
1-麻辫;2-石棉水泥;3-木楔;4-钢涨圈

(2) 企口连接

企口连接通常可以采用刚性接口和柔性接口,如图 7.6-16、图 7.6-17 所示。采用企口连接的钢筋混凝土管不宜用于较长距离的顶管。

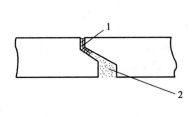

图 7.6-16 企口刚性连接
1-钢纤维混凝土;2-素混凝土

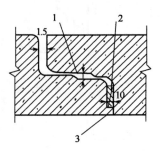

图 7.6-17 企口柔性连接(尺寸单位:mm)
1-水平橡胶片;2-垂直向橡胶片;3-企口密封

(3)"T"形接口

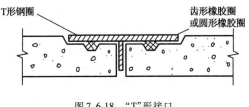

图 7.6-18 "T"形接口

"T"形接口的做法是在两管段之间插入一钢套管,钢套管与两侧管段的插入部分均有橡胶密封圈,如图 7.6-18 所示。

采用 T 形钢套环橡胶圈防水接口时,混凝土管节表面应光洁、平整,无砂眼、气泡,接口尺寸符合规定;橡胶圈的外观和断面组织应致密、均匀,无裂缝、孔隙或凹痕等缺陷,安装前应保持清洁,无油污,且不得在阳光下直晒;钢套环接口无疵点,焊接接缝平整,肋部与钢板平面垂直,且应按设计规定进行防腐处理;木衬垫的厚度应与设计顶力相适应。

7.6.9 顶进

管道顶进的过程包括挖土、顶进、测量、纠偏等工序。从管节位于导轨上开始顶进起至完成这一顶管段止,始终控制这些工序,就可保证管道的轴线和高程的施工质量。开始顶进的质量标准为:轴线位置 3mm,高程 0 ~ +3mm。

1)挖土与运土

管前挖土是保证顶进质量及防止地面沉降的关键。由于管子在顶进中是顺着已挖好的土壁前进的,所以管前挖土的方向和开挖形状,直接影响顶进管位的正确性,因此管前周围超挖应严格控制。在允许超挖的稳定土层中正常顶进时,管端上方允许有不大于 15mm 的空隙,以减少顶进阻力。管端下部 135°中心角范围内不得超挖,保持管壁与土壁相平,也可以留 10mm 厚土层不挖,在管子顶进时切去,防止管端下沉。在不允许顶管上部土下沉地段如铁路、重要建筑物等,顶进时,管周围一律不准超挖。

管前挖土深度,应视土质情况和千斤顶的工作行程而定,一般为千斤顶的出镐长度。如果超挖过大,土壁开挖形状不易控制,容易引起管位偏差和上方土坍塌。特别对松软土层,应对管顶上部土进行加固,或在管前安装管檐。操作人员工作时,要警惕土方坍塌伤人。

管前挖出的土应及时外运,一般通过管内水平运输和工作坑的垂直提升送到地面。

2)顶进

顶进是利用千斤顶出镐在后背不动的情况下,将管子推入土中。其操作过程如下:

(1)安装U形顶铁或环形顶铁并挤牢,待管前挖土满足要求后,启动油泵,操纵控制阀,使千斤顶进油,活塞伸出一个行程,将管子推进一段距离。

(2)操纵控制阀,使千斤顶反向进油,活塞回缩。

(3)安装顶铁,重复上述操作,直到管端与千斤顶之间可以放下一节管子为止。

(4)卸下顶铁,下管,在混凝土管接口处放一圈油麻、橡胶圈或其他柔性材料,管口内侧留有适当间隙,以利于接口和应力均匀。

(5)在管内口安装内涨圈。如设计有外套环时,可同时安装外套环。

(6)重新装好U形顶铁或环形顶铁,重复上述操作。

顶进时应遵照"先挖后顶,随挖随顶"的原则。应连续作业,尽量避免中途停止。工程实践证明,在黏性土层中顶进时,因某种原因使连续施工中断,重新起顶时,顶力将会增加50%~100%。但在饱和砂土中顶进中断后,重新起顶时,顶力会比中断前的顶力小。这一点在施工中应引起注意。另外在管道顶进中,发现管前方坍塌,后背倾斜、偏差过大或油泵压力表指针骤增等情况,应停止顶进,查明原因,排除障碍后再继续顶进。

3)测量

顶管施工时,为了使管节按设计的方向顶进,除了在顶进前精确地安装导轨、修筑后背及布置顶铁,还应在管道顶进的全部过程中控制工具管前进的方向,这些都需要通过测量来保证。

管道顶进过程中,应对工具管的中心和高程进行测量。测量工作应及时、准确,以便管节正确地就位于设计的管道轴线上。测量工作应频繁地进行,以便及时发现管道的偏移。当第一节管就位于导轨上以后即进行校测,符合要求后开始进行顶进。一般在工具管刚进入土层时,应加密测量次数。常规做法每顶进30cm,测量不少于1次,进入正常顶进作业后,每顶进100cm测量不少于1次;每次测量都以测量管子的前端位置为准。

一般情况下,可用水准仪进行高程测量、经纬仪进行轴线测量、垂球进行转动测量。较先进的测量方法有激光经纬仪测量。测量时,在工作坑内安装激光发射器,按照管线设计的坡度和方向将发射器调整好,同时管内装上接收靶,靶上刻有尺度线,如图7.6-19所示。当顶进的管道与设计位置一致时,激光点直射靶心,说明顶进质量良好,没有偏差,如图7.6-20所示。

全段顶完后,应在每个管节接口处测量其轴线位置和高程;有错口时,应测出相对高差。测量记录应完整、清晰。

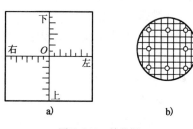

图7.6-19 接收靶

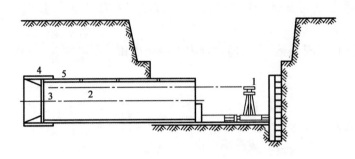

图 7.6-20 激光测量
1-激光经纬仪;2-激光束;3-激光接收靶;4-韧角;5-管节

4) 纠偏

在顶管过程中,如发现首节管子发生偏斜,必须及时给予纠正,否则偏斜会越来越严重,甚至发展到无法顶进的地步。出现偏斜的主要原因有管节接缝断面与管子中心线不垂直,工具管迎面阻力的分布不均,多台千斤顶顶进时出镐不同步等。工程中通常采用以下方法进行纠偏校正。

(1) 挖土校正法

一般顶进偏差值较小时可采用此法。当管子偏离设计中心一侧时,可在管子中心另一侧适当超挖,而在偏离一侧少挖或留台,这样继续顶进时,借预留的土体迫使管端逐渐回位。该法多用于黏土或地下水位以上的砂土中,如图 7.6-21 所示。

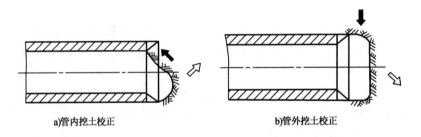

a) 管内挖土校正   b) 管外挖土校正

图 7.6-21 挖土校正法

根据施工部位的不同,可分为管内挖土校正和管外挖土校正两种。当采用管内挖土校正时,开挖面一侧保留土体,另一侧开挖,顶进时土体的正面阻力移向保留土体的一侧,管道向该侧校正。如采用管外挖土校正,则管内的土被挖净,并挖出刃口,管外形成洞穴。洞穴的边缘,一边在刃口内侧,一边在刃口外侧,顶进时管道顺着洞穴方向移动。

(2) 斜撑校正法

当偏差较大或采用挖土校正无效时,可采用斜撑校正法。如图 7.6-22 所示,用圆木或方木,一端顶在偏斜反向的管子内壁上,另一端支撑在垫有木板的管前土层上。开动千斤顶,利用顶木产生的分力使管子得到校正。此法也适合管子错口的校正。

(3) 衬垫校正法

对于在淤泥或流沙地段施工的管子,因地基承载力较弱,经常出现管子低头现象,这时在管底或管子一侧添加木楔,使管道沿着正确的方向顶进,如图 7.6-23 所示。

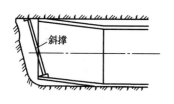
图 7.6-22　斜撑校正法

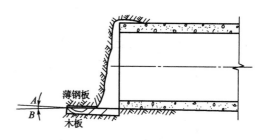
图 7.6-23　衬垫校正法

7.6.10　长距离顶管措施

顶管中,一次顶进长度受管材强度、顶进土质、后背强度及顶进技术等因素限制,一般一次顶进长度最大达 60～100m。当顶进距离超过一次顶进长度时,可采用中继间顶进、触变泥浆套顶进等方法,以提高在一个工作坑内的顶进长度,减少工作坑数目。

1) 中继间顶进法

中继间顶进就是把管道一次顶进的全长分成若干段,在相邻两段之间设置一个钢制套管,套管与管壁之间应有防水措施,在套管内的两管之间沿管壁均匀地安装若干个千斤顶,该装置称为中继间,如图 7.6-24 所示。中继间前面的管段用中继间顶进设备顶进,中继间后面的管段由工作坑的主千斤顶顶进。如果一次顶进距离过长,可在顶段内设几个中继间,这样可在较小顶力条件下,进行长距离顶管。

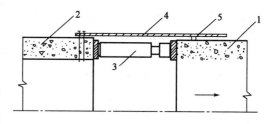
图 7.6-24　中继间构造
1-前节管；2-后节管；3-千斤顶；4-钢制外包桶；5-支撑座垫

采用中继间顶管时,顶进一定长度后,即可安设中继间,之后继续顶进。当工作坑主千斤顶难以顶进时,开动中继间千斤顶,以后边管子为后背,向前顶进一个行程,然后开动工作坑内的千斤顶,使中继间后面的管子和中继间一同向前推进一个行程。而后再开动中继间千斤顶,如此连续循环操作,完成长距离顶进。管道就位以后,应首先拆除第一个中继间,开动后面的千斤顶,将中继间空档推拢,接着拆第二个、第三个,直到把所有中继间空档都推拢后,顶进工作方告结束。

中继间的特点是减少顶力效果显著,操作机动灵活,可按照顶力大小自由选择、分段接力顶进。但也存在设备较复杂、加工成本高、操作不便及降低工效等不足。

2) 触变泥浆套顶进法

触变泥浆套顶进法是将触变泥浆注入所顶进管子四周,形成一个泥浆套层,用以减小顶进的管子与土层的摩擦力,并能防止土层坍塌。一次顶进距离可较非泥浆套顶进增加 2～3 倍。长距离顶管时,常和中继间配合使用。

触变泥浆是由膨润土加一定比例的碱(一般为 Na_2CO_3)、化学浆糊、高分子化合物及水配制而成。膨润土是触变泥浆的主要成分,它有很大的膨胀性,很高的活性、吸水性和基因的交换能力。碱主要是提供离子,促使离子交换,改变黏土颗粒表面的吸附层,使颗粒高度分散,从而控制触变泥浆。

一般触变泥浆由搅拌机械拌制后储于储浆罐内,由泵加压,经输泥管输送到工具管的泥浆封闭环内,再由封闭环上开设的注浆孔注入坑壁与管壁间的孔隙中,形成泥浆套,如图 7.6-25 所示。工具管应具有良好的密封性,防止泥浆从工具管前端漏出。在长距离或超长距离顶管中,由于施工工期较长,泥浆的失水将会导致触变泥浆失效,因此必须从工具管开始每隔一定距离设置补浆孔,及时补充新的泥浆。管道顶进完毕后,拆除注浆管路,将管道上的注浆孔封闭严密。

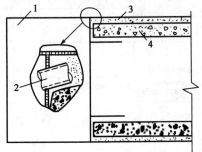

图 7.6-25 注浆装置
1-工具管;2-注浆孔;3-泥浆套;4-混凝土管

7.6.11 存在问题

顶管技术在我国存在的主要问题是,机械设备技术比较落后,地区差异明显,水平参差不齐,缺乏规范化,人才不足,尚待进一步宣传推广。目前而言,对顶管机械设备我国主要依赖于进口,虽然国内也有生产企业,但技术仍落后于国际先进水平,掘进机型号种类不足以适应工程需要,我国尚无适于中强度岩层以上的岩盘掘进机,适应土质范围不宽,且耐用性、机械化、自动化水平不够。

从地域上说,顶管技术的发展与我国地域经济水平相适应,我国东部的顶管技术发展水平远远高于中西部地区,仅广东、上海、浙江、江苏和山东五省市就占到了非开挖铺管工作量的 75%。而西部地区仅在西气东输项目下有为数不多的顶管穿越工程,中西部地区与东部沿海地区差距非常显著。顶管施工技术在城市之间的发展不平衡,在上海、北京、广州等大城市技术水平比较高,应用比较普遍,但在中小城市应用较少,在中西部地区的城市应用更少。在同一城市发展也不平衡,据广州市建委 2004 年对广州市顶管现状的有关调查发现,该市的顶管技术发展极不平衡,机械化的顶管施工不太多,手掘式顶管仍占最大比例,对顶管施工技术的采用不积极,往往不是管线铺设的首选,被看作是无法开挖的无奈之举。不同施工企业的施工水平也不平衡,有些还处在比较原始的阶段,也有一些应用失败的工程,客观上阻碍了顶管技术的推广发展。影响顶管技术应用的另一个因素是行业规范化不够,存在同行低水平恶性竞争的现象,专业人才缺乏,现有的从业人员大多是从一般的土木工程施工中转化而来,缺少专业训练。今后仍需加强管理,努力推广先进技术,提高施工水平和改善施工工艺。

【思考题】

1. 地下车站施工方法有哪些?各自优缺点是什么?
2. 如何理解浅埋暗挖法的十八字方针?

3. 泥水盾构和土压平衡盾构的优缺点是什么？如何选择盾构类型？
4. 冻结法的优缺点及其施工要点是什么？
5. 沉管法的优缺点及其施工要点是什么？
6. 顶推法的优缺点及其施工要点是什么？

第 8 章
信息化施工监测

【本章重难点】
1. 了解和掌握信息化施工监测的设计原理。
2. 掌握车站施工监控量测内容。
3. 掌握区间隧道施工监控量测内容。

8.1 信息化施工监测的设计原理

地铁工程监测是指在地铁施工过程中,用仪器、设备等手段对围岩、支护结构、地表、周边建筑物、地下设施等对象的位移、倾斜、压力、内力、裂缝、基底隆起以及底下水位变化等特征进行观测,并对观测结果进行分析和反馈。目前在国内的地铁施工中,为保障工程施工安全与质量,地铁施工监测已成为施工中必不可少的一部分。工程监测既是检验设计正确性和促进理论发展的重要手段,又是指导正确施工,避免事故发生的必要措施。

地下工程的施工监测的设计原理主要是通过现场获得关于结构稳定性和支护系统工作状况,以及对周围环境影响的数据,然后根据监测数据通过一定方法进行分析,确定地下工程的设计和施工对策。这一过程可以称为监控设计或信息化设计。

信息技术在地铁施工监测中的运用,充分发挥了它在监测数据分析处理、监测信息反馈中及时、准确、高效、智能的优势,为地铁施工安全管理问题带来了新的解决思路。地铁施工监测信息化确保了信息化施工的效果,促进了信息化施工的发展,对信息化施工中的数据管理、数据分析、信息反馈提供了强有力的支持。

(1)数据管理支持。地铁施工监测信息化,解决了监测信息管理中,测点信息与监测数据保存、查询困难的问题,同时它也支持数据的高效传递、共享,确保监测数据的及时有效。

(2)数据分析支持。地铁施工监测信息化,使得地铁施工监测能充分结合信息技术对数据处理的科学、准确、高效的特点,为地铁施工的实时指导打好基础。

(3)信息反馈支持。地铁施工监测信息化,为地铁施工安全形势提供智能化分析,能够准确反映施工安全现状,同时为施工警情的处理提供交流平台和决策手段。

地铁施工监测信息化,提高了地铁施工监测的管理水平,可以做到施工与施工监测的有机结合,实现施工监测对现场施工的实时指导,同时也为信息化施工积累了资料。施工监测采用计算机信息管理方式,具有人工管理所没有的巨大优势,完全实现了监测信息存储安全、查询方便的特点,对于信息化施工水平的提高具有重要意义。地铁施工监测信息化能够加快整个地铁工程管理的效率,节省了由于信息传递不流畅引起的费用损失,对于保证施工进度也有积极的支持作用。

地下铁道施工监测项目包括两类,一类是必测项目,一类是选测项目。必测项目是保证隧道周边环境和围岩的稳定以及施工安全,同时反映设计、施工状态而必须进行的日常监控量测项目。选测项目是为满足隧道设计与施工的特殊要求进行的监控量测项目。必测项目为洞内外观察、拱顶下沉、净空变化、地表沉降;选测项目包括围岩内力、钢架内力、混凝土内力、二次衬砌内力、锚杆轴力、围岩内部位移、隧底隆起、爆破振动、孔隙水压力、水量纵向位移等。

地铁施工监测项目的选取,不是固定的,不能做出统一的规定,这是由地铁工程建设施工的特点决定的。地铁施工方法众多,涉及的线路长、断面大,工程施工所处的环境也是各不相同。针对不同的地质状况、围岩结构、施工方法、周边环境等施工因素,选用合适的施工方法,根据工法对周边环境可能造成的影响,再确定施工监测项目。这样有针对性的监测,既可以节省工程建设施工的费用,又可以保证施工的质量。地铁施工开展前,应先进行监测方案的制订,确定好施工中应该监测的项目。地铁施工监测实施的基本流程如图 8.1-1 所示。

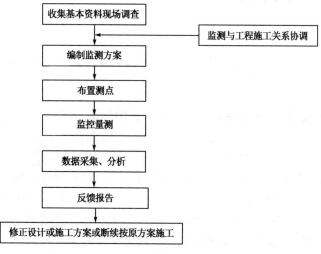

图 8.1-1 地铁施工监测实施基本流程图

8.2 车站基坑开挖过程的监控量测

8.2.1 车站基坑开挖过程中监控量测的目的

我国地铁车站开挖的施工方法多数采用明挖法,明挖法深基坑施工中由于基坑开挖深度较大,随着基坑内土体被挖出,基坑周边一定范围内地层应力将发生调整,产生地面沉降、围护结构沉降、水平位移等,过大的地面沉降和地层变位将直接危及地面建筑物和地中管线的正常使用及基坑工程结构的稳定,进而危及施工安全。

因此,需要通过监测对施工中有害变形进行控制,并及时反馈基坑及主体结构变形,当基坑围护变形值接近所设保护等级要求的变形值时,及时预警,并采取有效措施来控制变形;随时调整施工参数,对软土深基坑施工积累施工和设计参数,并可以供同类工程参考。

8.2.2 基坑变形控制等级划分和监测项目选择

根据基坑工程的重要性,一般将基坑分为三级,符合下列情况之一时,属于一级基坑:
(1)围护结构作为主体结构一部分。
(2)基坑开挖深度大于或等于10m。
(3)距基坑边两倍开挖深度范围内有历史文物、重要建筑、重要管线等需要严加保护时。

开挖深度小于7m,且周围环境无特别要求时,属于三级基坑工程。

除了一级和三级以外,均属于二级基坑。

监测项目选择主要和基坑等级有关,选择方法见表8.2-1。

监测项目选择与基坑关系　　　　　　表8.2-1

基坑等级	周边地下管线位移	坑周地表沉降	周边建筑物沉降	周边建筑物倾斜	支护结构变形	支撑轴力	地下水位	墙顶沉降	立柱隆沉	土压力	空隙水压力	坑底隆起	土体分层沉降
一级	√	√	√	√	√	√	√	√	√	○	○	○	○
二级	√	√	√	√	√	√	√	√	○	○	○	○	○
三级	√	√	√	√	√	○	○	○	○	○	○	○	○

注:√为必测项目,○为选测项目,可按设计要求选择。

8.2.3 车站基坑开挖过程中主要的监测项目及方法

1) 围护结构顶部水平位移监测

围护结构顶部的水平位移是支护结构变形最直接的体现,因此也成了基坑监测工作中最重要的一个监测项目。监测时,按设计要求位置布设支护结构水平位移观测点,组成一个变形监测网。另在基坑影响范围外布设3~4个控制点组成一个变形观测基准网。基准网采用独立坐标系统,以比变形监测网高一等级的测量方法进行观测。

监测方法:一般采用精密全站仪,按自由测站法或极坐标法对埋设于基坑支护结构上的水平位移标志进行观测,每次观测所得的各个观测点坐标与基坑开挖前进行的初始观测相比较,所得的坐标差即为该观测点在本观测周期的累计位移值。

当基坑开挖时施工现场狭窄、测点被挡等不方便使用全站仪时,可采用多种方法进行观测,如采用钢钢丝、钢卷尺两用式位移收敛计对围护结构顶部进行收敛量测,或采用精密光学经纬仪进行观测。

2）土体侧向变形监测

按设计要求位置,在靠近基坑围护结构的周边土体设土体测斜孔,土体侧向变形观测点采用钻机在设计位置进行钻孔埋设,在钻孔内安装专用测斜管,每个测斜管长度超过该位置基坑开挖深度0.5m以上,测斜管就位后有水泥浆回填,使测斜管与周围土体固定。

监测方法:采用测斜仪。侧斜仪由探头、电缆及测读仪三部分组成,如图8.2-1所示。

（1）探头:探头内装有伺服加速计,上、下有两组导轮,以便使其沿测斜管导槽升降滑动。

（2）电缆:电缆把探头和测读仪连接起来,它除向探头供电、给测读仪传递信息外,同时也是测点的深度尺和探头升降的绳索。为使电缆在负重时不致有明显的长度变化及损坏导线,电缆芯线中有一根钢丝绳,电缆上每隔0.5m设一个深度标志。

图8.2-1　测斜仪

（3）测读仪:测读仪由显示器、蓄电池、电源变换线路和转换开关等装置组成。

当土体发生位移时,测管也随之变形并发生倾斜变化。将探头在测斜管内自上而下以一定间距逐段滑动量测,就可获得每测段的倾斜角及水平位移增量,通过计算就可得到任意深度的水平位移。同一测斜管的测点间距为0.5m。

3）围护结构变形监测

根据设计要求位置布设变形观测点,围护桩已经施工完成未预埋测斜管时,在满足监测要求及监测安全的前提下,经设计等相关单位批准,适当移动测斜监测点位置,移动到未施工的围护桩上预埋测斜管；与未施工支护桩间距较远,不能移动的测斜监测点,则采用钻机成孔的方法埋设测斜管。变形观测孔的预埋设方法:采用专用测斜管在支护结构施工过程中同围护桩的钢筋笼一起进行预埋。

监测方法及监测频率与土体侧向变形监测方法相同。

4）地下水位监测

按设计要求布设,在基坑周边土体中设地下水位监测孔。地下水位监测孔的埋设采用钻机埋设,钻孔深度穿过透水层。在专用的地下水位监测管上,按规定位置将地下水位观测管加工成花管,用细钢丝网将花管部分扎牢,避免砂土堵塞透水小孔,就位后回填粗砂。

监测方法:采用水位仪直接测量地下水位监测孔内的水位高度,如图8.2-2所示。与基坑开挖前相应地下水位观测孔内的地下水位高度进行比较,得到开挖过程中基坑周边地下水位的变化情况。

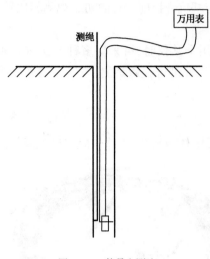

图 8.2-2 简易电测法

5) 周围建(构)筑物沉降、倾斜观测和裂缝监测

按设计要求位置布设,在基坑周围建(构)筑物上布设沉降观测点,组成一个变形监测网,一般应在建筑物角点、中点、沉降缝位置、周边设置,每栋建筑物的观测点不少于8个。另在基坑影响范围外布设3~4个控制点及3~4个基准点组成一个变形观测基准网。基准网采用独立高程系统,以比变形监测网高一等级的测量方法进行观测。

监测方法:采用精密水准仪,配合高精度水准标尺(铟钢尺及铟钢条码尺),采用几何水准观测方法,按国家二等水准测量的方法对埋设于周围建(构)筑物上的沉降观测标志进行观测,每次观测所得的各个观测点相对于基准点的高程与基坑开挖前测试的初始高程相比较,所得的高程差即为在本观测周期内的沉降值。

利用裂缝宽度测试仪器对于裂缝的监测,对裂缝观测日期、部位、长度、宽度进行详细记录,裂缝宽度数据应精确至0.1mm。裂缝观测标志可用油漆平行性标志或建筑物胶粘贴金属标志,也可采用在主要裂缝部位粘贴骑缝石膏条的简单方法观测。

6) 周边道路管线的变形监测

基坑开挖过程中,应同时对邻近道路、管线等设施进行水平位移和沉降观测。基坑开挖时,水平方向的影响范围为1.5~2.0倍开挖深度,因此用于水平位移的监测点一般设置在基坑边2.5~3.0倍开挖距离以外,水平位移监测点可更远一些。监测点的位置和数量应根据管线类型、材质、直径、埋深、受开挖影响范围、管头接头形式和受力要求等布置。

监测方法:地下管线位移监测有直接法和间接法两种,所以测点亦有两种布置方法。直接法就是将测点布置在管线本身上;而间接法则是将测点布设在靠近管线底面的土体中,为分析管道纵向弯曲受力状况或在跟踪监测注浆调整管道差异沉降时,间接法必不可少。

7) 基坑底部的隆起监测

基坑底部隆起是基坑稳定性验算的主要内容,特别是在软土地区基坑开挖中,隆起量一般为基坑开挖深度的0.5%~1.0%。引起基坑隆起的因素一般是卸载产生的回填、基坑底部土体吸水膨胀、挡墙根部产生塑流性或不可逆侧移。基坑隆起观测点布设应根据基坑形状及地质条件,以最少的测点测出所需各纵断面隆起为原则进行。

监测方法:坑底隆起(回弹)宜通过设置回弹监测标,采用几何水准并配合传递高程的辅助设备进行监测,传递高程的金属杆或钢尺等应进行温度、尺长和拉力改正等,最小读数不低于0.1mm。

8) 支撑系统的内力监测

支撑系统的内力监测就是对钢筋混凝土支撑的混凝土及钢筋的受力状况进行监测,对于钢管支撑,应对钢管受力进行监测。

监测方法:对于混凝土及钢筋的受力监测,采用钢筋应力计(图8.2-3)及贴应变片;对于钢管支撑,可采用荷重传感器或应变计等监测其受力状态变化;精度不低于$1/100(F·s)$。

9）锚索拉力监测

按设计要求位置设置锚索轴力计进行锚索拉力测试，测试比例为锚索总数的5%，锚索拉力监测采用锚索轴力计（图8.2-4），锚索轴力计在预应力锚索张拉锁定前安装在承压板与锚头之间，随锚索的锁定而固定。并将监测导线引出地面编号。

图8.2-3　钢筋应力计　　　　　　　　图8.2-4　锚索轴力计

监测方法：应在锚杆上安装应力传感器测试，精度不低于$1/100(F \cdot s)$，对锚索轴力进行监测，并通过轴力计的率定曲线计算监测时各个监测点的轴力，与锚索锁定时的轴力相比较就可以了解所监测锚杆的内力变化情况。

8.2.4　监测项目的监测周期、测点布置及监测频率

监测项目的监测周期及测点布置方法见表8.2-2。

监测项目的监测周期、测点布置及监测频率　　表8.2-2

监测项目	监测周期	测点数量	测点的布置	监测频率
桩墙顶（支护结构圈梁围檩、冠梁、基坑坡顶等）水平位移、垂直沉降	全过程	每一边不少于3点，且每20m不少于1点，每一基坑不少于8点	沿基坑周边布置，每边中部和端部均应布置观测点，且观测点间距不宜大于20m。观测点设置在与支护结构刚性连接钢筋混凝土冠梁上，或钢筋混凝土护顶上	开挖深度≤5m及基础底板完成后，1次/2d；其他1次/d
支撑轴力	支撑设置至拆除	构件的10%，且不少于3个，每一支撑不少于3点	设置在主撑等重要支撑的跨中部位，每层支撑都应选择几个有代表性的截面进行测量	
立柱变形	全过程	不少于构件的20%，且不少于3个	直接布置在立柱上方的支撑面上，每根立柱的垂直及水平位移均应测量，多个支撑交汇、受力复杂处的立柱应作为重点观测点	
坑外地下水位、坑内地下水及基坑渗漏水状况	降水过程	每边不少于1点	坑内地下水位的观测井（孔）在基坑每边中间和基坑中央设置，埋深与降水井点相同。坑外地下水位观测井（孔）设置在止水帷幕以外，沿基坑周边布设	1次/2d

续上表

监测项目	监测周期	测点数量	测点的布置	监测频率
邻近房屋沉降、倾斜、裂缝	开挖至±0.00	每一建(构)筑物或重要设施不少于6点	沉降观测点的布置:沿建筑物四角外墙每10~15m或每隔2~3根柱设置一点;裂缝、沉降缝、伸缩缝的两侧及新旧建筑物、高低建筑物的交接处均应设置点。裂缝点的布置:在裂缝两侧布置。倾斜点的布置:应沿对应观测点的主体竖直线布置,整体倾斜按顶部、底部上下对应布置;分层倾斜按分层部位、底部上下对应布置	开挖深度≤5m及基础底板完成后,1次/2d;其他1次/d
地下管线沉降与水平位移	开挖至±0.00	每10m设一观测点	在管线的端点、转角点和必要的中间部位设置;具体的观测点应设置在管线本身或靠近管线底面的土体中	
围护结构深层水平位移	全过程	每一边不少于1点,边长大于50m时,可增加1~2点	在结构受力、变形较大的部位设置。测斜管应沿基坑每侧中心处布置,边长大于50m基坑,可增设1~2点,设置在支护结构内的测斜管应与结构入土深度一致	1次/2d
支护结构(板墙、圈梁、围檩、冠梁等)内力	全过程	每一边不少于1点	在基坑每侧中心处布置,深度方向测点的间距一般为1.5~2.5m	1次/3d
支护结构(板墙)土压力和孔隙水压力	全过程	一般基坑平面每边不少于2点,竖向布置的间距一般为2~5m	设在基坑每边中部或其他有代表性的部位	
基坑周围地表沉降、裂缝、地面超载状况	开挖至回填	每一边不少于2点,且每20m不少于1点,每一基坑不少于8点	应设置在基坑深度的2~3倍的范围,在基坑纵横轴线或有代表性的位置由密到疏布置测点	1次/2d
自然环境(雨水、气温、洪水等)	设计时			
锚杆、土钉的应力和轴力	全过程	非预应力锚杆和土钉抽取构件的5%,预应力锚杆抽取构件的10%,且不少于3个	每根锚杆上的测点应设置在受力、变形较大且有代表性的位置和地质复杂的区域	1次/2d
基坑底部回弹和隆起	开挖至基础底板完	以最小点数能测出坑底土隆起量为原则布点	基坑中央和距边缘约1/4坑底宽度处以及其他变形特征位置设置观测点。对方形圆形基坑,可按单向对称布点;矩形基坑,可按纵横向对称布点;复合矩形基坑,可多向布点	

8.2.5 监测报警

基坑工程监测报警值应符合基坑工程设计的限值、地下主体结构设计要求以及监测对象的控制要求,基坑工程监测报警值由基坑工程设计方确定。基坑工程监测报警值应以监测项目的累计变化量和变化速率值两个值控制。基坑及支护结构监测报警值应根据土质特征、设计结果及当地经验等因素确定。当无当地经验,可根据土质特征,设计结果如表8.2-3所示。因为地铁车站基坑深度一般都大于7m,均属于一级或二级基坑,所以这里对三级基坑的报警值不作介绍。

基坑及支护结构监测报警值 表8.2-3

序号	监测项目	支护结构类型	基坑类别 一级 累计值 绝对值(mm)	基坑类别 一级 累计值 相对基坑深度(h)控制值	基坑类别 一级 变化速率(mm/d)	基坑类别 二级 累计值 绝对值(mm)	基坑类别 二级 累计值 相对基坑深度(h)控制值	基坑类别 二级 变化速率(mm/d)
1	墙(坡)顶的水平位移	放坡、土钉墙、喷锚支护、水泥土墙	30~35	0.3%~0.4%	5~10	50~60	0.6%~0.8%	10~15
1	墙(坡)顶的水平位移	钢板桩、灌注桩、型钢水泥土墙、地下连续墙	25~30	0.2%~0.3%	2~3	40~50	0.5%~0.7%	4~6
2	墙(坡)顶的竖向位移	放坡、土钉墙、喷锚支护、水泥土墙	20~40	0.3%~0.4%	3~5	50~60	0.6%~0.8%	5~8
2	墙(坡)顶的竖向位移	钢板桩、灌注桩、型钢水泥土墙、地下连续墙	10~20	0.1%~0.2%	2~3	25~30	0.3%~0.5%	3~4
3	围护墙深层水平位移	水泥土墙	30~35	0.3%~0.4%	5~10	50~60	0.6%~0.8%	5~10
3	围护墙深层水平位移	钢板桩	50~60	0.6%~0.7%	2~3	80~85	0.7%~0.8%	4~6
3	围护墙深层水平位移	灌注桩、型钢水泥土墙	45~55	0.5%~0.6%	2~3	75~80	0.7%~0.8%	4~6
3	围护墙深层水平位移	地下连续墙	40~50	0.4%~0.5%	2~3	70~75	0.7%~0.8%	4~6
4	立柱竖向位移		25~35		2~3	35~45		4~6
5	基坑周边地表竖向位移		25~35		2~3	50~60		4~6
6	坑底回弹		25~35		2~3	50~60		4~6
7	支撑内力		(60%~70%)f			(70%~80%)f		
8	墙体内力		(60%~70%)f			(70%~80%)f		
9	锚杆内力		(60%~70%)f			(70%~80%)f		
10	土压力		(60%~70%)f			(70%~80%)f		
11	孔隙水压力		(60%~70%)f			(70%~80%)f		

注:1. h-基坑设计开挖深度;f-设计极限值。
   2. 累计值取绝对值和相对基坑深度(h)控制值两者的小值。
   3. 当监测项目的变化速率连续3d超过报警值的50%,应报警。

当出现下列情况之一时,必须立即报警;若情况比较严重,应立即停止施工,并对基坑支护结构和周边的保护对象采取应急措施。

(1)监测数据达到报警值。

(2)基坑支护结构或周边土体的位移出现异常情况或基坑出现渗漏、流沙、管涌、隆起或陷落等。

(3)基坑支护结构的支撑或锚杆体系出现过大变形、压屈、断裂、松弛或拔出的迹象。

(4)周边建(构)筑物的结构部分、周边地面出现可能发展的变形裂缝或较严重的突发裂缝。

(5)根据当地工程经验判断,出现其他必须报警的情况。

8.3 地铁工程盾构法开挖的监控量测

8.3.1 盾构法开挖过程的监测目的

为保证盾构隧道工程建设安全顺利地进行,需对盾构推进的全过程进行监测,并对施工监测结果及时反馈,以合理调整施工参数或采取技术措施,最大限度地确保隧道施工安全。

施工监测的主要目的是:

(1)认识各种因素对地表和土体变形等的影响,以便有针对性地改进施工工艺和修改施工参数,减少地表和土体的变形。

(2)预测下一步的地表和土体变形,根据变形发展趋势,决定是否需要采取保护措施,并为确定经济合理的保护措施提供依据。

(3)检查施工引起的地面沉降和隧道沉降是否控制在允许的范围内。

(4)建立预警机制,保证工程安全,避免结构和环境安全事故造成工程总造价增加。

(5)为研究岩土性质、地下水条件、施工方法与地表沉降和土体变形的关系积累数据,为改进设计提供依据。

(6)为研究地表沉降和土体变形的分析计算方法等积累资料。

(7)发生工程环境责任事故时,为仲裁提供具有法律意义的数据。

8.3.2 盾构法开挖过程监测内容及方法

盾构隧道监测的对象主要包括土体介质的监测、周围环境的监测和隧道结构的监测三大部分。

1)监测内容

(1)土体介质的监测

土体介质的监测内容包括:地表沉降、土体沉降和位移、土体应力和孔隙水压力等项目。掌握盾构推进时地表沉降规律、盾构推进对地表的影响程度及影响范围,以指导施工和确保施工安全。

(2)邻近建筑物及地下管线的保护监测

①相邻建(构)筑物的变形观测。

对盾构直接穿越和影响范围内的房屋、桥梁等构筑物必须进行保护监测,建筑物的变形观测可以分为沉降观测、测斜观测和裂缝观测三部分内容。

②相邻地下管线的沉降观测。

城市市政管理部门和煤气、输变电、自来水和电话公司等对各类地下管线的允许沉降量制定了十分严格的规定,工程建设所有有关单位必须遵循。相邻地下管线的监测内容包括垂直沉降和水平位移两部分。

③隧道结构监测。

a.隧道结构变形监测:包括隧道收敛变形,三维位移变形。

b.隧道结构外力监测。

c.隧道结构内力监测。

监测项目及所使用仪器见表8.3-1。

盾构隧道施工监测项目及仪器 表8.3-1

序号	监测对象	监测类型	监测项目	监测元件及仪器
1	隧道结构	结构变形	a.隧道结构内部收敛	收敛仪
			b.隧道洞室三维位移	全站仪
			c.管片接缝变位	光纤光栅微小位移传感器
		结构外力	d.隧道外侧水土压力、水压力	土压力计、频率仪、渗水压力计
		结构内力	e.轴向力、弯矩	钢筋应力传感器、频率仪、混凝土应变计
			f.螺栓锚固力、管片接缝法向接触力	
2	土层	沉降	g.土体沉降	分层沉降仪、频率仪
			h.盾构底部土体回弹	
		水平位移	i.土体深层水平位移	测斜仪
		水土压力	j.水土压力(侧、前面)	土压计、频率仪
			k.空隙水压	孔隙水压力探头、频率仪

2)盾构施工中主要的监测项目及监测方法

(1)地表沉降监测

工程实践证明盾构施工所引起的地面沉降是在较短时间内作用于建筑物上,对建筑物的危害是致命的,因此控制地面沉降对于盾构施工来说是十分重要的。地面沉降控制主要包括盾构前方沉降、盾构通过时沉降和后续沉降控制。盾构切口前方的沉降,主要由切口泥水压力和推进速度控制,为使切口泥水能更好地支护正面土体,必须同时严格控制泥水指标等施工参数;盾构通过时的沉降主要由同步注浆控制,固结沉降主要由同步注浆和壁后二次注浆进行控制。

监测方法:主要监测盾构掘进过程引起的地表变形情况,监测方法是在地表埋设测点,观测点要做在原状土上。在隧道沿线,地表影响范围外布设监测基准点,基准点和地面水准点进行联测,约每月联测一次。用精密水准仪进行地面沉降量测。根据监测结果进行分析,判断盾构掘进对地表沉降的影响。

(2)管片变形监测

盾构隧道采用管片拼装式衬砌,错缝拼装,各块间纵、环向采用斜直螺栓连接。管片接缝防水采用两道复合式橡胶止水条。管片是在盾壳的保护下,在盾尾拼装成环形隧道。它是盾构法施工的关键工序。管片拼装的质量好坏直接影响到隧道结构的安全和使用功能。

监测方法:主要监测盾构隧道的成型、环片的收敛和拱顶下沉情况,监测方法是用收敛仪和精密水准仪直接量测。收敛仪是用于测量和监控隧道变形的主要仪器,由连接、测力、测距三部分组成。适用于量测隧道、巷道、峒室及其他工程围岩周边任意方向两点间的距离微小变化,达到评定工程稳定性,研究工程围岩及支护的变形发展规律,确定合理支护参数的目的。

(3) 水土压力监测

水压力和土压力是隧道周围土体介质传递给衬砌结构的荷载,水压力和土压力大小直接影响到隧道结构的稳定和安全。

监测方法:在管片内力监测断面上,布设渗水压力计、土压力计进行管片外水、土压力的量测。测点布置及仪器预埋过程如图 8.3-1 所示。监测一般采用的是频率读数仪,其显示的读数是水、土传感器的频率值,将频率值读数仪采集到的频率通过公式换算可以计算出相应的水、土压力值,且频率值的大小也随着水、土压力值的变化而变化。

(4) 管片钢筋应力及混凝土应力监测

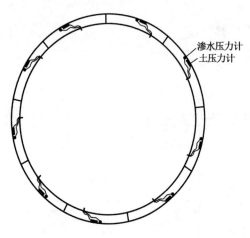

图 8.3-1　土压力计及渗水压力计布置示意图

通过选择特征断面进行管片结构的钢筋应力和混凝土应力的监测,可了解管片结构的受力状况,以此来监测管片在隧道结构受力趋于平衡过程中的工作状态,验证设计参数。

监测方法:钢筋应力和混凝土应力分别采用钢筋应力传感器和混凝土应变计进行测量。钢筋应力传感器布设于衬砌管片中间处的内、外两侧环向钢筋上;混凝土应变计布设于衬砌管片中间处的内、外两侧环向钢筋上,布设位置与钢筋应力传感器相同;钢筋应力传感器、混凝土应变计均在管片预制时进行预埋。测试使用频率接收仪,所得读数为频率位,频率显示一定频率对应所测结构的应力,通过频率的改变来测得应力变化。

(5) 管片注浆效果

监测管片注浆效果是对隧道盾尾管片与土体之间密实度进行了解。

监测方法:首先在拱顶、隧底和边墙部位选取 3 ~ 5 条纵向测线,采用地质雷达进行检测;在纵向测试的基础上,对壁后注浆存在的薄弱环节进行环向测试,从整体上了解隧道密实度。

(6) 衬棚管片接缝变位监测

环管片环向断面布设测点,用于量测环向纵缝内、外侧的变位量和测纵向环缝的变位量;此外,对隧道变形缝横向设置接缝张开量监测点。

监测方法:在制作管片时,根据测点位置,将光纤光栅微小位移传感器固定在管片骨架上,通过压力盖将传感器的弹性位移杆(测杆)压入护套中,压力盖的表面同管片连接面齐平,模板拆除后,打开压力盖,位移杆(测杆)弹出,当拼装两块管片时,管片的连接面就会顶在位移杆(测杆)端面上,合理设计位移杆(测杆)的位移量,就能测出接缝宽度。

8.3.3　盾构施工监测断面测点的布置

监测断面按照工程的需求、地质条件以及施工条件的选择,布置时需注意时空关系,采取重点与一般结合、局部与整体结合,使测网、测面、测点形成一个系统,能控制整个工程的各关键部位。

盾构始发和到达由于竖井开挖及加固土体对地层已有扰动,盾构推进时这些地段易发生土体坍塌和引起较大的地表沉降,危及地面构筑物和地下管线的安全,特别是盾构始发还没有建立起土压平衡,盾构推进会引起较大变形。从国内外现有资料来看,盾构施工所发生的各种重大事故大多发生在始发和到达处,因此对盾构始发和到达处需重点监测,监测点间距和测试频率应加密。

监测断面可分为主要监测断面和辅助监测断面,主断面可埋设各种仪器,进行多项监测,这样既可以保证监测重点,又降低了费用。

监测点布设有以下原则:

(1)点的类型和数量的确定应结合工程性质、地质条件、设计要求、施工工艺以及监测费用等因素综合考虑。

(2)为验证设计数据而设的监测点应布置在设计中的最不利位置和断面,为指导施工而设的测点应布置在相同工况下的先施工的部位。

(3)表面变形点的位置除了应确保良好地反映监测对象的变形特征外,还要便于采用仪器进行观测以及有利于测点的保护。

(4)深埋监测点不能影响结构的正常受力,不能削弱结构的变形刚度和强度。

(5)在实施多项监测项目测试时,各类监测点的布置在时间和空间上应有机结合,力求在同一监测部位同时反映不同物理量的变化情况,以便找出其内在的联系和变化规律。

8.3.4 盾构施工监测频率

根据需要设定数据采集时间间隔,每天定时采集量测数据,特殊情况下可随时采集量测数据。

监测工作必须随施工需要实行跟踪服务,为确保施工安全,监测点的布设立足于随时可获得全面信息,每次测量要注意轻重缓急,在盾构出洞时要加密监测频率直至跟踪监测,具体如下:

(1)在区间隧道盾构出洞前布设监测点,取得稳定的测试数据,在盾构出洞后即开始连续跟踪监测,监测频率可根据工程需要随时调整,以满足保护隧道的要求。

(2)盾构施工的监测范围一般为盾构前 20 环,后 50 环。各监测项目在前方距盾构切口 20m、后方离盾尾 30m 的监测范围内,通常监测频率为 1 次/d;其中在盾构切口到达前一倍盾构直径时和盾尾通过后 3d 以内应加密监测,监测频率加密到为 2 次/d,以确保盾构推进安全;盾尾通过 3d 后,监测频率为 1 次/d,以后每周监测 1~2 次,直至监测数据稳定。

8.4 地铁工程浅埋暗挖法开挖的监控量测

8.4.1 浅埋暗挖法开挖监控量测的目的和基本要求

采用浅埋暗挖法进行地下铁道工程的开挖,监控量测工作是为了掌握围岩动态和支护结构工作状态,利用量测结果检验设计的合理性并指导施工,预见险情及事故,以防患于未然。同时,为确保隧道安全提供可靠信息,为相似工程提供参考,并为进一步进行深入的理论研究提供原始依据。

对浅埋暗挖法进行监控量测应根据地下工程的地质地形条件、支护类型和参数、施工方法以及有关条件来制订监测计划。量测是监控设计的基础,量测数据的好坏直接影响到监控的

成败。实践证明,对浅埋暗挖法进行监控量测时必须注意以下要求:

(1)尽快埋设测点。坑道开挖过程中,围岩应力场、位移场的变化与开挖面的空间位置密切相关。应力、位移的变化,一般情况下在测点前后两倍洞径范围内最大。为了全面量测应力与位移的变化值,要求埋设的测点紧靠开挖工作面(距开挖工作面2m的范围内),且要尽快埋设,以减少对施工的干扰。第一次量测宜在埋设测点后立即进行,以便获取初始数据,通常要求在开挖后24h内测读初次读数。

(2)进行一次量测的时间宜尽量短。

(3)传感元件要有较好的防振、防冲击波的能力,且能长期有效。

(4)隧道的开挖、支护是连续循环进行的,信息反馈必须及时、全面,否则会影响到施工,或因漏掉重要信息而造成严重后果。为了便于进行信息反馈,量测数据以直观为好,即测得的数据不需经过复杂计算就可直接应用。

(5)测试仪器要有足够精度。

8.4.2 浅埋暗挖法开挖监控量测的内容和方法

进行监控量测的项目内容应按表8.4-1进行选择。

监测项目内容选择表　　　　表8.4-1

类别	监测项目	测量工具	测点布置
必测项目	围岩及支护状态	地质描述及拱架支护状态观察、数码相机	开挖后立即进行
	地表、地面建筑、地下管线及构筑物变化	水准仪和水平尺	每10~15m一个断面,每断面7~11个测点
	拱顶下沉	水准尺、钢尺等	每5~30m一个断面,每断面2~3个测点
	周边净空收敛位移	收敛仪、激光断面测试仪	每5~100m一个断面,每断面2~3个测点
	岩体爆破地面质点振动速度和噪声	声波仪及测震仪	质点振动速度根据结构要求设点,噪声根据规定的测距设置
选测项目	围岩内部位移	地面钻孔安放位移计、测斜仪等	每代表性地段设一断面,每断面2~3个测点
	围岩压力及支护间应力	压力计	每代表性地段设一断面,每断面15~20个测点
	钢筋格栅、拱架内力及外力	支柱压力计或其他测力计	每10~30榀钢拱架设一对测力计
	初期支护、二次衬砌内应力及表面应力	混凝土应变计或应力计	每代表性地段设一断面,每断面11个测点
	锚杆轴力、抗拔及表面应力	锚杆测力计及拉拔器	必要时进行

必测项目是施工中必须进行的常规测量,用来判别围岩稳定和支护衬砌受力状态,指导设计施工的经常性测量,主要包括支护状态和建筑物变形观测。洞内监测项目为拱顶下沉和隧道净空变形量测,洞外监测项目为地表及地面建筑物和构筑物的变形观测。这类监测方法简单可靠,对修改设计和指导施工起到很大的作用。

选测项目是指在重点和有特殊意义的隧道和区间进行的补充量测,主要包括围岩内部位移、锚杆轴力和拉拔力、衬砌内力、围岩压力等。这类监测技术较为复杂,通常根据实际需要,选取部分项目进行量测。

盾构施工中主要的监测项目及监测方法:

1)工程地质与支护状况的观察

隧道开挖工作面开挖(爆破)后,应立即进行工程地质状况的观察和记录,必要时进行地质描述。初期支护完成后,应进行喷层表面观察和记录,必要时进行裂缝描述。实践证明,开挖面工程地质与水文地质的观察和描述,对于判断围岩稳定性和预测开挖面前方的地质条件是十分重要的;开挖工作面附近初期支护状况的观察和裂缝描述,对于直接判断围岩、隧道稳定性和支护参数的检验也是必不可少的。因此,将这两种观察定为各类围岩都应进行的第一项应测项目。

2)地表沉降监测

根据规范要求,隧道地表沉降测点的横向间距为 2～5m。在隧道中线上方附近的测点应适当地加密,隧道中线一侧的地表监测的范围应不小于 $H+B$(其中 H 表示隧道的埋置深度;B 表示隧道的最大开挖宽度),如图 8.4-1 所示。当地表有控制性建(构)筑物时,地表监测的量测范围应适当加宽。地表沉降测点应与隧道内位移测点布置在同一里程断面处,但不是每一洞内监测断面都相应地布置地表测线。沿隧道中线,地表沉降点的纵向间距可按表 8.4-2 确定。

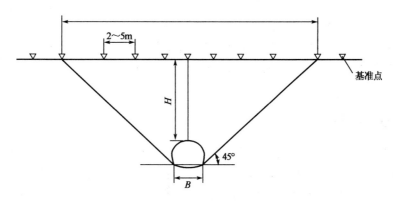

图 8.4-1 地表沉降横向测点布置示意图

地表下沉量测横断面间距表　　表 8.4-2

隧道埋入深度与开挖宽度关系	纵向测点间距(m)
$2B \leqslant H < 2.5B$	20～50
$B \leqslant H < 2B$	10～20
$B > H$	5～10

3)洞内位移监测

隧道开挖所引起的围岩变形,最直观的表现就是隧道净空的变化(收缩或扩张)。隧道净空变化值是指隧道周边相对方向两个固定点连线上的相对围岩值。它是判断围岩动态最直观和最重要量测信息,是现场监控量测的主要内容。因此在各类围岩中,坑道开挖后均应进行围岩和支护结构的位移测量。

洞内位移监控量测点主要包括：拱顶下沉量测点、拱脚下沉量测点及周边净空收敛量测点，这些量测点原则上应当布置在隧道内同一里程断面上，并且应当在开挖后12h内埋设，采集初始值。量测断面的布置间距应当根据施工方法和围岩等级（参照表8.4-3）进行现场确定。

洞内监控量测断面布设表　　　　　　表8.4-3

围岩级别	量测断面间距(m)	围岩级别	量测断面间距(m)
V	5	Ⅲ	20
Ⅳ	10	Ⅱ	20

拱顶下沉量测点应设置在拱顶轴线附近，净空收敛量测点以及拱脚下沉量测点应该布设在隧道轴线两侧呈对称状。在隧道浅埋偏压段或者隧道跨度较大时，观测点应适当加密，其中收敛量测基线如图8.4-2所示。

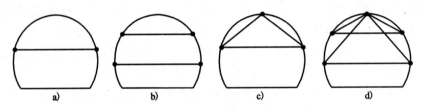

图8.4-2　收敛基线的布置

位移量测采用隧道净空变化测定计（称收敛计）进行量测。它的原理是采用一根在弹簧作用下被拉紧的有孔（孔间距一般为25mm）带状钢尺作为传递位移的媒介，通过百分表（测微器）测读隧道周边两测点的相对位移变化值，从而计算出两测点连线（基线）方向上的相对位移值。

8.4.3　量测频率

收敛量测和拱顶量测的频率主要根据位移收敛速度和测点距开挖面的距离而定，可参阅表8.4-4。两者不一致时，原则上采用量测频率较高的。整个断面的各条基线或各测点应采用相同的量测频率，但各测点的位移不一定相同。此时，应以产生最大位移速率者来确定整个断面的量测频率。

量　测　频　率　　　　　　表8.4-4

位移速度(mm/d)	测点与开挖面的距离(m)	量测频率(次/d)
>10	(0~1)D	1~2
5~10	(1~2)D	1
1~5	(2~5)D	1
<1	>5D	1

当实际开挖的地质条件变差或量测值出现异常情况时应加大量测频率；反之，量测频率可减少。

地表沉降量测采用1次/(1~2d)的量测频率。

位移量测的终止日期，一般在位移值基本稳定后再以1次/2d的频率量测1~2周；位移长期不稳定时,要继续量测到位移速度小于 1mm/d 为止。

8.4.4 隧道施工监控量测的注意事项

隧道监控量测作为新奥法施工的三要素之一,应该受到足够的重视。在实际的隧道施工过程中,由于隧道环境复杂、操作人员的操作误差、测量仪器的精度等因素的影响,测量结果与实际的变形往往存在误差。这种误差是不可能彻底消除的,只能通过有效的措施来减小和控制这种误差的影响。在实际测量过程中可以采用先进的测量仪器和优化的测量方法来消除粗差、减小误差、提高监测精度,从而尽可能地减小观测误差对隧道围岩变形分析的影响。在实际的操作过程中可以通过分别加强外业数据采集和内业数据处理的校核,来减小人为因素的影响。外业测量的校核、检查措施通常包括采取对向观测、往返观测、闭合(附合)检查等多种方法措施。在测量工作中首先要做到"五固定":固定测量人员、固定测量仪器、固定测量时间、固定测量基准点、固定测量线路。其次,初始值的采集是保证以后数据采集正确性的关键一步,在初始值的采集过程中一般需要通过变化测量位置、测量方法以及采用不同的棱镜高、仪器高等方式来保证所采集的初始值没有粗差、是正确的。最后,隧道监控量测工作是在隧道的施工过程中进行的,由于我国现阶段的施工技术水平、施工人员的素质以及设备条件等的影响,往往施工文明程度较低,现场环境较差,空气污浊、粉尘颗粒充斥于整个隧道之中。在进行非接触测量的过程中,反光贴是贴在隧道测点处的预埋件上,为了避免反光贴表面被混凝土覆盖或污染,应采取一定的措施对其进行保护,保证测点不被破坏,保证测量的连续性。

由于外业测量的数据量十分巨大,内业测量资料的处理也将是一项艰巨的工作。为了避免内业处理过程中的人为计算错误,应当加强内业数据的校核,主要工作包括:

(1)校核各个量测项目的原始记录,从源头上保证数据的真实性。

(2)检查各个点位收敛、下沉变形值的计算是否有误。

(3)隧道内监控量测数据量大,检查计算后的结果是否对应正确的隧道、断面、点位,避免监测结果的张冠李戴。

(4)检查同一点位数据的时间效应关系,剔除粗差,通常通过绘制变化量相对于时间的散点曲线图将明显不符合应有变形规律的数据剔除。

(5)应用不同方法的验算、不同人员的计算对比来消除监测资料中可能存在的错误。

(6)当天测得的原始数据,当天检查处理完毕,避免数据的遗漏和误差的累积。

【思考题】

1. 简述地铁信息化施工监测的设计原理。
2. 车站施工监控量测内容有哪些?
3. 区间隧道施工监控量测内容有哪些?
4. 地铁信息化施工监测网设计是什么?
5. 地下铁道线路设计原则是什么?
6. 如何分析地下铁道的投资与效益?

第 9 章
地铁施工质量检测

【本章重难点】
1. 了解地下铁道常见施工质量问题。
2. 掌握地铁施工质量检测内容及相应方法。

9.1 地铁常见的质量问题

地铁是大型公益性建设项目,质量合乎要求的地铁工程才能交付使用和投入生产,发挥投资效果。它的质量高低、水平好坏直接关系到社会的公众利益与安全、经济建设,也关系到企业、国家信誉。为此,地铁工程质量的检测验收至关重要。

地铁工程在施工过程中,由于多方面的原因,往往会出现不同程度的质量问题,有些问题甚至还很严重,为此不得不进行返工,造成巨大的人力、物力、时间的浪费。根据以往的经验,国内建成以及在建的部分地铁工程存在的常见质量问题有以下几个方面:

1)渗漏

渗漏是地下工程最常见的质量问题,地铁工程在施工修建及建成后一直受到地下水的影响,当地下水压较大或者地铁结构防水体系质量欠佳时,地下水便会通过一定的通道进入混凝土,不但对混凝土结构的稳定性、耐久性造成负面影响,还会对地铁行车安全构成威胁。据统计,目前我国建成的地铁中完全无渗漏者寥寥无几,大部分都存在着不同程度的渗漏现象。如何进行地下工程止水堵漏,还有很多工作要做。

2) 结构开裂

作用在地下工程结构上的外力,一直以来都没有较准确的计算方法。目前的做法主要是经验对比法,即设计上依据以往工程的情况采用较大的安全系数。但由于地层的不均匀性、地质构造的多样性、原始地应力的难预料性、地下水与岩土体综合作用的复杂性,设计往往很难做到合理、科学。若施工过程中质量控制不严,施工管理水平不高,则很容易导致结构的开裂、破坏,不仅影响地铁工程的正常使用,而且有可能造成重大的安全事故。

3) 限界受侵

地铁限界是保证地铁安全运行、设备顺利安装的必要断面,分为车辆限界、设备限界及建筑限界。造成地铁限界受侵的原因有多种,如测量不准,车站塌孔,暗挖塌方,模板跑模,结构变形等。任何限界受侵均有可能影响地铁工程的正常使用,故出现此类问题往往需要返工解决问题。

9.2 超前支护及加固堵水注浆施工质量检测

在地铁施工中,超前支护主要用于暗挖法隧道施工,其形式主要有超前锚杆、超前小导管、管棚。注浆则主要用于盾构法施工端头加固、车站开挖堵水,其形式主要为袖阀管注浆、管棚注浆、超前小导管注浆等。

9.2.1 超前锚杆

1) 基本要求

(1) 锚杆材质、规格等应符合设计和规范要求。
(2) 超前锚杆与隧道轴线外插角宜为 5°~10°,长度应大于循环进尺,宜为 3~5m。
(3) 超前锚杆与钢架支撑配合使用时,应从钢架中间穿过,尾部应与钢架焊接。
(4) 锚杆插入孔内的长度不得短于设计长度的 95%。
(5) 锚杆搭接长度不应小于 1m。

2) 实测项目

实测项目和检查方法等如表 9.2-1 所示。

超前锚杆实测项目 表 9.2-1

项 目	规定值或允许偏差	检查方法和频率
长度(m)	不小于设计	尺量:检查锚杆数的 10%
孔位(mm)	±50	尺量:检查锚杆数的 10%
钻孔深度(mm)	±50	尺量:检查锚杆数的 10%
孔径(mm)	大于杆体直径 +15	尺量:检查锚杆数的 10%

9.2.2 超前小导管

1) 基本要求

(1) 小导管的型号、规格、质量等符合设计和规范要求。

(2) 超前小导管与钢架支撑配合使用时,应从钢架中间穿过,尾部应与钢架焊接。

2) 实测项目

实测项目和检查方法等如表9.2-2所示。

超前小导管实测项目　　　　　表9.2-2

项　目	规定值或允许偏差	检查方法和频率
长度(m)	不小于设计	尺量:检查锚杆数的10%
孔位(mm)	±50	尺量:检查锚杆数的10%
钻孔深度(mm)	±50	尺量:检查锚杆数的10%
孔径(mm)	大于杆体直径+20	尺量:检查锚杆数的10%

9.2.3 管棚

1) 基本要求

(1) 管棚所用钢管的品种、级别、规格和数量等符合设计要求。

(2) 管棚的搭接长度符合设计要求。

(3) 管棚端部与拱架的连接应符合设计要求。

2) 实测项目

实测项目和检测方法如表9.2-3所示。

管棚实测项目　　　　　表9.2-3

项　目	允许偏差	检查方法和频率
孔位(mm)	±100	尺量:检查锚杆数的10%
钻孔深度(mm)	±50	尺量:检查锚杆数的10%
孔径(mm)	大于管棚直径±40	尺量:检查锚杆数的10%

9.2.4 注浆效果检测

注浆的作用无外乎加固与堵水两种,所以对注浆效果的检测也围绕这两项进行,通常有下列三种方法:

1) 分析法

分析注浆记录,查看每个孔的注浆压力、注浆量是否达到设计要求;注浆过程中是否有严重漏浆、跑浆现象,从而以浆液注入量来估算浆液扩散半径,分析是否与设计相符。

2) 钻孔检测法

按设计要求以一定孔位和角度对加固地层进行钻孔取芯,看岩芯是否符合相关强度及完整度要求；另外应对检查孔中的涌水量进行检测，通常情况单孔应小于 1L/min·m；全段应小于 20L/min·m。

3）声波检测法

用声波探测仪测量注浆后加固区地层声速、振幅及衰减系数等，从而判断注浆效果。

9.3 防排水材料施工质量检测

地下工程目前采取的防排水措施主要有高分子防水卷材、防水涂料、防水混凝土等。

9.3.1 高分子防水卷材质量检测

从 20 世纪 80 年代开始，弹性或弹塑性的合成高分子防水卷材开始在我国地下防水工程中得到广泛应用，主要有三元乙丙橡胶防水卷材（EPDM）、氯化聚乙烯（CPE）、聚乙烯（PE）、聚乙烯—醋酸乙烯（EVA）、聚乙烯—醋酸乙烯—沥青共聚物（ECB）、高密度聚乙烯（HDPE）、低密度聚乙烯（LDPE）等。

对于防水高分子卷材，均应进行物理性能的检测。一般对同一生产厂家、同一品种、规格的产品按每 5 000m 作为一批进行验收（不足 5 000m 的以实际长度为一批）。从每批产品中取样 1～3 卷，在距端部 300m 处截取约 3m，用于各项物理力学试验。试样截取前，在温度 23℃±2℃，相对湿度 45%～55% 的标准环境下进行状态调整，时间不少于 16h，截取试件的尺寸、数量及性能要求如表 9.3-1、表 9.3-2 所示。

高分子防水卷材性能要求　　表 9.3-1

项 目	技 术 性 能						
	EVA	ECB	LDPE	PVC-Ⅱ	PE	EPDM	SBS
拉伸强度(MPa)，≥	15	10	16	12	10	7.5	2.0
断裂伸长率(%)，≥	500	450	500	250	400	250	150
不透水性，24h(MPa)，≥	0.2	0.2	0.2	0.2	0.2	0.3	0.3
低温弯折性(℃)，≤	-35	-35	-35	-25	-35	-40	-30
热处理尺寸变化率(%)，≤	2.0	2.5	2.0	2.0	2.0	2.0	2.0

物理力学性能试验所需的试样尺寸及数量　　表 9.3-2

项 目	尺 寸（mm）	数 量
拉伸强度	200×200	3
热处理尺寸变化率	100×100	3
低温弯折性	(50×100)(100×50)	1/1
抗渗透性	φ100	3
抗穿孔性	150×150	3
剪切状态下的黏合性	300×400	2
热老化处理	300×200	3
人工候化处理	300×200	3
水溶液处理	300×200	9

9.3.2 涂膜防水层施工质量检测

地铁工程明挖区间外部防水多采用涂膜防水结构,完整的涂膜结构一般由底漆、防水涂料、胎体增强材料、隔热材料、保护材料五部分组成,其中胎体增强材料、隔热材料可根据实际情况选择使用。涂料是构成涂膜防水的主要材料,可分为聚氨酯类防水涂料、丙烯酸类防水涂料、橡胶沥青类防水涂料、氯丁橡胶类防水涂料、有机硅类防水涂料等。

检测要求:
(1)涂料应按设计或产品技术规定配制,质量及配合比必须符合设计要求。每次配料应在其规定的时间内用完。
(2)涂料应分层涂布,并在前层干燥后方可涂布后一层,接缝宽度不小于100mm,涂膜厚度应符合设计要求。
(3)每层涂料应顺向均匀涂布,且前、后层方向应垂直。
(4)基层面必须坚实、平整、干净,不得有渗水、结露、凸角、凹坑、起砂、松动现象。
(5)涂膜防水层应与基层黏结牢固,应平整、均匀,不得有流淌、皱折、鼓泡、露胎体和翘边等现象。

9.3.3 防水混凝土施工质量检测

地铁工程防水混凝土一般要求:
(1)抗渗等级不得小于P8。
(2)试件的抗渗等级应比设计要求提高0.2MPa。
(3)当结构处于侵蚀性地下水环境中,混凝土的侵蚀系数不应小于0.8。
(4)裂缝宽度应不大于0.2mm,迎水面主筋保护层厚度不应小于50mm。

9.4 盾构法施工质量检测

盾构法施工的质量检测主要包括管片质量检测,管片拼装质量检测,管片壁后注浆质量检测等。

9.4.1 管片质量检测

1)基本要求
(1)管片应进行结构性能检验,检验结果应满足设计要求。
(2)管片混凝土强度和抗渗等级应符合设计要求。
(3)管片不应存在露筋、孔洞、疏松、夹渣、有害裂缝、缺棱掉角、飞边等缺陷,麻面面积不得大于管片面积的5%。

2)实测项目
管片允许偏差和检验方法见表9.4-1,管片水平拼装检验允许偏差和检验见表9.4-2。

管片允许偏差和检验方法　　　　　　表9.4-1

项　目	允许偏差(mm)	检验工具	检验数量
宽度	±1	卡尺	3点
弧、弦长	±1	样板、塞尺	3点
厚度	±1	钢卷尺	3点

注：每15环应抽取1块管片进行检测。

管片水平拼装检验允许偏差和检验　　　　　表9.4-2

项　目	允许偏差(mm)	检验频率	检验工具
环向缝间距	2	每缝测6点	塞尺
纵向缝间距	2	每缝测2点	塞尺
成环后内径	±2	测4条(不放衬垫)	钢卷尺
成环后外径	+6,-2	测4条(不放衬垫)	钢卷尺

注：每生产200环管片进行水平拼装检验1次。

9.4.2　管片拼装质量检测

1）基本要求

(1) 管片拼装要严格按拼装设计要求进行,管片不得有内外贯穿裂缝和宽度大于0.2mm的裂缝及混凝土剥落现象。

(2) 螺栓质量及拧紧度必须符合设计要求。

(3) 管片防水密封质量要符合设计要求,不得缺损,黏结应牢固、平整,防水垫圈不得遗漏。

2）实测项目

管片拼装过程中应对管片拼装偏差、隧道轴线和高程进行控制,具体要求见表9.4-3、表9.4-4。

管片拼装允许偏差和检验方法　　　　　表9.4-3

项　目	允许偏差(mm)	检验方法	检查频率
衬砌环直径椭圆度	±5‰D	尺量后计算	4点/环
相邻管片径向错台	5	尺量	4点/环
相邻管片环向错台	6	尺量	1点/环

隧道轴线和高程允许偏差及检验方法　　　　　表9.4-4

项　目	允许偏差(mm)	检验方法	检查频率
隧道轴线平面位置	±50	经纬仪测中线	1点/环
隧道轴线高程	±50	水准仪测高程	1点/环

9.4.3　管片壁后注浆质量检测

盾构施工壁后注浆一般根据隧道变形与地层隆陷的控制要求选择,分为同步注浆和管片注浆孔注浆两种方式。由于壁后注浆具有隐闭性的特点,一般不能直接对注浆效果进行检测,通常采用过程控制的办法来保证质量。具体来说要求如下:

(1)注浆材料的要求:

①不发生材料离析。

②不丧失流动性。

③注浆后的体积减小少。

④尽早达到围岩强度以上。

⑤水密性好。

(2)严格按配合比拌制浆液。

(3)盾尾注浆以不对衬砌产生偏压为原则,宜从隧道两侧、顶部及底部顺序对称地进行,及时填满盾尾空隙。

(4)对注浆进行压力控制与注浆量控制相结合的办法,注浆过程中必须保证安全,要求如下:

①地表隆陷必须符合设计要求,无具体要求时,地表沉降量不得超过30mm,地表隆起不得超过10mm。

②浆液压力应均匀作用在衬砌上,不能危及结构安全。

9.5 地铁车站围护结构质量检测

地铁车站基坑安全等级均为一级,所选用的支护结构有排桩和地下连续墙两种形式。排桩一般为灌注桩支护辅助旋喷桩止水,横支撑为钢筋混凝土支撑或钢管支撑。

9.5.1 灌注桩施工质量检测

1)基本要求

桩的原材料和混凝土强度必须符合设计要求。

2)实测项目

灌注桩检测实测项目见表9.5-1。

灌注桩检测实测项目　　　　　表9.5-1

项　　目		允许偏差	检测方法
桩轴线与垂直轴线偏差(mm)		50	经纬仪、钢尺量
成孔深度(mm)		+200,0	钢尺量
钢筋笼制作偏差(mm)	主筋间距	±10	钢尺量
	主筋长度	±50	钢尺量
	箍筋间距	±10	钢尺量
	钢筋笼直径	±20	钢尺量
桩身垂直度		3‰	吊线吊量计算、测斜仪

9.5.2 旋喷桩施工质量检测

1) 基本要求

(1) 桩的布置、数量必须符合设计要求。
(2) 水泥浆配合比必须符合设计要求。
(3) 桩身无侧限抗压强度必须符合设计要求。
(4) 水泥、外加剂的质量检验必须符合设计及相关规定。

2) 实测项目

旋喷桩施工允许偏差见表9.5-2。

旋喷桩桩施工允许偏差 表9.5-2

项 目	允许偏差	检验方法
桩位中心(mm)	≤50	开挖桩顶下500mm处用钢尺量
桩径(mm)	≤50	钢尺量
桩长(mm)	+100,0	钢尺量
桩体垂直度	≤1.5%	经纬仪测钻杆或实测
桩体搭接(mm)	>200	钢尺量

注：检测数量应为总桩数的2%，且不少于5根。

9.5.3 地下连续墙施工质量检测

地下连续墙施工主要包括导墙施工、挖槽施工、地下连续墙钢筋笼制作与吊装、混凝土浇筑等工序。

1) 地下连续墙施工质量检测的基本要求

导墙净距应大于地下连续墙40~60mm，导墙高度宜为1.5~2m，顶部高出地面应不小于100mm，导墙应建于坚实的地基上，外侧墙体应夯实。

2) 实测项目

实测项目如表9.5-3~表9.5-5所示。

导墙施工允许偏差 表9.5-3

项 目	施工允许偏差值
内外导墙间距(mm)	±10
导墙内墙面垂直度	5‰
导墙内墙面平整度(mm)	3
导墙顶面平整度(mm)	5
内墙面与地下连续墙纵轴线平行度(mm)	±10

钢筋笼制作允许偏差　　　　　　　　　　表 9.5-4

项　目	偏差(mm)	检查方法
钢筋笼长度	±50	尺量,每片钢筋网检查上、中、下三处
钢筋笼宽度	±20	
钢筋笼厚度	0,－10	
主筋间距	±10	任取一断面,连续量测间距,取平均值作为一点,每片钢筋网测四点
分布筋间距	±20	
预埋件中心位置	±10	抽查

地下连续墙墙体各部位允许偏差　　　　　表 9.5-5

| 项目 | 允许偏差 | | | | | | | | | | 检查方法 |
| | 垫层 | 底板 | 顶板 | | 墙 | | 柱 | 变形缝 | 预留洞 | 预埋件 | |
			上表面	下表面	内墙	外墙					
平面位置	±30				±10	±15	纵向±20,横向±10	±10	±20	±20	以线路中线为准用尺检查
垂直度(‰)					2	3	1.5	3			线锤加尺检查
直顺度								5			拉线检查
平整度	5	15	10	5	5	10	5				用2m靠尺检查
高程	+5,-10	±20	±30,0	±30,0							用水准仪测量
厚度	±10	±15	±10	±10	±15	±15					用尺检查

9.5.4　横支撑施工质量检测

1) 基本要求

(1) 横支撑原材料型号及力学性能必须符合设计要求。

(2) 钢支撑安装前应先拼装,拼装后两端支点中心线偏心不大于20mm,安装后总偏心量不大于50mm。

(3) 钢支撑预加应力与设计值偏差不大于±50kN。

2) 实测项目

车站基坑支撑体系施工质量检测见表 9.5-6。

车站基坑支撑体系施工质量检测　　　　　表 9.5-6

| 项　目 | | 允许偏差(mm) | 检验频率 | | 检验方法 |
			范围	点数	
围檩高程		±30	每施工段	5	水准仪测量
立柱位置	高程	±30	每立柱	5	水准仪测量
	平面位置	±50			钢尺测量

续上表

项　　目		允许偏差(mm)	检验频率		检验方法
			范围	点数	
开挖超深		±200	每支护面	1	水准仪测量
支撑位置	高程	±30	每支撑	2	经纬仪、水准仪及钢尺测量
	水平间距	±100			
支撑安装时间		设计要求	每支撑	1	钟表测量

9.6　暗挖法区间施工质量检测

9.6.1　区间隧道土方开挖施工检测

区间隧道允许超挖值见表 9.6-1。

区间隧道允许超挖值(单位:mm)　　表 9.6-1

开挖部位	围岩分类							
	爆破岩层						土层或不需要爆破岩层	
	硬岩		中硬岩		软岩			
	平均	最大	平均	最大	平均	最大	平均	最大
拱部	100	200	150	250	150	250	100	150
边墙或仰拱	100	150	100	150	100	150	100	150

9.6.2　钢支撑施工质量检测

钢支撑施工质量检测见表 9.6-2、表 9.6-3。

钢支撑加工允许偏差　　表 9.6-2

项　　目		允许偏差(mm)	检验频率		检验方法
			范围	点数	
拱架（拱顶及墙拱架）	拱架矢高及弧长	±20,0	每榀	1	用钢尺量
	墙架长度	±20		1	
	墙架横断面尺寸（高、宽）	±10,0		2	
钢筋格栅	高度	±30		3	
	宽度	±20			
	扭曲度	20			

钢架安装允许偏差 表9.6-3

项 目	允许偏差	检验频率 范围	检验频率 点数	检验方法
钢架纵向	±30mm	每榀	3	用钢尺量
钢架横向	±50mm	每榀		用钢尺量
高程偏差	±30mm	每榀	2	用钢尺量
垂直度	5‰			
钢架保护层厚度	-5mm		3	

(1) 钢筋格栅和钢筋网采用的钢筋种类、型号、规格应符合设计要求,其焊接应符合设计及钢筋焊接标准要求。

(2) 钢筋格栅与岩面应楔紧,每片钢筋格栅节点及相邻格栅纵向必须分别连接牢固。

(3) 钢筋、型钢等原材料应平直、无操作,表面不得有裂纹、油污、颗粒状或片头老锈。

(4) 钢架的落底接长和钢架间纵向连接应符合设计要求。钢架立柱埋入底板深度应符合设计要求,且不得置于浮渣上。

(5) 钢筋网的网格间距应符合设计要求,网格尺寸允许偏差为±10mm,钢筋网搭接长度应不小于200mm。

9.6.3 喷射混凝土

喷射混凝土的施工检测项目主要有:喷射混凝土的抗压强度、厚度、回弹量、喷层与混凝土的黏结、外观及平整度等。具体要求如下:

1) 回弹量

边墙不宜大于15%,拱部不宜大于25%。

2) 抗压强度

(1) 检查试块的数量

同一配合比,区间或小于其断面的结构,每20m拱和墙各取一组抗压强度试件。

(2) 检查试块的制作方法

①喷大板切割法:在施工的同时,将混凝土喷射在尺寸为45cm×20cm×12cm的模型内,在混凝土达到一定强度后,加工成10cm×10cm×10cm的立方体试块,在标准条件下养护至28d进行试验。

②凿方切割法:在具有一定强度的喷层上,用凿岩机打密排钻孔,取出长35cm、宽15cm的混凝土块,加工成10cm×10cm×10cm的立方体试块,在标准条件下养护至28d进行试验。

(3) 合格标准

①同批(同一配合比)试块的抗压强度平均值不低于设计强度。

②任意一组试块抗压强度平均值不低于设计强度的80%。

③同批试块为3~5组时,低于设计强度的试块组数不得多于1组;试块为6~16组时,不得多于两组;17组以上时,不得多于总组数的15%。

3) 喷射混凝土与围岩间的连接

(1) 检查试块的制作方法

①成型试验法。

在模型内放置面积为 10cm×10cm×5cm 且表面粗糙度近似工程实际的岩块,用喷射混凝土进行掩埋。在混凝土达到一定强度后,加工成 10cm×10cm×10cm 的立方体试块,在标准条件下养护 28d,用劈裂法进行试验。

②直接拉拔法。

在围岩表面预先设置带有丝扣和加力板的拉杆,用喷射混凝土将加力板埋入喷层约 10cm,试件面积约 30cm×30cm。经 28d 养护,进行拉拔试验。

(2)合格标准

喷射混凝土与岩体的黏结力,Ⅳ类及以上围岩不低于 0.8MPa,Ⅲ类围岩不低于 0.5MPa。

4)喷射混凝土厚度

(1)检测方法:喷层厚度检测有凿孔法、激光断面仪法、光带摄影法等,其中以凿孔法最为常用,故重点介绍凿孔法。采用凿孔法检测时,最好在混凝土喷射后 8h 以内,用短钎将孔凿出。如若混凝土与围岩黏结紧密、颜色相近不易分辨时,可用酚酞涂抹孔壁,呈红色者即为混凝土。

(2)检测数量:每 20m 检查一个断面,每个断面从拱顶中线起,每 2m 凿孔检查一个点。

(3)合格标准:断面检查点 60% 以上喷层厚度不小于设计厚度,最小值不小于设计厚度的 1/3,厚度总平均值不小于设计厚度时,方为合格。

5)外观及平整度

喷射混凝土应密实、平整,无裂缝、脱落、漏喷、漏筋、空鼓、渗水等现象。平整度允许偏差为 30cm,矢弦比不应大于 1/6。

9.6.4 锚杆

(1)锚杆应进行抗拔试验。同一批锚杆每 100 根应取一组试件,每组 3 根(不足 100 根按 100 根取),设计或材料变更时应另取试件。同一批试件抗拔力的平均值不得小于设计锚固力,且同一批试件抗拔力最小值不得小于设计锚固力的 90%。

(2)锚杆半成品、成品锚杆的类型、规格、性能等应符合设计要求和规范标准。

(3)砂浆锚杆采用的砂浆强度等级、配合比应符合设计要求。

(4)锚杆安装数量应符合设计要求。

(5)锚杆孔应保持直线,一般情况下应保持与隧道衬砌切线方向垂直。当隧道内岩层结构面出露明显时,锚杆孔宜与岩层主要结构垂直,锚杆垫板应与基面密贴。

(6)锚杆安装的允许偏差为:锚杆孔距 ±150mm,锚杆孔深 ±50mm。

9.7 混凝土施工质量检测

车站主体、暗挖法二次衬砌、盾构法管片等混凝土结构均应进行混凝土施工质量检测,在此统一对相关的检测项目及方法进行简要介绍。

9.7.1 回弹法检测混凝土强度

1)回弹法检测原理

混凝土抗压强度与其表面硬度存在一定的数量关系,以一定的弹力将回弹仪的弹击锤打击在混凝土表面,通过其回弹高度求得混凝土表面硬度,从而推求得混凝土强度。

2)检测方法

(1)数据采集

①工程资料。

全面精确了解被测结构的情况,如混凝土设计参数、混凝土实际所有混合物材料、结构形式等。

②测区回弹值。

测区的选定采用抽检的方法,但所选测区应具有相对的平整和清洁,应没有蜂窝、麻面,无结构破损(裂缝、裂纹、剥落和层裂等),在测区中取 0.2m×0.2m 范围均匀分布测点,测点间距不小于 20mm,测点距构件边缘不小于 30mm。在每一个测区取 16 个回弹值,每个读数精确到 1。在检测过程中,要求回弹仪的轴线始终垂直于被检测区的测点所在面。

(2)强度计算

①回弹值计算。

从每个测区所得的 16 个回弹值中,去除 3 个最大值与 3 个最小值,对剩下的 10 个回弹值按下式计算平均值。

$$R_m = \frac{\sum_{i=1}^{10} R_i}{10} \tag{9.7-1}$$

式中:R_m——测区平均回弹值,精确至 0.1;

R_i——第 i 个测点的回弹值。

②回弹值修正。

回弹仪非水平方向检测混凝土侧面时,修正公式为:

$$R_m = R_{m\alpha} + R_{a\alpha} \tag{9.7-2}$$

式中:$R_{m\alpha}$——非水平方向检测时测区的平均回弹值,精确至 0.1;

$R_{a\alpha}$——非水平方向检测时测区的平均回弹值的修正值,按表 9.7-1 取。

回弹仪非水平方向检测修正值　　　　表 9.7-1

$R_{m\alpha}$	向上				向下			
	90	60	45	30	-30	-45	-60	-90
20	-6	-5	-4	-3	2.5	3	3.5	4
30	-5	-4	-3.5	-2.5	2	2.5	3	3.5
40	-3	-3.5	-3	-2	1.5	2	2.5	3
50	-3	-3	-2.5	-1.5	1	1.5	2	2.5

回弹仪水平方向或相当水平方向检测混凝土表面时,修正公式为:

$$R_m = R_m^t + R_a^t, R_m = R_m^b + R_a^b \tag{9.7-3}$$

式中:R_m^t、R_m^b——水平方向(或相当水平方向)检测混凝土表面时,测区的平均回弹值,精确至 0.1;

R_a^t、R_a^b——混凝土表面回弹值的修正值,按表9.7-2取。

回弹仪水平方向检测修正值　　　　表9.7-2

测试面	顶面	底面	测试面	顶面	底面
20	2.5	-3.0	40	0.5	-1.0
25	2.0	-2.5	45	0	-0.5
30	1.5	-2.0	50	0	0
35	1.0	-1.5			

③混凝土强度平均值与标准差计算。

关于各测区的混凝土强度换算值,可按下式计算强度平均值和标准差:

$$\overline{R_m} = \frac{1}{n}\sum_{i=1}^{n} R_{mi}, S = \sqrt{\frac{1}{n-1}\left[\sum_{i=1}^{n} R_{mi}^2 - n(\overline{R_m})^2\right]} \quad (9.7-4)$$

式中:R_{mi}——构件强度平均值(MPa),精确至0.1MPa;

$\overline{R_m}$——混凝土强度的平均值;

n——被抽取构件测区之和;

S——构件混凝土强度标准差(MPa),精确至0.1MPa。

(3)异常数据分析

回弹法测得的多个数据中,可能会遇到个别误差较大的异常数据,应予以剔除,以免影响最终数据的准确性。一般来说,混凝土强度服从正态分布,为此绝对值越大的,误差出现的概率越小,当划定了超越概率或保证率时,其数据合理范围也相应确定。因此选择一个"判定值"去和测量数据比较,超出判定值者则认为包含过失误差而应剔除。

(4)强度推定

按批量检测,其混凝土强度按下式计算:

$$R_m = \overline{R_m} - 1.645S \quad (9.7-5)$$

$$R_2 = R_{m,\min} \quad (9.7-6)$$

$$R = \min(R_m, R_2) \quad (9.7-7)$$

式中:$R_{m,\min}$——该批构件中最小测区混凝土强度换算值的平均值(MPa),精确至0.1MPa;

R——混凝土强度推定值。

按单个构件计算时:$R = R_{m,\min}$。

9.7.2 超声波法检测混凝土强度

1)超声波法检测原理

超声波在混凝土传播,其波速和频率与混凝土的弹性模量密实度有着一定的关系,即混凝土强度越高,在其中传播的超声波的速度和频率也越高。具体来说,超声波在混凝土中传播,其纵波速度的平方与混凝土的弹性模量成正比,与其密度成反比,而其强度又与其密度相关。

故根据超声波传播速度可推算出混凝土的强度,一般声速越大强度越高。

2)检测方法

(1)数据采集

①测区、测点布置。

若将混凝土构件作为一个检测总体,在混凝土表面上均布划出不少于 10 个 200mm × 200mm 方网格,将每个网格作为一个测区。对同批构件可抽检 30%,且不少于 4 个,每个构件测区不少于 10 个。每个测区内应布置 3~5 对测点。测区应布置在构件混凝土浇筑方向的侧面,表面应清洁平整。

②数据采集。

量测每对测点之间的直线距离(声程),采集记录对应声时。为保证强度检测结果的可靠性,可在同一测站中布置不同的测点,测区声速由 $v = l/t_m, t_m = (t_1 + t_2 + t_3)/3$ 确定。

(2)强度推定

根据各测区超声波声速检测值,可按回归方程计算或查表求得相应测区的混凝土强度值。各情况下混凝土强度推定值如下:

按单个构件检测时,单个构件的混凝土强度推定值取该构件各测区中最小混凝土强度换算值。

按批抽样检测时,混凝土强度推定值按下式计算:

$$f_{cu} = f_{cu,m} - 1.645 S_{f_{cu}}, f_{cu,m} = \frac{1}{n}\sum_{i=1}^{n} f_{cu}, S_{f_{cu}} = \sqrt{\frac{1}{n-1}(f_{cu})^2 - n(f_{cu,m})^2} \quad (9.7\text{-}8)$$

式中:$f_{cu,m}$、$S_{f_{cu}}$——各测区混凝土强度换算值的平均值、标准差。

当同批构件按批抽样检测时,若所有测区标准有效期出现下列情况时,则该批构件应全部按单个构件检测:

当混凝土强度等级不高于 C20 时,$S_{f_{cu}} > 2.45$MPa;当混凝土强度等级高于 C20 时,$S_{f_{cu}} > 5.5$MPa。

9.7.3 回弹—超声综合法检测混凝土强度

1)原理

回弹法测混凝土的密度,超声波法测混凝土的表面硬度,而两者均不能全面反映混凝土强度牵涉的多种材料指标,故将两种方法综合起来,以回弹值与声波速度来综合反映混凝土的抗压强度,可以减弱或消除单一方法检测时带来的偏差。

2)检测方法

(1)测试波速换能器选择

①对测法:换能器在两个平行的测试面上相对布置,最敏感。

②斜测法:在相互垂直的测试面上布置两个换能器,以直角三角形斜边为测距,需要通过变化测距获得稳定的声速。

③平测法:在同一测试面上布置两个换能器,需要采用变动测距获得稳定声速,最不敏感。

(2)声速修正

测区声速由下式计算：

$$v = \frac{l}{t_m}, \quad t_m = \frac{t_1 + t_2 + t_3}{3} \quad (9.7\text{-}9)$$

①对测修正：

修正声速 $v_a = \beta v$，一般 β 取 1.034。

②平测修正：

当表面光洁、平整且未受损伤时，$v_{对}/v_{平} = 1.00 \sim 1.03$；表面粗糙、疏松时，$v_{对}/v_{平} = 1.04 \sim 1.10$。

③斜测修正：

一般没有统一的修正系数，主要通过现场测试得出对测与斜测的校正系数 $v_{对}/v_{斜}$。

（3）强度推定

由于采用该方法进行混凝土强度推定与超声波法相同，故只介绍测区强度计算。

①测强曲线。

优先采用专用或地区测强曲线推定。当无该类测强曲线时，经验证后可按《超声回弹综合法检测混凝土强度技术规程》（CECS 02—2005）附录二的规定确定，也可按下式计算：

当粗集料为卵石时

$$f_{cu,i} = 0.0038(v_i)^{1.23}(R_i)^{1.95} \quad (9.7\text{-}10)$$

当粗集料为碎石时

$$f_{cu,i} = 0.008(v_i)^{1.72}(R_i)^{1.57} \quad (9.7\text{-}11)$$

式中：$f_{cu,i}$——第 i 个测区混凝土强度换算值(MPa)，精确至 0.1MPa；

v_i——第 i 个测区修正后的超声声速值(km/s)，精确至 0.01km/s；

R_i——第 i 个测区修正后的回弹值，精确至 0.1。

②当结构所用材料与制订的测强曲线所用材料有较大差异时，必须用同条件试件或从结构构件测区钻取的混凝土芯样进行修正，试件数量应不小于 3 个。此时，得到的测区混凝土强度换算值应乘以修正系数。

有同条件立方试件时

$$\eta = \frac{1}{n} \frac{\sum f_{cot,i}}{f'_{cu,i}} \quad (9.7\text{-}12)$$

有混凝土芯样试件时

$$\eta = \frac{1}{n} \frac{\sum f_{cor,i}}{f'_{cu,i}} \quad (9.7\text{-}13)$$

式中：η——修正系数，精确至小数点后两位；

$f_{cot,i}$——第 i 个混凝土立方体试块抗压强度值(以边长 150mm 计)，精确至 0.1MPa；

$f'_{cu,i}$——对应于第 i 个立方体试块或芯样试件的混凝土强度换算值，精确至 0.1MPa；

$f_{cor,i}$——第 i 个混凝土芯样试件抗压强度值(以 $\phi 100mm \times 100mm$ 计)，精确至 0.1MPa。

9.7.4 钻芯法检测混凝土强度

1）原理

钻芯法检测是指利用钻芯设备，从混凝土结构中取芯样，并直接对混凝土强度进行检测的方法。钻芯法是一种直观、准确的检测方法。

2)检测方法

(1)钻芯直径与数量选取

对于芯样尺寸,一般要求最小直径为 50~70mm,且芯样直径不小于粗集料直径的 3 倍。取芯量同一批构件不得少于 3 个,若基于准确度的考虑,以 5 个及以上芯样为宜,取芯位置应在整个结构上均匀布置。

(2)芯样加工

钻孔取芯的芯样一般不能直接用于抗压强度试验,需要进行切割和端面尺寸加工。加工完成后标准试件为:高度和直径均为 100mm 的圆柱体,水泥砂浆补平厚度不宜大于 5mm,端面的平整度、垂直度、直径偏差等均应符合要求。

(3)芯样强度计算

将芯样标准试件进行抗压强度试验,芯样试件抗压强度即为试件破坏时的最大压力除以截面积,芯样试件混凝土换算强度计算公式为:

$$f_{cor,i}^{c} = \alpha \frac{4F}{\pi d^2}, \alpha = \frac{x}{ax+b}, x = \frac{h}{d}, a = 0.61749, b = 0.37967 \quad (9.7\text{-}14)$$

式中:α、F、d——不同高度、直径芯样试件混凝土换算强度的修正系数,芯样试件抗压试验最大压力(N),芯样试件平均直径(mm)。

(4)芯样抗压强度推定

①单个构件。

对于单个构件,取标准芯样试验抗压强度换算值的最小值为芯样抗压强度推定值。

②检验批混凝土抗压强度。

根据试验得出的数据,可求出混凝土抗压强度推定区间,其上、下限值可按下式计算:

$$f_{cu,e1} = f_{cor,m} - K_1 S, \quad f_{cu,e2} = f_{cor,m} - K_2 S \quad (9.7\text{-}15)$$

式中:$f_{cu,e1}$、$f_{cu,e2}$——混凝土推定区间的上、下限;

$f_{cor,m}$——芯样试件强度换算值算术平均值(MPa);

K_1、K_2——混凝土强度上、下限推定系数(可查规程 CECS 03:88 求得);

S——芯样试件强度换算值标准差(MPa)。

一般以推定区间的上限作为推定值,当推定区间置信度为 0.9,上、下限之差不宜大于 5.0MPa 和 $0.1f_{cor,m}$ 中的较大值。

9.7.5 几种混凝土强度检测方法特点比较分析

1)回弹法

优点:检测费用低廉、设备简单、操作方便、测试迅速,不破坏混凝土的正常使用。

缺点:检测精度不高,精度受多种因素影响较大,如气候条件、仪器性能、操作方法等。另外由于回弹法本身的检测原理所决定,回弹法的检测范围有较大的限制。具体来说,混凝土龄期应在 7~1 000d,对于表面及内部质量有明显差异或内部存在缺陷的混凝土难以检测准确。

2) 超声波法

优点：利用单一声速参数来推算混凝土强度，具有重复性好的优点。

缺点：应用范围有制约，主要是混凝土原料及配合比不同时，声速与强度关系发生明显变化，准确度有影响。

3) 超声—回弹综合法

综合了回弹法与超声波法，对混凝土的强度检测有较好的效果。

4) 钻孔取芯法

优点：对强度检测较准确。

缺点：检测成本较高，且对结构的完整性有影响，属于半破损检测方法。

9.7.6 混凝土厚度检测

混凝土厚度检测有冲击—回波法、地质雷达法、直接量测法等，限于篇幅，本节仅对几种方法的原理进行简要介绍。

1) 冲击—回波法

冲击—回波法是一种基于瞬态应力波的检测方法，即利用一个短时的机械冲击产生低频的应力波，应力波在结构内部传播的过程中会被结构缺陷和底面反射回来，反射波会被安装在冲击点附近的传感器接收下来，同时波信息将被传送至一个内置高速数据采集及信号处理的仪器。将反射波的信号进行幅值谱分析，谱图中的明显峰正是由于冲击表面、缺陷及其他外表面之间的多次反射产生瞬态共振所致，可以用来识别及确定混凝土的厚度和缺陷位置。

2) 地质雷达法

地质雷达法是一种用于确定地下介质分布的光谱电磁技术。地质雷达利用一个天线发射高频宽频带电磁波，另一个天线接收来自地下介质界面的反射波。电磁波在介质中传播时，其路径、电磁场强度与波形将随所通过介质的电性质及几何形态而变化。因此，可根据接收波的双程走时、幅度与波形资料推断介质的结构。

实测时将雷达的发射和接收天线密贴于混凝土表面，雷达波通过天线进入混凝土结构中，遇到钢筋、钢拱架、材质有差别的混凝土、混凝土中间的不连续面、混凝土与空气分界面、混凝土与岩石分界面、岩石中的裂面等产生反射，接收天线接收到反射波，测出反射波的入射、反射双走向时，就可计算出反射波走过的路程长度，从而求出天线距反射面的距离。

3) 直接量测法

直接量测法是指在混凝土结构中打孔或凿槽直接量测厚度的方法，是最直接、准确的方法。但该方法具有破坏性，会操作混凝土结构及防排水设备。目前常用的方法有：钻孔取芯量测法、冲击钻打孔量测法。

(1) 钻孔取芯量测法

钻孔取芯量测法是混凝土缺陷检测的主要方法之一，两者往往同时进行。通过量测混凝土芯样的长度，便可以准确知道该处混凝土的厚度。

(2)冲击钻打孔量测法

冲击钻打孔法相对钻孔取芯法简单、快捷,成本也较低。具体方法是先在待检测部位用普通冲击钻打孔,然后量测混凝土的孔深。

【思考题】

1. 地下铁道常见施工质量问题有哪些?
2. 简述地铁施工质量检测内容及相应方法。

第10章
地铁施工策划与组织

【本章重难点】

1. 了解地铁施工组织设计内容。
2. 掌握地铁施工组织设计的编制。

施工组织设计是地铁安全施工的重要内容。不同地铁,其施工组织设计会有不同。主要内容包括:施工准备、施工组织设计、场地布置、进度计划等内容。

(1)施工准备工作内容

①确定施工组织机构及人员配备。

②交接桩、复测及洞口投点等。

③对设计中需要变更与改进的地方向建设单位和设计单位提出建议,并通过协商进行修改。

④编写指导性施工组织设计。

⑤根据拟定的施工方法,进行施工机械配备、建筑材料准备。

(2)技术准备工作内容

①熟悉、审查图纸及有关设计资料。

②调查研究、收集资料:

a.社会调查。了解当地政治、经济、居民情况及风俗习惯等。

b. 自然条件调查。

c. 技术经济条件调查。

③交接控制测量的基桩资料,并做好复测和核对工作,在此基础上定出车站的中线和高程基桩。

④根据补充调查等重新掌握的情况改进施工设计。

⑤编制施工组织设计和制订施工方案,进行有关施工补充设计。

⑥编制施工预算。

(3)现场基本条件及物质准备

①三通一平:路通、水通、电通,场地平。

②相关设施:如压缩空气供应系统、修理车间等。

③物资准备:原材料、构件加工设备、施工机具等。

(4)实施性施工组织设计

施工单位中标后,用于具体施工而编制。

实施性施工组织设计的内容与指导性施工组织设计相似,但更具体、更详细。

(5)施工进度计划的编制

施工进度计划的编制按以下步骤进行:

①划分工序。

②计算各工序的工程量。

③计算各工序的劳动量。

④计算生产周期。

⑤安排施工进度。

⑥检查和调整进度计划。

⑦资源需求量计划及其他图表。

⑧特殊地段施工进度图。

本章以郑州地铁为例,对施工组织设计进行详细介绍。

10.1　编　制　说　明

10.1.1　施工组织编制依据

(1)郑州市轨道交通1号线一期工程土建施工(01~07标段)招标文件。

(2)郑州市轨道交通1号线一期工程土建施工(01~07标段)补充招标文件。

(3)郑州市轨道交通1号线一期工程二七广场站施工招标设计图。

(4)郑州市轨道交通1号线一期工程市体育馆站施工招标设计图。

(5)郑州市轨道交通1号线一期工程中原东路站—郑州火车站区间施工招标设计图。

(6)郑州市轨道交通1号线一期工程郑州火车站站—二七广场站区间施工招标设计图。

(7)郑州市轨道交通1号线一期工程二七广场站—市体育馆站区间施工招标设计图。

(8)郑州市轨道交通1号线一期工程市体育馆站—紫荆山站区间施工招标设计图。

(9)国家现行技术规范、标准及郑州市现行相关规范、标准及文件。

(10)在建类似工程的施工经验。
(11)现有的施工管理水平、技术水平和机械设备配套能力。
(12)现场勘察资料。

10.1.2 施工组织编制原则

1)在施工组织编制中贯彻以下三个方面的总体原则
(1)认真贯彻党和国家对基本建设的各项方针和政策。
(2)严格遵守国家和合同规定的工程竣工要求及交付使用期限。
(3)合理安排工程施工顺序。

因此在认真阅读招标文件的基础上,详细分析本工程设计特点及类似工程的施工经验,依据相关设计要求和施工规范,充分发挥现有的施工管理、技术水平和机械设备配套能力,标书的编制将基于以下原则进行系统阐述:

针对本工程的特点,选择稳妥可行、经济合理的施工机械和施工方法,以确保安全为前提,保障工期、保证质量、节省投资,并具有较强的可操作性。

2)经济合理的原则

针对工程的实际情况,本着经济、可靠、合理的原则比选施工方案,并配备足够数量的适合本工程施工的机械设备和资源以满足施工要求;对整个施工过程实施信息化动态管理,从而达到合理组织和不断优化施工方案,确保按期、按质完成施工任务的目标。

3)技术先进和可靠性原则

根据本工程的特点,吸收国内外类似工程设计、施工和管理的成熟技术,结合本公司以往施工经验,针对本工程地质条件选用先进和具有优异性能的施工机械,并采取可靠性高、可操作性强的施工技术方案进行施工,确保工程质量、安全、工期、文明施工满足招标文件要求。

4)质量保证原则

采用 ISO 9002 标准全方位控制施工过程,建立完整的质量管理体系和控制程序,严格进行质量管理与控制,明确工程质量方针和质量目标,结合本工程特点与实际情况制订切实可行、有效的工程质量保证措施,确保工程质量在国内同类工程达到领先水平。

5)工期保障原则

根据业主对本工程的工期要求,采用合理安排工期,合理配置资源,科学组织施工,使本项目的资源能得以充分利用;根据总体工期的安排,分解工期节点目标,编制年度计划、季度计划和周进度计划,做到各项分部工程施工衔接有序,以确保各阶段施工计划和总体施工计划的实现,从而保证总工期的按期完成。

6)环保原则

施工过程中按照 ISO 14000 标准,建立环境管理体系和控制程序,进行环境管理。①充分调查和重视周边环境情况,紧密结合环境保护进行施工;②切实做好工程环境的保护工作,建设"绿色工地"、实施"绿色施工";③减少废气、振动、噪声、扬尘污染,杜绝随意排放污水、胡乱丢弃建筑垃圾等;④按照地方和业主的要求高度重视淤泥的运输、防护和排放管理,做到合理利用、节约耕地。

7）以人为本的原则

施工过程贯彻 ISO 18000 标准，建立健全消防、安全、保卫、健康管理体系和控制程序并严格执行；同时尊崇以人为本的施工宗旨，维护和保障施工人员的健康与安全。

10.1.3 工程位置

郑州市轨道交通1号线土建施工03标段，位于郑州市中心城区，起始于中原东路与大学路路口，穿越京广铁路、郑州火车站，经过二七广场，沿人民路向东北方向延伸到达紫荆山站。紫荆山站位于金水大道与人民路路口处，项目位置如图10.1-1所示。

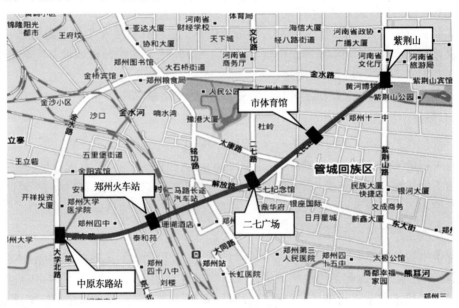

图 10.1-1　工程地理位置示意图

10.1.4 工程范围及主要工程量

本工程范围具体如下：
（1）市体育馆站主体、附属结构及预留孔、预埋件施工。
（2）二七广场站主体、附属结构及预留孔、预埋件施工。
（3）中原东路站—郑州火车站—二七广场站区间盾构推进。
（4）二七广场站—体育馆站—紫荆山站区间盾构推进。
（5）盾构进、出洞端头土体及联络通道加固。
（6）联络通道、泵站结构施工。
（7）区间地下障碍物的处理。
本工程主要工程量见表10.1-1。

主要工程量　　　　表10.1-1

项　目	里　程	长度	深度	层数	备　注
二七广场站	YCK18+997.300~ YCK19+271.100	273.8m	16.6m	地下2层	围护结构为钻孔灌注桩，支护为米字混凝土梁支撑

续上表

项 目	里 程	长度	深度	层 数	备 注
市体育馆站	YCK19+970.000～YCK20+108.100	138.1m	20.98m	地下3层	围护结构为钻孔灌注桩,支护为米字混凝土梁支撑
中原东路站—郑州火车站	CK16+860.600～CK17+871.5	1 010.9m			区间附属工程包括联络通道及泵房1座,洞门4个
郑州火车站—二七广场站	CK18+052.255～CK18+997.3	945.04m			区间附属工程包括联络通道及泵房1座,洞门4个
二七广场站—市体育馆站	CK19+271.100～CK19+970	692.6m			区间附属工程包括联络通道及泵房1座,洞门4个
市体育馆站—紫荆山站	CK20+108～CK20+990.523	886.6m			区间附属工程包括联络通道及泵房1座,洞门4个

10.2 主要工程概述

10.2.1 二七广场站概述

二七广场站为地下二层岛式车站,主体结构为两层三跨钢筋混凝土框架结构,车站外包尺寸为273.8m×21.7m×16.6m,由侧墙、梁、板、柱等构件组成。车站主体结构采用明挖顺作法施工,局部采用盖挖法施工,围护结构方案采用钻孔灌注桩,支撑采用混凝土米字支撑;附属结构采用明挖顺作法施工,围护结构采用钻孔灌注桩,支撑采用钢支撑。

1)施工安排及顺序

根据车站总体施工安排及交通疏导设计,在一期围挡施工期间,进行主体一期围护结构施工及降水井施工和盖挖施工,以保证路面交通。在二期围挡施工期间,进行主体二期围护结构施工、主体基坑开挖和主体钢筋混凝土结构施工。为保证进行盾构机的下井时间,二七广场站的主体结构由两端盾构井向基坑中间、纵向分段施作,由上而下,竖向分层,流水顺作。根据有关规范要求,纵向分段长度不大于25m。二七广场站一期、二期围挡如图10.2-1、图10.2-2所示。

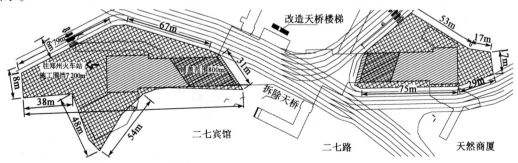

图10.2-1 二七广场站一期围挡示意图(网格区域为一期围挡区域、网格与斜线叠加区域为盖挖区域)

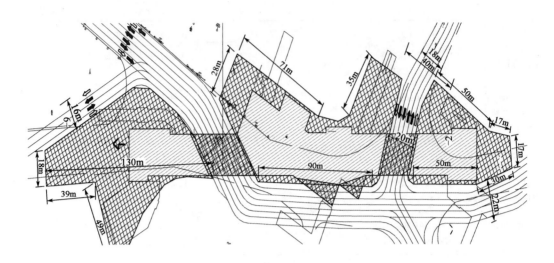

图 10.2-2 二七广场站二期围挡示意图(网格区域为二期围挡区域、网格与斜线叠加区域为盖挖区域)

2)施工流程

二七广场站施工流程见图 10.2-3、图 10.2-4。

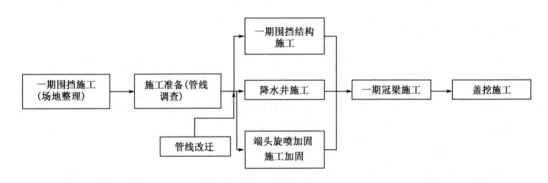

图 10.2-3 二七广场站一期围挡期间施工流程图

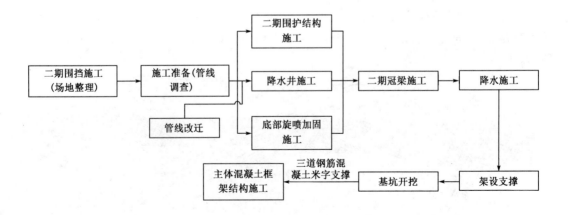

图 10.2-4 二七广场站二期围挡期间施工流程图

10.2.2 市体育馆站概述

市体院馆站为地下三层岛式车站,主体结构为三跨三层框架结构,车站外包尺寸为138m×21.6m×18.6m,由侧墙、梁、板、柱等构件组成。车站主体结构采用明挖顺作法施工,围护结构方案采用钻孔灌注桩,支撑采用混凝土米字支撑;附属结构采用明挖顺作法施工,围护结构采用钻孔灌注桩,支撑采用钢支撑。

1)施工安排及顺序

根据车站总体施工安排及交通疏导设计,在一期围挡施工期间,进行主体结构一期围护结构施工、降水井施工和车站主体结构施工。为保证路面交通,在二期及三期围挡施工期间,进行车站附属结构围护结构施工、附属结构基坑开挖和附属结构钢筋混凝土结构施工。为保证进行盾构机的下井时间,市体育馆站的主体结构由两端盾构井向基坑中间、纵向分段施作,由上而下,竖向分层,流水顺作。根据设计要求,纵向分段长度不大于25m。市体育馆场站围挡示意如图10.2-5~图10.2-7所示。

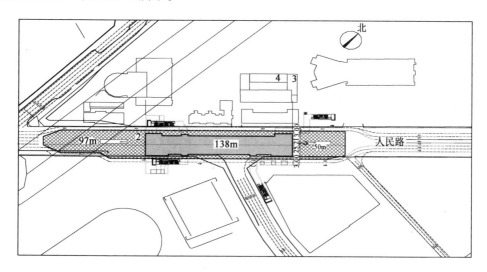

图10.2-5 市体育馆站一期围挡示意图(网格区域)

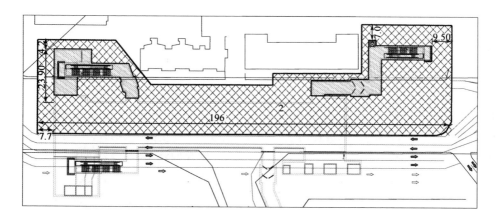

图10.2-6 市体育馆站二期围挡示意图(网格区域)(尺寸单位:m)

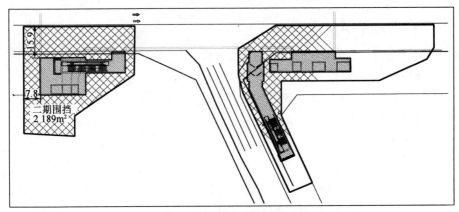

图 10.2-7　市体育馆站三期围挡示意图(网格区域)(尺寸单位:m)

2)施工流程

市体育馆站施工流程图见图 10.2-8。

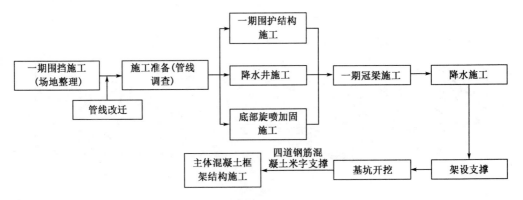

图 10.2-8　市体育馆站施工流程图

10.3　基坑围护结构施工

10.3.1　围护结构施工

1)钻孔灌注桩施工

二七广场车站主体基坑围护结构采用钻孔灌注桩,类型有 $\phi1\,000@1\,200mm$,长度为 24.64m;$\phi1\,200@1\,500mm$,长度为 30.65m。风道和出入口的维护结构采用 $\phi600@900mm$ 钻孔灌注桩支护,风道、1 号出入口桩长约 23.2m,2 号出入口桩长约 11.9m。

市体育馆站主体基坑围护采用 $\phi1\,200@1\,400mm$ 钻孔灌注桩,共计约 248 根,钻孔桩桩长约 35.7m。1、3 号风亭和出入口的维护结构采用 $\phi600@900mm$ 钻孔灌注桩。2 号风亭的维护结构采用 $\phi1\,000@1\,200mm$ 钻孔灌注桩;风道、1 号出入口桩长约 11.9m,2 号出入口桩长约 15.9m。

根据工程地质、水文地质条件,采用旋挖钻机成孔、25t 汽车吊吊装钢筋笼及导管、

ϕ300mm 导管进行水下混凝土灌注。

(1)施工工艺流程

钻孔灌注桩施工工艺流程见图 10.3-1。

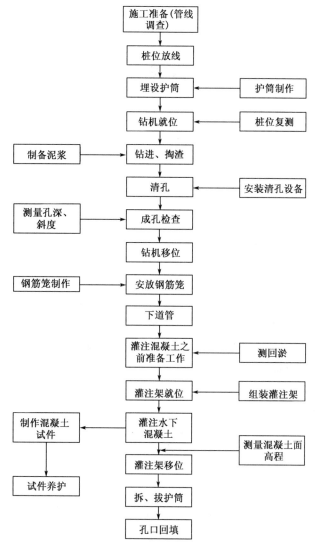

图 10.3-1 钻孔灌注桩施工工艺流程图

(2)施工方法

①施工准备。

围护结构施工前,应首先做好车站周围的拆迁、管线迁改和交通疏解工作,地表以下 2m 范围内严禁采用机械开挖,以保护不明管线。

围护结构施工放线根据围护结构平面图及相关线路、建筑图相互核对无误后方可施工。围护结构施工放线时,根据相关规范适度外放,以保证限界和结构厚度。

②埋设护筒。

护筒采用板厚为 4~6mm 的钢板焊接整体式钢护筒,直径 1.2~1.4m(风道护筒直径为 0.8~1.0m),埋深 2.0m。人工开挖,挖坑直径比护筒大 0.2~0.4m,坑底深度与护筒底同高且平整。护筒上设 2 个溢水口。护筒埋设时,筒的中心与桩中心重合,其偏差不得大于 20mm;并应严格保持护筒的垂直度偏差不大于 1%,同时其顶部应高出地面 0.3m。

③泥浆制备。

采用膨润土泥浆进行护壁。泥浆比重应控制在 1.1~1.3,胶体率不低于 95%;含砂率不大于 4%。

④钻进成孔。

钻进时,边钻进边注入泥浆进行护壁,保持泥浆面始终不低于护筒顶下 0.5m,钻进过程中随时检测垂直度,并随时调整。成孔后泥浆比重控制在 1.25 以内,成孔时做好记录。

⑤清孔。

第一次清孔:桩孔成孔后,在钢筋笼插入孔内前,进行第一次清孔,用孔内钻斗来掏除钻渣,如果沉淀时间较长,则用水泵进行浊水循环,使密度达 1.2 左右。

第二次清孔:钢筋笼、导管下好后,用气举法进行第二次清孔。

⑥钢筋笼的制安。

钢筋笼加工:钢筋笼现场加工制作,加工尺寸严格按设计图纸及规范要求进行控制。钢筋主筋采用闪光对焊,圆环封闭箍采用搭接电弧焊,主筋与箍筋点焊连接。钢筋笼主筋下端应向内弯转,以防吊装时碰撞孔壁。钢筋接头错开。

⑦钢筋笼吊放。

采用 25t 汽车吊车下放钢筋笼,人工辅助对准。吊放钢筋笼过程中保持钢筋笼轴线与桩轴线吻合,钢筋笼方向应与设计方向一致,并保证桩顶高程符合设计要求。为防止混凝土灌注过程中钢筋笼上浮,钢筋笼最上端设定位筋,由测定的孔口高程来计算定位筋的长度,反复核对无误后焊接定位。灌注完的混凝土开始初凝时,割断定位骨架竖向筋,使钢筋笼不影响混凝土的收缩,避免钢筋混凝土的黏结力受损失。

⑧水下混凝土灌注。

清孔、下钢筋笼后,立即灌注混凝土。混凝土灌注时坍落度为 18~22cm,首批灌注的混凝土初凝时间不得早于灌注桩全部混凝土灌注完成时间,灌注尽量缩短时间,连续作业。

(3)水下灌注混凝土施工工艺

首先安设导管,用 25t 吊车将导管吊入孔内,位置应保持居中,导管下口与孔底保留 30~50cm 左右。导管在使用前及灌注 4~6 根桩后,要检查导管及其接头的密闭性,确保密封良好。灌注首批混凝土之前在漏斗中放入隔水塞,然后再放入首批混凝土。在确认储存量备足后,即可剪断铁丝,借助混凝土重量排除导管内的水,使隔水塞留在孔底。灌注首批混凝土量应使导管埋入混凝土中深度不小于 1.0m。首批混凝土灌注正常后,应连续不断灌注,灌注过程中应用测锤测探混凝土面高度,推算导管下端埋入混凝土深度,并做好记录,正确指导导管的提升和拆除。直至导管下端埋入混凝土的深度达到 4m 时,提升导管,然后再继续灌注。在灌注过程中应将井孔内溢出的泥浆引流至适当地点处理,防止污染环境。

(4)水下灌注混凝土的相关技术要求

灌注过程中混凝土面应高于导管下口 2.0m,每次拆除导管前其下端被埋入深度不大于 6.0m。灌注必须连续,防止断桩。随孔内混凝土的上升,需逐节快速拆除导管,拆管停顿时间不宜超过 15min。在灌注过程中,当导管内混凝土不满,含有空气时,后续的混凝土应徐徐灌入漏斗和导管,不得将混凝土整斗从上而下倾入管内,以免在管内形成高压气囊,挤出管节的橡胶密封垫。混凝土上层存在一层浮浆需要凿除,桩身混凝土超浇0.5m左右,达到强度后,将设计桩顶高程以上部分用风镐凿除。做好混凝土浇筑记录。灌注过程要保护安设在钢筋笼上的监测元件。

2)旋喷桩施工

主体围护结构钻孔灌注桩之间采用旋喷桩进行加固止水,还有车站两端盾构区间的端头采用旋喷桩进行土体加固。二七广场站与地铁3号线相交叉部位端头,进行地基加固。桩径$\phi 800$,旋喷桩施工采用双重管法,单喷嘴喷浆。喷浆导孔直径$\phi 100mm$,成孔采用地质钻机。

(1)施工工艺

旋喷桩施工工艺流程如图10.3-2所示。

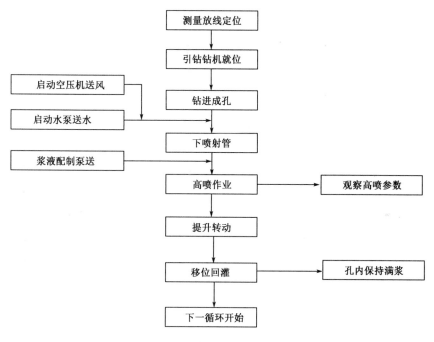

图10.3-2 旋喷桩施工工艺流程图

(2)施工方法

根据加固范围内地层的特点,在施工过程中进行现场试验,确定合理的施工参数,以保证加固效果。

①钻导孔。

按设计要求放线定孔位,误差不大于5cm,并准确测量孔口地面高程。

钻孔时采用膨润土配制泥浆护壁,泥浆的主要性能指标控制为:比重1.2~1.3,黏度25~30s,含砂率小于5%。

为准确取得地质资料,合理优化施工技术参数,选取钻孔按地质钻探孔要求对不同地层取样分析。根据桩位布置图及放线控制桩,准确定出孔位,并做好明显标识,孔位中心误差不得大于2cm,钻机就位时用水平尺、垂球测量水平和垂直度,保证立杆与孔位中心对中垂直,且成孔偏斜率不大于1%,钻导孔时详细填写《钻孔记录表》,为下步旋喷注浆参数的修正提供参考依据。导孔施工质量标准:孔位偏差≤50mm,垂直度≤1%。

导孔钻孔完成后经检查验收合格后高喷台车就位,进行喷浆作业。

②浆液配制。

浆液采用 R32.5 普通硅酸盐水泥和自来水配制,水灰比 1:1,采用立式搅拌罐搅拌。

③旋喷注浆。

台车就位安装调试完成后,将高喷台车移至孔口,先进行地面试喷以调整喷射压力。为防止水嘴和气嘴堵塞,下管前可用胶布包扎。下喷射管至设计喷射深度。先启动灰浆泵送浆,待孔口返浆后按方案设计的技术参数进行旋喷、提升。到设计的终喷高度停喷,并提出喷射管。

在旋喷过程中,随时注意各设备的工作情况,以及水、气、浆的压力与流量,作好翔实的施工记录。严格控制压力和喷浆量,确保加固效果。

旋喷提升过程中如中途发生故障,立即停止施工,等检查排除故障后再继续施工。旋喷产生的泥浆由泥浆泵抽至沉淀池沉淀处理。

④回灌。

当喷射结束后,随即在喷射孔内进行静压填充灌浆,直到浆面不再下沉为止。

⑤冲洗。

喷射结束后,应及时将管道冲洗干净,以防堵塞。

(3)施工技术要点

设备安装平稳对正,开孔前须严格检查桩位和开孔角度,确保引孔深度达到设计要求。需用取芯钻具,取芯难入岩深度确保喷底进入泥质隔水层大于 1m。保持引孔泥浆性能,孔壁完整,不坍孔,确保高喷管顺利下至孔底。

高喷管下井前需在井口试验检查,防止喷嘴堵塞。高喷管下至距孔底 0.5m 时,应先启动泥浆泵送浆,同时旋转下放,下至孔底(开喷深度)后,再启动高压泵和空压机,各项参数正常后方可提升。浆液配制必须严格按照配比均匀上料,经常检查测定浆液比重,并做好记录。高喷作业中,必须注意观察水、气、浆压力和流量达到设计要求,发现异常,要立即停止提升,查明原因,及时处理。分节拆卸高喷管时,动作要快,尽量缩短停机时间。

因故停机(卸管或处理故障)时,需将近高喷管下放至超过原高喷深度 0.1~0.5m 处,重新开机作业,以避免固结体出现新层。在有较大砾石层或较硬地层中应降低提升速度或进行复喷。采用两序施工(间隔一个)防止串孔。及时回灌,保持孔内浆满。连续施工时可采用冒浆回灌。为确保固结体强度,废浆不得回收和利用。遇漏水、漏浆孔段,应停止提升,继续注浆,待冒浆正常后再提升;漏失严重时应采取堵漏措施,并做好记录。

(4)加固效果检查

①强度检查。

端头加固完成后,采取钻孔取芯试验检查加固效果。旋喷加固体无侧限抗压强度应达到 2.0MPa。

②渗水量检查。

在加固区钻检查孔检查渗水量,以检查加固土体的止水效果。检查孔使用后,采用低强度水泥砂浆封孔。

③补救措施。

如果加固效果不满足要求,根据检查结果和地层条件增加旋喷桩,进一步进行加固。

3)桩顶冠梁施工

冠梁采用 C30 钢筋混凝土,冠梁尺寸为宽 1 000mm,高 800mm(出入口冠梁尺寸为800mm ×

800mm)。模板采用组合钢模,随钻孔灌注桩进度分段施作,并预埋附属结构钢支撑垫板。

冠梁分层分段浇灌至设计高程。随钻孔灌注桩进度分段施工,分段长度约20m。冠梁钢筋现场绑扎、组合钢模现场灌注。混凝土采用商品混凝土,采用泵送混凝土浇筑。

冠梁钢筋混凝土施工应符合钢筋混凝土施工一般要求。土方开挖时做好临时排水措施。由于钻孔灌注桩按规范要求超灌,冠梁施工时凿除超灌部分,应将围护结构顶的疏松混凝土凿除干净,至设计高程。冠梁沟槽开挖至钻孔灌注桩钢筋笼顶时,采用人工开挖清理,以防破坏桩顶预留钢筋,预留钢筋在开挖后清洗干净,出露的钢筋长度应满足锚固要求,保证冠梁与围护结构连接牢固。附属结构冠梁钢筋绑扎时预埋第一层钢支撑托架。

4)桩间喷混凝土施工

围护桩桩间土体采用C20网喷混凝土支护,厚度100mm,主体结构钢筋网片为$\phi 8@150mm$。

(1)桩间支护施工工艺流程

桩间支护施工工艺流程如图10.3-3所示。

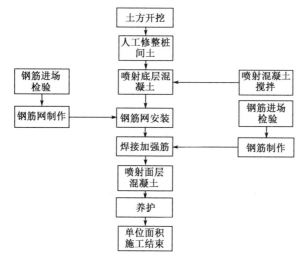

图10.3-3 桩间支护施工流程图

(2)施工方法及技术措施

桩间网喷混凝土支护,采用单层$\phi 8@200\times 200mm$的钢筋网片,自上而下,随挖随喷。

试验室负责优选喷射混凝土的配合比与现场控制,喷射施工前先进行试喷,试喷合格后再投入喷射施工,并按规定喷射大板,制作检验试件。

两次喷混凝土作业应留一定的时间间隔,为使施工搭接方便,每层下部30cm暂不喷射,并做45°的斜面形状。每次喷混凝土完毕后,及时检查厚度,若厚度不够需进行补喷达到设计厚度,禁止将回弹料作为喷射料使用。

10.3.2 支护结构施工

1)腰梁施工

支撑腰梁施工随土方开挖的进度施工,第一层冠梁支撑体系施工参见本章第1节冠梁施工相关内容。钢筋混凝土腰梁在土方开挖深度达到设计深度后,在钻孔灌注桩内侧施工腰梁,破除钻孔桩预埋钢筋,焊接钢筋,现场绑扎钢筋,组合钢模支模,商品混凝土运至现场灌注,插入式捣固器振捣密实。直撑处围囹采用钢围囹。随开挖进度随挖随支即可。

(1)腰梁施工工艺流程

腰梁施工工艺流程如图10.3-4所示。

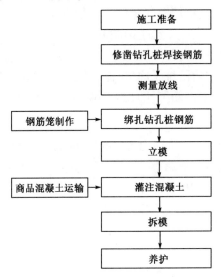

图10.3-4 腰梁施工工艺流程图

(2)施工方法

①围护结构内侧凿出预埋筋,焊接钢筋测量放线。定出梁的中心线和边线,同时用风镐破除围护结构一侧,焊接钢筋与围护结构内的预埋钢筋。

②模板施工。

基底铺设10cm的砂浆垫层作地模。侧模采用组合钢模板,每块模板面积不小于$1m^2$,模板支撑体系采用100mm×100mm方木,背杆采用$\phi 48mm$双向双层钢管。模板在安装前涂刷脱模剂。

③钢筋施工。

钢筋预先在钢筋加工场按设计尺寸加工成半成品,并分类、分型号堆放整齐。施工前再次对照设计图纸进行检查,检验无误后运至施工现场。钢筋现场绑扎,主筋接长采用搭接焊。焊缝长度不小于$10d$,并错开不小于1m。

④混凝土浇注。

混凝土采用商品混凝土,按混凝土施工工艺进行浇注作业,并及时进行养护,养护期为14d。

2)混凝土支撑施工

基坑土方开挖到钢筋混凝土支撑高程底时,人工修整基底、夯实,施工砂浆土模。人工现场绑扎钢筋,且支撑钢筋与钻孔桩冠梁钢筋焊接。再安装两侧侧模板:采用定型组合钢模板、钢管支架加固。采用汽车泵泵送浇注混凝土。待混凝土达到满足设计要求强度之后,继续开挖下层土方。

10.3.3 盖挖施工

郑州地铁1号线03合同段内二七广场站在人民路与解放路交叉口,采用半幅路面翻交结合"盖挖法"施工。

先清理地下管线,施作围护结构、支承箱体顶板用的钻孔灌注桩、钢格构立柱,而后进行箱体顶板及架空路面盖板施工、铺设管线,最后恢复路面交通。此过程均采用半幅路面施工、另半路幅路面维持地面交通的翻交法施工。待交叉口完全恢复交通后,从两端进行盖挖段取土挖掘,分层开挖并及时架设支撑体系。人工检底至设计高程后,自下而上进行盖挖段垫层、底板、下部侧墙、换撑、上部侧墙施工。

10.4 降水施工

10.4.1 施工方法

降水井施工工艺流程如图10.4-1所示。

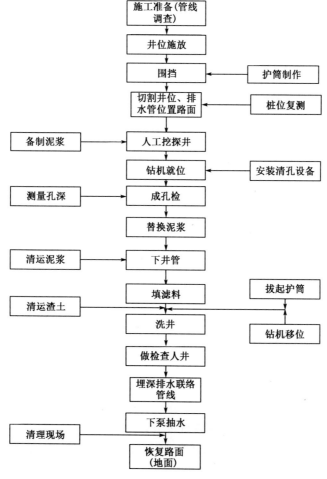

图10.4-1 降水井施工工艺流程图

1)施放井位

降水井井位施放时必须详细调查核实场区地下管线分布情况,当无法确定时可采用人工挖探孔的方法,确认地下无各种管线后方可施工。

为避开各种障碍物,降水井间距可作局部调整,降水井中心距围护桩外皮不小于1.5m,相邻管井间距15m,且降水井总量不得减少。

2) 降水井成孔

为确保降水效果,减小洗井难度,所有管井采用旋挖钻机成孔。井身结构误差要求:井径误差±20mm;垂直度误差≤1‰;井深应满足设计井深。

3) 替浆及下管

下管前注入清水置换全井孔内泥浆,砂石泵抽出沉渣并测定孔深。替浆过程中,安排好泥浆及渣土的清运工作。

井管采用无砂混凝土滤水管,在预制混凝土管节上放置井管,同时水位以下包缠1层100目尼龙网,缓缓下放,当管口与井口相差200mm时,接上节井管,接头处用尼龙网裹严,以免挤入泥沙淤塞井管,竖向用3~4条30mm宽、长2~3m的竹条固定井管,竹条用2道铅丝固定。为防止上下节错位,在下管前将井管依井方向立直。吊放井管要垂直,并保持在井孔中心,为防止雨污水、泥沙或异物落入井中,井管要高出地面不小于200mm,并加盖或捆绑防水雨布临时保护。

4) 填滤料

井管下入后立即填入滤料。滤料应具有一定的磨圆度,滤料含泥量(包括含石粉)不大于3%,粒径2~4mm。填滤料时,滤料沿井管外四周均匀填入,宜保持连续。要避免填料速度过快或不均造成滤管偏移及滤料在孔内架桥现象,洗井后滤料下沉及时补充滤料,要求实际填料量不小于95%理论计算量。

5) 洗井

下管、填料完成后立即进行洗井,特殊情况如上路施工,成井—洗井间隔时间不能超过24h;由于是反循环钻机施工的降水井,可采用下泵试抽洗井,用潜水泵反复进行抽洗,直至水清砂净,上下含水层水串通,否则改用空压机由上而下分段洗井。洗井过程中应观测水位及出水量变化情况。

6) 抽水

潜水泵及泵管安装吊放,置于距井底以上1.5~2.0m处,开槽前的超前抽水时间不宜少于20d,开始抽水时,因出水量大,为防止排水管网排水能力不足,可以间隔地逐一启动水泵。抽水开始后,逐一检查单井出水量、出水含砂量。

抽水含砂量控制:为防止因抽地下水带出地层细颗粒物质造成地面沉降,抽出的水含砂量必须保证:砂含量小于1/50 000。当含砂量过大,可将水泵上提;如含砂量仍然较大,重新洗井,联网统一抽降后连续抽水,不应中途间断,需要维修更换水泵时,逐一进行。

7) 降水观测

降水期对地下水动态进行观测,并对地下水动态变化进行及时分析;当地下水位急剧变化及时分析原因(如水泵损坏、地下含水构筑物突然破裂漏水或区域地下水位上升等),采取相应的处理措施。

10.4.2 质量检验

施工质量检验主要执行《建筑与市政降水工程技术规范》(JGJ/T 111—1998)、《建筑地基基础工程施工质量验收规范》(GB 50202—2002)与《地下铁道工程施工及验收规范》(GB 50299—1999),管井施工质量检验标准见表10.4-1。

管井施工质量检验标准　　　　表10.4-1

序号	检查项目	允许值或允许偏差		检查方法
		单位	数值	
1	排水沟坡度	‰	1~2	目测坑内不积水,沟内排水通畅
2	井管(点)垂直度	%	1	插管时目测
3	井管(点)间距	%	≤15	用钢尺量
4	井管(点)插入深度	mm	≤200	测绳测量
5	过滤砂砾料填灌	%	≤5	检查回填砾料用量
6	粗砂含水层出水含砂量 中砂含水层出水含砂量 细砂含水层出水含砂量		≤1/50 000 ≤1/20 000 ≤1/10 000	试验测定砂水重量比

10.4.3 降水井后期处理

施工降水为结构工程施工的辅助工程,属临时工程范畴,降水工程结束(竣工)后,予以拆除或采取适当处理措施。本工程临时供电线路、临时建筑设施等,在工程竣工或完成其使用目的后立即拆除,降水井和其他地下临时工程按有关规定进行处理,恢复地面原貌。

1)降水井管井后期处理

施工降水结束后,需对所有降水井进行回填,其目的是使原有井身空间与地层连成一体,保证井室与路面、井身与周围地层的整体性和稳定性。

降水管井在完成其使用目的后,首先切断抽水用电源,拆除井下水泵、电缆、泵管。含水层段采用石屑填入成井管内,利用井孔内存水使之饱和,依靠自重压实,当井孔内存水不能使回填石屑饱和时,应边回填边注水。隔水层段采用黏性土回填。管井回填处理高度至井口2.0m,距井口2.0m以上应采用C15素混凝土回填,并人工捣实。近地表部分按原地貌恢复。混凝土应在回填石屑后间隔3d再回填。降水井的回填方法根据降水井所处的位置而定。

2)暗埋排水管线、电缆的后期处理

当降水工程结束后,按市政管理的有关规定,将暗埋的排水管、电缆等挖出之后,分层回填级配砂石,并分层夯实到规定的高度后,填300mm厚的无机料,然后铺沥青混凝土。

3)降水辅助措施

由于降水期较长,降水使场区地下水均衡关系发生较大变化,必然对周边环境产生影响。为了较准确地掌握场区地下水动态变化,及时采取必要的处理措施,在降水工程实施的同时,建立地下动态监测网。

(1)监测点布设

在抽水影响半径内呈放射状布设观测孔;抽水影响半径以内的高大建筑物、危改类建筑与抽水系统之间布设观测孔；不同含水层位布分层观测孔，取水样孔。

地下水动态监测网提供的资料为：地下水位监测数据、地下水质月监测数据、各站和区间的排水量数据、排水含砂量数据。

(2) 降水沉降控制措施

降水井施工工艺：优先采用泵吸反循环成井工艺，使浆液面高度保持在孔口附近，当自造泥浆不能保证井壁稳定时，添加膨润土人工制浆，严格控制泥浆稠度，保证井壁稳定。

抽排水含砂量控制：防止因抽取地下水带出地层细颗粒物质造成地面沉陷，抽出的水含砂量必须保证符合规定的要求。

由于水文地质条件变化对地下水有很大影响。无论在降水施工期间还是在降排水维护阶段，都有可能出现局部少量涌水情况，还需采取一些有针对性的处理措施，施工才能在无水条件下进行。

(3) 异常水处理

由于地下上、下水管道漏水，这些水赋存于杂填土和很多已废弃的地下构筑物中，由于具体位置不明，水量大小亦不明，靠降水井难以得到控制，往往造成基坑壁失稳，给地下工程施工带来很大困难。为了有效预防这种异常水给工程带来的损失，应及时采取措施。

①当基坑开挖遇到突然出现的不明来水时，应立即停止开挖，做引流回填，控制因出水带出地层颗粒形成地层扰动坍塌，并及时查明水源情况，采取寻源断流措施。

②对出水范围的基坑壁，必须采用特殊加固措施，比如局部土钉补强、小导管注浆等方法，稳定后再继续下步开挖。

(4) 潜水残留水处理

由于本工程降水均涉及疏干潜水的问题，而潜水含水层底板凹凸不平，完全疏干不容易做到，在局部黏性土夹层或潜水含水层底板处会有潜水残留水渗出。这部分水若处理不好将带出地层中细颗粒物质，使开挖面地层土扰动，严重时会发生坍塌。出现这种情况时，应放慢挖土速度，及时在坑壁做盲管导流，并在槽边挖盲沟集水，再将集水排走。按设计要求的做法是：导流盲管采用长 0.5m 的 $\phi25mm$ 塑料管做成花管，缠 80 目尼龙纱网。盲沟一般贴坑壁挖，宽 300mm，深 300mm。为了防止水流将基坑底细颗粒物质带走造成基底土扰动，应在盲沟中填 $\phi4\sim\phi6mm$ 砾石。

为了保证降水期间抽水持续作业，防止长时间停电造成水位回升，影响地下结构施工，需考虑备用电源问题，建议采取如下措施：

①在原有供电系统上，还要采取作为第二路供电系统应急备用电源，并配有自动切换装置。

②如因现场无法实施第二路供电系统，则必须配备发电机作为应急备用电源，并配有自动切换装置。

10.5 土方开挖

10.5.1 基坑概述

二七广场站主体基坑深为 16.60m，宽约 21.6m，长约 273.8m，基坑主要穿越地层有素填土层(1),粉土层(11)、(12)、(12)$_{-1}$,粉砂层(14)。基坑开挖范围内存在土方和石方开挖。开挖总方量约 9.9 万 m^3。

市体育馆站主体基坑深 18.60m,宽约 20.3m,长约 138.0m,基坑主要穿越地层有素填土层(1),粉土层(11)、(12)、(12)$_{-1}$,粉砂层(14)。基坑开挖范围内存在土方和石方开挖。开挖总方量约 5.3 万 m^3。

依据工程的整体筹划,待围护结构达到设计强度,基坑才可正式按照施工设计开挖,在开挖过程中掌握好"分层、分步、对称、平衡、限时"五个要点,遵循"竖向分层、纵向分段、先支后挖"的施工原则。

基坑土方开挖采用分台阶接力开挖方式进行开挖,在基坑长度方向上按挖机臂长分台阶,把底层土通过挖机接力方式在地面装车出土,开挖时和垂直运输分离,分段分层后退开挖,随开挖进度,及时架设支撑,做好基坑围护结构,确保基坑安全,提高挖土的施工效率。冷却水管廊处基坑放坡开挖,垂直深度为 2m。

分层至每道水平支撑中心线以下 50cm 时架设混凝土支撑。

10.5.2 开挖原则

根据施工场地周围建筑物和地下管线、现行技术标准、地质资料,做好基坑施工组织设计和施工操作规程;基坑开挖严格按照"时空效应"理论,并遵循"先撑后撑、分层开挖、严禁超挖"的原则。开挖之前,混凝土支撑强度一定要满足设计要求,要纵向按规定长度逐段开挖。

纵向分段:每段长度小于 25m。

横向分块:按基坑标准段宽度,分 3 块进行开挖。

竖向分层:每层开挖一道支撑,分层坡度变为 1∶1.5,在支撑位置设置平台,平台宽度为 3m。

10.5.3 开挖方法

1)第一层土方开挖

(1)采用挖掘机沿横向将西侧土方向东侧转运,开挖深度至第一道钢支撑位置,然后利用挖掘机装入运输车内,运输至渣土场。

(2)开挖完成后,施工单轴搅拌桩、混凝土支撑、立柱桩和降水井。

(3)基坑内设置井字形截水沟,采用潜水泵排水。

第一层土方开挖横断面见图 10.5-1,第一层土方开挖平面见图 10.5-2,第一层土方开挖纵断面见图 10.5-3。

2)分层土方开挖方法

(1)采用 PC60 挖掘机进行各分层中间部位的土方开挖,开挖后将土方转运至基坑东侧,采用 PC200 长臂挖掘机将基坑内土方装入运输车内,运输至渣土场。

(2)采用 PC60 挖掘机快速将两侧土方开挖,其中西侧土方转运至东侧,东侧土方全部采用 PC200 长臂挖掘机垂直提升并装车。

(3)当完全开挖出一根支撑位置后,架设混凝土支撑模板,绑扎钢筋,浇筑混凝土。

(4)底层土方开挖见图 10.5-4、图 10.5-5。

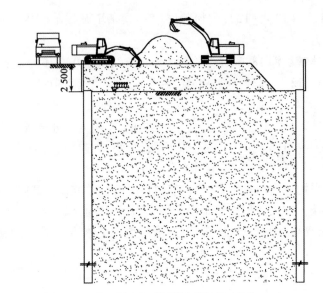

图 10.5-1　第一层土方开挖横断面图(尺寸单位:mm)

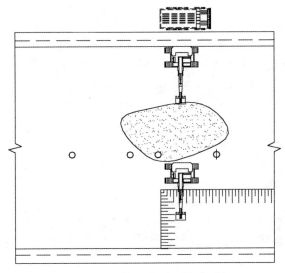

图 10.5-2　第一层土方开挖平面图

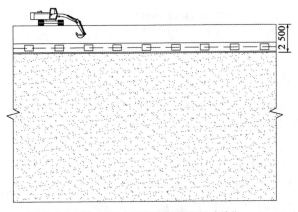

图 10.5-3　第一层土方开挖纵断面图(尺寸单位:mm)

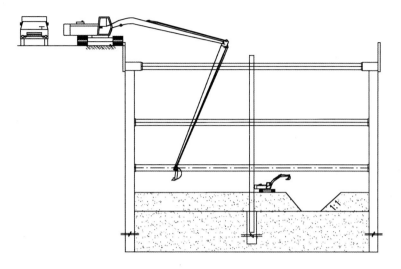

图 10.5-4　底层土方开挖横断面图

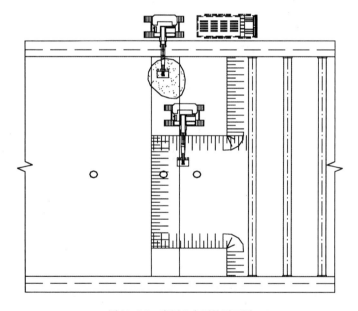

图 10.5-5　底层土方开挖平面图

10.5.4　临时坡面防护

(1)在开挖的临时坡面应及时进行坡面防护,如果超过 7d 未进行土方开挖,采用沙袋进行临时防护,并采用彩条布进行临时覆盖,防止雨水冲刷,在坡角处设置排水沟,排水沟内的水应及时抽排。临时坡面防护断面见图 10.5-6。

(2)如果由于开挖需要暂时预留的工作坡,在阴雨天气采用彩条布进行临时覆盖。

10.5.5　基坑排水

(1)基坑开挖时做好基坑周围排水工作,防止雨水进入开挖基坑。

(2)在基坑内布置集水井,用潜水泵抽入基坑外沉淀池。

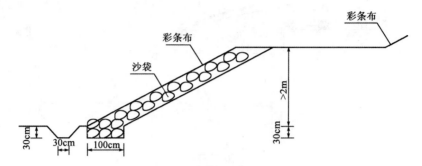

图 10.5-6　临时坡面防护断面图

10.5.6　弃土

(1)在开挖前,办理《渣土运输证》,将渣土弃至指定的弃土场。
(2)事先确定行车路线。
(3)在弃土场内采用挖掘机和推土机对渣土进行平整,方便弃土。

10.5.7　基坑开挖注意事项

(1)基坑开挖时两倍基坑深度范围内地面荷载不得大于 20kPa,以防地面荷载对基坑侧压过大,引起基坑侧墙变形及基底隆起。

(2)基坑开挖时挖掘机不得碰撞格构柱、纵梁和混凝土支撑等。要避免损坏降水设备,确保降水井的正常运行,保证地下水位在开挖面以下不小于 2m。

(3)在基坑开挖过程中如发现地下管线或文物等,应立即停止开挖,同时上报有关部门,处理后再开挖。

10.6　主体结构施工方案

10.6.1　车站主体结构

二七广场站结构断面尺寸,顶板厚 700mm,侧墙厚 700mm,中纵梁宽×高为 800mm×1 200mm,顶纵梁宽×高为 1 200mm×1 500mm,基础纵梁宽×高为 1 200mm×1 080mm,中板厚 550mm,中柱为 1 200mm×800mm 方柱,底板厚度为 900mm。使用材料:其中混凝土顶板、中板、站台板、底板、楼梯、侧墙及梁均采用 C30,混凝土柱采用 C50,抗渗等级为 S10,混凝土垫层采用 C15。

体育馆站结构断面尺寸,顶板厚 700mm,侧墙厚度为 800mm,顶纵梁宽×高为 1 000mm×1 500mm,基础纵梁宽×高为 1 200mm×2 000mm,负一层板厚 400mm、负一层纵梁宽×高为 600mm×1 000mm;负二层板厚 400mm、负二层纵梁宽×高为 600mm×1 200mm,中柱为 1 000mm×600mm 方柱、800mm×800mm 方柱;底板厚度为 900mm。使用材料:其中混凝土顶板、中板、站台板、底板、楼梯、侧墙及梁均采用C30,混凝土柱采用C50,抗渗等级为S10,混凝土垫层采用C15。

10.6.2 施工节段的划分

车站主体结构为现浇钢筋混凝土框架结构,施工时遵循"纵向分段,竖向分层,从下至上"的顺作法施工原则。竖向从底板开始自下而上施作,横向由车站起点里程和终点里程处向车站中心里程处推进,主体结构施工前,应先做好底板下接地网、垫层混凝土,以及结构外防水层等工作。施工节段划分主要考虑以下因素:

(1)结合现场条件、施工安全和施工工期,主体结构从两端向中间分段施作。
(2)遵循沿纵向每隔15~20m设置施工缝,一般设在梁跨的1/3处。
(3)综合考虑资源的配备,均匀分配各个区段的工程量,以便组织流水作业。

10.6.3 主体结构施工流程

车站主体结构施工工艺流程如图10.6-1所示。

图10.6-1 车站主体结构施工工艺流程图

10.7 车站主体结构施工方法及工艺

10.7.1 结构防水施工

1)防水设计原则

(1)地下结构的防水设计应遵循"以防为主、刚柔结合、多道防线、因地制宜、综合治理"的原则。

(2)确立钢筋混凝土结构自防水体系,即以结构自防水为根本,采取措施控制结构混凝土裂缝的开展,增加混凝土的密实性、抗渗性、抗裂性、防腐蚀性和耐久性等性能;以变形缝、施工缝等接缝防水为重点,同时在结构迎土面设置柔性全包防水层。

2)防水标准

车站结构、人行通道及出入口的防水等级为一级,结构不允许渗水,结构表面无湿渍。

3)防水体系

采用防、堵结合的防水体系,防水体系如图10.7-1所示。

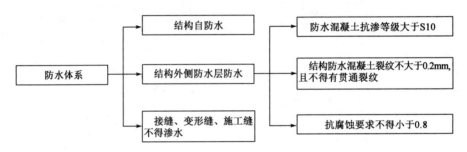

图 10.7-1 车站主体结构防水体系图

4)施工方法

(1)混凝土结构自防水

①一般施工措施。

a. 防水混凝土的水泥采用强度等级不低于42.5MPa的普通硅酸盐,含碱量(Na_2O)不大于0.6%,抗渗等级不得小于S10。

b. 防水混凝土结构底板的混凝土垫层,强度等级C15且厚度不少于100mm,车站主体结构底板垫层厚度150mm,附属结构底板垫层厚度100mm。

c. 结构与土接触面最大裂缝宽度不得超过0.2mm,背土面不得超过0.3mm,并不得贯通。

d. 结构与土接触面一侧受力钢筋保护层厚度不小于50mm。

②外加剂及掺和料的施工措施。

a. 在保证结构安全、耐久的前提下,在混凝土中添加适量的膨胀剂,膨胀剂应达到一级品指标,补偿收缩率应达到一级品指标,使混凝土具有补偿收缩、抗裂防渗的效果,同时不得影响混凝土的施工性能。

b.防水混凝土中可掺入一定数量的粉煤灰和磨细矿渣粉,粉煤灰的级别不得低于二级,磨细矿渣等级为 S95 级,单独掺和磨细矿渣时,掺量为水泥胶凝材料量的 30%～40%。外加剂的掺量及水泥用量、粉煤灰及磨细矿渣的添加量必须经过符合资质要求的试验单位进行试配试验,经有关单位批准后方可使用。

③施工注意事项。

a.浇筑混凝土的基面上不得有明水,否则须进行清理,避免带水作业。

b.模板应平整,并且有足够的刚度和强度,接缝部位严密不漏浆,浇注前将模板内部清理干净。

c.固定模板的螺栓穿过混凝土外层结构时,须加止水钢环。

d.混凝土搅拌应均匀,入泵坍落度应控制在 160mm±20mm,出厂坍落度与入模坍落度差值应小于 30mm。

e.混凝土应振捣密实,浇筑混凝土的自落高度不应超过 2m,分层浇筑时,每层厚度不宜超过 300mm。

f.为减少初期开裂和温度收缩裂缝应限制水泥用量,控制水胶比[水:(水泥+掺和料)]不大于 0.45。

g.严禁混凝土在运输和浇筑过程中加水。

h.严格控制混凝土的入模温度,夏季高温季节施工时,应尽量利用夜间施工。混凝土的内外温差值应不大于 25℃。冬季施工防水混凝土时,混凝土入模温度不低于 5℃。

i.做好混凝土的养护工作,保水养护时间应为 10d,混凝土的整个养护时间应不少于 14d。

④施工工艺总流程。

施工工艺总流程如图 10.7-2 所示。

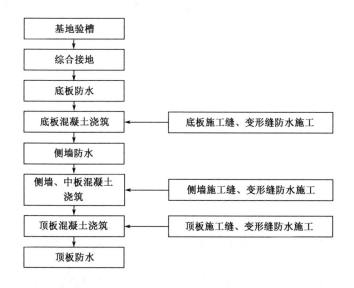

图 10.7-2 防水施工工艺总流程图

(2)防水层施工

①防水层施工总体概况。

a.底板防水层结构为:150mm 厚 C15 混凝土垫层+1.5mm 厚预铺式合成高分子冷自黏防

水卷材+50mm厚细石混凝土保护层+结构底板。

b. 侧墙防水层结构为:20mm厚围护结构表面水泥砂浆找平层+1.5mm厚预铺式合成高分子冷自黏防水卷材+结构侧墙。

c. 顶板防水层结构为:结构顶板+2.5mm厚聚氨酯涂膜+纸胎油毡隔离层+70mm厚细石混凝土保护层。

d. 主体结构防水层总体断面图见图10.7-3。

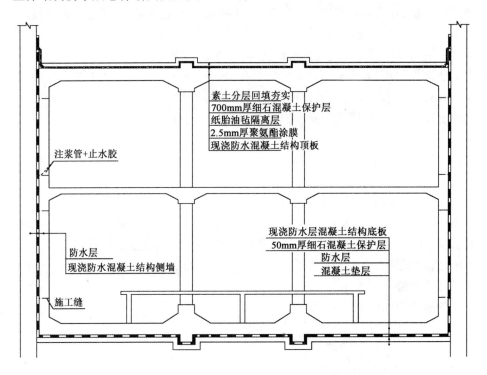

图10.7-3 主体结构防水层总体断面图

②底板及侧墙防水施工。

a. 底板防水的施工步骤为:综合接地施工→垫层施工→找平层施工→1.5mm厚预铺式合成高分子冷自黏防水卷材→铺筑50mm细石混凝土→施作施工缝、变形缝防水结构→浇筑结构底板。

b. 侧墙防水的施工步骤为:围护结构外20mm砂浆找平层施工→1.5mm厚预铺式合成高分子冷自黏防水卷材→施作施工缝、变形缝处防水结构→浇筑结构侧墙。

c. 基面处理:

围护结构基面粗糙不平以及底板下混凝土垫层凹凸不平,对铺设防水层质量有很大影响,为此对防水层基面必须进行处理,要求及要点如下:

铺设防水层的围护结构表面不得有明水流,否则应进行注浆堵漏处理;底板混凝土垫层基面上如有积水,可在其表面的最低处设置排水盲管进行引排。

找平层采用1:2.5的普通水泥砂浆,厚度20mm。找平层表面应平整,其平整度用2m靠尺进行检查,直尺与基层的间隙不得超过5mm,且只允许平缓变化。

基面不得有钢筋及凸出的管件等尖锐突出物,否则要进行割除,并在割除部位用砂浆抹成圆曲面,以免防水层被扎破。找平层表面应洁净、平整、坚实、干燥(检测方法:将 1m² 的防水毯空铺在基面上,4h 后取下,防水毯和找平层表面无湿印为合格),不得有酥松、掉灰、空鼓、裂缝、剥落和污物等不良现象存在。

所有阴阳角部位均采用 1:2.5 水泥砂浆倒角,阴角均应做成 50mm×50mm 的倒角;阳角采用水泥砂浆圆顺处理,$R \geqslant 30$mm。

③冷自黏防水卷材铺设方法:

a. 顶板、底板防水层铺设。铺设防水卷材时,先铺立面部分(底板防水层施工时为纵向施工缝处至底板以下),然后再铺平面。预留搭接做法见图 10.7-4、图 10.7-5。

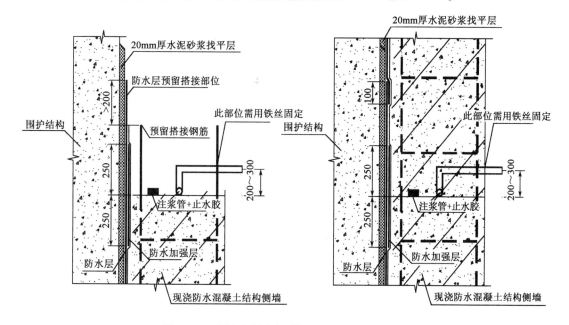

图 10.7-4 侧墙防水层预留搭接施工(尺寸单位:mm)

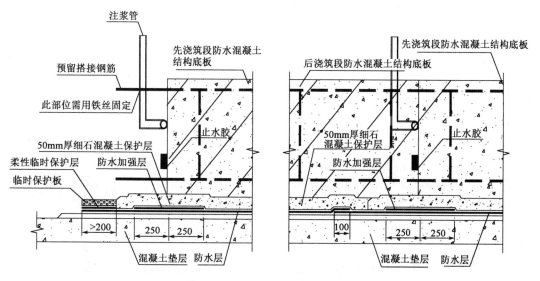

图 10.7-5 底板防水层预留搭接施工(尺寸单位:mm)

b. 铺设阴阳角、施工缝、变形缝的防水加强层。阴阳角的防水加强层做法如图10.7-6所示。

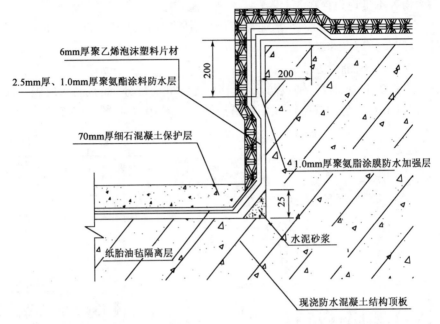

图10.7-6 顶板反梁阴阳角部位处理(尺寸单位:mm)

c. 铺贴大面的防水层,侧墙防水层采用机械固定于围护墙表面,固定点距离卷材边缘2cm处,钉距不大于50cm。钉长不小于27mm,且配合垫片将防水层固定在基层表面,垫片直径不小于2cm,厚度不小于1.0mm;底板除阴阳角等特殊部位需要机械固定外,大面积防水层可以直接搭接,搭接宽度不小于100mm。

d. 防水层铺设完毕并且验收合格后,及时施作防水层的保护层,底板采用50mm的细石混凝土保护,预留搭接保护的部位。

④顶板防水层施工:

a. 顶板防水层的施工步骤为:施作施工缝、变形缝防水结构→浇筑结构顶板→涂抹聚氨酯涂料→粘贴纸胎油毡→铺筑70mm厚细石混凝土。

b. 基层处理。

顶板结构混凝土浇筑完毕后,应采用木抹子反复收水压实(当采用钢抹子压光时,会造成基层表面过于光滑,降低涂膜与基层之间的黏结强度),使基层表面平整,其平整度用2m靠尺进行检查,直尺与基层的间隙不得超过5mm,且只允许平缓变化。

基层表面应坚实,不得有明水、起皮、掉砂、油污等不良现象出现。基层表面的突出物须从根部凿除,并在凿除部位用聚氨酯密封膏刮平压实;当基层表面出现凹坑时,先将凹坑内酥松表面凿除后,用高压水冲洗,待槽内干燥后,用聚氨酯密封膏填充密实;当基层上出现大于0.3mm的裂缝时,应在裂缝部位凿出深1cm、上口宽1cm的三角形凹槽,然后用聚氨酯密封膏进行嵌缝密封。

所有阴角部位均应采用聚氨酯密封膏作50mm×50mm倒角处理。

c. 顶板防水层的施工顺序及方法。

基层处理完毕并经过验收后,先在阴阳角和施工缝等特殊部位涂刷防水涂膜加强层(加强层厚1mm),并立即在加强层涂膜表面粘贴聚酯布增强层,严禁涂膜防水层表面干燥后再铺设聚酯布增强层。然后开始进行大面积的涂膜防水层施工。防水层采用3~4道涂刷,上下两道涂层涂刷方向应相互垂直。当上道涂膜表面完全干燥(不粘手)后,方可进行下道涂膜的施工。顶板反梁阴阳角的处理方法如图10.7-6所示。

结构侧墙防水卷材与结构顶板聚氨酯涂膜及纸胎油毡之间须进行过渡连接,其做法详见图10.7-7。

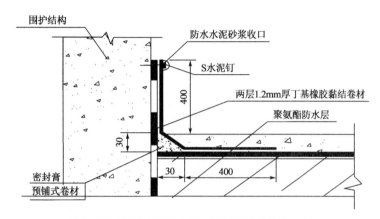

图10.7-7 顶板、侧墙防水层过渡做法(尺寸单位:mm)

(3)接缝防水施工

①施工缝防水。

车站主体结构施工缝采用止水胶并预埋注浆管的方法进行防水处理,具体做法如图10.7-8~图10.7-10所示。

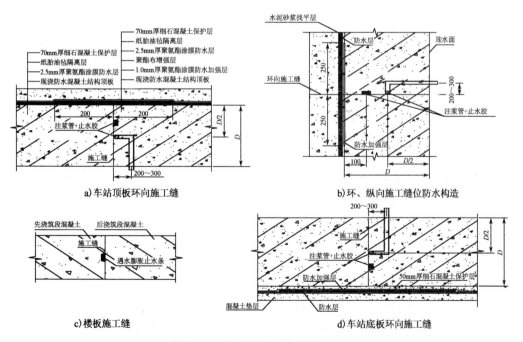

图10.7-8 施工缝做法(尺寸单位:mm)

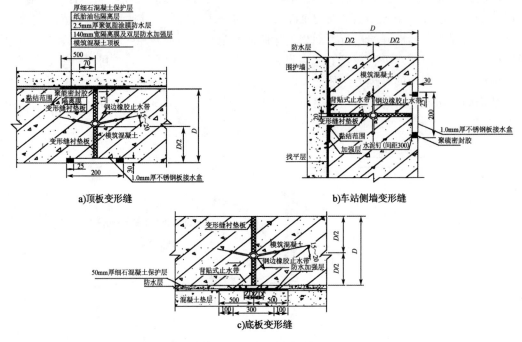

图 10.7-9 变形缝做法(尺寸单位:mm)

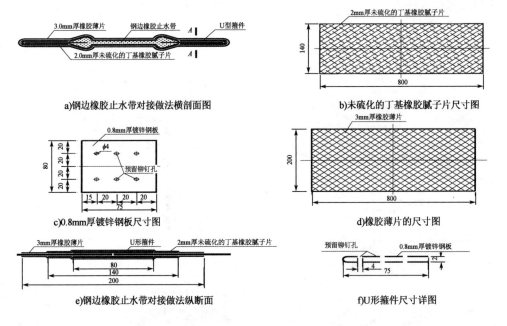

图 10.7-10 钢边橡胶止水带对接做法(尺寸单位:mm)

(4)车站与其他结构连接处防水施工

与附属结构及盾构区间防水连接:由于车站主体结构先施工,而车站主体结构与附属结构与盾构区间须进行防水层的过渡连接,因此要对车站防水层在洞口部位的预留搭接卷材进行有效的保护,其做法见图10.7-11。

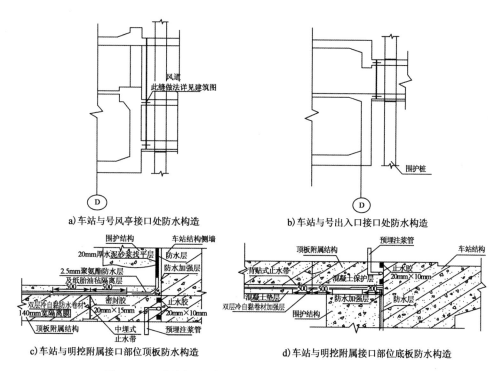

图 10.7-11　车站与明挖结构连接处防水层预留做法(尺寸单位:mm)

10.7.2　底板施工

(1)底板施工时要特别加强对防水层的保护。

(2)底板与围护结构的接触面必须进行凿毛、清洗,并在漏水处进行堵漏处理。

(3)绑扎钢筋,泵送商品混凝土浇筑,浇筑混凝土必须做好高程控制,按顺序连续不间断完成,振捣密实,不得出现漏振或少振现象。

(4)底板混凝土浇捣完成的同时及时收水、压实、抹光,终凝后及时洒水养护。

10.7.3　内衬墙施工

(1)在内衬墙施工前,围护结构或接缝处出现渗漏水的要先进行堵漏,同时按设计要求施作防水层。

(2)根据设计要求设置施工缝和变形缝,并注意稳固、牢靠、不变形、不漏浆。立模前,对防水层、钢筋及预埋件工程统一检查。

(3)内衬墙的混凝土浇筑时,在侧向模板中间开设进料窗,以利混凝土的浇筑和振捣。

(4)内衬墙混凝土分层浇筑(每层厚度不超过30cm),浇筑连续不间断完成,分层浇筑振捣时注意不出现漏振或过振。

(5)混凝土浇捣完成后及时喷淋养护。

10.7.4　顶板施工

(1)顶梁、顶板的模板架采用门式脚手架,为保证混凝土浇筑中顶板沉降后建筑净空仍能满足要求,支架和模板搭设时设1~2cm的预拱度。

(2) 必须在混凝土强度达到100%后方可拆模。

(3) 顶面混凝土初凝前,对顶面混凝土压实、收浆、抹光,终凝前再次收水、压实、抹面并及时养生,养护时间不少于14d。

(4) 顶板混凝土未达到设计强度前不得在板上堆放设备、材料等。

(5) 养护期结束后应立即施作顶板防水层和防水保护层,细石混凝土保护层施作完成后及时进行喷淋养护。

(6) 结构的预埋件和预留孔洞均不得遗漏,安装必须牢固、位置准确,其允许偏差应符合表10.7-1的规定。

预留孔洞偏差表　　　　　　　表10.7-1

项　　目		允许偏差(mm)
预埋钢板中心线位置		3
预埋管、预留孔中心线位置		3
预留洞	中心线位置	10
	截面内部尺寸	+100

10.7.5 模板工程

为了达到混凝土质量外美内实的效果,将结合工程结构的实际特点,为满足业主对于控制模筑混凝土质量的要求,有针对性地制定出一些模板的工艺以确保混凝土的质量。

10.7.6 模板工程的主要技术措施

1) 常规构件支模

(1) 垫层混凝土施工缝部位采用方木支模施工,保证施工缝顺直以及施工缝处混凝土的密实性。

(2) 混凝土中立柱的钢模采用组合钢模板,组合钢模板的接缝和拐角处打磨平整。

(3) 内衬墙模板综合考虑强度、刚度、整体性、抗浮以及不留孔洞合理留置施工缝等方面的要求,采用组合钢模板,横竖龙骨采用槽钢加工。

(4) 梁、板的模板采用门式支架搭设满堂红支撑体系,横竖龙骨采用100mm×100mm方木,面板全新组合钢模板,每块面积不少于$1m^2$。特殊部位采用异形定型模板。

(5) 柱、墙、梁、板模板的拼缝统一设计,做到内实外美。

(6) 为提高混凝土表面的光泽度,采用优质的脱模剂。

2) 特殊构件支模

(1) 大模板确定

侧墙模板选用全新组合钢模板,每块模板尺寸不小于$1m^2$,模板材料质量符合现行国家标准和规定。

(2) 大模支撑体系

侧墙模板支撑采用$\phi150mm$钢管支撑加扣件加螺旋加紧装置,具体支撑节点按照模板横竖向槽钢的间距($0.5m\times1.2m$)布置,为防止在浇筑施工中模板上浮,用$\phi22mm$钢筋做拉杆将三道支撑同事先预埋的地锚紧固成一体,详见图10.7-12。

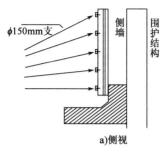 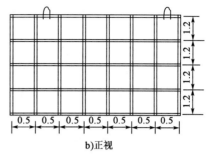

图 10.7-12 单面墙模板示意图(尺寸单位:m)

(3)端头模板

为保证内衬墙环向施工缝的质量,同时为了避免普通的堵头方法焊伤结构钢筋,计划利用大块模板的横龙骨作为侧模的受力体,加工特殊的传力杆件,如图 10.7-13 所示。

(4)顶板模板

采用组合模板,加 3cm 厚的木板,用纵、横两个方向的方木作楞,楞纵横间距均为 0.7m,如图 10.7-14 所示。

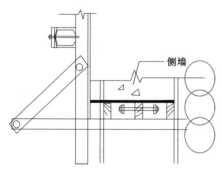

图 10.7-13 端头模板示意图　　图 10.7-14 顶板模板示意图

(5)模板质量要求

本工程采用泵送商品混凝土浇筑施工,对模板工程施工的质量尤其是防漏浆、防跑浆等提出了更高的要求,结合本工程的实际特点,为了确保工程创优,模板工程施工质量将按如下要求执行:

①支模前应先根据设计图纸弹出模板边线及模板的控制线,电梯井的内墙面不仅要弹出模板边线和模板的控制线,而且要在上下设多个控制点,上下对应控制点连线的垂直度应通过测量仪器检查。

②模板的支撑体系必须具有足够的强度、刚度和稳定性。

③模板的拼缝严格控制在 2mm 以内,模板接缝处挤压 10mm 宽海棉条,以避免漏浆现象。

④支模时在最低点预留出清扫口,以便在浇筑混凝土前及时将模内的垃圾、焊渣等杂物清除,避免出现夹渣缺陷。

⑤柱模下部预留一个小洞,模内垃圾采用水冲,吸尘器通过小孔进行清理,清理完毕后柱模下脚外侧采用水泥砂浆护壁,防止漏浆。

⑥模内的积水必须用电钻打眼排除,避免局部混凝土因水灰比太大出现离析或麻面缺陷。

⑦模板实测合格率严格控制在90%以上。

(6)模板拆除

①模板拆除时间应满足有关规范要求。非承重模板拆除时,其结构强度应不低于2.5MPa;承重模板拆除时,跨度在8m以上的结构,必须在混凝土强度达到100%后方可进行。

②拆模顺序为后支先拆、先支后拆;先拆非承重模板、后拆承重模板。拆除跨度较大的梁底模时,应先从跨中开始,分别拆向两端。

③拆模时不要用力过猛过急,拆下来的模板应及时运走,并清理干净,板面刷油按规格分类堆码整齐。

10.7.7 钢筋工程

1)原材料进场和材质检查

进场的钢筋原材料,必须具备出厂合格证或材质试验报告,经确认无误后,方可收货进场。

钢筋按批检查验收,每批由同牌号、同炉号、同加工方法、同交货状态的钢筋组成。现场取样做力学性能试验,经检验合格后方可用于施工。

钢筋堆放场地布置在现场空地处,下部用方木垫高上部用彩条布覆盖,用标识牌标明钢筋规格、产地、使用部位、检验状态,并设专人管理。

2)钢筋加工

钢筋加工前,由专业工程师编制钢筋制作方案和钢筋配料表,并向作业班组进行技术交底。

按照设计图纸,编制钢筋下料单,钢筋加工的形状、尺寸必须符合设计要求。钢筋表面洁净、无损伤,油渍、漆污和铁锈等在使用前清除干净,带有粒状和片状锈的钢筋不得使用。

所有钢筋制品由合格的专业人员制作,并对加工的产品、加工设备定期检查和不定期巡查;对加工人员的操作进行考核。

特殊部位和曲线形钢筋按1:1的比例在制作台上放出大样;现场技术人员对加工者进行现场指导、验收。

钢筋弯曲成型采用钢筋弯曲机,钢筋的弯制和末端弯钩均严格按设计加工,弯曲后平面上没有翘曲不平现象,不能对钢筋反复弯曲。

钢筋切断和弯曲时要注意长度的准确,钢筋加工的允许偏差,需符合表10.7-2的规定。

钢筋加工成半成品后,经质检人员检查合格后,要按类别、直径、使用部位挂好标志牌,并分类堆放整齐,由专人管理,放置在方便运送至使用部位的地方;对检查不合格的产品返工、返修或作报废处理。

钢筋加工允许偏差表 表10.7-2

序号	项 目		允许偏差(mm)	检验频率		检验方法
				范围	点数	
1	冷拉率		不大于设计规定	每根(每一类型抽查10%且不少于5根)	1	用尺量
2	受力钢筋成型长度		+5,-10		1	
3	弯起钢筋	弯起点位置	±20		2	
		弯起点高度	0,-10		1	
4	箍筋尺寸		0,+5		2	用尺量,宽、高各计1点

3) 钢筋的焊接和连接

为保证钢筋接头的连接质量,并基于保护防水层的考虑,钢筋接头尽可能地安排在加工场内连接;对于必须在现场连接的,可根据现场条件采用机械连接、焊接和人工绑扎相结合来施工。

钢筋焊接使用焊条、焊剂的牌号、性能以及接头使用的钢板和型钢必须符合设计要求。钢筋加工时连接钢筋以闪光电弧焊为主,电弧焊焊接机械性能如表10.7-3所示。

钢筋电弧焊焊接机械性能与允许偏差表 表10.7-3

序号	项目		允许偏差	检验频率		检验方法
				范围	点数	
1	抗拉强度		符合材料性能指标	每个接头(每批抽查3件)	2	参照相关规范进行
2	受帮条沿接头中心线的纵向偏移		$0.5d$		1	
3	接头处钢筋轴线的弯折		$\leq 4°$	每件(每批抽10%且不少于10件)	1	用焊接工具和尺量
4	接头处钢筋轴线的偏移		$0.1d$ 且 $\leq 3mm$		1	
5	焊缝厚度/宽度		$0.05d/0.1d$		2	
6	焊缝长度/咬肉深度		$-0.05d/0.1d$		2	
7	焊接表面上气孔及夹渣数量	在$2d$长度上	不大于2个		2	
		直径	不大于3			

注:d为钢筋直径。

钢筋连接时的具体要求:

(1)直径大于或等于25mm的钢筋连接采用机械连接。

(2)钢筋的接头设置在受力较小处。同一纵向受力钢筋不宜设置两个或两个以上接头。接头末端至钢筋弯起点位置大于$10d$。

(3)当受力钢筋采用机械连接接头或焊接接头时,设在同一构件内的接头要相互错开。在任一焊接接头中心至长度为$35d$且不小于500mm的区段内,同一根钢筋不得有两个接头;若该区段在受拉区内,接头的受力面积占受力钢筋总截面积的比例不超过50%。

(4)焊接接头距钢筋弯折处,不应小于钢筋直径的10倍,且不能位于构件的最大弯矩处。

(5)绑扎接头保证搭接长度不小于$35d$,搭接时,中间和两端共绑扎三处,并必须单独绑扎后,再和交叉钢筋绑扎。绑扎接头受拉区不超过25%。

(6)钢筋防杂散电流和防迷流焊接严格按设计图纸进行施工,杜绝点焊、虚焊、漏焊等现象。

4) 钢筋安装

(1)底板钢筋绑扎

底板钢筋加工采用闪光对焊和现场焊接连接,横向钢筋全部采用加工场对焊连接,纵向钢筋同一施工段采用加工场对焊连接,相邻施工段纵向筋采用电弧焊连接,焊接时注意保护防水板,连接时注意接头位置符合规范要求。

要求四周钢筋交叉点每点扎牢,中间部位交叉点可相隔交错扎牢,绑扎时以受力钢筋不移位为主要控制手段。绑扎时注意相邻绑扎点的铁丝扣要成八字形,以免钢筋歪斜变形。

根据底板的厚度,采用$\phi 20$的钢筋作为蹬筋,来固定上层钢筋和保证两层钢筋间的间距。蹬筋梅花形设置,间距$1m \times 1m$。

底板钢筋绑扎时弯钩应朝上,不得倒向一边,双层钢筋网的上层钢筋弯钩要求向下。

在钢筋和模板之间设置足够数量与强度的垫块,以保证钢筋的保护层达到设计要求。

(2)柱钢筋绑扎

柱主筋的每段长度为结构高度,采用闪光对焊接头,接头位置错开,满足设计要求。主筋在底板施工时预埋并设置可靠加固措施,防止混凝土浇注时移位倾斜。

先搭设绑扎柱钢筋用的临时脚手架,绑扎操作者佩戴相应的安全器材,以防在绑扎钢筋时发生意外。

施工时将箍筋从柱顶逐根套在柱上,逐组绑扎牢固,箍筋的弯钩叠合处交错布置在四周竖向钢筋上,箍筋转角与竖向钢筋交叉点均扎牢,箍筋平直部分与竖筋交叉点可每隔一根互成梅花式扎牢。

(3)墙钢筋绑扎

墙水平钢筋采用搭接,水平钢筋每段长度不超过12m,以便于钢筋的绑扎。上下及两端二排钢筋交叉点每点扎牢,中间部分每隔一根梅花式扎牢。

(4)顶板钢筋绑扎

顶板钢筋绑扎在顶板底模安装完成后进行。

上层钢筋网片必须垫以足够的撑脚,间距1m,梅花形布置,以保证钢筋网高程的准确,钢筋网片绑扎必须弹好线,以保证钢筋顺直,间距均匀。

顶板钢筋绑扎时,配置的钢筋级别、直径、根数和间距符合设计要求,绑扎的钢筋网不得有变形、松脱现象。

(5)钢筋施工注意事项

绑扎或焊接接头与钢筋弯曲处相距不应小于$10d$,也不宜位于最大弯矩处。

根据防迷流要求,严格按设计要求采用焊接贯通。

钢筋与模板间应设置足够数量与强度的垫块,确保钢筋的保护层达到设计要求。

在绑扎双层钢筋网时,应设置足够强度的钢筋撑脚,以保证钢筋网的定位准确。钢筋安装允许偏差见表10.7-4。

钢筋安装允许偏差表　　　　表10.7-4

序号	项目		允许偏差	检验频率		检验方法
				范围	点数	
1	抗拉强度		符合材料性能指标	每个接头(每批抽查3件)	2	《金属材料 室温拉伸试验方法》(GB 228—2002)
2	受帮条沿接头中心线的纵向偏移		$0.5d$	每件(每批抽10%且不少于10件)	1	用焊接工具和尺量
3	接头处钢筋轴线的弯折		≤4°		1	
4	接头处钢筋轴线的偏移		$0.1d$且≤3mm		1	
5	焊缝厚度/宽度		$0.05d/0.1d$		2	
6	焊缝长度/咬肉深度		$-0.05d/0.1d$		2	
7	焊接表面上气孔及夹渣数量	在$2d$长度上	不大于2个		2	
		直径	不大于3			

注:d为钢筋直径。

车站排流端子、连接端子、测量端子、接地网相关构件按图纸设计要求制作安装,列表对查,以免遗漏。

10.7.8 混凝土工程

二七广场站和市体育馆站防水等级为一级,防水要求高,混凝土自防水是防水工程的关键。混凝土采用业主指定的供应商的预拌混凝土,施工时必须按配合比,经常检查坍落度,严格控制搅拌时间和路途运输时间,杜绝现场加水稀释,每班设专人值班,项目部技术质量管理人员对混凝土的工程质量要各负其责,责任到位,并与其经济利益挂钩,确保混凝土工程施工质量。

1)原材料及配合比要求

本工程各部位混凝土为:底板、顶板、侧墙、顶纵梁、底纵梁采用C30、S10,中板、站台板、中纵梁采用C30,柱采用C50。

为保证混凝土的质量,首先需要对配合比进行优化,控制好用水量、水灰比、砂率、水泥用量及粉煤灰用量,使混凝土的入模温度、抗渗指标达到要求。本工程采用泵送混凝土,坍落度为10cm±2cm。

水泥:采用抗水性能好、泌水性小、水化热低的水泥,水泥进场时应该有出厂合格证并按要求进行抽检,检验合格后报监理,批准后方可使用,不合格者坚决退货。

砂:选用级配合格、质地坚硬、颗粒洁净的天然砂,粒径为0.16~5.0mm,级配为中砂,砂中含泥量应不大于3%,砂中的泥块含量应不大于1%,砂的坚固性重量损失率应小于8.0%,砂中云母、有机物、硫化物等有害物质含量应在规定标准之内。

碎石:碎石粒径不超过40mm,碎石中针片状颗粒含量不大于15%,所含泥土不得成块状或包裹碎石表面,含泥量不大于1%,泥块含量不大于0.5%,吸水率不大于1.5%,坚固性重量损失率不大于8%,强度和碱活性检验应合格。

水:采用生活饮用水。

外加剂:采用具有收缩补偿及缓凝作用的外加剂,可以分散水化热的峰值,减少水化热的总热能,有效防止混凝土裂缝的产生。

掺和料:采用Ⅰ级粉煤灰替代部分水泥,减小混凝土的水化热。

混凝土配合比必须经试验确定,抗渗等级应比设计要求提高0.2MPa,水灰比不大于0.55,砂率控制在40%~45%之间,单方混凝土水泥用量控制在280~320kg之间。

2)混凝土工程的施工准备

(1)做到班前交底明确施工方案,落实浇筑方案,对浇筑的起点及浇筑的进展方向应做到心中有数。

(2)对每次浇灌混凝土的用量计算准确,对所有机具进行检查和试运转,对备品备件和现场发电机有专人管理和值班,保证人力、机械、材料均能满足浇筑速度的要求。

(3)注意天气预报,不宜在雨天浇灌混凝土。在天气多变季节施工,为防止不测,应有足够的抽水设备和防雨物资。

(4)对模板及其支架进行检查。应确保尺寸正确、强度、刚度、稳定性及严密性均满足要求。对模板内杂物应进行清除,在浇筑前同时应对木模板浇水,以免木模板吸收混凝土中的水分。模板工程应经监理验收合格。

(5)对钢筋及预埋件进行检验。检查钢筋的级别、直径、位置、排列方式及保护层厚度是否符合设计要求,并认真做好隐蔽工程记录。钢筋隐蔽工程及水电等专业隐蔽工程经监理验收合格。

(6)按浇灌混凝土实行混凝土浇灌许可令制度,由土建施工单位和其他专业工程施工单位汇签,然后得到监理公司土建、水、电工程师签字认可,签发浇灌许可证,才组织混凝土浇灌施工。

3)混凝土运输

(1)混凝土场外运输用混凝土运输车,场内以进口输送泵泵送为主。

(2)每次底板、中板、顶板、侧墙、柱混凝土浇灌时使用进口输送泵。

(3)派熟练工人安装泵管接至浇筑地点,泵管线要直,转弯要缓。接头必须严密,防止混入空气产生阻塞。

4)混凝土浇筑

(1)本工程主体结构构件尺寸较大,必须充分考虑到浇灌混凝土时因构件内外温差较大而带来的不利影响,并采取相应措施。

①降低水化热升温、降低混凝土温度的技术措施。

②混凝土配料中掺加粉煤灰以减少水泥用量和降低水化热。通过掺加粉煤灰可以减少水泥用量 15%~20%,是降低水化热升温使底板顺利施工最有效的安全保障。

③混凝土配料中使用高效外加剂。连同粉煤灰的使用,可使每立方米混凝土的水泥用量有效降低,但要保证最小水泥用量不小于 $280kg/m^3$。这样,对温差的控制更为有力。

④有效的混凝土养护、保温措施。

⑤测温、养护、保温。

⑥在浇注大体积混凝土板时每隔 10m 设置测温点,每隔一小时测温一次,测温 5d。为混凝土升温阶段创造散热条件,不立即进行保温,升温阶段结束,改散热为保温,立即进行保温养护。在升温与降温阶段均要专人洒水,加强养护 14d。

(2)底板、顶板混凝土浇筑。

采用商品混凝土,混凝土运输车运送至施工现场,经检验合格后再用输送泵泵送入模,插入式振捣器振捣密实。由于板块厚度较大,混凝土采用分层分段浇筑法,分层厚度为 30~50cm,浇灌步距为 3m,采用斜面分层法施工,如图 10.7-15 所示。

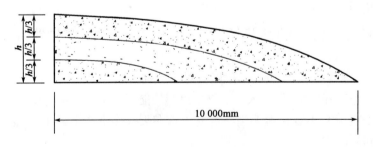

图 10.7-15 底板混凝土浇筑斜面分层示意图

(3)中板、顶板浇筑。

中板、顶板浇筑流程同底板,混凝土用输送泵泵送,混凝土浇筑应连续进行,采用平铺法施工一次浇筑成型。

(4)侧墙、柱浇筑。

柱子和侧墙浇灌混凝土时,采用输送泵泵送混凝土入模,混凝土自由倾落不超过2m,以防止混凝土离析。做到分层下混凝土,分层振捣。混凝土浇灌前,柱和墙后浇施工缝位置先浇灌一层5cm厚同等级水泥砂浆。

5)混凝土振捣

采用插入式振捣器,本工程防水要求严,尤其注意结构自防水,混凝土振捣按照以下要求施工:

(1)混凝土振捣手必须是有经验的技工,保证不漏振和过振。

(2)振捣与浇筑同时进行,方向与浇筑方向相同。插点采用"行列式"或"交错式",移动间距不应大于振动半径的1.5倍,不能碰撞钢筋和预埋件。

(3)如纵横交错处钢筋很多、很密,在顶部无法下棒,必须从侧面入棒逐层振捣密实,每棒插点不大于25cm,保证每个插点间混凝土能全部振捣密实。

(4)侧墙振捣要掌握好时间,振捣时间在10~30s,以混凝土表面呈水平不显著下沉、不出气泡、表面泛灰浆为准。且每棒要插入下部混凝土50~100mm,振捣棒要在墙中插入,不准靠墙放置,振捣棒须与模板保持一定距离,一般为5~10cm,防止振跑墙模。

(5)板由于面积大,振捣时要特别注意每棒的插点位置,不能距离太远,防止漏振,每棒距30cm为宜。

(6)板浇筑完后,均做拉线找平,用刮杠按线刮平,用木抹子搓平,在表面终凝前,再用铁抹子进行二次抹压,消除混凝土表面塑性收缩裂缝。

6)混凝土养护

(1)本工程混凝土采取的养护方法

①编制混凝土养护作业指导书,并报监理批准后严格执行。

②指派专人负责养护。

③混凝土浇筑后,应在12h内开始养护。混凝土养护时间参照表10.7-5执行。

不同混凝土潮湿养护的最低期限 表10.7-5

混凝土类型	水胶比	大气潮湿(50%<RH<75%),无风,无阳光直射		大气干燥(RH<50%),有风,或阳光直射	
		日平均气温 T(℃)	潮湿养护期限(d)	日平均气温 T(℃)	潮湿养护期限(d)
胶凝材料中掺有矿物掺和料	≥0.45	$5 \leq T < 10$	21	$5 \leq T < 10$	28
		$10 \leq T < 20$	14	$10 \leq T < 20$	21
		$20 \leq T$	10	$20 \leq T$	14
	<0.45	$5 \leq T < 10$	14	$5 \leq T < 10$	21
		$10 \leq T < 20$	10	$10 \leq T < 20$	14
		$20 \leq T$	7	$20 \leq T$	10
胶凝材料中未掺矿物掺和料	≥0.45	$5 \leq T < 10$	14	$5 \leq T < 10$	21
		$10 \leq T < 20$	10	$10 \leq T < 20$	14
		$20 \leq T$	7	$20 \leq T$	10
	<0.45	$5 \leq T < 10$	10	$5 \leq T < 10$	14
		$10 \leq T < 20$	7	$10 \leq T < 20$	10
		$20 \leq T$	7	$20 \leq T$	7

④底板、中板、顶板混凝土采用蓄水养护,侧墙、柱混凝土未拆模前,对模板浇水进行养护,拆模后采取自动喷淋养护方式养护。墙及柱混凝土施工完成后利用所搭设的满堂红支架平台架设喷淋水管,墙身高度范围内架设三道环向喷淋水管,采用自来水作为养护水源,在基坑上面设置一蓄水池,池内用增压泵向喷淋水管内送水。喷淋水管布置如图10.7-16所示。

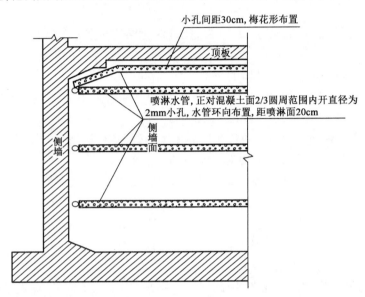

图10.7-16 侧墙、中板及顶板喷淋水管布置图

⑤每天浇水和喷淋的次数,以能保持混凝土表面一直处于湿润状态为标准。养护天数不少于14d。养护的主水管采用$D48\times3.5mm$钢管,在下一层、下二层处设分支阀门,用高压塑胶管接至养护部位。养护龄期参照表10.7-5。

(2)混凝土施工的注意事项

①混凝土应能在最短的时间内无离析地泵至浇筑作业面,出料干净、方便,能满足施工要求。

②输送管道的直管布置应顺直,要少弯、慢弯,以减少阻力。如管道内向下倾斜,应防止混入空气而阻塞管道。管道接头应结实不漏浆,转弯位置的锚固应可靠。

③本工程均为向下泵送,混凝土泵前应有一段水平管道或弯上管道折向下方,并应避免直接垂直向下装置方式,以防止离析和混入空气,对泵送不利。凡管道经过的位置要平整,管道应用支架或木方等垫稳,不得直接与模板、钢筋接触。若放在脚手架上,应采取加固措施。

④垂直管穿越中板或顶板时,应用方木或预埋螺栓加固。对施工中途新接驳的输送管应先清除管内杂物,并用水或水泥砂浆润滑管。泵送前应先用适量与混凝土内成分相同的水泥砂浆润滑输送管内壁,预计泵间歇时间45min或当混凝土出现离析现象时,应立即用压力水或其他方法冲洗管内残留的混凝土。

⑤混凝土运输车到场后,在卸出混凝土前,要每车通过取样操作平台的取样及时测定混凝土的坍落度,若发现混凝土坍落度损失不大,经过现场技术人员及监理同意,可向搅拌车内加入与混凝土水灰比相同的水泥浆或与混凝土配合比相同的水泥砂浆,经充分搅拌后才能卸入泵机内。严禁向储料斗或搅拌车内直接加水。超差过大,应坚决退货,以防止堵塞、爆管现象

出现,并影响混凝土质量。

⑥混凝土厂应保证混凝土运输车辆适当,不宜过多或过少。车辆过少,不能保证输送泵的及时进料,延误混凝土浇灌进度,也容易造成冷缝;过多则造成车辆等待卸混凝土的时间太长,坍落度损失过大而达不到要求。

⑦搅拌车卸料前,必须以搅拌速度搅拌一段时间方可卸入料斗,若发现初出的混凝土拌和物石子多,水泥浆少,应适当加入备用砂浆拌匀方可泵送。

⑧最初泵出的砂浆应均匀分布到较大的工作面上,不能集中一处浇筑。现场必须适当储备与混凝土配比相同的水泥,以便制作砂浆和水泥浆,对老混凝土接槎面进行处理。

⑨泵送过程中,要做好机械运行记录、泵送混凝土量记录、清洗记录及坍落度抽查记录,检修时做检修记录。

(3)结构变形缝、施工缝

①严格遵照设计要求设置结构变形缝。根据设计要求,施工缝设钢板腻子止水带,变形缝处设一道结构外防水层、一道Ω形中置式橡胶止水带、一道后装止水袋和接水槽(结构设计时变形缝两边留槽,后装止水带和接水槽),浇注前清除结合面上的杂屑、碎石,并冲洗干净。

②底板施工前将基坑底部受水浸后形成的软土或泥浆清除干净,施工混凝土垫层,确保底板承载力。

③进行底板浇注时,严格按照设计要求位置预埋钢板(钢筋),以方便固定模板使用。

④施工前先按照设计要求处理围护结构的接缝渗漏,再铺设外包防水层,并认真保护,确保在混凝土浇注过程中防水层不破损,无设计要求时按照下列方法处理:仅有少量渗漏水时用防水砂浆抹面;有明显漏水点时,采取注浆方式进行封堵。

⑤为保证沉降后下部建筑净空仍能满足要求,顶板底高程考虑支架系统沉降及施工误差预高2cm。

⑥切实做好顶板混凝土在终凝前的压实、收浆、抹光和养护工作,顶板混凝土强度未达到设计强度前不得在板上堆放设备和材料等。

⑦顶板浇注完毕,经养护后,再按设计要求进行外包防水层施工,并浇注混凝土保护层。

10.7.9 车站主体各结构施工工艺

郑州地铁1号线03合同段主体结构的中柱为现浇混凝土方柱,二七广场站为两层三跨车站,设两排中柱,中柱尺寸为1 000mm×800mm,市体育馆站为三层三跨车站,只设单排中柱,中柱尺寸为800mm×800mm。

1)混凝土柱施工

(1)混凝土柱施工流程

车站混凝土柱施工流程见图10.7-17。

(2)车站混凝土柱模板及支撑施工

混凝土柱模板及支撑见图10.7-18。

方形混凝土柱子的模板采用18mm厚木胶板,支撑采用"井"字架和定位斜撑。

柱施工时,对柱脚边不平整处,应人工凿除松动混凝土,柱模

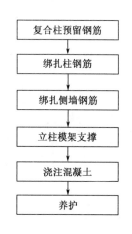

图10.7-17 柱施工流程示意图

固定时,应对准下面控制线,上部拉线,进行水平垂直校正。

对同排柱模板应先装两端柱模板校正固定,拉通长线,校正中间各柱模板。

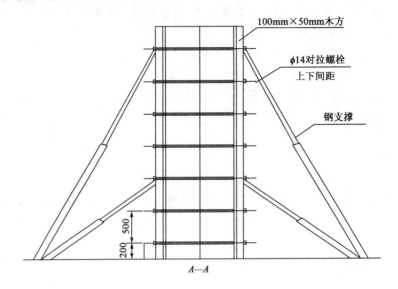

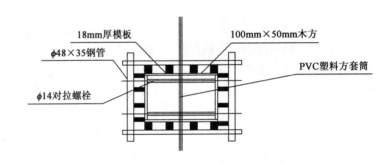

图 10.7-18　柱体支撑体系图(尺寸单位:mm)

2)车站侧墙施工方法

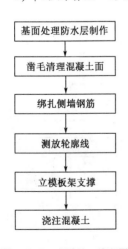

图 10.7-19　侧墙施工流程图

墙板模板固定,预先在基础地板面留设短钢管,作为模板支撑支承点及结合中楼板的整体内排架的支撑。(施工流程、模板及支撑见图 10.7-19、图 10.7-20)。

(1)地下车站剪力墙模板固定,除使用整体满堂红钢管排架作支撑外,在剪力墙内垂直向@900、水平向@1 200 设置 ϕ12 对拉螺栓进行固定。

(2)必须对支护结构的接缝及墙面渗漏按设计要求处理,无设计要求时可按下列办法处理:

①仅有少量渗漏水可用防水砂浆抹面。

②有明显漏水点时,应用注浆堵漏进行封堵。

③特别严重渗漏水现象须由专业防水队伍处理后,才能进行内衬混凝土施工。

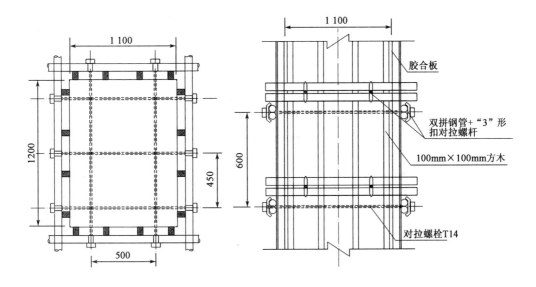

图 10.7-20　侧墙模板板面系统图(尺寸单位:mm)

④挡头模板应根据施工缝、变形缝所采用的止水材料进行设置,并注意稳固、可靠、不变形、不漏浆。

(3)立内模之前,应对防水层、钢筋及预埋件工程进行检查,合格后办理隐蔽工程验收,进行下道工序施工。

3)梁、板

(1)梁、板施工流程

车站梁、板施工流程见图 10.7-21。

(2)模板及支撑材料

中层板上、下两面预埋件的设置、预留孔洞的位置,必须经监理检查验收无误后,方可浇筑中层板混凝土。

为保证下部建筑限界、沉降后净空仍能满足要求,楼板底高程应考虑支架、搭板沉降及施工误差。拆模时间应在顶板达到拆模强度后进行,不得过早拆模而发生下垂、开裂等现象,浇筑混凝土必须作好高程控制桩,并严格按有关技术规范的要求进行。

(3)立模方法

中层梁、板、楼梯的模板支架采用满堂红支架,待侧墙模板拆下吊出后,在原支撑顶端加顶托即可,如图 10.7-22、图 10.7-23 所示。板垂直支撑选用 $\phi 48 \times 3.5$ 扣件式钢管脚手架,立杆是 $1m \times 1m$ 梁垂直支撑立杆纵横向间距通过计算确定。搭设时一般设 3 道水平拉杆和剪力撑,并留出检查通道。

经过计算,此类梁立杆选用 $\phi 48 \times 3.5$ 钢管(无接头),纵向间

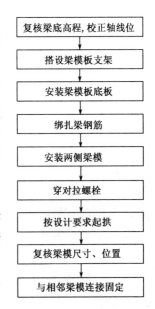

图 10.7-21　梁、板施工流程图

距300mm,横向间距600mm。梁下横杆设两道,扫地杆间距1800mm,扫地杆距地面300mm,设对称剪刀撑,间距4m。

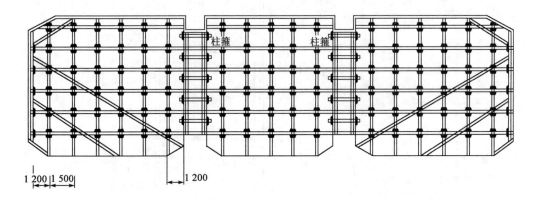

图10.7-22　顶板及中柱模板支设示意图(尺寸单位:mm)

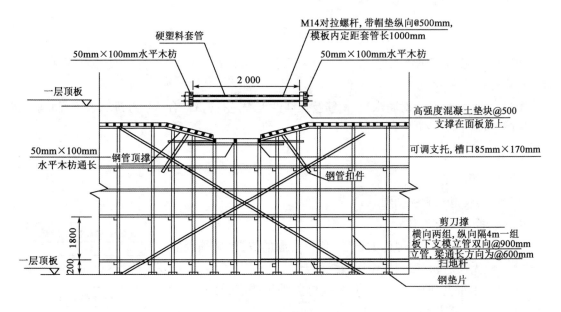

图10.7-23　车站二层顶板梁板支模示意图(尺寸单位:mm)

(4)施工方法及要求

在柱子上弹出轴线、梁位置线和水平线,钉柱头模板找平。按设计高程调整支柱的高程,然后安装底模板,并拉线找平。中层梁、板的模支架采用满堂红支架,满足强度和变形要求。为保证下部建筑限界、沉降后净空仍能满足要求,顶板底高程应考虑支架、搭板沉降及施工误差。板上、下两面预埋件的位置及预留孔洞的位置必须经监理检查验收无误后,方可浇筑中层板混凝土。根据墨线安装模板、压脚板、斜撑等。

梁模板用螺栓加固,次梁模板用夹具在梁底处夹紧,夹具用木枋螺栓制作,间距1000mm,夹管用新脚手架管,使用旧钢管时,认真挑选,不得使用弯曲的钢管,梁模板上口胀力主要依靠板底模支撑。

为便于梁侧模和板底模尽早拆除,所有梁底模均采用保留支撑法立模,待混凝土达到设计强度并满足拆模要求后拆除。拆模时间在顶板达到拆模强度后进行,不得过早拆模而发生下垂、开裂等现象。

4) 楼梯模板

施工中为了更好地保证楼梯踏步的平整度及各级踏步的高度一致,具体楼梯支模方法如图 10.7-24 所示。

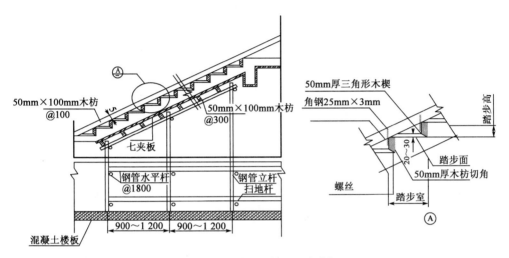

图 10.7-24　楼梯支模示意图(尺寸单位:mm)

支设方法如下:

(1) 支模顺序:楼梯先支好模,然后绑扎钢筋,再支踏步侧模。

(2) 支底模时模板接缝要求,缝宽不大于 1mm,接缝处用胶带纸贴缝,模板平整度满足设计和规范要求。

(3) 底模下设置 50mm×100mm 木枋(间距为 300mm),木枋下按楼梯的斜度设置钢管。且楼梯竖向支撑间距不大于 1 200mm。

(4) 踏步侧模采用 50mm 厚木枋,木枋高度与楼梯踏步高度相同。木枋下部切角,以保证混凝土抹面时能抹到边角。

(5) 踏步侧模通过角钢与楼梯上部设置的 50mm×100mm 木枋固定(木枋下部均按楼梯级数及踏步形状设置 50mm 厚三角形木楔,与木枋连接在一起,以保证各级踏步的宽度一致)。浇注混凝土时,楼梯侧模的侧向压力由楼梯上部设置的木枋承受,木枋按间距不超过 1m 设置。

(6) 楼梯上部木枋固定在已浇注完的混凝土楼面上,用木块顶在端部,上部各处用斜木枋固定已浇注好的混凝土墙体,再在两根斜支撑木枋下部用一根木枋拉起来,以增加其稳定性;将楼梯上部木枋的上下部分各用一条木枋连接起来,形成一个整体。

5) 立、拆模的其他施工技术要求

(1) 模板的拆除

①板的拆除:先拆除柱斜支撑,再卸掉柱围囹、对拉螺栓,然后用撬棍轻轻撬动模板,使模

板与混凝土脱离。

②墙模板的拆除：先拆除附件，再拆除斜撑，用撬棍轻轻撬动模板，使模板离开墙体即可把模板吊走。

③台板、梁模板的拆除：先拆梁侧模，再拆除平台板，平台板模板先拆水平杆，然后拆模板支撑。每个格栅留1~2根支撑暂时不拆；用钩子将模板拆下起吊走，等该段的模板全部脱模后集中运出、集中堆放。

(2) 模板工程质量措施

①为了保证结构尺寸、位置的正确性，支模前要放好模板线及检查线，梁板模板安装完后，要检查梁柱位置、尺寸。

②木枋及对拉螺栓的设置要严格按施工方案进行，不允许随意改变间距，且注意木枋要立放，对拉螺栓用的钢筋要经过检验，合格后才能使用，以免出现胀模现象。

③为了保证木枋规格一致，所有背枋都要经过木工压刨加工裁制成统一尺寸，以防止模板翘曲不平。

④浇注混凝土前，用高压风管清理模板内木屑等杂物。用水管冲洗湿润模板，要保证模板内洁净、用水浇透。

⑤为防止模板漏浆，模板接缝宽度不大于1mm时，板缝用包装胶带纸贴缝。在混凝土浇注过程中，要经常检查，如发现变形、松动等情况，及时修补加固。

(3) 安全技术措施

①支模过程中遵守安全操作规格，如遇中途停歇，将就位的支顶、模板连接稳固，不得空架浮搁。拆模间歇时将松开的部件和模板运走，防止坠下伤人。

②拆模时搭设脚手架。

③有防止模板向外倒跌的措施。

④在4m以上高空拆除模板时，不得让模板、材料自由下落，更不得大面积同时撬落，操作时必须注意警戒。

⑤在施工浇注模板的下一层模板的支顶不准拆除。

⑥装外围柱、梁模板时，先搭设脚手架或安全网。

6) 预埋件和预留孔洞施工

预埋件和预留孔洞设置方法有如下几种：

(1) 竖向构件的预埋件设置

①焊接固定，焊接时先将预埋件外露面紧贴钢模板，锚脚与钢筋骨架焊接。当钢筋骨架刚度较小时，可将锚脚加长，顶紧对面的钢模，焊接不得咬伤钢筋。

②绑扎固定，用铁丝将预埋件锚脚与钢筋骨架绑扎在一起。为了防止预埋件位移，锚脚应尽量长一些。

(2) 水平构件预埋件的设置

①梁顶面预埋件。可采用圆钉加木条固定。

②板顶面预埋件。将预埋件锚脚做成八字形，与板钢筋焊接。用改变锚脚的角度，调整预埋件的高程。

(3) 预留孔的设置

①梁、墙侧面,预留孔采用钢筋焊成的井字架卡住孔模,井字架与钢筋焊牢。

②板底面,预留孔可采用在底模上钻孔,用铁丝固定在定位木块上,孔模与定位木块之间用木楔塞紧。当板面上留设较大孔洞时,留孔处留出模板空位,用斜撑将孔模支在孔边上。

【思考题】

1. 地铁施工组织设计内容有什么?
2. 地铁施工组织设计编制原则是什么?
3. 如何编制车站施工组织设计?
4. 如何编制区间施工组织设计?

第11章
地铁风险评估与控制对策

【本章重难点】
1. 了解地铁风险评估的意义。
2. 掌握地铁风险评估的原理。
3. 了解地铁风险源。
4. 掌握地铁设计和施工风险评估的内容。
5. 掌握地铁风险控制的方法。

11.1 地下铁道进行风险评估的意义

中国是目前世界上地下空间开发利用的大国。到2050年,我国将规划建成290条轨道交通线路,运营总里程约11 740km。中国已成为世界上轨道隧道最多、建设发展最快的国家,仅就北京地区现已初步形成轨道交通的基本骨架。根据规划,到2020年,北京有望成为世界上地铁线路总长最长的城市。地铁的发展,缓解了各大城市的交通问题,方便了人民群众的生活。但是,地铁建设成本高、风险大,一旦出现险情,费用更是直线上升。因此,对于地铁施工的风险评估与控制,成为地铁设计、建设、运营过程中的一个重要环节。

任何风险的存在,都取决于决定风险的各种因素的存在。只要决定风险的各种因素出现了,风险就会出现,它是不以人的意志为转移的客观存在,是人们不能拒绝与否定的。进行风险评估,就是对风险进行分析量测,从而确定出风险大小,为进一步的风险控制提供可用于指导操作的信息。

目前,我国隧道、地铁建设正处于高速发展时期,但是受技术手段和管理水平的限制,地铁工程施工安全事故频频发生。通过建立地下铁道工程风险评估及管理信息系统,应用信息化施工,进行动态管理,结合施工过程中监测信息,全方位辨识施工风险,合理评估风险,制订有效的风险控制措施,加强风险管理,减少风险损失,从而为预防和控制地铁建设、运营过程中的各种风险打下良好的基础。

11.2 地铁工程建设中的主要致险因素

11.2.1 工程地质、水文地质条件复杂

一般而言,地铁线路所处地层的工程地质、水文地质条件复杂,尤其当车站与区间隧道埋置较深时,受工程地质和水文地质条件(尤其是地下水)影响甚大。例如,在地下水位较高的地区修建地铁时,车站采用明挖法或浅埋暗挖法修建,或区间隧道采用浅埋暗挖法修建,必须采取人工降水或帷幕隔水措施,以创造无水作业条件;同时,还要解决好经人工降水或帷幕隔水后车站与区间隧道所存残留水。地铁施工中,处理地下水既是工程施工的重点,也常常关系到工程施工的安全。可想而知,如果地铁工程施工在工程地质、水文地质条件未查清时,就盲目施工,或处理措施不当,后果将不堪设想:结果不但直接增加了工程费用,有时还会酿成一些重大事故。这在国内外地铁建设工程中屡见不鲜。显然,越复杂的工程地质和水文地质条件,将使地铁工程在建设过程中遭遇更多的风险源,带来更大或更多的风险。

11.2.2 周边环境条件复杂

地铁车站一般采用明挖法或浅埋暗挖法修建,且多处于十字路口,施工不仅对交通有一定的影响,若地下管网密布,且邻近建筑物,则工程环境条件将更加复杂,施工具有很大的风险。

地铁区间隧道大多采用盾构法或浅埋暗挖法修建,且在城市干道下或下穿、侧穿建筑物修建,同时还会穿越河流、铁路及多种地下管线等,施工中具有很大的风险。因而,施工中如何确保地面不发生过量沉降和坍塌,确保建筑物、道路、铁路、河流及地下管线等的安全十分重要。

例如,沈阳地铁10号线土建施工第10合同段:包含一个车站和两个区间,分别为柳条湖站、松花江街站—柳条湖站暗挖区间、柳条湖站—北大营街站盾构区间(图11.2-1)。

沈阳地铁10号线第10合同段柳条湖站位于崇山东路与柳条湖街交叉口处西南象限预留空地内,在崇山东路南侧绿化带以下沿东西向布置;松柳区间自松花江街站起,沿崇山东路南侧,向东至柳条湖站止,线路基本位于现状道路下方;柳北区间自柳条湖站起,沿崇山东路南侧,转向东南沿北海街至北大营街站止。车站北邻东一环高架桥,南邻玉环花苑住宅楼;区间南侧临近政府机关、企事业单位、商铺和住宅楼,北侧临近东一环高架桥桩;区间侧穿多家企事业单位、商铺和住宅,下穿哈大高铁线及柳条湖公路桥。由于合同段范围内管线多而杂,包含煤气、排水、电力、通信、热力等管线,且区间正线侧穿、下穿多种管线,风险源较多。

图 11.2-1　沈阳地铁 10 号线第 10 合同段平面图

11.2.3　施工过程中的不可预见因素多

地铁工程在市中心区段多为地下线，工程结构形式复杂，施工工序多，施工难度大，不可预见因素多，施工风险一般较大。一旦在施工工程中受不可预见因素影响，轻则增加工程造价或增大施工难度，严重时还会被迫改变既定施工方案，给地铁工程建设带来一系列难以处理的问题。例如：北京地铁 10 号线二期的莲花池站处于三环路下，因交通导改及地下管线改移难度大等原因，改为浅埋暗挖法修建，不仅导致工程施工难度陡增，还因此带来了一些难以处理和未曾见到的较大的施工风险。

11.2.4　前期工作量大

新建城市地铁线路一般涉及面广，拆迁和占地范围较大，地下管线加固、改移和交通导改、协调等前期工作量大，安全风险点多，工作难度大，有时甚至还会制约工程工期。

11.2.5　其他

截至 2014 年年底，我国城市地铁运营总里程已超过 3 000km，已批复获准兴建的有 30 多座城市（北京、上海、广州、天津、深圳、南京、哈尔滨、长春、沈阳、郑州、西安、成都、重庆、武汉、长沙、南昌、昆明、杭州、合肥、无锡、苏州、宁波、大连、青岛、福州、济南、太原、常州，等）。目前，我国地铁工程建设正遭受前所未有的挑战：地铁工程规模之大，投资之多，工期要求之短，质量要求之高，建设管理、勘察、设计、施工、监测等方面人才之不足及经验之贫乏，均前所未有，也必然会增加地铁工程建设的各种风险。

11.3　地下铁道施工风险评估基本原理

11.3.1　地下铁道施工风险等级划分

隧道风险的定义，很多人从不同的角度给出了不同的解释，按照最新出版的《公路桥梁和隧道工程施工安全风险评估指南(试行)》中给出的说明：

风险——不利因素发生的可能性及造成损失的组合。

损失——工程建设中任何潜在的或外在负面影响或不利后果，包括人员伤亡、经济损失、工期延误或工程耐久性降低、环境影响等。

因此，工程风险可用以下函数关系来进行简单表示：

$$R = f(P, C) \tag{11.3-1}$$

式中：R——风险度；

P——风险事件发生的概率；

C——风险事件导致的损失(后果)；

f——特定的函数关系。

风险评估就是量化测评某一事件或事物带来的影响或损失的可能程度。通过应用相应评估方法得到的结果对风险因素和风险事件进行等级评定。在施工期间对可能发生的突发风险事件划分预警等级。根据突发风险事件可能造成的社会影响、危害程度、紧急程度、发展态势和可控性等情况，将其分为四级：Ⅰ级(特别严重)、Ⅱ级(严重)、Ⅲ级(较严重)和Ⅳ(一般)，依次用红色、橙色、黄色和蓝色表示。在施工过程中，根据其地质条件和当前施工状态给出其施工风险的概率，并给出哪些方面出现风险概率较大，相应的找出风险来源，最后提出施工对策及建议，减少风险的发生可能性，最终达到对施工风险进行控制的目的。

11.3.2　地下铁道施工风险评估分类

地铁隧道施工安全风险评估分为静态风险评估和动态风险评估。

静态风险评估即从总体进行风险评估，它指开工前根据地下铁道工程的地质条件、周围环境条件、建设规模、设计结构等可能存在的风险环境，评估工程整体的风险，从而判断其安全等级。

动态风险评估即进行专项风险评估，将存在较高风险的地铁隧道工程施工作业活动作为评估对象，根据其作业特点、地质环境状况以及工程事故的类比分析，普查可能存在的风险源，并根据其中的重大风险源进行量化估测，提出相应的风险控制措施。

11.4　常用地下铁道施工风险评估分析方法简介

下面初步筛选常用的风险分析方法，根据各种方法的优缺点和使用范围统计，如表11.4-1所示。

常用风险分析方法一览表　　　表11.4-1

名　称	优　点	缺　点	使用范围
专家评议法	简单易行，比较客观；所得结论比较全面	多数人说了算，趋于保守；预测者主观因素较强	适用于难以借助精确分析而采用直观判断进行预测的危险源
事故树法(FTA)	能简洁、形象、全面地反映风险因素之间的逻辑关系，便于逻辑计算和分析评价系统	用于大系统时，故障树不易理解，且步骤较多，计算复杂，目前国内外数据较少，工作量大	适用于重复性大的系统以及直接经验较少的风险辨识

续上表

名 称	优 点	缺 点	使用范围
影响图方法	影响图能够表示变量之间的时序关系、信息关系和概率关系;它便于用计算机存储信息及操作处理	节点的边缘概率和节点间的条件概率难得到;进行主观概率估计时,可能会违反概率理论	影响图方法比事故树法有更多的优点,因此,也可以应用于较大的系统分析
风险评矩阵法	可以揭示系统、分系统和设备中的危险层次关系,并按风险的可能性和严重性分类,然后按轻重缓急采取对应措施	主观性比较强,如果经验不足,会对分析带来麻烦	即可适用于整个系统,又可以适用于系统中某一环节
模糊数学综合评判法	模糊综合评判法给出了一个数学模型,它简单、容易掌握,是对多因素、多层次的复杂问题评判效果比较好的方法	确定隶属度时带有主观性,计算复杂	模糊综合评判方法适用于任何系统的任何环节,其适用性比较广
层次分析法	具有适用、简洁、实用和系统的特点	AHP得出的结果是粗略的方案排序;建立层次结构和构造判断矩阵,带有主观性	层次分析法应用领域比较广阔,适用于任何领域的任何环节
蒙特卡洛数值模拟法	考虑的变量数目不受限制,计算复杂问题;用于计算的随机变量可以根据具体数据采用任何分布形式,可以更有效地发挥专家的作用	建立模型困难,实际操作困难,没有计入风险因素之间的相互影响,使得风险估计结果偏小	比较适合在大中型项目中应用;对于那些费用高的项目或费时长的试验,更显示了它的优越性
神经网络方法	具有很强的学习能力、抗故障性和并行性	神经网络综合评判模型在已知数据不足情况下,需要结合其他综合评估方法得到训练样本集,才能实现对网络的训练	预测问题、原因和结果的关系模糊的场合;模式识别,涉及模糊信息的场合;对非线性很高的系统进行控制的场合
模糊事故树法	兼有模糊综合评判法和事故树法的优点;为事故概率的估计提供了新思路	同时具有模糊综合评判和事故树方法的缺点	适用于那些缺乏统计数据的项目

通过以上表格我们可以看出,各个分析方法都有各自适用性,所以在具体的风险评估分析中选择何种方法来进行风险评估,要根据评估对象的数据资料情况、施工进度、风险类型、项目资金状况等多方面因素来综合选择。

11.5 地下铁道施工风险因素辨识及辨识过程

风险因素辨识是风险评估的重要环节,甚至可以说是进行正确的风险评估的先决条件。在地铁隧道修建过程中,不利于施工的特殊地质地段往往是引起施工风险的主要因素。常见地铁隧道施工的复杂地质条件地段包括:浅埋及软弱地层段;高压富水区地层段;煤系及瓦斯地层段;深埋地层段;穿越民用建筑物地层段。在地铁施工中如果遇到上述几种地层段,应及早对施工安全进行评估,从而加强施工管理和改进施工工艺。

一般的风险辨识过程包括确定风险识别目标、明确最重要的项目参与者、收集资料、估计项目风险形式、将潜在的项目风险识别出来等步骤。隧道施工安全风险的识别步骤也遵循这样的一个过程,具体的步骤见图11.5-1。

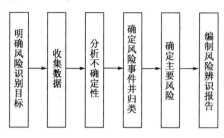

图11.5-1 地铁隧道施工风险辨识过程

11.6 地铁车站施工风险控制与防范

11.6.1 明挖法

1)明挖法施工车站、区间的特点及主要风险

明挖施工地铁车站或区间,由坑内土体加固和降水、挖土、支撑、内衬结构施作和监测等工序组成,其中基坑开挖阶段的挖土和支撑往往是决定基坑工程最终安全与否的重要因素,是工程成败的关键工序,也是基坑工程安全事故集中出现的阶段。

通过对明挖法施工的基坑事故的风险分析,可知明挖法施工容易导致的安全风险事故大致可分为10种,如表11.6-1所示。表中所列出的风险事故中,最严重的后果是导致基坑坍塌,周围建(构)筑物、地下管线破坏以及人员伤亡。

明挖法施工车站及区间的主要风险   表11.6-1

序号	主要风险(易出现的安全事故)	序号	主要风险(易出现的安全事故)
1	基坑侧壁渗漏	6	坑内滑坡
2	支撑系统失稳	7	围护结构折断或大变形
3	坑底隆起破坏	8	周围建(构)筑物损伤或破坏
4	围护结构整体失稳	9	路面破坏
5	坑底管涌、流沙	10	人员伤亡及财产损失

2)基坑施工规避安全风险对策

(1)"分层、分块、对称、平衡、限时"施工,减小基坑开挖过程中的时空效应的影响。

(2)加强基坑钢管支撑的质量控制。

(3)基坑开挖纵向放坡的坡度控制。

(4)做好深基坑内排水工作。

(5)合理确定结构施工段长度,减少基坑暴露时间。

(6)严禁在基坑周边堆放、瞬时增加荷载。

(7)加强对基坑开挖施工全过程的监控。

11.6.2 浅埋暗挖法

1)浅埋暗挖法施工车站及区间隧道的主要风险

浅埋暗挖法与明(盖)挖法相比,具有拆迁占地少、不扰民、不干扰交通、节省大量拆迁投资等优点。与盾构法相比,具有简单易行,无须太多专用设备,灵活多变,适用不同地层、不同跨度、多种断面形式,节约设备投资,适合我国国情等优点。但是,由于风险点较多,若施工不当,也会导致一些严重的问题:

(1)浅埋暗挖法施工,虽然拱顶有小导管超前支护,但掌子面是敞开的,掌子面的稳定关系到隧道本身和地面的安全。

(2)浅埋暗挖法支护主要由人工完成,施工质量受人为因素影响较多,喷射混凝土质量离散性较大,二次衬砌施工缝、变形缝质量不易保证。

(3)施工中不确定性因素比明挖法和盾构法工法要多,施工风险也相应增大。

浅埋暗挖法施工,易发生的风险主要表现在以下几个方面:

(1)塌方。

(2)涌水或渗水(突水)。

(3)隧道结构变形过大。

(4)周围建(构)筑物、路面及地下管线的破坏。

(5)施工过程中的人员伤亡事故。

(6)周围环境破坏。

2)规避风险对策

采用浅埋暗挖法施工时,应当在施工前详细调查工程地质及水文地质条件,施工过程中出现异常情况时,应立即采取必要的措施,将问题抑制在萌芽状态,将事故造成的损失减少到最小,最大限度地确保工程施工安全。具体对策如下:

(1)暗挖隧道严格遵循"管超前、严注浆、短进尺、强支护、快封闭、勤量测"和"先探后挖、先注浆后开挖"的施工原则进行施工,控制地层的下沉量,同时还应注意以下事项:

①合理设计格栅的节点和连接方式,加快格栅架立速度,缩短封闭成环的时间,必要时增加喷射混凝土厚度。

②施工中要注意对施工工艺的控制,采取小分块、短进尺、快封闭的手段,减少对地层的扰动,尤其要处理好拱脚变形的问题。

③在土方开挖过程中,洞内加强横向支撑,限制土体的侧向变形。

④施工中要加强洞内和地面建(构)筑物的监控量测,并做好记录,发现问题及时采取有效措施并反馈信息。

(2)有效实施前期降水或注浆堵水措施,创造无水作业环境。

(3)进行施工方案的优化,合理确定开挖面参数。

(4)加强地下管线的监控量测,通过监控量测及时掌握其变形情况,及时调整施工工艺,确保地下管线的保护管理在可控状态。

(5)不良地质地段必须采取特殊的施工技术措施,如进行地质改良、缩短循环进尺、上半断面拱脚加设锁脚注浆锚管等措施,以防止沉降超限。

(6)喷射混凝土施工时应预留注浆管,支护完成后压注水泥浆或水泥砂浆回填背后空隙,并加固被扰动土体。

(7)合理选择小导管及注浆参数,以保证加固地层和堵水效果。

(8)增大支护刚度并及时施作二次衬砌,使地层变形尽快趋于稳定。

(9)减小开挖进尺,上下台阶平行作业,并施行工作面前方的预加固。

(10)采取可靠的地层预加固和支护技术,控制地层沉降,主要包括:超前注浆、掌子面注浆、初期支护背后注浆、径向注浆(形成加固圈)等。

11.6.3 地铁车站施工安全风险预控

1)基坑施工风险预控

(1)整体失稳风险

整体失稳风险主要分为横向失稳和纵向失稳两类。

①横向失稳:如抗滑移失稳和抗隆起失稳。

诱发原因:被动区土体强度不足。

预控措施:

a.水泥搅拌桩、旋喷桩等加固来提高被动区土体的强度。

b.通过加固、降水、改变围护结构形式等来减小基坑围护结构侧向土压力,见图11.6-1。

②纵向失稳:如边坡失稳和抗倾覆失稳。

影响因素:坑外土体工程性质、力学指标及纵坡构造。

防控关键措施:控制放坡高度或坡率,坡高过大可多级放坡,必要时进行稳定性验算,见图11.6-2。

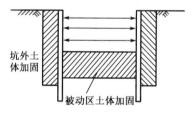

图11.6-1 基坑土体加固示意图

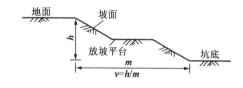

图11.6-2 二级放坡坡高及坡率示意图

基坑抗倾覆失稳预控措施:

a.增设支撑、提高支撑强度、增大围护结构入土深度。

b.通过坑外加固等减小基坑外侧土压力。

(2)基底突涌风险

主要诱因:下部承压水的作用。

预控措施:

①主动降压。

②减小承压水源补给,见图11.6-3。

(3)流沙风险

最直接和有效的处理措施:降低水压。

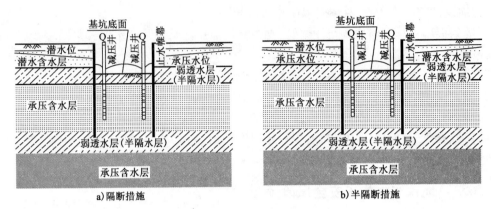

图 11.6-3 基坑突涌风险预控示意图

施工中出现险情时的预控措施：
①启动相邻降水井。
②增大围护结构入土深度。
③增加地下水渗流路径。
④减小动水压力等。

对于围护墙缝流沙，一般坑外不设降水井，在墙缝处进行旋喷桩止水是常用的方法，见图 11.6-4。

(4) 围护结构强度不足风险

主要原因：缩孔、塌孔或钢筋笼定位不准导致围护结构夹泥、漏筋。

预控措施：加强成槽、成孔施工工艺、钢筋笼刚度及吊放质量控制等，见图 11.6-5。

图 11.6-4 旋喷桩预控墙缝流沙风险示意图　　图 11.6-5 基坑外侧补强预控围护结构强度不足风险

(5) 支撑结构强度或稳定性不足风险

主要原因：支撑暴露时间过长或邻近支撑预加轴力过大。

预控措施：
①钢支撑出现预加轴力损失时，应及时进行复加。
②钢筋混凝土支撑浇筑时应预留爆破孔，爆破拆除前宜先将支撑端部与围檩交接处的混凝土凿除，隔断支撑与围护墙的连接，减小冲击波对围护墙及墙后土体稳定的影响，见图 11.6-6。

2) 浅埋暗挖施工安全风险预控

(1) 隧道掌子面失稳风险预控

预控措施：
①分步开挖。
②掌子面钻孔注浆。

a) 交汇节点U形抱箍约束钢支撑

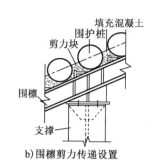
b) 围檩剪力传递设置

c) 型钢围檩焊接加劲肋

图 11.6-6　支撑结构强度或稳定性不足风险预控示意图

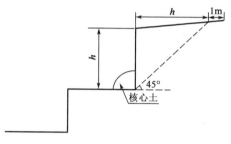
图 11.6-7　超前预支护打设长度示意图

③拱部超前小导管或管棚等超前预支护等，见图 11.6-7。

（2）隧道拱顶下沉、水平收敛风险预控

预控措施：

①打设锁脚锚管。

②加肋钢支撑及补强锚杆。

③临时隔墙或临时支撑等，见图 11.6-8。

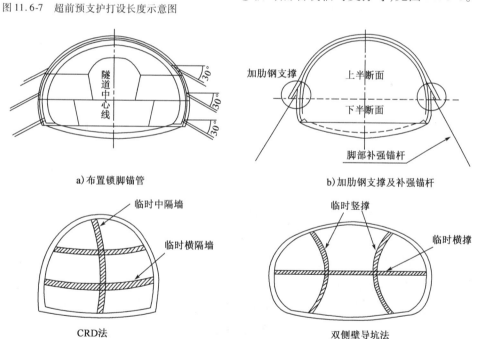

a) 布置锁脚锚管　　　　　　b) 加肋钢支撑及补强锚杆

c) 设置临时支撑的隧道开挖方法

图 11.6-8　拱顶下沉、水平收敛事故风险预控措施示意图

（3）隧道涌水、涌砂风险预控

预控措施（表 11.6-2）：

①深井降水或洞内轻型井点降水降低地下水位。

②开挖低于隧道仰拱的排水导坑，或打设掌子面水平超前排水钻孔。

③掌子面、拱部预注浆。

隧道涌水、涌砂风险预控措施　　　　　表11.6-2

治水措施	降水		排水		堵水
适用性	地层透水系数较大		水量大、压力高		水量小、压力低
方法名称	地面降水	洞内降水	导坑排水	钻孔排水	注浆工法
简图					

11.6.4　地铁车站施工结构质量风险预控

1) 钢筋混凝土结构质量风险预控

(1) 混凝土裂缝、开裂

主要原因：

①材料发生化学反应。

②施工质量不到位。

预控措施：

①选用水化热较低的水泥、降低砂石含泥量等。

②施工时降低混凝土的入模温度，或设冷却水管降温等。

(2) 混凝土孔洞、露筋

预控措施：

①浇筑前检查模板强度、刚度和密封性、钢筋位置、砂浆垫块厚度等。

②确保混凝土振捣密实，防止漏振。

(3) 钢筋连接质量

预控措施：钢筋接头(绑扎搭接、焊接、机械连接)宜设置在受力较小处，且同一纵向受力钢筋宜少设接头。

(4) 钢筋锚固质量

预控措施：

①确保钢筋及混凝土的抗拉、抗压强度满足设计要求。

②保证相关构造措施满足规范要求，如锚固长度、形式等。

2) 防水结构质量事故预控

(1) 防水层质量事故预控

隧道防水层质量事故预控措施见表11.6-3和图11.6-9。

隧道防水层质量事故预控措施　　　　　表11.6-3

事故类型	事故预控措施
防水层空鼓	1. 隧道喷射面凹凸不平，两榀格栅或钢支撑间存在较大凹槽，或基坑围护墙基面不平，表面可喷混凝土填平补齐； 2. 正确决定防水层富裕长度，铺设过紧或过松均会造成空鼓。
防水层破损	1. 突出混凝土表面的尖锐突出物，如锚杆头部，切断后进行铆平，并在切断部位用砂浆或缓冲材处理； 2. 在浇筑内衬混凝土时振捣器不得碰触防水板，钢筋绑扎、焊接应设置临时挡板，防止机械损伤和电火花灼伤防水层

续上表

事故类型	事故预控措施
防水层拉断	1. 结合方法分为热焊结合和黏着结合两种,应采用对气温和湿度影响不敏感的焊接结合方法,搭接缝应为双焊缝; 2. 结合形态分重叠和折叠两种,基底不平整时可采用折叠结合方式

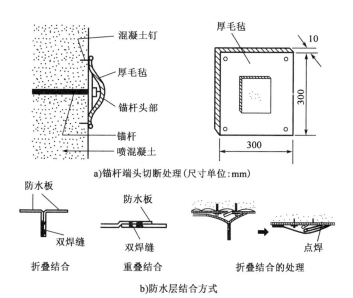

图 11.6-9 隧道防水层质量事故预控措施示意图

(2)变形缝、施工缝防水质量事故预控

主要预控措施:

①少设或不设变形缝及施工缝,可根据工程结构类型与地质情况将两者一起设置或采用加强带、后浇带替代。

②施工缝不留在剪力与弯矩最大处与底板和侧墙交接处,并避开地下水较多的地段。

③止水带材质的选择要考虑地质环境中酸、碱、盐的腐蚀性,并考虑温度、老化、抗拉压变形能力等因素,见表11.6-4。

橡胶止水带材料特性一览表　　　　表 11.6-4

项 目	天然橡胶	氯丁橡胶	丁苯橡胶	三元乙丙橡胶
耐腐性	一般	很好	好	好
耐老化	较差	好	一般	很好
扯断伸长率	很好	好	好	一般
抗压缩变形	一般	好	好	很好
使用温度(℃)	-40~60	-25~80	-25~60	-45~80

11.6.5 地铁车站施工环境安全风险预控

1)建筑物安全风险预控

主要预控措施是采取隔断施工影响传播路径的方法,如:

(1) 设置隔断墙体,如钢板桩、地下连续墙、深层搅拌桩等。

(2) 增强建筑物基础的承载能力和强度,也是保证建筑物安全的方法。在建筑物下方采用钻孔灌注桩、锚杆静压桩等方式进行基础托换,可有效控制建筑物及基础的沉降。如图 11.6-10 所示。

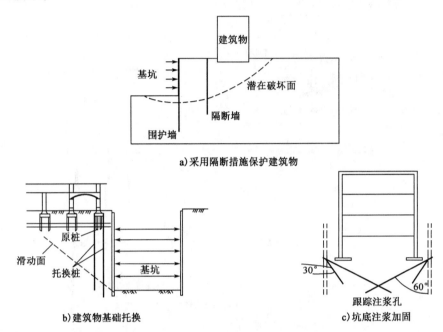

图 11.6-10　建筑物安全风险预控措施示意图

2) 管线安全风险预控

主要预控措施:

(1) 开工建设前,对地层中管线位置、种类及自身情况等进行详细调查,根据施工对管线的影响程度、管线的重要性级别制订不同的事故预控措施。

(2) 采用隔离措施时,可开挖隔离槽或设置钢板桩、深层搅拌桩等隔离体。

(3) 暴露于基坑内部的管线,可用托梁悬吊或托梁支撑。

(4) 条件允许时,可在施工前对影响区内管线搬迁、改道。

3) 轨道安全风险预控

预控措施:

(1) 钢轨束扣轨加固。

(2) D 型便梁扣轨加固。如图 11.6-11 所示。

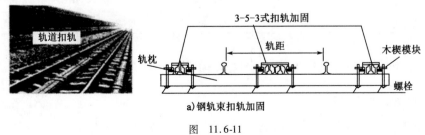

图 11.6-11

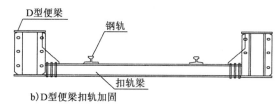

b)D型便梁扣轨加固

图11.6-11 轨道安全风险预控措施示意图

11.7 区间隧道施工风险控制与防范

11.7.1 盾构法隧道施工的主要致险因素

1)地质勘察不准

地质勘察准确度在盾构法隧道施工中尤其重要,准确地勘察出隧道区间地质情况,对盾构机的选型起决定性因素,地下水位、岩石抗压强度和土层的物理特性决定了盾构机的选型与动力配置,地质勘察在隧道施工中目前30m一个测孔比较多见,也可以做详勘,根据要求确定间隔距离,甚至10m一个孔。

2)盾构机械的适应性和可靠性

盾构机械的适应性和可靠性在工程开建以前要经过专家论证,确保盾构机满足该工程施工要求,包括盾构机是泥水,还是土压,还是硬岩机、刀盘的设计、刀具的配置、动力系统、转弯能力等,盾构机的选型问题是盾构法施工中的关键问题。

3)盾构进出洞

盾构进出洞是盾构始发施工过程中最需要首先解决的问题,洞门加固区域一定要按设计要求加固,完成后需要打水平探孔检测加固效果,在满足要求后才能出洞。进洞也是一样,如果加固效果不理想是不能轻易进洞的,否则有可能导致洞门土体坍塌。盾构进出洞一定要将加固区域加固到满足设计要求强度,另外控制盾构机姿态也是盾构机能顺利进出洞必不可少的因素。

4)开挖面失稳

盾构法隧道施工好坏的一个重要指标是对周围环境造成的影响程度,这点在市区内隧道工程中表现更为突出,施工中开挖控制是影响施工质量的一项关键技术。支护压力过小导致开挖面前方土体大量进入压力舱,引起地基发生过大沉降,甚至地表坍塌;而支护压力过大,则容易产生地表隆起问题,这些都将给周围构筑物带来不良影响。同时压力舱内施加支护压力的渣土性质受到原有地层条件影响而使得支护压力处于不断波动,进一步恶化了不良开挖控制的影响。

5)盾尾密封失效

盾尾密封失效风险从目前施工案例来看,发生的概率较低,但一旦发生处理不及时可能造成较为严重的后果,如泥水从盾尾密封刷间隙涌入隧道内、地面因泥水流失而产生较大沉降,严重时发生江底冒顶而危及整个隧道。因此该风险事故一旦发生,必须采取有效应对措施,消除风险隐患。从目前国内大型水底隧道施工的情况来看,发生盾尾密封渗漏的工程案例较少且程度较轻,盾尾密封系统总体未失效,通过采取衬砌环背面贴海绵挡泥条、盾尾间隙塞海带止水等措施,盾构机继续施工完成掘进。

6) 软硬不均且差异性较大地层掘进施工

盾构机在软硬不均且差异性较大地层掘进施工过程中,盾构机姿态控制难度大,要防止盾构机磕头,根据地质情况在适当条件各区域油压,硬的地方加大油压,软的地方减小油压,控制盾构机姿态平稳,不抬头也不磕头。在慢慢推进过程中,找到最佳的油压差,从而更有把握地控制盾构机的姿态,同时推进速度不易过快。

7) 建(构)筑物下方更换刀具

盾构机穿越建(构)筑物下方时更换刀具施工难度大,盾构机穿越建(构)筑物下方时,本来需要盾构机快速通过,即时注浆,减少建(构)筑物的沉降量。如果在其下方更换刀具,必须对建(构)筑物的基础进行分析,看是否有需要对其进行注浆加固,而在换刀时,也要根据围岩稳定情况来决定土仓压气压力,换刀过程中密切关注建筑物沉降量(监测),超过预警值时必须马上安排换刀人员出仓关闭仓门,建立土仓压力,迅速推进,同步注浆减小建(构)筑物沉降量。

8) 地层损失和不均匀沉降(或环境保护措施不当)

盾构机在掘进过程中,地层损失和不均匀沉降的风险主要是由于盾构机掘进过程中超挖所引起的,控制好出土量,从而减小盾构机在掘进过程中对地层造成的损失及不均匀沉降的后果,控制好渣土改良,减小水土流失,控制好地层的不均匀沉降。

9) 开挖面有障碍物(如孤石)、不良地质(如岩溶溶洞)

地下障碍物的存在会给盾构机的正常推进带来不利影响:首先导致可能引起刀盘磨损,从而不能正常开挖,影响工期,而更换刀盘不仅耗费不必要的资金,而且由于地下隧道特殊的条件,使刀盘更换难度增加,耗费不少时间;其次,障碍物可能致使扭矩突然增大,导致主轴承断裂,机器瘫痪。地下障碍物主要有沉船、透镜体、木桩、抛石、防洪堤、管线等。发生此类事故的原因可能是地质勘探不完全反映穿越地层以及历史上的资料收集不完整等。如果孤石太大,盾构机不能很好地掘进过去,可以对孤石采取爆破措施。

10) 隧道上浮

隧道整体上浮:越江盾构隧道在江中段时,覆土较浅,水压较大,隧道整体上浮的可能性较大,因此要防止上浮量过大。

处理办法主要有:在地面上加重,或在隧道内加重等。

影响管片上浮的主要因素:盾构与管片姿态、推进油缸推力、同步注浆压力及性质、管片接头特征等。

(1) 盾构姿态:盾构轴线相对隧道轴线下倾,管片承受较大的偏心荷载及盾尾向上的作用力,主要受地层性质、盾构操作水平、隧道纵向坡度等影响。

(2) 隧道纵向刚度:管片纵向刚度与管片接头形式、管片拼装方式等有关。

(3) 浆液未凝固段长度及浆液对管片的浮力:浆液未凝固段长度与浆液凝固时间、施工速度有关,浆液对管片的浮力主要受浆液性质(黏度、坍落度等)、地下水状况影响。根据实际情况,确定浆液凝固时间及浆液对管片浮力的大小非常困难。

11) 盾构卡体

盾构机在掘进的过程中,由于地层压力变化,引起盾构机壳体与土层之间的摩擦力过大而出现盾体卡滞,导致刀盘无法向前推进的现象并不罕见。一旦出现这种被迫性停机的施工故障,往往需要花费很长的时间和很大的成本来进行处理,如开挖辅助导坑或采用控制爆破的方法来使盾体脱困,这些都是费工、费时、费钱的方法,目前尚未见到国内外有关如何预防因摩阻力过大导致盾体卡滞问题的报道。

盾构机被岩石卡住时,施工采用风枪打孔和岩石破拆机配合进行。施工作业时,首先在岩石上用风枪倾斜钻孔,用岩石破拆机小快劈出凌空面,逐步将卡住刀头的岩石劈裂剥离。

12) 其他因素

除了上述几大致险因素外,导致盾构法隧道施工风险的因素还有:管片制作、管片拼装、竖井建造、地基加固、盾构推进、防水堵漏、质量检查与评定、施工监测、盾构机检测与评定等。

11.7.2 盾构法修建区间隧道的主要风险与控制措施

1) 盾构法施工区间隧道的主要风险

通常情况下,盾构法施工是在盾构机壳体的保护下进行掘进的。因此,从整体上来说,盾构法施工时的安全风险性是比较小的。其原因主要有两个:首先,在掘进时周围有钢筒保护,掌子面有土压平衡,施工安全性好;其次,盾构法开挖、装渣、支护全部机械化作业,衬砌环为工厂预制,施工质量易控制和保证,防水效果比较好。但是,由于采用盾构法修建区间隧道,施工中各种不确定性因素的存在,盾构法施工仍存在工程风险和易发生安全事故。

盾构施工在不同阶段易发生安全事故与风险,见表11.7-1。

盾构隧道施工阶段的安全事故与风险 表11.7-1

施 工 阶 段	主要风险(可能出现的安全事故)
盾构进出洞阶段	工作井塌方
	盾构进出洞漏水漏浆
	盾构进出洞时机械故障
	盾构进洞时轴线偏离过大
盾构推进阶段	土仓压力设置不当
	盾构正前方工作面失稳
	盾构前方地层出现空洞
	盾构遭遇障碍物
	注浆参数控制不当
	运输车脱轨、碰撞
	盾构推进中轴线控制不佳
	盾尾密封失效
	管片接头漏水漏浆
	管片拼装时碰撞、就位不准
	盾构机及其辅助设备故障
	其他

2) 盾构施工规避安全风险对策

(1) 防止盾尾漏浆措施

①提高同步注浆质量与管理。
②加强盾尾舱的管理。
③盾尾漏浆对策。
（2）防止隧道上浮措施
在盾构掘进过程中，加强隧道监测是防止隧道上浮的积极措施，对盾构机和管片进行姿态控制，能够有效控制隧道上浮。
（3）盾构法施工下穿建筑物的对策
①合理设置土压力值，保持正面平衡，防止超挖和欠挖。
②穿越时降低推进速度，控制总推力，减少土层扰动。
③穿越前调整好盾构姿态，穿越时减少纠偏次数及纠偏量，减少土体的扰动。
④在穿越邻近建筑物地段，保证一次穿过，不能中途换刀，如实在避免不了在上部地段换刀，则要事先进行充分预案。首先从盾构前部预留的超前加固装置对土仓上部及前方顶部的土体进行注浆加固，以保持开挖面稳定不出现塌方，然后再对土仓加气压后更换刀具。
（4）盾构在砂卵石地层掘进的问题
砂卵石地层与其他地层相比，具有明显的特殊性，盾构掘进存在较大的困难，主要体现在以下几个方面：
①砂卵石是一种典型的力学不稳定地层，地层反应灵敏，开挖面不稳定，容易产生坍塌。
②砂卵石颗粒的塑流性极差，土压平衡不易控制，而且土渣向外排出也较困难。
③砂卵石切削机理不明，盾构推力与刀盘扭矩难以确定。
④刀盘、刀具磨损严重。
因此，砂卵石地层条件下的盾构掘进，具有其特殊性，必须根据地质条件的变化来研究盾构机械选型和各个参数的确定，并寻求最佳掘进模式以及减磨、降矩的技术措施。
目前，在很多地铁盾构施工中，尤其在砂卵石地层条件下，刀盘及刀具的磨损现象十分严重，地层变形规律不明，管片拼装质量的评价及一次性换刀掘进等存在着诸多的难题，特殊地段处理技术尚未有效解决。因此，在北京的砂卵石地层条件下，土压平衡盾构施工的关键技术就是要解决刀盘切削、耐磨降矩、安全换刀、土压力控制、地层变形控制、特殊地段施工等问题。

11.7.3 区间隧道施工安全风险的预控措施

1）盾构施工安全风险预控
（1）盾构机始发到达事故风险预控
主要风险点：封门凿除时土体坍塌和洞门密封圈处漏水漏泥。
预控措施：
a. 土体主动加固措施。
b. 改良封门拆除工艺等。
①土体加固及效果检测。
采用水泥土搅拌桩、高压旋喷桩等措施加固，可改良工作井外土体的透水性并减小墙后水土压力，增强封门拆除安全性。
在含水软土地层，可采用降水措施。
对于大口径盾构，埋深大、水压大的情况，可采用冻结法，在墙后形成具有挡水作用和承重作用的冻结加固体。

在现场钻孔取样,通过抗压、抗渗试验检测加固体质量。

②始发封门拆除控制措施。

将始发工作井围护墙做成双层墙,第二道围护墙的隔离作用可减小封门拆除后的开挖面水土压力,在盾构掘进时将第二道墙拔除。或者,也可应用NOMST工法(围护墙材料特殊)和EW工法(电蚀围护墙芯材),盾构刀具直接掘削围护墙,取消拆除围护墙的危险作业。

③始发洞门防水措施。

主要风险:

a. 洞门圈环状橡胶密封件(橡胶帘布板)外翻。

b. 高水压条件下始发,洞门圈的防水功能不足。

预控措施:

a. 在密封件外设置防翻转装置,并在橡胶帘布板表面涂抹润滑剂。

b. 采用双道橡胶帘布板防水装置,或在井壁处设置密封钢丝刷和油脂压注孔等。

④到达事故预控措施。

到达时围护墙后土体加固措施,与始发类似。

主要风险:

a. 洞门橡胶帘布板密封不良。

b. 管片环缝张开量增大引发漏水。

预控措施:

a. 在盾构机到达前安装气弹簧装置,以形成稳定的密封环境。

b. 可将进洞前最后的若干管片环替换为预埋预应力螺栓孔的特殊管片,待拼装完后安装预应力螺栓并预紧,也可在管片上安装横向型钢连接拉杆。

⑤土中到达与水中到达风险预控。

对于大断面、大深度、高水压条件下的盾构工程,土压平衡式盾构机采用土中到达法,泥水平衡式盾构机采用水中到达法,可有效降低盾构到达施工风险。

(2)盾构掘进事故风险预控

风险预判:根据盾构掘进地质条件推测易发生事故类型,结合盾构施工参数变化特征,判断盾构机各系统工作状态的安全性与异常情况,推断施工所遇风险,如表11.7-2所示。

盾构掘进事故的施工参数变化特征　　　　表11.7-2

事故名称	地质条件	施工参数变化特征
刀盘、土仓结泥饼	黏土性地层	刀盘扭矩降低、推力上升、掘进速度降低,螺旋输送机出土闸门处压力降低,出土困难,排出渣土温度升高
刀具磨损、脱落	砂卵石地层	刀盘扭矩降低、推力上升、掘进速度降低
螺旋输送机喷涌	高水压地层	推力上升、掘进速度降低,螺旋输送机出土闸门处压力升高,刀盘扭矩出现较大波动

①螺旋输送机喷涌事故。

预控措施:充分利用螺旋输送机内渣土的保压作用。

a. 选用轴式螺旋排土输送机。

b. 采用两级螺旋输送机。

②刀盘、土仓结泥饼事故。
预控措施：
a. 刀盘设计。
b. 刀盘开口率。
c. 搅拌装置。
d. 检测装置。
③刀具损坏事故。
预控措施：
a. 改善刀盘与刀体的耐磨性。
b. 交替使用刀盘正、反转，充分利用刀具的切削能力。
c. 采用长、短刀具（主、副刀具）并用法切削土体。
d. 根据刀具适应性更换刀具。
④注入外加剂预控盾构掘进事故。
主要方法：通过注入外加剂的方法对渣土（刀盘前方、土舱内以及螺旋输送机内）进行改良。

目前常用的外加剂主要有四类，可根据工程地质条件以及渣土改良目的进行选择，可单独或组合使用，见表11.7-3。

土体外加剂预控盾构掘进事故　　　　　表11.7-3

种　类	代表材料	适用地质条件	渣土改良目的
矿物类	膨润土黏土	砂、砂砾地层、透水性高	降低抗剪强度、降低透水性、增强流动性
表面活性材料	泡沫剂	级配良好、粗砂、含水率高	降低抗剪强度、降低透水性、增强流动性、防止黏附
高吸水性树脂	淀粉类 丙烯类	高水压、高含水率	吸水变为胶凝状态
水溶性高分子	纤维素类	无黏性土	增大黏性、改善泵的压送性

2）明挖法施工区间隧道的安全风险及预控措施
明挖法施工区间隧道的安全风险及预控措施，见本章11.6.1节，在此不再赘述。
3）浅埋暗挖法施工区间隧道的安全风险及预控措施
浅埋暗挖法施工区间隧道的安全风险及预控措施，见本章11.6.2节，在此不再赘述。

11.8　地铁施工风险管理与控制措施

总原则：强化工程建设管理，采取有力措施规避工程建设风险，确保地铁工程建设安全顺利进行。

11.8.1　思想重视，明确安全管理目标，健全安全管理体系

对工程施工风险要有充分的认识，事故是可能发生的，因为客观上存在着导致事故发生的

薄弱环节。工程风险是客观存在的,但只要思想上重视,措施得力,风险是可以规避的。

安全管理目标是用全面系统的实施手段,以达到能在第一时间内了解掌握工程进展的第一手资料、作业状况,以提高事故发生的预测和防控能力,避免重大事故的发生,使安全风险降到最低。

健全安全管理体系:

(1)规划阶段:对区域环境条件和地质状况做出正确判断,对岩土特性初步勘探调查,研究工程修建存在的风险能否规避,施工安全能否得到保证,对线位和站位选择要十分谨慎。

(2)设计阶段:进一步掌握地质状况和岩土特性,做出符合安全和客观条件的设计;设计要充分考虑工程结构的安全性和施工的可操作性;制定安全准则;对工程环境条件作充分调查,并采取有力措施,保证施工安全和工程环境安全,编制监控量测计划等。进一步优化设计方案,提高设计质量。对工程风险从设计角度提出应对措施。

(3)施工阶段:编制可行的实施性施工组织设计;严格按设计文件和相关规范进行施工;对工程风险进行分析并采取有效的相应对策,制订专项施工方案;对工程施工安全建立完善的管理体系;编制详尽的监控量测计划和实施方案,制定专人负责,严格按程序开展工作,切实做到信息化施工。加强施工过程管理,加强监理工作。

(4)建设单位依法履行职责,遵循基建程序,充分发挥总体协调作用,为施工单位提供安全生产的必需条件,监督施工过程中的安全。

11.8.2 严格执行相关法律、法规

(1)严格执行既有的法律法规。
(2)建立与健全工程建设质量安全风险管理制度。
(3)重大建设项目必须用法律强制保险。
(4)政府要把好建设、设计、施工、监理等资质认定关。
(5)政府全过程加强对各方的应尽责任状况监督检查。

11.8.3 科学分析风险规律,杜绝工程建设事故

欲杜绝地铁工程建设事故,要先其未然而防。地铁工程建设中众多的不确定因素是造成安全风险的根源,对其变化规律认识的局限性则又是影响风险控制效果可靠性的原因。因此,应对风险发生机理及其规律,尤其是工程事故隐患进行深入分析,要先其未然而防,方能制订出可靠的技术方案和措施,规避工程风险和事故。

11.8.4 编制工程施工突发事故应急预案

一个事故是因若干个环节在连续时间内出现缺陷,由众多个体性的缺陷构成了整个安全体系失效,酿成大祸。事故链原理告诉我们,必须针对各种可能出现的缺陷,包括人的麻痹大意,进行相应的制度安排。

在事故涉及的必然与偶然因素中,如果采取了任何一项相对应的措施,都可能避免或减轻事故的严重后果。

有了预案,一旦险情出现,各方都有章可循,事故就会"发而止之"。

11.8.5 树立地铁工程建造风险意识,建立健全风险管理体系与制度

地铁工程建造风险管理体系与制度的主要内容:
(1)目标的建立(使风险成本最低)。
(2)风险的识别。
(3)风险的评估。
(4)选择对付风险的方式。
(5)计划的实施。
(6)检查和评估(随访)。

11.8.6 加强施工监控量测,切实做到信息化施工

地铁工程施工中的监控量测,是保障工程安全、质量及道路、沿线建(构)筑物、地下管线等正常运行的重要手段,应认真做好地铁工程的监测工作。

其目的主要是:
(1)掌握围岩动态和初期支护结构工作状态。
(2)利用量测结果修改设计和指导施工。
(3)预见事故险情,以便及时采取对策。
(4)为确保隧道、基坑和环境安全提供可靠信息。

11.8.7 妥善处理好地铁施工与城市地下管线的关系

1)目前城市地下管线的现状及特点

现代城市的地下管线一般分布密集,种类繁多,建设年代远近不一,并分属多个管理部门。供水管网中部分管线使用年限过长,部分管道从材料质量上、防腐性能上均不能满足安全供水的要求。经过数十年的运作和使用,这部分管线已处于超期使用,安全系数极低。

2)地铁施工造成管线变形、破坏的原因及主要影响

地铁建设过程中,管线破损(破坏)或渗漏安全事故比例较大。在近几年地铁施工发生的事故中,管线渗漏或破裂造成的事故,占总案例的近30%。究其原因,主要有以下几点:

(1)管线破裂或渗漏具有突发性或隐伏性

由于各种管线埋藏在地下,不容易探明管线的确切位置,在施工时,发生事故前没有任何预兆。在管线破损导致的事故案例中,除了近1/3的电力(电缆)管线是由于私自钻孔或盲目施工造成之外,其余的大都是由于管线破裂渗漏造成涌水或渗水,引起周围土体的坍塌,且塌方时难于控制。

(2)造成的后果严重,社会影响大

由于地铁车站和区间线路基本上与地面主要交通干线连接在一起,且通过大量的居民或办公楼。由于管线的破裂造成居民停水、停电、中断通信信号以及发生交通阻塞(如东三环京广桥主路部分路段被迫采取双向交通管制措施,东三环东侧辅路被临时封闭),造成的社会影响极大。

3)地铁施工中的管线安全预控措施

在地铁施工过程中进行管线的安全控制是非常必要的,不但可以保证管线的安全,同时也

能避免因管线问题诱发的地铁及周边其他建(构)筑物的安全事故。具体控制措施可从以下几方面着手。

(1)详细了解施工场区的管线情况

要实现地下管线的安全控制,首先必须了解施工场区管线信息,包括:

①管线埋置深度、管线走向、管线及其接头的形式、管线与基坑的相对位置等。可根据城市测绘部门提供的综合管线图,并结合现场踏勘确定。

②管线的基础型形式、地基处理情况、管线所处场地的工程地质情况。

③管线所在道路的地面人流与交通状况,以便制订适合的测点埋设和监测方案。

(2)制订科学合理的管线控制标准和工前加固方案

根据管线探查的结果,结合施工场区的地质条件、施工方法等,在施工前要对管线的受力和变形进行预测分析,并综合考虑管线的使用功能、埋设年代、材质、构造、接头形式等诸因素,借助已有的控制标准对管线的安全性做出评价,并制定出科学合理的管线变形控制标准,以确保管线在地铁施工期间的安全。对于无法满足控制标准的管线,应在地铁施工前进行加固,提高其抗变形能力。对于影响地铁施工安全的管线,如渗漏严重的管线,在地铁施工前也应采取有效措施进行治理,如注浆等。

(3)采取切实有效的监测方法

对地下管线进行跟踪注浆加固和开挖暴露后对其进行结构加固等多种方法,属于对其本体进行的主动保护的方法,而对地下管线进行监测是一种间接保护,在地铁施工期间实施有效的监控量测是非常重要的一项工作。地下管线的监测内容包括垂直沉降和水平位移两部分,一般而言,相对于水平位移,沉降监测更加重要。地下管线测点重点布置在有压管线(如煤气管线、给水管线等)上,对抗变形能力差、易于渗漏和年久失修的雨污水管也应重点监测。测点布置在管线的接头处或者对位移变化敏感的部位,沿着管线延伸方向每 5~15m 布置一个测点。

(4)加强施工过程中管线安全的动态控制

①针对管线的具体情况并结合必要的数值计算和理论分析,给出管线或管线对应地表的沉降控制标准。

②对管线或对应地表的沉降控制标准进行阶段分解,给出各关键施工步序完成后管线沉降的控制指标,形成各施工步序的控制标准或称控制目标,只要单个步序的沉降值得到控制,则管线的允许沉降值就能得以控制,即通过阶段目标的控制实现管线总体目标的控制。

③做好地表空洞和富水异常区的处理,按照空洞探测结果,及时安排地表空洞和富水异常区处理,特别是要在开挖施工前处理完成,提高土体密实性,减少沉降发生。

④认真做好施工准备和施工组织,细化施工工艺,做好开挖初期支护中的"快"和"紧":"快"是快速施工,快速封闭,"紧"则是初期支护和土体间顶紧,不留空隙。加强回填注浆工艺,及时填充初期支护和土体间空隙。

⑤在地铁工程近距离穿越重要地下管线时,要相应地对地铁施工参数做出调整,以确保邻近管线的安全,如加强小导管超前注浆、缩短开挖进尺、加密初期支护格栅等。

⑥施工过程中,根据监控量测数据,当发现管线渗漏或管线的阶段沉降超过阶段控制标准时,应采取有效措施,如在洞内打设注浆钢花管,对管线下方及周围软化土体加固,提高地层抗变形能力。

⑦当管线变形过大时,为保证管线安全,必要时可对其实施过程恢复。
⑧施工中必须加强监测,及时进行数据分析,反馈指导施工。

(5)重视不良地质的勘探调查与综合处治

4)地铁施工风险处理的注意事项

根据国内外隧道与地下工程事故的经验教训,明挖基坑及暗挖车站、隧道邻近或下穿雨污水管、给水管线等,由于覆土薄、管线渗漏及处理措施不当等原因易造成重大事故,因此对带水管线处理要慎重。

对地铁工程风险处理,一般要注意做好以下四点:一要摸清情况;二要贯彻"预防为主,安全第一"的方针,制订有效的防控对策和处治措施;三要进行专项设计,严格按图施工,严格施工纪律;四要及时进行工后评估,确保工程质量。

【思考题】

1. 为什么要进行地铁风险评估?
2. 地铁风险评估的方法有哪些?
3. 简述地铁主要风险源。
4. 简述地铁设计和施工风险评估的内容。
5. 简述地铁风险控制的方法及其适用范围。

参 考 文 献

[1] 张庆贺,朱合华,庄荣,等.地铁与轻轨[M].北京:人民交通出版社,2002.
[2] 中华人民共和国国家标准.GB 50157—2013 地铁设计规范[S].北京:中国计划出版社,2013.
[3] 中华人民共和国行业标准.TB 10003—2005 铁路隧道设计规范[S].北京:中国铁道出版社,2005.
[4] 赵惠祥,谭复兴,叶霞飞.城市轨道交通土建工程[M].北京:中国铁道出版社,2000.
[5] 孙章,何宗华,徐金祥.城市轨道交通概论[M].北京:中国铁道出版社,2005.
[6] 刘钊,佘才高,周振强.地铁工程设计与施工[M].北京:人民交通出版社,2004.
[7] 中铁第四勘察设计院集团有限公司.郑州市轨道交通1号线一期土建工程03合同段设计文件[R].2009,8.
[8] 洪开荣,邹翀,等.钻爆法修建水下隧道的创新与实践[M].北京:中国铁道出版社,2015.
[9] 何宗文,曹振,范新明.西安地铁工程施工安全监督管理初探[A]//建设工程安全理论与应用——首届中国中西部地区土木建筑学术年会论文集[C].2011.
[10] 崔志强,胡建国.地铁车站形式选择[J].隧道建设,2005,25(4):18-20.
[11] 胡建国,陈宏.地铁车站综合管线设计浅析[J].隧道建设,2005,25(6):15-16,24.
[12] 吕剑英.一座洞室群立体交叉的明暗挖结合地铁车站的设计[J].隧道建设,2009,29(3):284-289.
[13] 罗章波.地铁暗挖区间下轨排竖井设计[J].地下空间与工程学报,2009,5(1):10.
[14] 傅鹤林.地铁安全施工技术手册[M].北京:人民交通出版社,2012.
[15] W. Wittke. Shallow Tuunel in Soft Rock Subjected to High in-situ Stresses[A]//Proceeding-Symposium on Rock Meckanics[C]. A. A. Balkema. [location varies], United States,1986.
[16] 王铁梦.工程结构裂缝控制[M].北京:中国建筑工业出版社,2002.
[17] 孙钧,侯学渊.地下结构[M].北京:科学出版社,1988.
[18] 陈建平,吴立.地下建筑结构[M].北京:人民交通出版社,2008.
[19] 周晓军,周佳媚.城市地下铁道与轻轨交通[M].四川:西南交通大学出版社,2008.
[20] 何宗华,汪松滋,何其光.城市轨道交通土建设施运行与维修[M].北京:中国建筑工业出版社,2006.
[21] Kangmulieer. Large undersea tunnels technology[J]. Tunnding and Underground Space Technology,1994,19(3):283-292.
[22] Ju Labov, Budd Isinbayeva. International Tunneling Association(ITA)[J]. Views on structural design models for tunneling:synopsis of answers to questionnaire, 1981.
[23] Karimov. Technical development for the seikan tunnel[J]. Tunneling and Underground Space Technology,1986,11(3/4):341-349.
[24] Schultz, Dudek. Control of tunneling contracts[J]. Tunnels and Tunneling,1992,9:47-49.
[25] Schmid, Wendels. Coupled thermal-mechanical-fluid flow model for nonlinear geologicsystem (PHD Thesis)[D]. Univ of M inesota,1981.

[26] Ta Luobo and Fidel Fontenay. Stability and rock coverofhard rock subsea rurmds[J]. Tunneling and Underground Space Technology,1994,9(2):151-158.

[27] Sai Lata and Curtis. Report on session 4:Underwater tunnels Seikan Tunnel and Water[J]. Tunnels and Water,Serrano,1989.

[28] Layasi and Dier. Support of large rock caverns in norway[J]. Tunneling and Underground Space Technology,1996,11(1):11-19.

[29] Kuerhewei. The challenge of subsea tunneling[J]. Tunneling and Underground Space Technology,1994,9(2):145-150.

[30] Weteqi. Plastic analysis of underground openings by the finite element method[J]. Proc. 1st Cong. Int. Soc. Rock Mechanics. Lisbon,1966,477-483.

[31] 侯学渊,洪胜. 盾构掘进对隧道周围土层扰动的理论与实测分析[J]. 岩石力学与工程学报,2003,22(9).

[32] 张弥,占生,王梦恕. 盾构掘进对隧道周围土层扰动的理论与实测分析[J]. 岩土力学,2009,30(6).

[33] Skempton,A. W. and McDonald,D. H. The allowable settlement of buildings[J]. Proceedings of the Institute of Civil Engineers,5(3):727-768.

[34] E. J. CoMing. Error estimates for adaptive nite element computations[J]. SIAM Journal of Numerical Analysis,1978,15(4):736-754.

[35] Boscardin. M. D. Building response to excavation-induced Settlement[J]. Journal of Geotechnical Engineering,ASCE,1989,115(1):1-21.

[36] 李术才,徐帮树,李树忱. 海底隧道衬砌结构选型及参数优化研究[J]. 岩石力学与工程学报,2005,24(21):3894-3902.

[37] 王慧,张志刚. 隧道信息化设计与施工技术监测系统研究[J]. 岩士工程界,2004,7(1):75-77,80.

[38] 李世辉,等. 隧道支护设计新论——典型类比分析法应用和理论[M]. 北京:科学出版社.1999.

[39] 于学馥,郑颖人,刘怀恒,等. 地下工程围岩稳定分析[M]. 北京:煤炭工业出版社,1983.

[40] 皇甫明. 暗挖海底隧道围岩稳定性及支护结构受力特征的研究[D]. 北京:北京交通大学,2005.

[41] 汪全信,韩剑华,弓经远. 深圳地铁3C标段桩基托换工程质量控制[J]. 建筑技术,2013(2):64-66.

[42] 陈安生,吴义. 深圳地铁3号线广深铁路桥桩基托换技术[J]. 铁道标准设计,2011(5):74-77.

[43] 中华人民共和国行业标准. JGJ 120—2012 建筑基坑支护技术规程[S]. 北京:中国建筑工业出版社,2012.